中国机动车安全检验
培 训 教 材

中国质量检验协会机动车安全检验专业委员会　编

中国人民公安大学出版社
·北 京·

图书在版编目（CIP）数据

中国机动车安全检验培训教材／中国质量检验协会机动车安全检验专业委员会编. —北京：中国人民公安大学出版社，2012.9
ISBN 978 - 7 - 5653 - 0993 - 9

Ⅰ. ①中… Ⅱ. ①中… Ⅲ. ①机动车—安全检查—技术培训—教材
Ⅳ. ①U467.1

中国版本图书馆 CIP 数据核字（2012）第 210432 号

中国机动车安全检验培训教材

中国质量检验协会机动车安全检验专业委员会　编

出版发行：中国人民公安大学出版社
地　　址：北京市西城区木樨地南里
邮政编码：100038
经　　销：新华书店
印　　刷：北京蓝空印刷厂

版　　次：2012 年 9 月第 1 版
印　　次：2012 年 9 月第 1 次
印　　张：27.75
开　　本：787 毫米×1092 毫米　1/16
字　　数：655 千字

书　　号：ISBN 978 - 7 - 5653 - 0993 - 9
定　　价：75.00 元

网　　址：www.cppsup.com.cn　　www.porclub.com.cn
电子邮箱：zbs@cppsup.com　　zbs@cppsu.edu.cn

营销中心电话：010 - 83903254
读者服务部电话（门市）：010 - 83903257
警官读者俱乐部电话（网购、邮购）：010 - 83903253
教材分社电话：010 - 83903259

教材编写委员会

前　　言

随着我国机动车保有量的高速增长以及大众交通安全意识的提升，作为保障机动车运行安全重要手段的机动车安全技术检验也越来越受到人们的重视；同时，随着机动车安全技术检验工作实行社会化以及汽车技术的不断发展，机动车安全检验机构也得到很大发展，机动车安全技术检验逐步实现了检测制度化、检测标准化、管理网络化和技术规范化。但由于管理体制的变化，机动车安全检验亦出现了很多问题，受到人们普遍关注。

要做好机动车安全技术检验工作，检验人员和相关人员的职业道德、技术水平和业务知识直接决定检验结果的科学和公正，因此，提高他们的素质、加强培训是机动车安全检验工作的重要组成部分。鉴于现在检验机构人员变动大、新手多等情况，系统地学习和掌握相关的知识是当前检验技术人员的需要，更是检测制度化和技术规范化的要求，有关管理部门对此十分重视。考虑到近几年机动车安全检验技术的发展和有关规定的变动与更新，检验人员必须了解和掌握新的知识，与时俱进。为此，中国质量检验协会机动车安全检验专业委员会特组织资深检测技术专家编写了这本新的培训教材。

本教材以国家质检总局对机动车安全检验人员的业务要求为纲编写，主要讲述了汽车技术、汽车检验技术及设备、汽车安全技术检验的法律和标准及机动车安全检验机构的建设和管理等相关知识。全书共十五章，第一章介绍机动车安全技术检验的基本概念、意义及发展，第二、三章介绍机动车构造和基本性能，第四至九章介绍机动车检测技术相关的设备、仪器及系统控制，第十章介绍机动车安全技术检验相关法律法规和标准，第十一至十五章主要介绍机动车安全技术检验机构的建设与管理、资格许可、计量认证、监督管理和职业道德。

全书由军事交通学院安相璧教授任主编，陈成法、李大伟任副主编，中国人民公安大学胡炯泉教授主审。四川泰斯特汽车机械工程有限公司夏先扬高工参编第一章，石家庄华燕交通科技有限公司陈南峰高工参编第五、七、九章，佛山市南华仪器有限公司王光辉高工参编第五、六章，深圳市安车检测技术有限公司贺宪宁高工与沈继春高工参编第八章，中国机动车辆安全鉴定检测中心张滨高工参编第十至十二、十四至十五章，北京市计量检测科学研究院范建武高工参编第十三章，军事交通学院张英锋博士参编第二至四章，但佳璧博士与白云川讲师参编第五、六、八章，安相璧教授、陈成法博士与硕士研究生李大伟还参加了全书具体内容的编写。

在编写过程中，中国测试技术研究院罗发贵高工、中国机动车辆安全鉴定检测中心于善虎高工、天津市公安局车管所康文达高工、长春职业技术学院尹力卉高工、北京市学院路机动车检测场张双喜工程师、西安市城南汽车综合检测服务有限公司闻阿兴教授对教材编写大纲及教材内容提出了宝贵的修改意见，军事交通学院硕士研究生李大伟负责全书的统稿、联络等工作，中国质量检验协会机动车安全检验专业委员会王焕德主任、办公室赵国梁主任、郭欣副主任给予了大力支持与帮助，在此一并表示感谢。

本教材主要用于机动车检验人员系统学习机动车检测的技术、管理、法律及业务，以及全国检验机构的人员培训，也可供相关检测技术人员和管理人员参考。由于编写时间仓促，错漏及不当之处恳请广大读者批评指正，以便进一步修改完善。

中国质量检验协会机动车安全检验专业委员会

目　　录

第一篇　检测基础

第二篇　检测技术

第三篇 检测管理

第一篇　检测基础

第一章　机动车安全技术检验概论

第一节　概　述

一、机动车安全技术检验概念

机动车安全技术检验，是指根据《中华人民共和国道路交通安全法》（以下简称《道路交通安全法》）及实施条例规定，按照国家机动车安全技术标准和检定规程等技术法规要求，对上路行驶的机动车进行相关安全性能方面的技术检验检测活动。

目前，机动安全技术检验的主要技术依据是国家强制性标准，即《机动车安全技术检验项目和方法》（GB 21861 – 2008）和《机动车安全运行技术条件》（GB 7258 – 2004），以及相关的专项技术性能标准和文件。《机动车安全技术检验项目和方法》规定了机动车安全技术检验机构在从事机动车安全技术检验时应该检验的项目以及相应的检验方法，检验结果是否合格的判定主要依据《机动车安全运行技术条件》等标准进行。

二、机动车安全技术检验的种类

1. 依据检验车型分类

依据检验车型不同，机动车安全技术检验可分为汽车安全技术检验、摩托车安全技术检验、农业机械安全技术检验。

目前，汽车安全技术检验、摩托车安全技术检验由质量监督管理部门审定许可的机动车安全技术检验机构实施检验，需上道路行驶的农业机械（如拖拉机、联合收割机），由农机管理部门依据《拖拉机和联合收割机安全监理检验技术规范》（NY/T 1830 – 2009）等标准，委托农机检验机构实施检验。

2. 依据车辆检验时间分类

依据车辆检验时间不同，机动车安全技术检验可分为注册登记检验和在用车定期检验。

（1）注册登记检验。注册登记检验，也可简称为初次检验，是指机动车新车在上路行驶前，依据法律、法规、规范性文件以及有关标准的规定，所进行的安全性能方面的技术检验和检测。道路交通管理部门依据机动车安全技术检验机构出具的车辆检验合格证明办理上路行驶登记注册。依据我国法规规定，未注册登记的机动车一律不得上路行驶。但是，经国家机动车产品主管部门依据国家机动车安全技术标准认定的企业生产的机动车型，该车型的新车在出厂时经检验符合国家机动车安全技术标准，已获得检验合格证，可免于初次检验。

（2）在用车定期检验。在用车定期检验，通常简称为定期检验，是指在用车辆依照法律、法规、规范性文件以及有关标准的规定，在规定的周期内，定期对车辆的安全性能进行的检验。根据车辆用途、载客载货数量、使用年限等不同情况，车辆检验的周期不同。

3. 依据检验性质分类

依据机动车安全技术检验的性质，机动车安全技术检验可分为常规检验和特殊检验。

（1）常规检验。常规检验，是指对一般上路行驶的机动车依法进行的例行检验，如新车注册登记安全技术检验和在用机动车定期安全技术检验。

（2）特殊检验。特殊检验，是指对有特殊情况发生的车辆，为达到特定目的有针对性地进行检验。例如，对肇事车辆进行的责任判定检验；对改装车辆进行的改装后安全性能是否达到国家标准要求的检验；对已经超过行驶安全期限的车辆进行的是否报废或者仍可行驶的定性检验。

4. 其他分类

除安全技术检验概念以外的机动车检验还有许多种类。例如，依据检验内容不同，可分为专项检验和全项检验；依据委托主体不同，可分为委托检验和指定检验；依据委托依据不同，可分为依合同检验和依法律规定检验；依据检验目的不同，可分为符合性检验和性能对比性检验等。

三、机动车安全技术检验的特征

1. 强制性

根据《道路交通安全法》和《道路交通安全法实施条例》的规定，准予登记的机动车应当符合国家机动车安全技术标准，车辆所有人申请机动车上路行驶登记时，应当接受对该机动车的安全技术检验，并向道路交通管理部门出具上路行驶机动车检验合格证明。未经检验或不能出具检验合格证明的，交通管理部门不予登记，不准许上路行驶。对在用上路行驶的机动车，应当依照法律、行政法规的规定，根据车辆用途、载客载货数量、使用年限等不同情况，定期进行安全技术检验，在法定期限内未送检或检验不合格的车辆，依法不能上路行驶。法律的这种规定，使得对上路行驶机动车安全技术检验成为一种强制性法律义务，机动车所有人不依法履行送检义务，将会产生相应的法律后果，因此，机动车安全技术检验具有强制性。

2. 法定性

法定性，是指机动车安全技术检验活动，从检验主体、检验标的、检验内容、检验程序以及检验结果等方面具有明确的法律确定性。主体的法定性，是指安检机构的法定性。安检机构必须依照有关法律、法规和《机动车安全技术检验机构管理规定》的规定，取得安检机构资格许可证书，方可在许可的范围内从事相关机动车安全技术检验活动。未取得安检机构资格证书的，一律不得从事机动车安全技术检验活动。检验标的的法定性，是指被检车辆必须是上路行驶的机动车辆。检验内容的法定性，是指机动车安全技术检验项目应当是仅就上路行驶的机动车辆安全需要所设置的必检项目。检验程序的法定性，是指机动车安全技术检验工作是一项严谨的技术型活动，只有严格按照技术

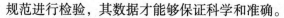

规范进行检验，其数据才能够保证科学和准确。

3. 时间性

依据法律、法规规定，应当对机动车依法进行初次检验和按时进行定期检验。根据车辆安全需要，不同车型的检验周期不同。目前我国对车辆检验周期的规定主要有以下几种：

（1）营运载客汽车 5 年以内每年检验 1 次；超过 5 年的，每 6 个月检验一次。

（2）载货汽车和大型、中型非营运载客汽车 10 年以内每年检验 1 次；超过 10 年的，每 6 个月检验 1 次。

（3）小型、微型非营运载客汽车 6 年以内每 2 年检验一次；超过 6 年的，每年检验 1 次；超过 15 年的，每 6 个月检验一次；超过 20 年的，每 3 个月检验一次。

（4）摩托车 4 年以内每 2 年检验一次；超过 4 年的，每年检验 1 次。

（5）拖拉机和其他机动车每年检验 1 次。

4. 机动车安全技术检验的意义

机动车是现代道路交通中的主要元素，车辆的安全技术性能是影响行车安全的重要因素。我国机动车种类多，动力性能差别大，安全性能低，管理难度大。随着使用时间的延长，机动车技术状况参数将以不同规律和不同强度发生变化，或性能参数劣化，导致机动车的性能不佳、机件失灵或零部件损坏，最终成为引发道路交通事故的直接因素。我国机动车（各种汽车、农运三轮车、装载车与摩托车）的拥有量增长迅速，截至 2009 年年底，全国机动车保有量为 186580658 辆。其中，汽车 76193055 辆，摩托车 94530658 辆，挂车 1201519 辆，上道路行驶的拖拉机 14633456 辆，其他机动车 21970 辆。全国机动车驾驶人为 199765889 人，其中汽车驾驶人为 138203911 人。至 2011 年 2 月底，我国机动车保有量达到 2.11 亿辆，有 20 个城市的机动车保有量超过 100 万辆。

机动车的快速增长已成为现代社会经济发展和人民生活质量提高的标志之一。同时，随着机动车保有量快速增长，使得本来不宽裕的路面更是雪上加霜，使交通事故绝对数和交通事故伤亡人数急剧上升。加之我国高速公路建设步伐比较快，而车辆性能更新速度还未能跟上高速公路的建设步伐；有些安全技术状况差、该报废的老旧车辆仍在行驶；有些车辆超载行驶，多拉快跑，只用不修，导致车辆技术性能差、故障多，机件很容易失灵，引发交通事故。据公安部交通管理局通报，2009 年，全国共发生道路交通事故 238351 起，造成 67759 人死亡、275125 人受伤，直接财产损失 9.1 亿元。2010 年上半年，全国共发生道路交通事故 9.9 万起，造成 2.7 万人死亡、11.7 万人受伤，直接财产损失 4.1 亿元，其中，发生一次死亡 10 人以上特大道路交通事故 15 起，同比增加 3 起。

机动车安全技术的定期检验是监督保持车辆安全技术性能的重要举措。通过对机动车的系统检验，及时发现转向系统、制动系统、行驶系统、电气系统等部位的隐患，督促车主对车辆进行保养与修理，有助于延长机动车的使用寿命，减少由于车辆技术原因引发的交通事故。

第二节　机动车安全技术检验的发展

一、我国机动车安全技术检验的发展概况

我国历史上出现的第一台汽车，是在 1901 年清末时期从欧洲引进的，仅在皇宫内行驶。辛亥革命以后，我国开始有了少量的可供汽车行驶的公路。1828 年，北平政府发布《北平汽车管理规则》，首次提出汽车安全技术检验的概念。1945 年，国民政府正式颁布了我国第一部全国性的汽车车辆管理法规《汽车管理规则》，明确提出在全国范围内，对社会汽车必须采用安全技术检验的手段，以保证汽车在公路上的安全行驶。

新中国成立以前，由于国家没有自己的汽车工业，而被称做"世界汽车的万国博物馆"。但是，今天的中国，已经是世界汽车的生产大国，2010 年汽车生产与销售量已达1800 万辆，居全球第一，超过美国和日本。

但是，如果按人车比例数来看，中国目前平均约18 人拥有一辆汽车，而美国是 1.8人，日本是 2.4 人，全球平均数是 6.8 人，显然，我国人均汽车拥有量与世界水平还有一定差距。此外，中国作为汽车生产大国，却不能称为汽车生产强国，在汽车研究、技术开发、零部件生产工艺、材料、制造加工手段、生产效率等方面，与世界先进国家相比，还有较大差距。而汽车生产的后市场服务（如汽车营销、运用、维修、检测、改装、美容、二手车市场运营管理等）则更为滞后，还跟不上汽车生产的快速发展。

目前，可以预见，2011 年以后，中国汽车市场要想保持30% 以上的高增长，已经出现一定困难（受诸如能源、环境保护、道路、交通管理、停车位等因素的限制），会逐步回归常态运行，增速可能在 12% ~15% 之间小幅波动。汽车产业在冷静、理智的心态下，根据中国特有国情，认真调整产能，适度节制井喷式增长，才能保证可持续的科学发展。

机动车安全技术检验和管理工作，由于涉及国计民生、人民生命和财产安全，新中国成立后得到政府有关部门的极大重视，取得了快速稳定的发展。中国机动车安全检验技术的发展，基本上是沿着人工检验——室内单机台架检验——半自动和全自动线检验这样一条道路走过来的。

从 1949 年到 1982 年，中国没有"机动车检测站"的概念，所有机动车的检测（包括在用车年检、新车入户）都依靠人工完成。1983 年，辽宁省朝阳市建立了中国第一个汽车检测站，1984 年，更为完善的大连汽车检测站建成，并由交通部组织验收，但是，这两个检测站当时都只能使用外国的检测设备（朝阳站主要是使用丹麦、英国、德国的设备，大连站主要是使用日本的设备），中国也还没有自己的检测规范和标准，只能采用进口设备国家的规范和标准。

国家车检法规和标准《机动车安全运行技术条件》（GB 7258 - 1987）出台，才结束了我国机动车检验工作无标准可依的历史。同时，从 1981 年起，西安公路学院、交通部成都汽车保修机械厂、深圳汽车修理公司等单位就已经开始研究开发制动检验台、侧滑检验台、底盘测功机等车检设备，并已小批量投入生产。

1982 年，国务院正式批准交通部《汽车保修机械和成套检测设备技术引进项目建议书》，并纳入国家经委引进计划。由此开始，与科技发达国家的汽车检测设备厂家进行接触：德国的 SCHENCK（申克），日本的 IYASAKA（弥荣）、ANZEN（安全）、BANZAI（万岁），美国的 SNAP-ON（斯纳邦）等，历经四年，最终于 1986 年 10 月在成都与日本弥荣（IYASAKA）株式会社签订《汽车检测设备技术转让合同》，交通部成保厂成为中国第一个成套引进国外车检设备先进技术的国企，并由此在交通部公路科学研究所的协作下，逐步成长为国内车检设备开发、生产的龙头单位。技术引进不仅迅速缩短了我国和国外发达国家的技术、工艺差距，生产的产品还开始返销和出口国外。

1987 年，国务院批转国家经委《关于推动引进技术消化吸收和国产化工作报告的通知》，将"汽车检测线成套设备国产化一条龙"项目正式下达交通部成保厂组织实施，交通部公路科学研究所作为项目主要参加单位协同开展工作。从此开始了中国汽车检测设备大规模、全面的开发、国产化工作，同时带动了一大批同行业单位和厂家（如交通部公路科学研究所、总参 57 所、济南无线电六厂、佛山分析仪器厂等）参与。该项目的十个产品（制动台、侧滑台、速度台、前照灯仪、检测线自动控制系统、底盘测功机、车轮动平衡机、发动机综合测试仪、废气分析仪、烟度计）分别于 1988 年、1989 年、1991 年、1993 年完成，并于 1993 年通过交通部科技司验收鉴定，从此开始，中国有了自己完整的汽车检测设备工业，不再依赖于进口。

中国机动车检测技术（包括标准）和设备，大体上经历了如下的发展阶段：

①日本模式（1987～1997 年）；

②日本模式 + 欧洲模式（1997～2004 年）；

③中国模式（2004 年至今）。

这三个阶段的划分，实际上也同步体现在国家《机动车安全运行技术条件》的三个版本上（GB 7258-1987，GB 7258-1997，GB 7258-2004）。

GB 7258-1987 国家标准的所有检验项目和指标，基本上是从《日本运输省道路车辆安全法》直接引用过来的（侧滑，制动，车速，前照灯，排放，即 A，B，S，H，X），在当时是适合中国国情的。那时我们刚刚起步，没有经验，所用设备又大部分是日本设备（以万岁、弥荣、安全、日产贩卖四家为主），国产设备也以日本模式为主流。

GB 7258-1997 国家标准修订时，中国已有了十多年的正规车检历史，在公安部、交通部、大专院校、科研部门已有大批专家、学者涌现，而欧洲车检技术和设备又不断引进中国，日本车检模式的缺陷和不足开始被发现，特别是在制动、前照灯、排放方面，引起了中国车检行业同人的关注。因此，在以上三个方面，修订版引入了一些新的概念，如高速（2.5km/h）粘砂大滚筒制动检验台，以近光作为检验校准基准的前照灯检验仪，双怠速法测定排放等。

GB 7258-2004 国家标准再次修订时，已明确规定必须采用欧模滚筒式制动台，同时，由于高速轿车比例日益增多，基于静态检测制动性能的滚筒式制动台，难以测出动态制动时轴荷转移后的真实制动力，因此，平板式制动检验台被列入制动检验的规定设备。同时，随着新型前照灯（远近光分开的双灯双光轴前照灯、高强度发光灯、氙气灯）的大量应用，如何对其近光找正和正确测量也提上日程。同时，也开始考虑单板侧滑台的限值，放松板侧滑台的使用等。并对车速表的误差范围作了调整（由原±，改为只允许＋），在排放检测方面，引入欧盟排放检测方法和标准（欧Ⅰ～欧Ⅴ），明确规定我国排放检测应按国家环保局标准要求，逐步放弃怠速法、双怠速法，采用工况法（ASM、VMAS、Lug DOWN 等），实现低碳化。

GB 7258－2004 版已发布 6 年，目前正由公安部无锡交通科学管理研究所主持修订。

与上述 GB 7258 三个版本修订差不多同步的是中国机动车检测管理领导机制的变化：交通部——公安部——国家质监总局。

机动车检测工作领导体制的变化，导致全国近 5000 家基层检测机构（检测场、站）重新进行交接、计量认证、验收、授权。在此期间，新的法规、标准、计量规程未及时到达基层，工作中许多管理、技术问题难以及时解决。迄今为止，全国检测机构还有不少没有完全理顺。国家质检总局正在大力开展整顿清理工作，但需要一定的时间。

我国机动车检测设备的生产，经历了引进——国产化的过程，目前已经做到综合性能检测、安全性能检测设备及排放检测设备完全国产化，只是在汽车生产制造行业所用的检测、试验设备方面还显得不足。全国检测设备生产经营企业已达 100 家以上，年产值超过 2000 万元的企业，也有 30 家左右，个别企业的年产值已经超过 1 亿元（如安车、华燕），这个行业在汽车工业高速发展的带动下，也必然有一个欣欣向荣的发展前景。但大好形势之下，也难免鱼龙混杂、泥沙俱下。如何保证产品的质量、服务，让用户选用到优质的检测设备，保证检测数据的可靠性、稳定性，作为国家管理领导部门还有许多工作要做。目前最迫切的是，在产品管理上制定出检测设备的市场准入制度（型式认定），使用年检标定制度，更新报废制度。目前除第二项外，车检设备的入口和出口控制都还缺失。

在市场经济体制下，任何商品，特别是那些关乎国计民生与安全的商品，国家一旦对其放松控制，后果不堪设想。

我国的检测场站，在数量上、比例上与国外相比较，并不占优势。例如，日本的机动车拥有量为 7300 万辆，但国家检测场只有 83 个，线 250 条（都是全自动线，而且全国联网），民间车检场 26700 个（与维修企业建在一起），称为指定工场。美国则有 45000 多个（汽车拥有量 2 亿辆以上），分州管理，检测标准每州并不相同，但重点都在制动和排放上，许多站对车速表、侧滑甚至前照灯（多用手动前照灯仪检验）都不检验。在欧洲，平均每 5000 辆车有一个检测站，检测半径范围约为 10km。但是，客观而论，中国机动车检测站在建设规模、档次、自动化程度（全自动线）方面，并不比其他国家逊色。

中国机动车检测设备制造业与中国汽车工业最大的不同点在于，它完全是以自主产权、中国品牌生产的，国外品牌和技术基本上没有份额。而且，尽管采用了许多国外技术，但都经过行业内技术人员的努力，结合中国国情予以改进，去粗取精，去伪存真，再加应用。而中国汽车工业迄今为止，仍由美、德、日品牌占据大半壁江山，自主品牌和技术还比较少，这可以说是中国机动车检测设备行业的一大特色，这一特色不仅体现在台架设备上，尤其体现在全自动测控系统上。

由于1985年我国道路交通管理体制的改革，车辆安全监理职能由交通部转移至公安部。2003年，全国人大常委会批准了《中华人民共和国道路交通安全法》，机动车安全技术检验机构的资格管理、监督管理、计量认证、计量检定四位一体工作由国家质量技术监督部门负责。在此期间，各部门都做了大量的组织管理工作，颁布了不少法规、标准和规程，使我国机动车安全技术检验工作从无到有，日益完善。特别是《道路交通安全法》的颁布实施，为机动车安全技术检验事业的发展，确立了新的方向。《道路交通安全法》明确提出对机动车安全技术检验实行社会化这一全新的概念，完全打破了过去机动车安全技术检验机构统一由政府设置、政府组织、政府监管的计划经济模式。社会化方向适应了社会主义市场经济体制的建立和完善，满足了广大人民群众和社会的需求，符合不断发展中的机动车安全技术检验事业，预期我国机动车安全技术检验事业将会有一个更加兴旺的明天。

二、国外机动车安全技术检验的发展概况

1. 发展概况

日益发达的汽车公路运输，保证了大量的旅客、人员、货物实现便捷的门对门运送。但与此同时，汽车公路运输极高的交通事故率不仅直接导致人身伤亡和物资损失，而且带来不良的社会影响。目前，全世界每年因汽车公路交通事故死亡的人数已超过50万人，伤者近1000万人（参见表1-1、1-2）。

表1-1 发达国家公路交通事故死亡人数及预测

年代	1990年	2000年	2010年	2020年
欧盟15国	55000人	50000人	40000人	35000人
美国	43000人	40000人	36000人	33000人

表1-2 全球公路交通事故死亡人数及预测

年代	1990年	2000年	2010年	2020年
工业化国家	150000人	<150000人	<150000人	<150000人
发展中国家	350000人	850000人	1400000人	2000000人
合计	500000人	<1000000人	<1550000人	<2150000人

汽车公路运输的交通事故，按其伤亡人数与比例计算，大大超过航空、铁路等运输方式。根据国外最新统计资料：按照每行驶（航行）1公里计，铁路运输死亡率为2人/亿人，航空运输死亡率为6人/亿人，而汽车运输死亡率为20人/亿人。按照1万辆车计，日本每年死亡0.7人，韩国每年死亡1.8人，而我国每年死亡14人。与此同时，汽车公路运输交通事故还带来巨大的物质损失。在工业发达国家，因汽车公路运输交通事故所造成的物质损失，平均占国民经济收入的1%或更多（英国为1.6%，美国

为 2%)。

有鉴于此，发达国家很早就感受到人类发明汽车以来所带来的方便与快捷，和与此同时产生的损失与灾难。由于交通事故和环境污染的问题日益严重，应运而生的机动车强制性安全检验制度，在世界上许多国家先后在政府的支持下得到很快的发展。表 1 – 3 列出各国实施机动车安全检验制度情况调查表。

表 1 – 3　各国实施机动车安全检验制度情况调查表

国 名	检查种类	检查对象	检查周期		实施年份（年）	使用检验设备						执行检查部门
			首次	以后		A	B	S	H	X	PL	
德国	定期检查	公共汽车	1 年	1 年	1937	●	●	●	●	●	●	社会机构技术监督协会（TUV）
		出租汽车	1 年	1 年								
		>2.8t 货车										
		轿车	2 年	2 年								
瑞典	定期检查	公共汽车	1 年	1 年	1965	●	●			●	●	社会机构瑞典汽车企业团
		出租汽车										
		轿车	2 年	1 年								
		货车										
英国	定期检查	>1.5t 中巴	1 年	1 年	轿车 1960货车 1965	●			●	●	●	运输部指定工厂
		出租汽车										
		轿车										
		客货两用车	3 年	1 年								
		>1.5t 货车										
比利时	定期检查	公共汽车	4 个月		公共汽车 1933轿车 1960货车 1963	●	●		●	●	●	社会机构汽车检测协会
		出租汽车										
		商用车	半年	半年								
		轿车	4 年	2 年								
		货车	1 年	1 年								
挪威	定期检查	出租汽车	1 年	1 年	1927	●	●		●	●	●	运输部
		公共汽车										
		轿车、货车	4 年	2 年								
意大利	定期检查	货车	1 年	1 年	1962	●	●		●	●	●	运输部
		公共汽车										
		轿车	5 年	5 年								

（续表）

国 名	检查种类	检查对象	检查周期		实施年份（年）	使用检验设备						执行检查部门
			首次	以后		A	B	S	H	X	PL	
法国	定期检查	出租汽车	1 年	1 年	巴黎 1958	●	●		●	●	●	巴黎市为警察局，其他地区为同业者
		>3.5t 货车	1 年	1 年								
		自用客车	1 年	1 年								
		公共汽车	6 月	6 月								
澳大利亚	定期检查	公共汽车	1 年	1 年	1934	●	●		●	●	●	运输部
		轿车	3 年	2 年								
		货车	3 年	1 年								
西班牙	定期检查	货车	1 年	1 年	1934	●	●	●	●		●	同业者
		公共汽车	1 年	1 年								
美国	定期检查	全部汽车	1 年	1 年	联邦车检 1927 分州车检 1967	新泽西、特拉华州等 21 个州 马萨诸塞、弗吉尼亚州等 6 个州 亚利桑那、蒙大拿州等 17 个州						交通部全美汽车维修协会
	限定检查	幼儿园车、中小学校车等专用车	定期或随时									
日本	定期检查	公共汽车	1 年	1 年	1947	●	●	●	●	●	●	国家站——运输省 民间站——日本自动车机械工具机协会
		轿车	3 年	2 年								
		货车	1 年	1 年								
		出租汽车	1 年	1 年								
泰国	定期检查	出租汽车	1 年	1 年	1988	●	●	●	●	●		陆上运输部（LTD）
		货车	1 年	1 年								
		轿车	2 年	2 年								
韩国	定期检查	出租汽车	1 年	1 年	1989	●	●	●	●	●	●	交通部韩国交通产业团
		货车	1 年	1 年								
		轿车	2 年	1 年								

注：上表所示英文符号代表的检测设备为：

A – 侧滑检验台（Alignment）；

B – 制动检验台（Brake）；

S – 车速表检验台（Speedometer）；

H – 前照灯检验仪（Headlight）；

X – 排放检验仪（废气检验仪、烟度计）（Exhaust）；

PL – 地坑举升机（底盘检验用）（Pit Lift）。

进入 21 世纪以来，全球汽车产量已达 6500 万辆/年，有 7.5 亿辆汽车在世界各国公路上行驶。年产量 100 万辆以上的汽车公司有 18 家（占全球产量的 90%），其中，年产量超过 400 万辆的公司有 6 家（通用、福特、丰田、大众、戴姆勒—克莱斯勒、雷诺—日产），占全球产量的 70%。汽车制造业显现出日益向大型跨国企业集团发展的趋势。

由于汽车数量的大量增加，排放的废气对大气产生严重的污染，特别是 20 世纪六七十年代，美国洛杉矶和日本神户所发生的汽车废气严重污染事故，引起人们的警觉，关于汽车废气检验与治理的问题提上日程。

国外执行的排放标准主要有欧、美、日三大体系，其中以欧洲标准应用最广，在亚洲的泰国、印度、韩国等，都已在 10 年前开始执行欧洲排放标准（参见表 1-4）。

表 1-4　欧盟及部分亚洲国家汽车排放标准实施年度

国家\年度（年）	欧盟	中国		韩国	印度	新加坡	泰国		
		全国	北京				轿车	轻型车	中型车
1995	欧Ⅰ					欧Ⅰ			
1996	欧Ⅱ					欧Ⅰ	欧Ⅰ	欧Ⅰ	欧Ⅰ
1997	欧Ⅱ					欧Ⅰ	欧Ⅰ	欧Ⅰ	欧Ⅰ
1998	欧Ⅱ					欧Ⅰ	欧Ⅰ	欧Ⅰ	欧Ⅰ
1999	欧Ⅱ					欧Ⅰ	欧Ⅱ	欧Ⅰ	欧Ⅰ
2000	欧Ⅲ	欧Ⅰ	欧Ⅰ	欧Ⅱ		欧Ⅰ	欧Ⅱ	欧Ⅰ	欧Ⅱ
2001	欧Ⅲ	欧Ⅰ	欧Ⅱ	欧Ⅱ	欧Ⅰ	欧Ⅰ	欧Ⅱ	欧Ⅰ	欧Ⅱ
2002	欧Ⅲ	欧Ⅰ	欧Ⅱ	欧Ⅲ	欧Ⅰ	欧Ⅱ	欧Ⅱ	欧Ⅱ	欧Ⅱ
2003	欧Ⅲ	欧Ⅰ	欧Ⅱ	欧Ⅲ	欧Ⅰ	欧Ⅱ	欧Ⅲ	欧Ⅱ	欧Ⅱ
2004	欧Ⅲ	欧Ⅱ	欧Ⅱ	欧Ⅲ	欧Ⅰ	欧Ⅱ	欧Ⅲ	欧Ⅱ	欧Ⅱ
2005	欧Ⅳ	欧Ⅱ	欧Ⅲ	欧Ⅲ	欧Ⅱ	欧Ⅱ	欧Ⅲ	欧Ⅲ	欧Ⅲ
2006	欧Ⅳ	欧Ⅱ	欧Ⅲ	欧Ⅲ	欧Ⅱ	欧Ⅱ	欧Ⅲ	欧Ⅲ	欧Ⅲ
2007	欧Ⅳ	欧Ⅱ	欧Ⅲ	欧Ⅲ	欧Ⅱ	欧Ⅱ	欧Ⅳ	欧Ⅲ	欧Ⅲ
2008	欧Ⅴ	欧Ⅲ	欧Ⅳ	欧Ⅲ	欧Ⅱ	欧Ⅱ	欧Ⅳ	欧Ⅳ	欧Ⅲ
2009	欧Ⅴ	欧Ⅲ	欧Ⅳ	欧Ⅲ	欧Ⅱ	欧Ⅱ	欧Ⅳ	欧Ⅳ	欧Ⅲ
2010	欧Ⅴ	欧Ⅲ	欧Ⅳ	欧Ⅲ	欧Ⅲ	欧Ⅱ	欧Ⅳ	欧Ⅳ	欧Ⅲ

国外汽车排放检验方法，经历了以下过程：

（1）无负载浓度测量法——汽油车怠速检验法和双怠速检验法。由于其仅适用于化油器汽车，而且测量状况并非汽车行驶工况（车辆静止状态检验），测量数据与汽车在道路上行驶的实际排放值相距颇大，已逐步淘汰。

（2）目前，电喷式汽油机采用工况法——汽油机稳态加载加速模拟工况法（ASM），属于加载浓度测量法，此外，最新的检验方法是汽油车瞬态加载工况法（IM-240 及

VMAS）。后两者都属于加载排气总量测量法。由于浓度法还不能完全反映排放的真实情况，即不能反映出车辆排放中有害物质的具体量值，所以，汽车排放检验方法今后的发展方向肯定是加载排气总量测量法，特别是 VMAS 方法。VMAS 方法，既能实现汽车排放废气中有害物质质量的检测，设备及系统又相对简单，而测量结果与 IM－240 方法所得结果很接近。VMAS 方法的试验循环包括怠速、加速、匀速、减速各工况，准确反映车辆实际行驶工况的排放特性，并且与新车的检测方法有极高的相关性，准确率高、误判率低。对欧Ⅱ以上的排放检测标准，目前是最佳的选择。

不过，用工况法检测汽车排放，必须使用加载装置，即底盘测功机。此类测功机与一般综合性能检测用测功机不同，一是要能加载，能对汽车车轮施加一定的、精确的制动功率，二是能按照规定的工况程序进行运转，此外，还需要配置相应的惯量飞轮，以模拟汽车运动时的动力状态，内损（寄生）功率要小（1.3kW 内），响应时间要快（300ms 内）。因此，检测排放用的专用底盘测功机，近年来成为世界上需求量最大的检测设备之一，仅美国一个国家，目前在用数量超过 28000 台，设在美国俄亥俄州的野马底盘测功机（Mustang Dynamometer）工厂，每月的产量可达 3000 台以上。2010 年，中国排放用底盘测功机全年的生产总量仅 1000 台左右。随着中国汽车工业的高速发展和全球低碳化的进程，检测排放用底盘测功机的市场潜力，在未来 5～8 年还十分巨大。

欧洲车辆排放标准的推进顺序，与油品标准完全一致。1996 年实施欧Ⅱ，2000 年实施欧Ⅲ，2005 年实施欧Ⅳ，2008 年实施欧Ⅴ标准。

从欧Ⅲ开始，标准规定都要具有 OBD 车载自诊断系统，OBD 有美国和欧洲两个标准，我国可能采用欧洲标准的 EOBD。目前，国际上流行使用的是由美国汽车工程师协会（SAE）推荐的第二代车载自诊断系统，即 OBD Ⅱ。当车辆排放的 HC、CO、NO_X，或燃油蒸发污染量超过美国联邦试验规范（FIP）标准的 1.5 倍时，其故障灯就会亮，提醒驾驶者汽车排放废气超标，需要进行修理。OBD Ⅱ 对汽车排放的监控十分有效，但对驾驶者是否接受警告无能为力。为此，比 OBD Ⅱ 更加先进的 OBD Ⅲ 已开发出来。OBD Ⅲ 系统主要利用小型车载无线电收发系统，通过无线蜂窝通信、卫星通信或 GPS、北斗星通信系统，将车辆的 VIN（车辆识别码）、故障码及车辆所在位置等信息，自动报告给管理部门，管理部门根据该车辆排放问题的等级，对其发出指令，包括给予前往何处维修的建议、解决排放问题的时限等，在法律允许的前提下，对超出时限的车辆发出禁行密码指令，使该车无法发动，迫使其停止行驶。

欧Ⅲ比欧Ⅱ严格得多，欧Ⅱ只测试汽车冷启动后第 40 秒以后的工况排放，而欧Ⅲ则是汽车冷启动工况一开始就进行检测。欧Ⅲ标准中增加了低温 HC/CO 的排放检测。欧Ⅱ排放标准只要求三元催化器及发动机改进两项，而欧Ⅲ排放标准还包括改进的催化转化器涂层、催化剂加热及二次空气喷射。

因此，从欧Ⅱ到欧Ⅲ不应看做仅仅是数量的变化，而是一个质的飞跃。

对于柴油车，国外目前通行的检测方法则是 LUG DOWN（加载烟度测量法），所执行的标准参见表 1－5、1－6。

表1-5 欧洲汽车排放标准限值（单位：g/km）

车 型		CO	HC	NOₓ	HC+NOₓ	PM	实施时间（年）
欧Ⅰ	汽油车，柴油车（型式认证/一致性认证）	2.72/3.16	–	–	0.97/1.13	0.14/o.18	型式认证，1992.7.1 一致性认证，1992.21.31
欧Ⅱ	汽油车	2.2	–	–	0.5	–	型式认证，1996.1.1
	非直喷柴油车	1.0	–	–	0.7	0.08	一致性认证，1997.1.1
	直喷柴油车	1.0	–	–	0.9	0.10	–
欧Ⅲ	汽油车	2.3	0.2	0.15	–	–	型式认证，2000.1.1
	柴油车	0.64		0.5	0.56	0.05	一致性认证，2001.1.1
欧Ⅳ	汽油车	1.0	0.1	0.08	–	0.025	型式认证，2005.1.1
	柴油车	0.5	–	0.25	0.3	–	一致性认证，2006.1.1

表1-6 欧洲重型柴油排放标准（单位：g/kw·h）

	CO	NC	NOₓ	颗粒物	执行时间（年）
欧Ⅱ	4.0	1.10	7.0	0.15	2004
欧Ⅲ	1.5	0.25	2.0	0.02	2008
	2.1	0.66	5.00	0.10/0.13	
欧Ⅳ	1.5	0.46	3.5	0.02	2010
欧Ⅴ	1.3	0.46	2.0	0.02	–

要达到欧Ⅲ以上水平，不仅需要提高整车制造技术，而且要求燃油质量、道路情况、交通管理、驾驶技术、维修水平等全面到位的系统工程。在用车实施 I/M（检查/维护）制度，是控制汽车排放污染最经济有效的手段。国外调查研究证明，城市在用车中有10%~15%排放严重超标，其污染物排放量占整个地区在用车排放总量的50%~60%。I/M 制度中的检查方法，就是要准确地找出这些高排放车，然后通过维护、修理的方法，使其恢复到接近出厂时的水平。这样，仅需治理10%~15%的高排放车，就能减少占排放总量50%~60%的污染物，达到节能减排治理的目的。

总的来看，现代国外机动车检验涉及安全检验及排气检验，各国具体做法不同，标准亦有所差异，各种车型的检验周期及检验项目差别也很大，但是，有一点是共同的，即都有国家政府行为的介入。但是，国外机动车检验不仅仅作为一种行政判定，而且是与汽车维修结合在一起，从而减少了国家权力被滥用的可能。机动车检验不宜单独成为一个经营性行业，它应当主要为汽车维修提供数据，并最终达到使在用汽车恢复技术性能，并保证其安全行驶的目的。

2. 启示与借鉴

（1）由国家主持，采用检测设备（室内台架）开展强制性机动车安全检验工作，发达国家早在20世纪30年代就已开始（挪威于1927年开始），比我国整整早了50年。

同时，从发达国家公路交通事故死亡人数由此逐年下降的趋势来看，机动车安全检验的推行，无疑具有巨大的作用（当然，交通管理法规的完善、行人交通安全意识的提高，亦不可忽视）。

（2）由于机动车强制性安全检验的特殊性质，决定了它的发展不仅取决于技术、标准和设备，而且在很大程度上取决于管理工作。因此，发达国家从一开始就不可避免地涉及政府行为的介入。但是，从不同国家的管理体制来看，有一个共同的特点，即汽车的检验工作，基本上都由管理汽车维修工作的部门——交通部来管理（只有法国巴黎市例外，由警察局管理），而且，汽车安全检验的社会化国外早已实行，政府只做授权监管工作，具体工作由被认可的民间机构来做，并与汽车维修工作结合在一起，检测的目的不仅仅是判定车况是否安全，而且为汽车维修提供第一手资料，以便通过维修，恢复汽车正常的技术状况，这一点十分值得我们借鉴。

但是，不同国家实行强制性车检制度的经验都证明了一点：它不仅具有直接的经济效益，而且具有不可估量的社会效益。

（3）根据各国国情，强制性车检制度一般对不同的检查对象都有不同的对待方法。例如，对大小和用途不同的车辆，都区别对待。有的国家，对出租车的检验要求特别严格，有的国家对涉及幼儿的校车的要求特别严格（如美国），而有的国家对重型载重卡车的要求特别严格。所以，一个国家要考虑自己的幅员、地形、气候、人口和汽车制造水平等因素来决定本国的检验标准，是否执行完全一样的检验标准，值得商榷。

美国是一个最具典型的范例，其幅员广大，拥有世界上数量最多的汽车（超过2亿辆），但各州之间的情况差异很大。最早的州1927年就有实行车检的记录，当时是实行美国联邦车检法规，而不是建立在各州自由性的基础上进行的，1967年，全美50个州中的25个州和哥伦比亚特区实行了强制性定期车检，还有24个州没有实行定期车检，但其中8个州实行了抽样检查，10个州实行了限定检查。全美各州都有自己的车检制度和法规，全国并不统一，有的州（特别是加利福尼亚州和纽约州）要求很严格，有的州则较宽（如怀俄明州、南达科他州、北达科他州），在安全检查方面，美国的实施不是很得力，大约有10个州先后中断或干脆废除了安全检验制度。目前，同时执行排气检查和安全检查的有纽约等19个州，只执行排气检查的有加利福尼亚等21个州，只执行安全检查的有夏威夷和俄克拉荷马两个州。总之，在美国，要找到一家像我国每个城市都有的、独立的、全面的汽车检验站比较难，许多汽车检验站都是附设在维修店或4S店。加油站、润滑站或高速公路边上亦有检验的项目，但很少，且设备简单，最主要的是制动和排放（特别是在加利福尼亚州，20世纪60年代洛杉矶曾发生汽车废气中毒事件，导致数百人伤亡，因此特别重视对汽车排放的管制），侧滑、车速表乃至前照灯都不用检验。美国人的观点是：有些检验项目，一方面，由于汽车工业的快速发展，已要求由汽车制造厂在造车时予以保证（如前轮定位、车速表）；另一方面，这些项目的指标即使超差，也难以在检验现场调整，需要进修理厂才能解决。

美国的车检站分为安全检查站和排气检查站，有国立的，但绝大部分是民间站，由政府管理。仅加利福尼亚州的认证排气检测站就多达8500个，纽约州的认证安全检测站有15000个、认证排气检测站有4000个。全美检测站（安全和排气）总数超过

45000 个。凡政府认可的认证检测站，都配备检验磁带（或硬盘）记录仪，可记录存储 6000～20000 辆车的检验数据。记录的数据资料，最终均将进入各州的运输部统一管理。在车检档案的管理方面，美国、日本、德国都有相似的做法，并且毫无例外地都应用了汽车检验业务电子数据处理系统，从而为实现全国性或地区性的车检档案计算机管理创造了有利条件。

日本是在第二次世界大战后，即 1947 年开始实行强制性车检的。中国车检体制最先就是以日本作为样板。1969 年，日本道路运输法修订，明确提出车辆检验档案的电子数据处理检索系统应予实施。1970 年 3 月，首先在千叶陆运事务所开始使用；6 月，东京陆运局所辖 12 个陆运事务所相继实施。1976 年，建立了以东京为数据档案中心，全国有 9 个中转站，以 83 个国家检测站为终端的全日本车检档案数据处理检索系统，称为 DDX 系统。数据中心磁盘的存储量为 8000 万辆车的信息。这里需要强调的是，日本全国的 83 个国家检测站都是全自动线，它们只负责新车登录（上照），事故车、争议车检验并不承担一般在用车的年检。后者是在日本 26700 个民间车检场进行，它们基本上不是独立的，而是与维修厂在一起，绝大部分是手动线，检验数据难以进入东京数据中心。具有年检资格的维修厂必须经运输省认定，叫做"指定工场"。按日本汽车拥有量 7500 万辆计，平均每个指定工场每年检车数仅 2800 辆，每天不足 10 辆。车辆维修前后，均需检验，合格后发放年检合格证，即可上路行驶。

汽车检验档案电子数据处理检索系统，不论是全国性或地区性联网，都能为交通事故处理、公安监理、车辆盗抢案件处理、保险赔付等提供极其有力的帮助。

（4）由国家实行定期的强制性车检制度，主要是从社会性的安全需求出发，要求汽车的使用单位或个人，明确自己的责任，按期对车辆的技术状况进行确认，并按照实际检测诊断的结果，进行调整或维修，保证车辆符合法定的安全标准。

这里必须明确，由国家实行定期的强制性车检，必须保证检验质量，它是对被检车辆是否合乎国家安全标准在技术上予以确认。

值得注意的是，由于汽车的结构越来越复杂，今后实行合理的、定期的安全检验与维修成为必要，由国家法规保证实行强制性车检的意义日益增强，并在大多数国家正在成为现实。同时，我们应预见到，由于汽车的制造质量、可靠性以及使用寿命的不断提高，特别是电子计算机在汽车上的广泛应用（目前，电子化使用在一般汽车上平均占 10%～20%，高档车上已达 40%～50%），今后的汽车，就是"装有四个车轮的计算机"。因此，今后汽车的安全性年检项目可能会越来越少，检验周期将越来越长。日本 1983 年道路运输法再次修订，即将新车首次年检从 2 年延长到 3 年，而意大利、挪威则早就延长到 4～5 年。

1972 年，首次国际汽车安全检验诊断技术会议召开，联邦德国最先提出"大众"牌车外诊断设备。该设备可检测诊断 80 个项目，并可将检测数据打印输出。1975 年，美国汉密尔顿、日本三菱重工推出汽车故障诊断仪。1977 年，就车诊断日益成为主流，如美国通用公司的 MISAR 车载诊断仪，使用高精度传感器及软件自诊断技术，实时监控发动机工况、油温、油耗、转速、电路、电压、轮胎气压、ABS 工况等，并能将故障实时显示和报警。此后，通用、福特、丰田、日产等全面开始自诊断和故障警示系统的研究开发，1984 年已达 80 项，目前已接近 200 项。随着先进科学技术特别是车载自检系统的发展与普及，不久的将来，将会在部分国家或地区，出现否定强制性定期车检制的发展趋势。

我国实行国家机动车强制性年检制度已有 30 多年的历史，用工况法进行汽车排放检验也有 10 多年的历史，其间走过一些弯路，但总的步伐是顺利的。不论机动车安全检验或排气检验，我国实际上都借鉴了许多国外先进国家有益的经验，同时，我国政府及车检行业亦做了大量工作，使我国机动车安全技术检验工作迅速缩小与国外的差距，获得了今天可喜的发展。

三、我国机动车安全检测技术未来的发展趋势

我国机动车安全技术检验自新中国成立后 60 年来，从无到有，从小到大，从使用进口设备到技术引进，全面国产化，自主开发生产，不仅满足了国内汽车飞速发展的要求，而且，已经向许多技术先进国家（包括日本、韩国、英国、欧盟国家）出口，从单台设备的手动线到计算机控制的全自动线，再从全自动线到区域联网（如北京车管所 30 条全自动线区域网），取得了很大的进步。而在机动车安全检验技术标准、技术法规方面，更有了丰硕的成果，交通部、公安部、技术监督部门，为此都做出了巨大的努力，而且在 21 世纪初，具有国外发达国家先进技术特色和吸收中国自己独特优势的机动车安全检验模式已初具规模。

我国机动车安全检验技术未来的发展，主要集中于以下几点：

（1）首先，要进一步理顺管理体制，强化沟通渠道，在检测机构布点规划、认证、授权、车源分配方面，逐步纳入正常渠道，进一步做到合理安排、科学管理。在国家法规、标准的统一条件下，按照市场经济规律，充分发挥国有企业和民营企业各自的优势，建立竞争机制，最终实现机动车安全检验的真正社会化。

（2）由于汽车工业和高速公路的快速发展，高新技术在汽车上的应用日益广泛，电子化程度越来越高，车速不断提高，新光源的开发应用，制动理论及技术的发展，以及排放检测新技术的日益普及应用，过去许多技术标准、规范、规程所制定的检验项目、检测方法和检测限值等都已经难以满足实际的需要。在这方面，今后应结合中国国情，重点开展机动车安全技术检验的基础研究。

（3）根据发达国家的成功经验，机动车年度检测，特别是在用车年度安检是保证机动车行驶安全的重要一环。除检测项目、检测方法和检测限值等应按中国国情科学合理地进行修订外，对关系到行车安全的重要项目或指标，已从检测设备取得的数据，还必须加强人工分析。对设备的精度、可靠性、稳定性要严格保证，认真执行检测设备的年度检定和法定使用周期更新淘汰制。

（4）为了真正实现机动车安全检验工作的彻底社会化，可以逐步试行将此项工作与汽车销售（4S 店）、维修（修理厂）、车辆保险（保险公司）结合在一起，这既符合广大车主的利益，也有利于机动车安全检验的规范化，国家只做规划、管理、授权工作，不干预具体业务。国外许多发达国家从一开始就这样做，早已有成熟的经验可以借鉴。

（5）最后，像中国这样的大国，如何实现机动车安全检验管理的网络化，一方面是检验机构内部检测工序、数据收集和处理、判定、统计报表、费用结算等的需要，另一方面，作为政府有关部门（公安、交通、技术监督部门）对社会在用汽车技术安全状况的监管需要，希望通过计算机网络与检测机构实现资源共享。至于在多大范围（全国、省、地区）内实现联网，涉及许多具体而复杂的硬软件方面的问题，解决的难度很大。此项工作任重道远，还需要列入日程，逐步解决。

四、国外机动车安全技术检验的发展趋势

（1）国外机动车检测技术与诊断技术是并行发展且密不可分的。随着汽车日益高度电子化和传感技术的迅速发展，今后车载自检系统部分或全部代替目前的车外台架检验，可以肯定是未来的发展趋势。特别是各种新能源汽车的开发与应用，将在许多方面根本改变目前机动车安全技术检验的模式。

（2）预测和监控机动车技术状况是机动车检测诊断技术进一步发展的必然趋势。今后的检测设备和仪器，将日益向智能化、人机一体化、多功能方向发展。通信网络和电子技术会更广泛地应用于机动车检测与运行监控。

（3）随着汽车工业先进科学技术及车载自检系统的进一步发展和应用，将会直接体现在机动车检验项目的逐步减少，而检测周期将逐步延长。在一定时期内，有可能在部分国家或地区，出现局部或全部否定强制性定期车辆年检制的趋势。未来汽车自动驾驶技术现在在许多国家已取得相当大的发展，它彻底改变了人车关系，更好地保证了车辆行驶的安全。

本章小结

本章主要介绍机动车安全技术检验的基本概念和意义，综述了机动车安全技术检验的发展历史和趋势，重点是掌握机动车安全技术检验的概念、分类和特征，了解机动车安全技术检验的发展及趋势。

思考题：

1. 简述机动车安全技术检验的概念及分类。
2. 简述机动车安全技术检验的特征。
3. 简述机动车安全技术检验的发展及趋势。

第二章 机动车概述

第一节 机动车分类

由于适用场合、评价角度等的不同，国家标准对机动车的分类及规定不尽相同。

一、《机动车安全运行技术条件》（GB 7258–2004）对汽车的分类及定义

《机动车安全运行技术条件》（GB 7258–2004）是我国机动车运行安全管理的最基本的技术条件，文中规定：机动车是由动力装置驱动或牵引、在道路上行驶的、供乘用或（和）运送物品或进行专项作业的轮式车辆，包括汽车及汽车列车、摩托车及轻便摩托车、拖拉机运输机组、轮式专用机械车和挂车等，但不包括任何在轨道上运行的车辆。该标准对汽车的分类及其定义见表2–1。

表2–1 汽车的分类及定义

序号	类型	定　义	备注
1	乘用车	在其设计和技术特性上主要用于载运乘客及其随身行李和/或临时物品的汽车，包括驾驶员座位在内最多不超过9个座位。它也可以牵引一辆挂车	按动力源不同，汽车可分为汽油车、柴油车、气体燃料车和电动汽车
2	客车	在其设计和技术特性上主要用于载运乘客及其随身行李的商用车辆，包括驾驶员座位在内的座位数超过9个。有单双层之分	
3	货车	一种主要为载运货物而设计和装备的商用车辆，能否牵引一辆挂车均可	

注：该标准规定的车辆分类还包括半挂牵引车和专用作业车。专用作业车，是指在其设计和技术特性上用于特殊工作的车辆，如道路清洁车辆、垃圾车等。

二、《机动车和挂车分类》（GB/T 15098 −2001） 对汽车的分类及定义

《机动车和挂车分类》（GB/T 15098 − 2001） 按座位数及最大设计总质量对汽车及挂车进行分类，适用于汽车制造业。根据该标准的规定，汽车及挂车的分类方法详见表2 − 2。

表2 − 2　汽车及挂车的分类

汽车类型		座位数	最大设计总质量/kg	说　明
M 类 至少有四个车轮并且用于载客的机动车	M₁	≤9	—	包括驾驶员座位在内，座位数不超过 9 座的载客车辆
	M₂	>9	≤5000	包括驾驶员座位在内，座位数超过9个，且最大设计总质量不超过5吨的载客车辆
	M₃	—	>5000	包括驾驶员座位在内，座位数超过9个，且最大设计总质量超过5吨的载客车辆
N 类 不少于四个车轮并且用于载货的机动车	N₁	—	≤3500	最大设计总质量不超过3.5吨的载货车辆
	N₂	—	>3500—12000	最大设计总质量超过3.5吨，但不超过12吨的载货车辆
	N₃	—	>12000	最大设计总质量超过12吨的载货车辆

注：该标准规定的车辆分类还包括 O 类和 G 类。O 类指挂车（包括半挂车）；G 类指满足一定要求的 M 类和 N 类的越野车。

三、《汽车和挂车类型的术语和定义》 （GB/T 3730 −2001） 对汽车的分类及定义

其根据汽车的用途将汽车分为乘用车和商用车。

（1）乘用车，是指在其设计和技术特性上主要用于载运乘客及其随身行李和/或临时物品的汽车，包括驾驶员座位在内座位数最多不超过9个，它也可牵引一辆挂车。依据该标准，乘用车的分类规定见表2 − 3。

表2-3　乘用车分类及定义

序号	术　语	特　征
1	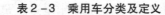普通乘用车	车身：封闭式，侧窗中柱有或无。车顶：固定式，硬顶，可部分开启。座位：不少于4个，至少两排。后座椅可折叠或移动。车门：2个或4个侧门，可有一后开启门
2	活顶乘用车	车身：固定侧围框架，可开启式。车顶：硬顶或软顶，至少有两个位置（①封闭；②开启或拆除）；车身可以通过使用一个或数个硬顶部件和/或合拢软顶将开启的车身关闭。座位：不少于4个，至少两排。车门：2个或4个侧门。车窗：不少于4个
3	高级乘用车	车身：封闭式。前后座之间可以设有隔板。车顶：固定式，硬顶。有的顶盖一部分可以开启。座位：不少于4个，至少两排。后排座椅前可安装折叠式座椅。车门：4个或6个侧门，也可有一个后开启门。车窗：不少于6个（侧窗）
4	小型乘用车	车身：封闭式。车顶：固定式，硬顶；有的可部分开启。座位：不少于2个，至少一排。车门：2个侧门，也可有一个后开启门。车窗：不少于2个（侧窗）
5	敞篷车	车身：可开启式。车顶：可为软顶或硬顶，至少有两个位置（第一个位置遮覆车身；第二个位置车顶卷收或可拆除）。座位：不少于2个，至少一排。车门：2个或4个侧门。车窗：2个或2个以上侧窗
6	旅行车	车身：封闭式。车顶：固定式，硬顶；有的可部分开启。座位：不少于4个，至少两排。座椅的一排或多排可拆除，或装有向前翻倒的座椅靠背，以提供装载平台。车门：2个或4个侧门，并有一后开启门。车窗：不少于4个（侧窗）
7	越野乘用车	在其设计上所有车轮同时驱动（包括一个驱动轴可以脱开的车辆），或其几何特性（接近角、离去角、纵向通过角、最小离地间隙）、技术特性（驱动轴数、差速锁止机构或其他型式机构）及性能（爬坡度）允许在非道路上行驶的一种乘用车

注：1. 车窗指一个玻璃窗口，它可由一块或几块玻璃组成（如通风窗为车窗的一个组成部分）。
　　2. 按照该标准的分类，乘用车还包括舱背乘用车、多用途乘用车、短头乘用车、专用乘用车。

（2）商用车，是指在设计和技术特性上用于运送人员和货物的汽车（乘用车不包括在内），并且可以牵引挂车。根据该标准，商用车的分类及定义见表2－4。

表2－4　商用车分类

序号	术　语	定　义
1	 客　车	在设计和技术特性上用于载运乘客及其随身行李的商用车辆，包括驾驶员座位在内座位数超过9个。客车有单层的或双层的，也可牵引一辆挂车
1.1	 小型客车	用于载运乘客，除驾驶员座位外，座位数不超过16个的客车
1.2	 城市客车	一种为城市内运输而设计和装备的客车。这种车辆设有座椅及乘客站立的位置，并有足够的空间供频繁停站时乘客上下车走动用
1.3	 长途客车	一种为城间运输而设计和装备的客车。这种车辆没有专供乘客站立的位置，但在其通道内可载运短途站立的乘客
1.4	 旅游客车	一种为旅游而设计和装备的客车。这种车辆的布置要确保乘客的舒适性，不载运站立的乘客
1.5	 越野客车	在其设计上所有车轮同时驱动（包括一个驱动轴可以脱开的车辆），或其几何特性（接近角、离去角、纵向通过角、最小离地间隙）、技术特性（驱动轴数、差速锁止机构或其他型式机构）及性能（爬坡度）允许在非道路上行驶的一种车辆

（续表）

序号	术　语	定　义
2	 半挂牵引车	装备有特殊装置用于牵引半挂车的商用车辆
3	 货车	一种主要为载运货物而设计和装备的商用车辆，能否牵引一辆挂车均可
3.1	 普通货车	一种在敞开（平板式）或封闭（厢式）载货空间内载运货物的货车
3.2	 越野货车	在其设计上所有车轮同时驱动（包括一个驱动轴可以脱开的车辆），或其几何特性（接近角、离去角、纵向通过角、最小离地间隙）、技术特性（驱动轴数、差速锁止机构或其他型式机构）及性能（爬坡度）允许在环路上行驶的一种车辆

注：按照该标准，客车还包括铰接客车、无轨电车、专用客车；货车还包括多用途货车、全挂牵引车、专用作业车和专用货车。

四、公安交通管理部门对机动车的分类及定义

在 GB 7258-2004 及其他相关标准的基础上，公安部文件《机动车登记工作规范》（工交管〔2004〕115 号发布）（以下简称"规范"）对机动车进一步作了明确的规定，要求按照机动车规格术语（见表 2-5）和机动车结构术语（见表 2-6）的分类栏对应的规格术语和结构术语相加签注机动车行驶证件，如"大型普通客车"、"微型轿车"。

表 2-5 机动车规格术语

分类	规格术语		说 明
汽车	载客	大型	车长大于等于 6m 或者乘坐人数大于等于 20 人。乘坐人数可变的，以上限确定。乘坐人数包括驾驶员（下同）
		中型	车长小于 6m、乘坐人数大于 9 人且小于 20 人
		小型	车长小于 6m、乘坐人数小于等于 9 人
		微型	车长小于等于 3.5m、发动机汽缸总排量小于等于 1L
	载货	重型	车长大于 6m，总质量大于等于 12t
		中型	车长大于 6m，总质量大于等于 4.5t 且小于 12t
		轻型	车长小于 6m，总质量小于 4.5t
		微型	车长小于等于 3.5m，总质量小于 1.8t
	三轮汽车（三轮农用运输车）		以柴油机为动力，最高设计车速小于等于 50km/h，最大设计总质量不大于 2t，车长小于等于 4.6m，宽小于等于 1.6m，高小于等于 2m，具有三个车轮的货车。采用方向盘转向，由传递轴传递动力，有驾驶室且驾驶员座椅后有物品放置空间，长小于等于 5.2m，宽小于等于 1.8m，高小于等于 2.2m
	低速汽车（四轮农用运输车）		以柴油机为动力，最高设计车速小于 70km/h，最大设计总质量小于等于 4.5t，车长小于 6m，宽小于等于 2m，高小于等于 2.5m，具有四个车轮的货车

在对机动车签注时应注意如下几点：

（1）分类栏不对应的，不签注规格术语。

（2）除微型轿车外，其他轿车、三轮汽车、普通低速货车、厢式低速货车、罐式低速货车、自卸低速货车不签注规格术语。

（3）半挂牵引车、使用载货汽车底盘的专项作业车按照载货汽车的规格术语签注；适用载客汽车底盘的专项作业车按照载客汽车的规格术语签注。

表 2-6 机动车结构术语

分类		结构术语	说 明
汽车	载客	 普通客车	车身为长方体或近似长方体。单层地板，一厢或两厢式结构，安装座椅的载客汽车
		 双层客车	车身为长方体或近似长方体，双层地板，一厢或两厢式结构，安装座椅的载客汽车

（续表）

分类		结构术语	说　　明
汽车	载客	卧铺客车	车身为长方体或近似长方体，双层地板，一厢或两厢式结构，安装卧铺的载客汽车
		铰接客车	车身为长方体或近似长方体，单层地板，由铰接装置连接两节车厢且连通，安装座椅的载客汽车
		越野客车	车身结构为一厢或两厢，所有车轮能够同时驱动，接近角、离去角、纵向通过角、最小离地间隙等技术参数按照高通过性设计的载客汽车
		轿车	车身结构为两厢且乘坐人数不超过5人，或车身结构为三厢式且乘坐人数不超过7人的载客汽车，但同一型号车辆可增加乘坐人数的除外
	载货	普通货车	载货部位的结构为栏板的载货汽车，不包括具有自动倾卸装置的载货汽车
		厢式货车	载货部位的结构为封闭厢体且与驾驶室各自独立的载货汽车

（续表）

分类		结构术语	说 明
汽车	载货	 封闭货车	载货部位的结构为封闭厢体且与驾驶室连成一体，车身结构为一厢式的载货汽车
		 罐式货车	载货部位的结构为封闭罐体的载货汽车
		 平板货车	载货部位的地板为平板结构且无拦板的载货汽车
		 集装箱车	载货部位为框架结构且无地板、专门运输集装箱的载货汽车
		 自卸货车	载货部位具有自动倾卸装置的载货汽车
		 特殊结构货车	载货部位为特殊结构，专门运输特定物品的载货汽车，如运输小轿车的双层结构载货汽车，运输活禽畜的多层结构载货汽车

（续表）

分类		结构术语	说　　明
汽车	其他	半挂牵引车	不具有载货结构，专门用于牵引半挂车的汽车
		专项作业车	装置有专门设备或结构，用于专门作业的汽车，如洒水车、吸污车、水泥搅拌车、起重车、医疗车等
		三轮汽车	载货部位为栏板结构，具有3个车轮的货车
		普通低速货车	载货部位为栏板结构，具有4个车轮的低速货车
		厢式低速货车	载货部位为封闭厢体结构且与驾驶室各自独立，具有4个车轮的低速货车
		罐式低速货车	载货部位为封闭罐体结构，具有4个车轮的低速货车

（续表）

分类		结构术语	说　明
汽车	其他	 自卸低速货车	载货部位具有自动倾卸装置，具有 4 个车轮的低速货车

五、汽车的其他分类方法

汽车除上述主要分类方法外，还可以按动力装置类型、道路行驶条件、发动机位置及驱动形式等的不同进行分类。

（1）按动力装置类型不同，汽车可分为内燃机汽车、电动汽车、喷气式汽车和其他动力装置汽车。

（2）按道路行驶条件不同，汽车可分为公路用汽车和非公路用汽车。

（3）按发动机位置及驱动形式不同，汽车可分为前置发动机前轮驱动、前置发动机后轮驱动、后置发动机后轮驱动及四轮驱动汽车。

除上述汽车分类标准外，公安部交通管理部门还按照使用性质将机动车分为营运汽车和非营运汽车两类。

营运汽车，是指个人或单位以获取运输利润为目的而使用的机动车；非营运汽车，是指个人或单位不以获取运输利润为目的而使用的机动车。按照该标准，汽车的详细分类见表 2 - 7。

表 2 - 7　按照使用性质对汽车进行分类

分　类		说　明
营运	 公路客运	专门从事公路客运的机动车
	 公交客运	城市内专门从事公共交通客运的机动车

（续表）

分　类		说　明
营运	出租客运	以行驶里程和时间计费，将乘客载运至其指定地点的机动车
	旅游客运	专门运载游客的机动车
	货运	专门从事货物运输的机动车
	租赁	专门租赁给其他单位或个人使用，以租用时间或租用里程计费的机动车
非营运	警用	公安机关、监狱、劳动教养管理机关和人民法院、人民检察院用于执行紧急任务的机动车
	消防	公安消防部队和其他消防部门用于灭火的专用机动车和现场指挥机动车
	救护	急救、医疗机构和卫生防疫部门用于抢救危重病人或处理紧急疫情的专用机动车

(续表)

分 类		说 明
非营运	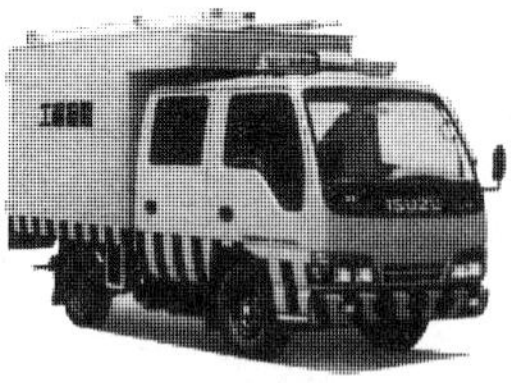 工程抢救	防汛、水利、电力、矿山、城建、交通、土地等部门用于抢修公用设施、抢救人民生命财产的专用机动车和现场指挥车
	 营转非	原为营运车辆，现改为非营运车辆
	 出租营转非	原为出租车辆，现改为非营运车辆

说明：签注使用性质时，除"非营运"外，其他按照细类签注。

六、摩托车分类

根据《机动车和挂车分类》（GB/T 15098 - 2001），两轮或三轮机动车辆属于 L 类，具体分类如表 2 - 8。

表 2 - 8　摩托车分类

类型	图 示	说 明
L1 类		若使用热力发动机，其汽缸排量不超过 50ml，且无论使用何种驱动方式，其最高设计车速不超过 50 km/h 的两轮车辆。其实际上指的是轻便两轮摩托车
L2 类		若使用热力发动机，其汽缸排量不超过 50ml，且无论使用何种驱动方式，其最高设计车速不超过 50 km/h，具有任何车轮布置形式的三轮车辆。其实际上指的是轻便三轮摩托车

（续表）

类型	图　示	说　明
L3 类	 	若使用热力发动机，其汽缸排量超过 50ml，或无论使用何种驱动方式，其最高设计车速超过 50 km/h 的两轮车辆。其为通常所称的两轮摩托车
L4 类	 	若使用热力发动机，其汽缸排量超过 50ml，或无论使用何种驱动方式，其最高设计车速超过 50 km/h，三个车轮相对于车辆的纵向中心平面为非对称布置的车辆（带边斗的摩托车）
L5 类	 	若使用热力发动机，其汽缸排量超过 50ml，或无论使用何种驱动方式，其最高设计车速超过 50 km/h，三个车轮相对于车辆的纵向中心平面为对称布置的车辆，通常称为正三轮摩托车

第二节　发动机

　　发动机是汽车的动力装置。其作用是使燃料燃烧产生动力，然后通过底盘的传动系驱动车轮使汽车行驶。发动机主要有汽油机和柴油机两种。汽油发动机由曲柄连杆机构、配气机构和燃料供给系、冷却系、润滑系、点火系、启动系组成。柴油发动机的点火方式为压燃式，所以无点火系，其他系统与汽油发动机类似。

一、发动机的分类和工作原理

1. 发动机的分类

按不同的分类方法，发动机可以分为很多类型。主要有以下分类方法：

（1）按燃料可以分为汽油机、柴油机、天然气机。

（2）按活塞运动方式可以分为活塞往复直线运动发动机和旋转运动发动机。

（3）按冲程可以分为四行程发动机和二行程发动机。

（4）按缸数及排列型式可以分为单缸发动机、多缸发动机、直立发动机、直卧发动机、V 形发动机。

（5）按冷却方式可以分为水冷发动机、风冷发动机。

（6）按气门布置型式可以分为侧置气门发动机和顶置气门发动机。

（7）按凸轮轴布置型式可以分为顶置凸轮轴发动机、上置凸轮轴发动机和下置凸轮轴发动机。

（8）按着火方式可以分为点燃式发动机和压燃式发动机。

（9）按进气方式可以分为自然吸气发动机和增压进气发动机。

2. 发动机的工作原理

（1）四行程发动机工作原理。

①四行程汽油机工作原理。发动机的工作原理可以用进气、压缩、做功和排气四个行程来描述。

a. 进气行程。其作用是将汽油和空气混合成的可燃气体吸入汽缸（如图2－1所示）。

b. 压缩行程。压缩行程如图2－2所示，其作用是提高可燃混合气的压力和温度，为迅速燃烧创造条件。

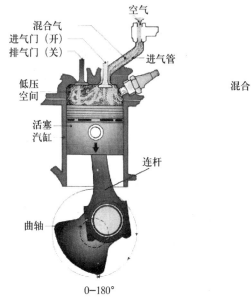

图2－1　发动机进气行程

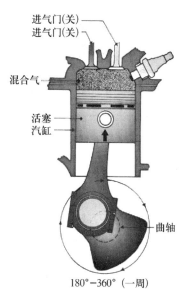

图2－2　发动机压缩行程

c. 做功行程。图2－3所示为做功行程示意图，其作用是使压缩的可燃混合气燃烧后膨胀，通过活塞连杆机构带动曲轴旋转。

d. 排气行程。排气行程的作用是排除汽缸内膨胀做功后的废气（如图2－4所示）。

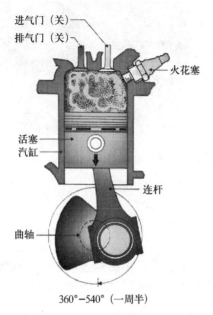
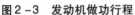

图2-3 发动机做功行程

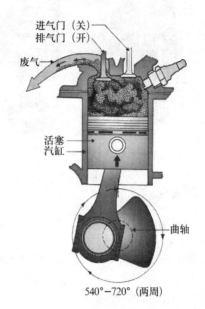

图2-4 发动机排气行程

发动机每完成一次进气、压缩、做功、排气的过程，称为一个工作循环。发动机每完成一个工作循环时，曲轴转动两周（720℃），进、排气门各开启一次，活塞完成四个行程，其中进气、压缩和排气行程是消耗动力，只有做功行程产生动力。

②四行程柴油机工作原理。

a. 进气行程。与汽油发动机不同的是，柴油机进气行程吸入的是纯空气，而不是油气混合气体。

b. 压缩行程。活塞将空气压缩，压缩行程末期，缸内压力、温度高于汽油机。

c. 做功行程。活塞接近上止点，喷油器高压喷油，形成混合气后自燃，气体急剧膨胀，推动活塞做功。

d. 排气行程。气体充分膨胀后，进气门关闭，排气门打开进行排气，排气后缸内压力、温度较低。

（2）二行程发动机工作原理。曲轴转一周，活塞往复两个行程完成一个工作循环的发动机，称为二行程发动机。二行程汽油机缸壁有进气孔、排气孔（如图2-5所示）。当活塞自下止点向上止点运动时，完成两个行程，即进气和压缩，当压缩行程即将结束时，火花塞点火，此时，活塞开始自上止点向下止点运动，这一运动过程中，也完成两个行程，即做功和排气。

与四行程发动机相比，二行程发动机有如下优缺点：功率提高；做功次数多，运转平稳；结构简单，维修方便；废气不易排干净，新气损失大，经济性差。

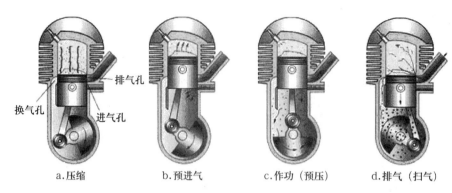

a.压缩　　　　b.预进气　　　　c.作功（预压）　　　d.排气（扫气）

图2-5　二行程汽油发动机工作原理示意图

二、发动机总体构造

发动机主要由两个机构和五个系统组成，两个机构是指曲柄连杆机构和配气机构，五个系统包括供给系、冷却系、润滑系、点火系（汽油机）和启动系。图2-6所示为发动机的总体构造示意图。

图2-6　发动机的总体构造

1. 曲柄连杆机构

曲柄连杆机构的功用是把燃气作用在活塞顶上的力转变为曲轴的转矩，以向工作机械输出机械能。曲柄连杆机构的主要零件可以分成三组：机体零件组、活塞连杆组和曲轴飞轮组（如图2-7所示）。

由于连杆机构是在高压下变速运动，因此，它在工作中的受力情况非常复杂，其受到的力主要有气体作用力、运动质量惯性力、摩擦力以及外界阻力等。摩擦力主要取决于运动零件的制造质量与润滑情况，其数值较小，一般可以忽略不计。

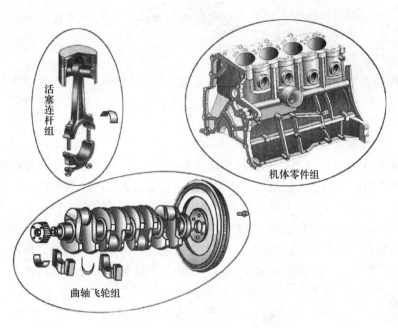

图2-7　曲柄连杆机构的组成

2. 配气机构

配气机构的功用是按照发动机每一汽缸内进行的工作循环和发火次序的要求，定时开启和关闭进、排气门，使新鲜充量（汽油机为可燃混合气、柴油机为空气）及时进入汽缸，而废气及时从汽缸排出。

气门式配气机构由气门组和气门传动组零件组成（如图2-8所示）。配气机构可以从不同角度分类，按气门的布置形式，主要有气门顶置式和气门侧置式；按凸轮轴的布置位置，可分为凸轮轴下置式、凸轮轴中置式和凸轮轴上置式；按曲轴和凸轮轴的传动方式，可分为齿轮传动式、链传动式和带传动式。

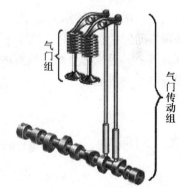

3. 油料供给系统

油料供给系统主要分为两类：汽油机供给系统和柴油机供给系统。

图2-8　气门式配气机构组成示意图

（1）汽油机供给系统。

① 供给系统的作用。汽油机供给系统的任务是，根据发动机各种不同工况的要求，配制出一定数量和浓度的可燃混合气，供入汽缸，使之在邻近压缩终了时点火燃烧而膨胀做功。最后，供给系统还应将燃烧产物——废气排入大气中。

② 汽油喷射系统。原来汽油机上普遍采用的是化油器式供给系统，但是随着对排放要求的提高及科技的发展，此种供给系统已基本淘汰，目前汽油机主要采用汽油喷射混合气形成方式。汽油喷射系统主要有如下优点：

a. 进气管道中没有狭窄的喉管，空气流动阻力小，充气性能好，因此，输出功率也较大。

b. 混合气体分配均匀。

c. 可以随着发动机使用工况及使用场合的变化而配制一个最佳的混合气成分。这种最佳混合气成分可同时按发动机的经济性、动力性，特别是按减少排放有害物的要求来确定。

d. 具有良好的加速等性能。

③ 汽油喷射系统的分类。按喷射系统执行机构的不同，可以分为多点喷射和单点喷射。多点喷射就是每个汽缸配备一个喷射器，直接将燃料喷入各个汽缸对应气道的进气门前方。单点喷射就是一个喷油器向两个以上的汽缸供油，喷油器安装在进气门前的区段中，燃料喷入后随空气流进入进气支管内。按喷射控制装置的形式不同可分为机械式、电子控制式及机电混合控制式。按喷射方式不同可分为间歇喷射或脉冲喷射式、连续喷射或稳定喷射式。按喷射位置不同可分为进气道喷射和缸内喷射两种。

（2）柴油机供给系统。柴油分为车用柴油（轻柴油）和重柴油。车用柴油用于高速柴油机，重柴油用于中、低速柴油机。汽车柴油机均为高速柴油机，故使用轻柴油。

① 柴油混合气的特点。由于柴油的蒸发性和流动性都比汽油差，因此，柴油机不能像汽油机那样在汽缸外部形成可燃混合气。柴油机的混合气只能在汽缸内部形成，即在接近压缩行程终点时，通过喷油器将柴油喷入汽缸内。柴油油粒在炽热的空气中受热、蒸发、扩散，并与空气形成可燃混合气，最终自行发火燃烧。

柴油机燃烧室的形状有很多，一般均按其结构形式分为直喷式燃烧室和分隔式燃烧室两大类。图 2－9 所示为直喷式燃烧室，其容积集中于汽缸之中，且其大部分集中于活塞顶上的燃烧室凹坑内。图 2－10 所示为分隔式燃烧室，其容积一分为二，一部分位于汽缸盖中，另一部分则在汽缸内，在汽缸内的那部分称为主燃烧室，位于汽缸盖中的那部分称为副燃烧室。

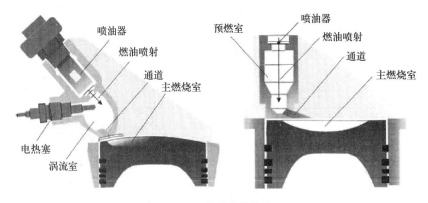

图 2－9　直喷式燃烧室

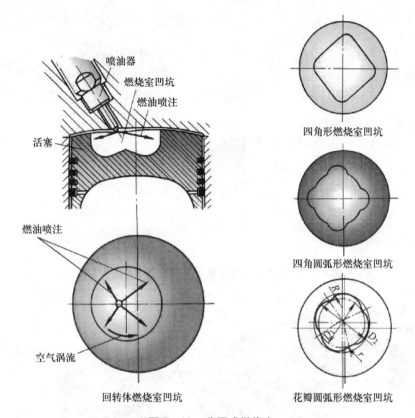

四角形燃烧室凹坑

四角圆弧形燃烧室凹坑

回转体燃烧室凹坑

花瓣圆弧形燃烧室凹坑

图 2 - 10　分隔式燃烧室

② 柴油供给系统的功用。柴油供给系统的主要功用如下：

a. 在适当的时刻，将一定数量的洁净柴油增压后以适当的规律喷入燃烧室内；

b. 在每一个工作循环内，各汽缸均喷油一次，喷油次序与汽缸工作顺序一致；

c. 根据柴油机负荷的变化自动调节循环供油量，以保证柴油机稳定运转，尤其是稳定怠速，同时还具有限制超速的作用；

d. 储存一定数量的燃油，保证汽车的最大续驶里程。

③ 柴油机燃油供给系统的组成。柴油机燃油供给系统包括喷油器和调速器等主要部件以及燃油箱、输油泵、油水分离器、燃油滤清器、喷油提前器和高、低压油管等辅助装置。图 2 - 11 为装有柱塞式喷油泵的柴油机燃油供给系统。

4. 发动机冷却系统

（1）冷却系统的功用。冷却系统的功用是使发动机在所有工况下都保持在适当的温度范围内。冷却系统要防止发动机过热，也要防止冬季发动机过冷。在冷态下的发动机启动后，冷却系统还要保证发动机迅速升温，尽快达到正常的工作温度。

汽车发动机的冷却系统称为强制循环水冷系统，即利用水泵提高冷却液的压力，强制冷却液在发动机中循环流动。

（2）冷却系统的组成。强制循环水冷系统由水泵、散热器、冷却风扇、节温器、补偿水桶、发动机机体和汽缸盖中的水套以及其他附属装置等组成（如图 2 - 12 所示）。

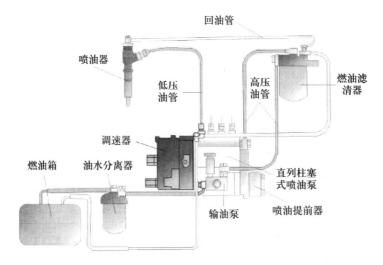

图2-11 柱塞式喷油泵柴油机燃油供给系统示意图

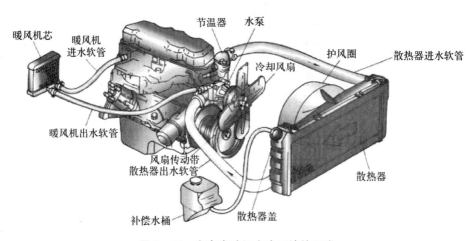

图2-12 汽车发动机水冷系统的组成

5. 发动机润滑系统

（1）润滑系统的功用。润滑系统的功用就是在发动机工作时连续不断地把数量足够的洁净润滑油（或机油）输送到全部传动部件的摩擦表面，并在摩擦表面之间形成油膜，实现液体摩擦，从而减小摩擦阻力、降低功率消耗、减轻部件磨损，达到提高发动机工作可靠性和耐久性的目的。

（2）润滑方式。由于发动机传动件的工作条件不同，因此，对负荷及相对运动速度不同的传动件采用的润滑方式也不同。润滑方式主要分为三类：压力润滑、飞溅润滑和润滑脂润滑。

压力润滑是以一定的压力把润滑油供入摩擦表面的润滑方式。这种方式主要用于主轴承、连杆轴承及凸轮轴轴承等负荷较大的摩擦表面的润滑。

飞溅润滑是利用发动机工作时运动零件溅起来的油滴或油雾润滑摩擦表面的润滑方

式。该方式主要用来润滑负荷较小的汽缸壁和配气机构的凸轮、挺柱、气门杆以及摇臂等零件的工作表面。

润滑脂润滑是通过定期润滑脂嘴定期加注润滑脂来润滑零件的工作表面，如水泵及发电机轴承等。

（3）润滑系统油路。现代汽车发动机的润滑系统油路大致相同。图 2-13 所示为桑塔纳轿车 JV 型 1.8L 发动机润滑系统油路示意图。在此系统中，曲轴的主轴颈、曲柄销、凸轮轴轴颈及中间轴轴颈均采用压力润滑，其余部分则采用飞溅润滑或润滑脂润滑。

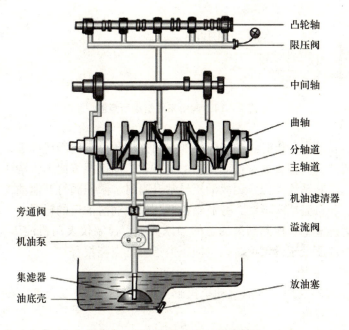

图 2-13 润滑系统油路示意图

当发动机工作时，润滑油从油底壳经集滤器被机油泵送入机油滤清器。如果油压太高，则润滑油经机油泵上的溢流阀返回机油泵入口。全部润滑油经机油滤清器滤清之后进入发动机主油道。机油滤清器盖上设有旁通阀，当机油滤清器堵塞时，润滑油不经过机油滤清器滤清，而由旁通阀直接进入主油道。润滑油经主油道进入五条分油道，分别润滑五个主轴承。然后，润滑油经曲轴上的斜油道，从主轴承流向连杆轴承润滑曲柄销。主油道中的部分润滑油经第六条分油道供入中间轴的后轴承。中间轴的前轴承由机油滤清器出油口的一条油道供润滑油。主油道的另一条分油道直通凸轮轴轴承润滑油道，此油道也有五个分油道，分别向五个凸轮轴轴承供油。

（4）润滑系统组成

为了实现润滑系统的功用，汽车发动机润滑系统一般由机油泵、油底壳、机油滤清器、限压阀、旁通阀、机油压力感应塞、机油压力表或指示灯、机油温度表等组成（如图 2-14 所示）。现代汽车发动机润滑系统的组成及油路布置方案大致相似，只是由于润滑系统的工作条件和具体结构的不同而稍有差别。

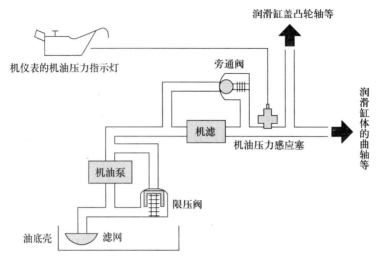

图2-14 润滑系统组成示意图

①机油泵：发动机工作时将油底壳机油抽出并加压后排向润滑油道；

②机油滤清器：简称机滤，过滤机油中的杂质，向磨擦表面提供清洁的机油；

③限压阀：限制系统油压，因故油压异常升高时，限压阀打开泄油；

④旁通阀：若机滤堵塞不畅，旁通阀打开，保证润滑油道的畅通；

⑤机油压力感应塞：检测润滑油道的油压大小，控制仪表的机油压力指示灯工作，若发动机工作时油压低于设定值时，机油压力指示灯点亮报警。

6. 发动机点火系统

（1）点火系统的功用。汽油发动机汽缸内燃料与空气的混合气，在压缩行程终了时采用高压电火花点火。

为了在汽缸中定时地产生高压电火花，汽油发动机设置了专门的点火系统，简称发动机点火系。

点火系的基本功用是在发动机各种工况和使用条件下，在汽缸内适时、准确、可靠地产生电火花，以点燃可燃混合气，使汽油发动机实现做功。

（2）点火系统的类型。发动机点火系统按其组成和产生高压电方式不同，可分为传统蓄电池点火系统、半导体点火系统、微机控制点火系统和磁电机点火系统。

目前，国内外汽车汽油发动机广泛采用半导体点火系统和微机控制点火系统，传统蓄电池点火系统已逐渐淘汰。磁电机点火系统主要应用在赛车发动机和不带蓄电池的摩托车发动机上。

（3）电子点火系统。电子点火系统已为大多数汽车发动机所采用，主要是因为其具有如下优点：

①可以减少触点火花，避免触点烧蚀，延长触点的使用寿命；有的还可以取消触点，因而克服了与触点相关的一切缺点，改善了点火性能；

②可以不受触点的限制，增大一次电流，提高二次电压，改善发动机高速时的点火性能。

③由于二次电压和点火能量的提高，使其对火花塞积炭不敏感，且可以加大火花塞电极间隙，点燃较稀的混合气，从而有利于改善发动机的动力性、经济性和排气净化性能；

④大大减轻了对无线电的干扰；

⑤结构简单，质量轻，体积小，使用和维修方便。

目前，国内外汽车上使用的电子点火系统主要分为有触点式电子点火系统和无触点式电子点火系统两大类。电子点火控制器取代了原来断电器中的触点，用来根据点火信号发生器送来的脉冲电信号，控制点火线圈一次电路的通断。比较完善的点火控制器还具有恒电流控制、闭合角控制、停车断电保护等多项功能。

分电器主要包括配电器和离心提前机构、真空提前机构，它们的作用、结构和工作原理与传统点火系统分电器的对应部分完全相同；点火线圈、火花塞、点火开关和电源等部分的结构和作用与传统点火系统相同。

7. 发动机启动系统

（1）启动系统的功用。为了使静止的发动机进入工作状态，必须先用外力转动发动机曲轴，使活塞开始上下运动，汽缸内吸入可燃混合气，并将其压缩、点燃，体积迅速膨胀产生强大的动力，推动活塞运动并带动曲轴旋转，发动机才能自动地进入工作循环。发动机的曲轴在外力作用下开始转动到发动机自动怠速运转的全过程，称为发动机的启动过程。

启动系统的作用就是在正常使用条件下，通过启动机将蓄电池储存的电能转变为机械能带动发动机以足够高的转速运转，以顺利启动发动机。

（2）启动方式。发动机常用的启动方式有人力启动、辅助汽油机启动和电力启动机启动等多种形式。人力启动即手摇启动或绳拉启动，其结构十分简单，主要用于大功率柴油机的辅助汽油机的启动，对于柴油发动机，由于启动转矩大、启动转速高，不可能使用人力启动。辅助汽油机启动，启动装置体积大、结构复杂，只用于大功率柴油发动机的启动。电力启动机启动即以电动机作为动力源。当电动机轴上的驱动齿轮与发动机飞轮周缘上的环齿啮合时，电动机旋转所产生的电磁转矩，通过飞轮传递给发动机的曲轴，使发动机启动。

电力启动机简称启动机。它以蓄电池为电源，结构简单、操作方便、启动迅速可靠。目前，几乎所有的汽车发动机都采用电力启动机启动。

（3）启动预热。在寒冷地区和严寒季节启动发动机时，由于机油黏度增高，启动阻力矩增大，同时燃料汽化不良，蓄电池内阻增加，启动性能变坏，使发动机启动困难，为此，在冬季启动时应设法将进气、润滑油或冷却液加以预热。启动预热装置主要有进气预热装置、电热塞、启动预热锅炉、启动液喷射装置以及启动减压装置等。

图 2-15 所示为进气预热装置示意图。进气预热装置一般由电混合气预热器、进气预热温控开关、进气预热继电器等组成。电混合气预热器由电热丝和陶瓷载体组成，安装在进气支管上。预热器的工作由温控开关和继电器控制。当发动机冷却液的温度或进气温度低于一定值时，温控开关的触点闭合，继电器的线圈通电，触点吸合，接通电混合气预热器的电路，实现进气预热。

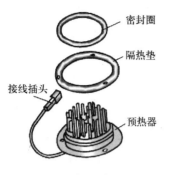

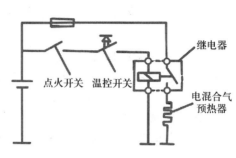

a.电混合气预热器　　　　b.进气预热装置电路示意图

图 2-15　进气预热装置的组成

采用涡流室式或预燃室式燃烧室的柴油发动机，由于燃烧室表面积大，在压缩行程中的热量损失较直接喷射式大，更难启动。为此，在涡流室式或预燃室式柴油机的燃烧室中可以安装预热塞，在启动时对燃烧室内的空气加以预热。常用的电热塞有开式电热塞、密封式电热塞等多种形式。图 2-16 所示为密封式电热塞的结构示意图。螺旋型电阻丝用铁镍铝合金制成，其一端焊接于中心螺杆上，另一端焊接在用耐高温不锈钢制成的发热体钢套的底部，中心螺杆通过高铝水泥胶合剂固定于瓷质绝缘体上。外壳上端翻边，将绝缘体、发热体钢套、密封垫圈和外壳相互压紧。在发热体钢套内填充具有绝缘性能、导热好、耐高温的氧化铝填充剂。每缸一个电热塞，每个电热塞的中心螺杆并联与电源相接。发动机启动前首先接通电热塞的电路，电阻丝通电后迅速将发热体钢套加热到红热状态，使汽缸内的空气温度升高，从而可提高压缩终了时的温度，使喷入汽缸的柴油容易燃烧。

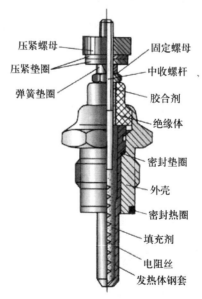

图 2-16　密封式电热塞的结构示意图

（4）启动机。用电力启动机启动发动机几乎是现代汽车采用的唯一启动方式。启动机主要由直流电动机、传动机构和控制机构等组成（如图 2－17 所示）。

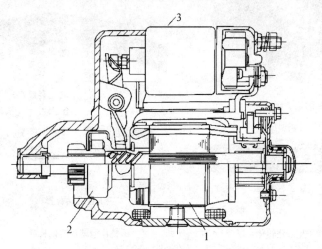

1－直流电动机；2－传动机构；3－控制机构

图 2－17　启动机的组成

8. 发动机有害排放物的控制系统

（1）汽车发动机的有害排放物。汽车发动机的有害排放物主要有尾气排放物、燃油系统蒸发物和噪声。其中，尾气排放物，对汽油机来说主要指 CO、HC 和 NO_x；而对柴油机而言，除 CO、HC、NO_x 外，还有微粒和烟度。这些尾气排放物的生成直接与发动机的燃烧过程有关。

（2）汽油机的排放控制装置。汽油机尾气排放控制方式有燃烧控制和三元催化转化装置两种方法。燃烧控制主要是通过排气再循环来降低 NO_x 的排放，同时通过氧化催化装置或在排气中进行 2 次空气喷射以降低排气中的 CO 和 HC。后者是因氧传感器和催化转化装置耐久性的提高，以及空燃比电控技术的发展，使三元催化转化装置得到广泛的应用，其现已成为汽油机排放控制装置的主要方式。

三元催化转化装置在汽油机上得到了广泛的应用。三元催化转化装置能同时净化汽车尾气中的 CO、HC 和 NO_x，但是，其缺点是有效净化作用受到空燃比的影响。由于氧传感器以及电控燃料喷射技术的成熟，使汽油机工作时的空燃比可严格控制在理论范围内，为三元催化转化装置的应用扫清了障碍。图 2－18 所示为三元催化转化装置的结构。

三元催化转化装置主要由催化剂、载体、垫层和壳体等组成。其中，催化剂是由活性成分、催化助剂组成。将催化剂固化在载体上构成催化反应床。催化剂以 Pt/Pd 组合形式使用，并采用 Ni、Cu、V、Cr 等软金属作为添加剂使用，此外还采用二氧化铈作为催化助剂，其目的是改善催化剂的性能，提高主催化剂的选择性和耐久性。

除此之外，还可以利用废气再循环（EGR：Exhaust Gas Return）技术来降低排气中 NO_x 的含量。废气再循环，是指把发动机排出的部分废气回送到进气管，并与新鲜混合

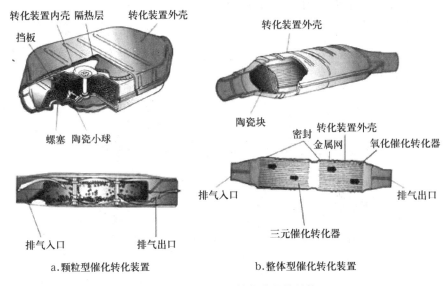

图2-18　三元催化转化装置的结构

气一起再次进入汽缸。由于废气中含有大量的 CO_2，而 CO_2 不能燃烧却能吸收大量的热，使汽缸中混合气的燃烧温度降低，从而抑制 NO_x 的生成量。

（3）柴油机的排放控制系统。柴油机的燃烧过程主要是在过量空气中进行的，所以 CO 和 HC 的排放量相对较少。对柴油机而言，其主要有害排放物是 NO_x 和微粒，而这两者的控制技术是相互矛盾的。如何有效控制 NO_x 和微粒，仍然是柴油机所面临的尚未解决的课题。

柴油机 NO_x 的控制技术，除燃烧系统改善等机内措施以外，很有效的方法就是采用 EGR 技术。而微粒的控制主要采用后处理装置，即捕捉器。随着排放法规的日益严格，EGR 系统和微粒捕捉器已在柴油机上得到了广泛的应用。

柴油机 EGR 系统根据回流方式，有外部 EGR 方式和内部 EGR 方式两种。图2-19 所示为内部 EGR 方式。内部 EGR 方式是利用进、排气管中的气体脉动进行 EGR 的方式，对于发动机各工作循环，在进气管和排气管中气流的压力脉动都很大，可以为 EGR 利用。由于内部 EGR 系统不需要排气节流，所以不影响泵气损失，因而对经济性无影响，同时不需要 EGR 阀以及 EGR 管路等，所以结构比较简单，故采用较多。而外部 EGR 会引起泵气损失而使经济性恶化，采用较少。

柴油机的后处理装置包括 NO_x 还原装置、CO 及 HC 氧化装置以及微粒捕集装置等。车用柴油机的微粒主要采用过滤法进行处理。图2-20 所示为柴油机微粒过滤器，其由多孔陶瓷制造，具有较高的过滤效率。排气穿过多孔陶瓷滤芯进入排气支管，而微粒则滞留在滤芯上。过滤器工作一段时间后，要及时清除积存在滤芯上的微粒，以恢复过滤器的工作能力和减小排气阻力。为此，在过滤器入口处设置一个燃烧器，通过喷油器向燃烧器内喷入少量燃油，并供入二次空气，利用火花塞或电热塞将其点燃，将滞留在滤芯上的微粒烧掉。

微粒过滤器存在的最大问题是再生处理技术，即将滤芯捕集的微粒进行处理的方

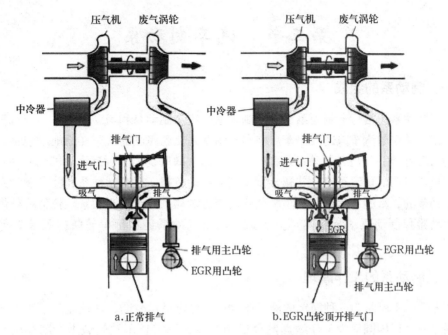

图 2-19　内部 EGR 方式

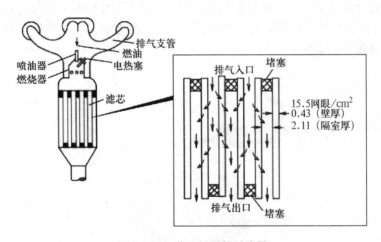

图 2-20　柴油机微粒过滤器

法。如果不处理掉滤芯捕集的微粒，滤芯上微粒堆积过多，使排气背压升高，则不仅影响经济性，严重时还会造成发动机停止工作。大部分微粒可通过燃烧进行再生处理。由于微粒的着火温度为 600℃，在发动机常规运转状态下，不可能自行燃烧进行再生处理，故需要强制着火燃烧系统。

第三节　汽车制动系

一、制动系的组成

汽车制动系包括行车制动系、驻车制动系、应急制动系和辅助制动系等。行车制动系用以使行驶中的汽车减速或停车。驻车制动系是使已停驶的汽车在原地（包括在斜坡上）能可靠地停驻。应急制动系是在行车制动系失效时仍能实现制动。辅助制动系是在汽车下长坡时用以稳定车速，并减轻行车制动系的负担。行车制动系和驻车制动系是所有汽车必备的，重型和超重型汽车必须安装应急制动系和辅助制动系。任何一种制动系都由制动器和制动驱动装置两部分组成。汽车制动系还包括车轮防抱死装置等辅助装置。

二、制动系的工作原理

如图 2-21 所示为一种简单的液压制动系工作原理示意图，其他制动系工作原理基本相同。一个以内圆面为工作表面的金属制动鼓 8 固定在车轮轮毂上，随车轮一同旋转。在固定不动的制动底板 11 上，有两个支承销 12，支承着两个弧形制动蹄 10 的下端。制动蹄的外圆面上装有一般为非金属的摩擦片 9。制动底板上还装有液压制动轮缸活塞 6，通过油管 5 与装在车架上的液压制动主缸 4 相连通。主缸中的活塞 3 可由驾驶员通过制动踏板 1 来操纵。

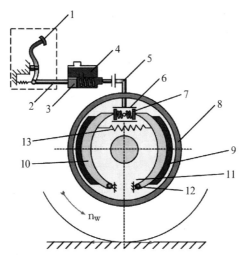

1-制动踏板；2-推杆；3-主缸活塞；4-制动主缸；5-油管；
6-轮缸活塞；7-制动轮缸；8-制动鼓；9-摩擦片；10-制动蹄；
11-制动底板；12-支承销；13-制动蹄复位弹簧

图 2-21　液压制动系工作原理示意图

制动系不工作时，制动鼓的内圆面与制动蹄摩擦片的外圆面之间保持一定的间隙，

使车轮和制动鼓可以自由旋转。

要使行驶中的汽车减速，驾驶员应踩下制动踏板1，通过推杆2和主缸活塞3，使主缸内的油液在一定压力下流入轮缸，并通过两个制动轮缸7推动使两个制动蹄绕支承销转动，上端向两边分开而以其摩擦片压紧在制动鼓的内圆面上。这样，不旋转的制动蹄就对旋转着的制动鼓作用一个摩擦力矩M_μ，其方向与车轮旋转方向相反。制动鼓将力矩M_μ传到车轮后，由于车轮与路面间的附着作用，车轮对路面作用一个向前的周缘力F_μ，同时路面也对车轮作用着一个向后的反作用力，即制动力F_B。制动力F_B由车轮经车桥和悬架传给车架及车身，迫使整个汽车产生一定的减速度。制动力愈大，则汽车减速度也愈大。当放开制动踏板时，制动蹄复位弹簧13即将制动蹄拉回复位，摩擦力矩M_μ和制动力F_B消失，制动作用即行终止。

图2-21所示的制动系中，主要由制动鼓8、带摩擦片9的制动蹄10构成的对车轮施加制动力矩（摩擦力矩M_μ）以阻碍其转动的部件称为制动器。

显然，阻碍汽车运动的制动力F_B不仅取决于制动力矩M_μ，还取决于轮胎与路面间的附着条件。如果完全丧失附着，则这种制动系不可能产生制动效果。不过，在讨论制动系的结构问题时，一般都假定轮胎与路面之间具备良好的附着条件。

三、制动器

制动器是制动系中用以产生阻碍车辆的运动或运动趋势的执行器。制动器一般分为鼓式和盘式两大类。当旋转元件固装在车轮上时，称为车轮制动器；当旋转元件固装在传动轴上时，称为中央制动器。车轮制动器一般用于行车制动；中央制动器一般只用于驻车制动和辅助制动。

1. 鼓式制动器

制动器按制动蹄促动装置的结构不同，通常分为轮缸式制动器、凸轮式制动器等。轮缸式制动器又可分为轮缸双向式、轮缸单向式、带有驻车制动的轮缸式等形式。下面简要介绍带有驻车制动的轮缸式制动器和凸轮式制动器。

（1）带有驻车制动的轮缸式制动器。带有驻车制动的轮缸式制动器如图2-22所示。左、右制动蹄的上端在回位弹簧的拉力作用下压靠在支承销3上，制动蹄的下端在拨扳回位弹簧14的作用下浮动支承在可调顶杆13两端的凹槽中。

汽车前进制动时，制动轮缸的两个活塞向两端顶出，使左、右制动蹄离开支承销并压紧到制动鼓上，于是旋转着的制动鼓与两制动蹄之间产生摩擦作用。由于可调顶杆是浮动的，左、右制动蹄及可调顶杆沿制动鼓的旋转方向转过一个角度，直到右制动蹄的上端再次压到支承销3上。此时，如果制动轮缸促动力进一步增大，由于右制动蹄受到可调顶杆的促动力大于轮缸的促动力，制动蹄上端不会离开支承销。

汽车倒车制动时，制动器的工作情况与上述相反。

该制动器装设了驻车制动装置，因此具有驻车制动作用。其驻车制动装置为机械式，驻车制动杠杆9上端用平头销与右制动蹄连接，其上部卡入驻车制动推杆5右端的切槽中，作为中间支点，下端与驻车制动拉绳连接。左、右制动蹄的腹板卡在驻车制动推杆5两端的切槽中。

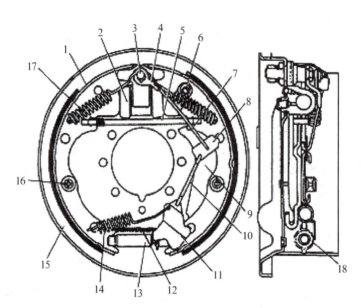

1－左制动蹄 2－轮缸 3－支承销 4－调整螺母 5－驻车制动推杆 6－销轴 7－上拉杆

8－传动板 9－驻车制动杠杆 10－下拉杆 11－自调拨扳 12－拉丝 13－可调顶杆

14－拨扳回位弹簧 15－制动底板 16－制动蹄定位装置 17－制动蹄回位弹簧 18－调整棘轮

图 2 - 22 带有驻车制动的轮缸式制动器

进行驻车制动时，将驾驶室中的手动驻车制动操纵杆拉到制动位置，经一系列杠杆和拉绳传动，将驻车制动杠杆 9 的下端向左拉，使之绕上端支点转动。驻车制动杠杆 9 在转动过程中，其中间支点推动驻车制动推杆 5 左移，将左制动蹄 1 推向制动鼓，直到左制动蹄压靠到制动鼓上之后，驻车制动推杆 5 停止运动，则驻车制动杠杆 9 的中间支点成为其继续转动的新支点。于是，驻车制动杠杆 9 的上端右移，使右制动蹄压靠到制动鼓上，施以驻车制动。

解除驻车制动时，应将驻车制动操纵杆推回到不制动位置，在制动蹄回位弹簧作用下使两蹄及驻车制动杠杆 9 同时回位。

（2）凸轮式制动器。在中型以上的汽车中，制动大多数采用气压操纵系统，气压操纵系统一般采用凸轮促动的车轮制动器。

图 2 - 23 所示为某中型汽车的凸轮作用式车轮制动器。该制动器利用制动凸轮作为促动装置。制动蹄是用可锻铸铁铸造的，两制动蹄均以下端支承孔与支承销 9 的偏心轴颈间隙配合，并用挡板及锁销轴向限位。不制动时由回位弹簧 3 把制动蹄上端支承面拉靠到制动凸轮轴 4 的凸轮上，凸轮与制动凸轮轴 4 制成一体。制动凸轮轴通过制动凸轮轴支座 10 固定在制动底板 7 上，其尾部花键轴插入制动调整臂 5 的花键孔中。为了减少凸轮轴与支承之间的摩擦，在制动凸轮轴支座 10 的两端装有青铜衬套或粉末冶金衬套，并有润滑油嘴定期进行润滑。在衬套外端装有密封垫圈，并用止推垫和调整垫片限制和调整凸轮轴的轴向窜动量。

图 2 - 24 为凸轮式制动器的制动调整臂的结构，在制动调整臂体 6 和两侧的盖 8 所包围的空腔内装有调整涡轮 2 和调整涡杆 7。单线的调整涡杆，借细花键套装在涡杆轴

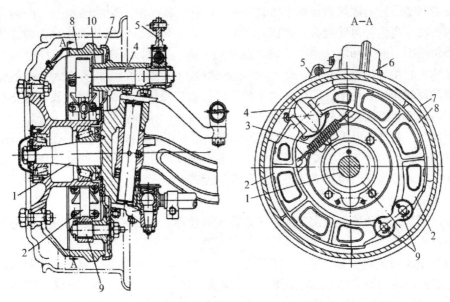

1-转向节轴颈　2-制动蹄　3-回位弹簧　4-制动凸轮轴　5-制动调整臂
6-制动气室　7-制动底板　8-制动鼓　9-支承销　10-制动凸轮轴支座

图2-23　凸轮作用式车轮制动器

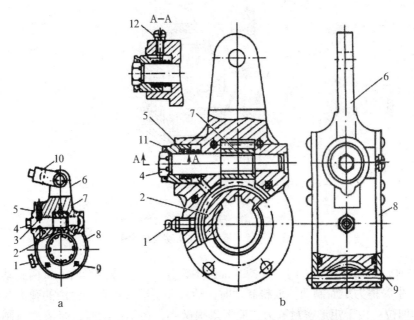

1-滑脂嘴　2-调整涡轮　3-锁止球　4-涡杆轴　5-弹簧　6-制动调整臂体　7-调整涡杆
8-盖　9-铆钉　10-制动气室推杆　11-锁止套　12-锁止螺钉

图2-24　凸轮式制动器的制动调整臂

4上,调整涡轮以内花键与制动凸轮轴的外花键相结合。转动涡杆,即可在制动调整臂与制动气室推杆10的相对位置不变的情况下,通过涡轮使制动凸轮轴转过一定角度,从而改变制动凸轮的原始角位置。在图2－24a中，涡杆轴一端的轴颈上，沿向有六个均布的凹坑。当涡杆每转到一个凹坑对准位于制动调整臂体内的锁止球3时，锁止球便在弹簧作用下嵌入凹坑，使涡杆轴不能自行转动；在图2－24b中，涡杆轴4与制动调整臂体6的相对位置是靠锁止套11和锁止螺钉12来固定的。将具有六角孔的锁止套按入制动调整臂体的孔中，即可转动调整涡杆。涡杆每转六分之一周，放开锁止套，弹簧5即将锁止套推回与涡杆六角头接合的左极限位置。这种锁止装置更为可靠。

制动时，制动调整臂在图2－23所示的制动气室6的推动下，带动制动凸轮轴转动，推动两制动蹄绕各自的支承销偏转并压靠到制动鼓8上，产生制动作用。凸轮式车轮制动器的间隙也可以根据需要进行局部或全面调整。

2. 盘式制动器

在汽车盘式制动器中绝大多数采用钳盘式制动器。钳盘式制动器又可分为定钳盘式和浮钳盘式两种。

（1）定钳盘式制动器。图2－25为定钳盘式制动器结构简图。制动盘9和车轮固装在一起旋转，由制动钳体6、制动块4、导向支承销5和油缸活塞3组成的制动钳跨于制动盘两侧，制动钳用螺栓安装在转向节或桥壳的凸缘上，并用调整垫片2来调节制动钳与制动盘之间的相对位置。

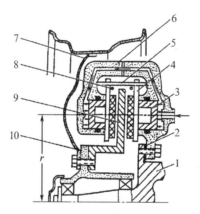

1－转向节或桥壳凸缘　2－调整垫片　3－活塞　4－制动块
5－导向支承销　6－制动钳体　7－轮辋　8－回位弹簧
9－制动盘　10－轮毂　r－制动盘摩擦半径
图2－25　定钳盘式制动器结构图

制动时，制动液被压入内、外两个油缸中，其活塞在液压作用下将两制动块推向制动盘，产生摩擦力矩而制动。放松制动时，活塞和制动块依靠密封圈的弹力和回位弹簧8的弹力回位。由于矩形密封圈刃边变形量很微小，在不制动时，摩擦片与制动盘之间的间隙每边只有0.1mm左右，它足以保证制动的解除。又因制动盘受热膨胀时，厚度方向只有微量的变化，故不会发生因制动盘受热而使制动器间隙变小的情况。

（2）浮钳盘式制动器。图2－26所示为浮钳盘式制动器的结构示意图。制动钳支架3固定在转向节上，制动钳体1与制动钳支架3可沿导向销2轴向滑动。制动时，活塞8在液压力P_1作用下，将活动制动块6（带摩擦块磨损报警装置）推向制动盘4。与此同时，作用在制动钳体 1 上的反作用力 P_2 推动制动钳体沿导向销 2 向右移动，使固定在制动钳体上的固定制动块 5 压靠到制动盘上。制动盘两侧的摩擦块在 P_1 和 P_2 力的作用下夹紧制动盘，使之在制动盘上产生与运动方向相反的制动力矩，促使汽车制动。

　　浮钳盘式制动器与定钳盘式制动器相比，具有结构简单、紧凑、质量小等优点，在小型汽车上具有广泛的应用。

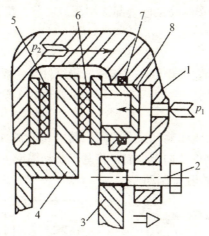

1－制动钳体　2－导向销　3－制动钳支架　4－制动盘
5－固定制动块　6－活动制动块（带摩擦块磨损报警装置）
7－活塞密封圈　8－活塞

图2－26　浮钳盘式制动器结构示意图

　　图2－27 所示为某小型汽车浮钳盘式车轮制动器结构分解图。

　　制动钳支承板 6 固定在前桥转向节上，支承板上固装有两个导向定位销，导向定位销上装有橡胶衬套。制动块 8 通过导向销悬装在制动钳上，可做轴向移动，其外表面装有摩擦片。制动时，制动块在油缸活塞 3 的推动下压紧制动盘，从而产生制动作用。

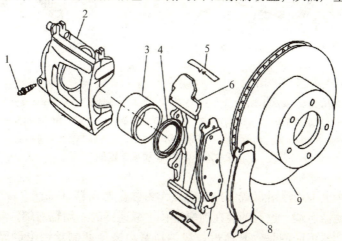

1－油管接头　2－制动钳体　3－活塞　4－活塞密封圈
5－防震弹簧　6－支承板　7－制动块　8－制动块　9－制动盘

图2－27　浮钳盘式车轮制动器结构分解图

四、人力制动系

人力制动系中产生制动力的力源仅由驾驶员体力作用供给，无须另外设置供能装置。人力制动系有机械式和液压式两种。在汽车发展早期，行车制动和驻车制动都是机械式的，随着汽车技术的发展，20世纪初，行车制动系开始采用液压传动装置，直到20世纪50年代，机械式行车制动系已全部被淘汰。目前，机械式传动装置主要用于驻车制动。

1. 机械制动系

机械制动系主要由制动器及操纵杆系组成。操纵杆系主要由杠杆、拉杆、轴、摇臂等机械零件组成。其中制动器可以是与行车制动系共用的车轮制动器，也可以是专设的中央制动器。

图2-28所示为某小型汽车制动系布置图，其中驻车制动系是机械式的。施行驻车制动时，驾驶员将驻车制动杆7向上扳起，将驻车制动缆绳1拉紧，从而促动两后轮制动器（参见图2-28），施行驻车制动。

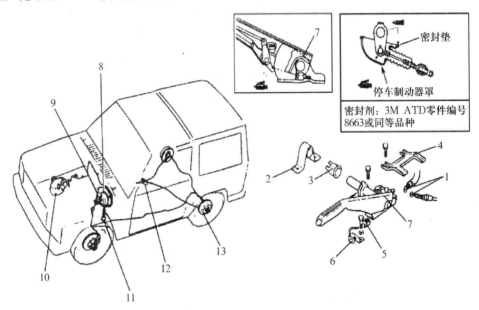

1-驻车制动缆绳　2-驻车杆支承　3-衬套　4-驻车制动轴罩　5-驻车制动开关连接器
6-驻车制动开关　7-驻车制动杆　8-制动加强器　9-主缸　10-前圆盘制动
11-混合比例阀　12-驻车制动杆手柄　13-后主拖曳制动

图2-28　汽车制动系布置图

在有些汽车上采用浮钳盘式中央制动器作为驻车制动器（如图2-29所示），它装在变速器或分动器后端，也有的装在后驱动桥主减速器的主动轴前端。与前面所讲的浮钳盘式车轮制动器不同的是，其通过拉线的拉紧力来使两制动钳上的摩擦片夹紧制动盘，产生驻车作用。

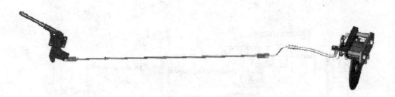

图2-29　浮钳盘式中央制动器驻车制动系统

2. 液压制动系

人力液压制动系所能产生的制动强度并不很大，一般用在中、小型汽车上。图2-30为人力液压制动系的基本组成和回路示意图。作为制动能源的驾驶员所施加的操纵力，通过作为控制装置的制动踏板传到容积式液压传动装置的主要部件——制动主缸。制动主缸属于单向作用活塞式油泵，其作用是将踏板输入的机械能转换成液压能。液压能通过制动管输入前、后制动器和轮缸。制动轮缸属于单向作用活塞式油缸，其作用是将输入的液压能再转换成机械能，促使制动器进入工作状态。

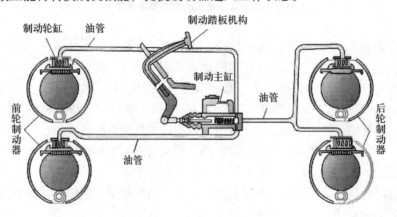

图2-30　人力液压制动系示意图

图2-30所示人力液压制动系是采用一套液压操纵及传输系统，称为单回路制动系统。一旦某一部件出现故障或损坏，就有可能使整个汽车无行车制动，是不安全的。现代汽车大多数采用双回路制动系统。即使某一套回路出现故障，另一套还可以正常工作，保证有一定的行车制动。

五、动力制动系和防抱死装置

1. 动力制动系

动力制动系中，用以进行制动的动能绝大多数是由空气压缩机产生的气压能，而空气压缩机则由汽车发动机驱动。所以发动机是制动初始能源，驾驶员的肌体仅作为控制力源，而不是制动能源。

图2-31所示为某中型汽车的双回路气压制动系统示意图。由发动机驱动的活塞式空气压缩机1将压缩空气经单向阀压入湿贮气筒4，湿贮气筒4上装有安全阀5和供其

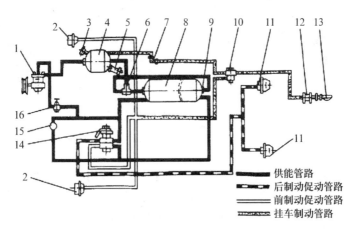

供能管路
后制动促动管路
前制动促动管路
挂车制动管路

1－空气压缩机　2－前制动气室　3－放气阀　4－湿贮气筒　5－安全阀
6－三通管　7－管接头　8－贮气筒　9－单向阀　10－挂车制动阀　11－后制动气室
12－分离开关　13－连接头　14－串列双腔活塞式制动阀　15－气压表　16－气压调节器

图2－31　双回路气压制动系统示意图

他系统使用的放气阀3。压缩空气在湿贮气筒内冷却并进行油水分离，然后进入贮气筒8的左、右腔。贮气筒的左腔与串列双腔活塞式制动阀14的上腔相连，以控制后轮制动，同时通过三通管与气压表15及气压调节器16相连。贮气筒8右腔与串列双腔活塞式制动阀14的下腔相连，以控制前轮制动，并通过三通管与气压表相连。气压表为双指针式，上指针指示贮气筒左腔气压；下指针指示贮气筒右腔气压。

当踩下制动板时，通过拉杆操纵制动阀，使制动阀上下两腔的进气口分别与本腔的出气口相通，使贮气筒8左、右腔的压缩空气得以分别通过制动阀的上、下腔进入后制动气室和前制动气室，从而促动制动器进行工作。当放松制动踏板时，制动阀使制动气室通大气以解除制动。

2. 防抱死制动系统

在汽车制动过程中，根据车轮与路面的相对运动特征，车轮运动可以分为滚动和滑动两种形式。其中，车轮滑动又可分为沿着车轮滚动方向的纵向滑移和垂直于车轮滚动方向的侧向滑移。当车轮抱死滑移时，车轮与路面间的侧向附着力完全消失。如果只是前轮（转向轮）制动到抱死滑移而后轮还在滚动，汽车将失去转向能力；如果只是后轮制动到抱死滑移而前轮还在滚动，即使受到不大的侧向干扰力，汽车也将产生侧滑（甩尾）现象。这些都极易造成严重的交通事故。因此，汽车在制动时不希望车轮制动到抱死滑移，而是希望车轮制动到边滚边滑的状态。目前，在大多数轿车、大客车和部分重型货车上装备了防抱死制动系统，简称ABS。

ABS装置通常是在普通制动系统的基础上加装车轮速度传感器、ABS电控单元、制动压力调节装置及制动控制电路等组成（如图2－32所示）。

传感器不断地测出车轮的运动参数，并转换为电压信号传给电控单元控制器。当汽车需要很大制动力时，电控单元通过调压器调节制动油压，使制动器对车轮的制动力矩总是保持在车轮将要抱死而又未抱死的状态。

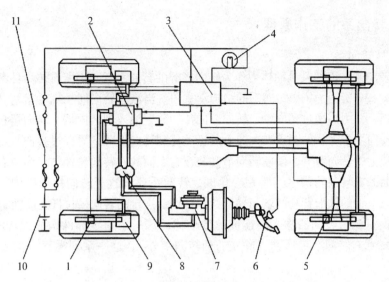

1. 前轮速度传感器　2. 制动压力调节装置　3. ABS 电控单元
4. ABS 警告灯　5. 后轮速度传感器　6. 停车灯开关　7. 制动主缸
8. 比例分配阀　9. 制动轮缸　10. 蓄电池　11. 点火开关

图 2 - 32　ABS 系统的组成（分置式）

制动过程中，ABS 电控单元（ECU）3 不断地从前轮速度传感器 1 和后轮速度传感器 5 获取车轮速度信号，并加以处理，分析是否有车轮即将抱死拖滑。

如果没有车轮即将抱死拖滑，制动压力调节装置 2 不参与工作，制动主缸 7 和各制动轮缸 9 相通，制动轮缸中的压力继续增大，此即 ABS 制动过程中的增压状态。

如果电控单元判断出某个车轮（假设为左前轮）即将抱死拖滑，它即向制动压力调节装置发出命令，关闭制动主缸与左前制动轮缸的通道，使左前制动轮缸的压力不再增大，此即 ABS 制动过程中的保压状态。若电控单元判断出左前轮仍趋于抱死拖滑状态，它即向制动压力调节装置发出命令，打开左前制动轮缸与储液室或储能器（图中未画出）的通道，使左前制动轮缸中的油压降低，此即 ABS 制动过程中的减压状态。

第四节　汽车转向系

一、转向系的作用和组成

汽车转向系的作用可归纳为两个，一是使汽车在行驶中能按驾驶员的操纵要求而适时地改变其行驶方向；二是在车轮受到路面传来的偶然冲击，意外地偏离行驶方向时，能与行驶系配合共同保持汽车稳定的直线行驶。

汽车转向系主要由转向器、转向操纵机构和转向传动机构三部分组成。

按转向能源的不同，汽车转向系可分为机械转向系和动力转向系两大类。

二、转向系的工作原理

1. 机械转向系

机械转向系是以驾驶员的体力作为转向能源的转向系，其中所有传力件都由机械元件组成。图2-33所示为机械转向系的结构示意图。当汽车转向时，驾驶员对转向盘施加一个转向力矩，该力矩通过转向轴、转向万向传动装置输入到转向器。转向器相当于一个减速器，经转向器放大后的力矩和减速后的运动传到转向摇臂，再经过转向直拉杆传给固定于左转向节上的转向节臂，使左转向节和装在它上面的左转向轮偏转。为使右转向节及支承在其上面的右转向轮随之偏转相应角度，转向系还设置了转向梯形机构，它由固定在左、右转向节上的梯形臂和两端与梯形臂作球铰链连接的转向横拉杆及前轴组成。

从转向盘到与转向器输入轴连接的传动轴，这一系列零部件构成了转向操纵机构。从转向摇臂到右转向节梯形臂（除左右两转向节外），这一系列零部件构成了转向传动机构。

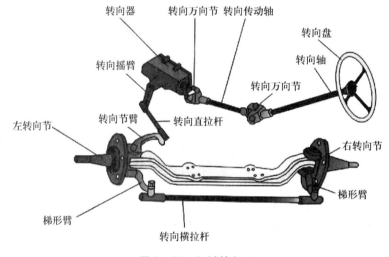

图2-33 机械转向系

2. 动力转向系

动力转向系是机械转向系和动力转向加力装置共同作用的转向系。在正常使用情况下，汽车转向所需能源，一小部分由驾驶员体力提供，而大部分由发动机通过动力转向加力装置提供。汽车转向控制量，仍由驾驶员通过机械转向系保证。图2-34所示为一种液力动力转向系的示意图。

三、转向器的组成和工作原理

转向器是汽车转向系中的减速传动装置，一般有1～2级减速传动副。按照传动副结构不同，现代汽车转向器主要有循环球式、齿轮齿条式和涡杆曲柄指销式等结构形式。

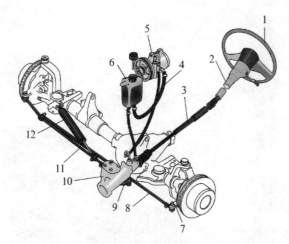

1－方向盘；2－转向轴；3－转向中间轴；4－转向油管；
5－转向油泵；6－转向油罐；7－转向节臂；8－转向横拉杆；
9－转向摇臂；10－整体式转向器；11－转向直拉杆；12－转向减振器

图2－34　动力转向系

1. 转向器传动效率

转向器的输出功率与输入功率之比称为转向器传动效率。在功率由转向轴输入，由转向摇臂输出的情况下求得的传动效率称为正效率，而传动方向与上述相反时求得的效率则称为逆效率。逆效率很高的转向器很容易将经转向传动机构传来的路面反力传到转向轴和转向盘上，故称为可逆式转向器。可逆式转向器有利于汽车转向结束后转向轮和转向盘自动回正，但也能将坏路面对车轮的冲击力传到转向盘，发生"打手"情况。

逆效率很低的转向器称为不可逆式转向器。不平道路对转向轮的冲击载荷输入这种转向器，即由其中各传动零件（主要是传动副）承受，而不会传到转向盘上。路面作用于转向轮上的回正力矩同样也不能传到转向盘。这就使得转向轮自动回正成为不可能。此外，道路的转向阻力矩也不能反馈到转向盘，使得驾驶员不能得到路面反馈信息（所谓丧失"路感"），无法据以调节转向力矩。

逆效率略高于不可逆式的转向器称为极限可逆式转向器。其反向传力性能介于可逆式和不可逆式之间，而接近于不可逆式。采用这种转向器时，驾驶员能有一定的路感，转向轮自动回正也可实现，而且只有在路面冲击力很大时，才能部分地传到转向盘。现代汽车上一般不采用不可逆式转向器。经常在良好路面上行驶的汽车多采用可逆式转向器。极限可逆式转向器多用于中型以上越野汽车和工矿用自卸汽车。

2. 循环球式转向器

图2－35所示为循环球—齿条齿扇式转向器结构示意图。转向螺杆的轴颈支承在两个推力球轴承上。转向螺母外侧的下平面上加工成齿条，与齿扇轴上的齿扇啮合。可见转向螺母既是第一级传动副的从动件，又是第二级传动副的主动件。通过转向盘和转向轴转动转向螺杆时，转向螺母不能转动，只能轴向移动，并带动齿扇转动。

为了减少转向螺杆和转向螺母之间的摩擦，二者之间的螺纹以沿螺旋槽滚动的许多

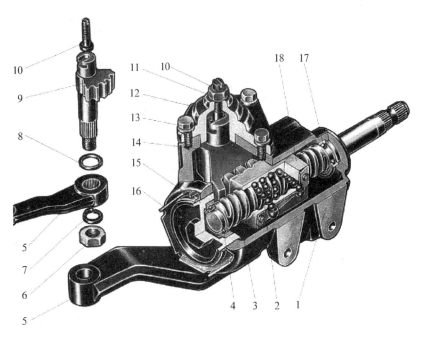

1－转向器壳体；2－钢球；3－转向螺杆；4－推力球轴承；5－转向摇臂；6－螺母；
7－弹簧垫片；8－垫片；9－摇臂轴；10－调整螺钉；11－锁紧螺母；12－后盖；
13－固定螺钉；14－齿扇；15－调整螺塞；16－锁紧螺母；17－推动球轴承；18－转向螺母

图2－35　循环球—齿条齿扇式转向器

钢球替代，以实现滑动摩擦变为滚动摩擦。转向螺杆和转向螺母上都加工出断面轮廓为两段或三段不同心圆弧组成的近似半圆的螺旋槽。两者的螺旋槽能配合形成近似圆形断面的螺旋管状通道。螺母侧面有两对通孔，可将钢球从此孔塞入螺旋形通道内。两个 U 形钢球导管的两端插入螺母侧面的两对通孔中。导管内也装满了钢球。这样，两个导管和螺母内的螺旋管状通道组合成两条各自独立的封闭的钢球"流道"。

循环球式转向器的正传动效率很高，故操纵轻便，使用寿命长，工作平稳可靠。但这种转向器的逆效率也很高，容易将路面冲击力传到转向盘。不过，对于经常在平坦路面上行驶的轻、中型载货汽车，这一缺点影响不大，因此，循环球式转向器在各类型汽车上都得到了广泛的应用。

3. 齿轮齿条式转向器

齿轮齿条式转向器由于具有结构简单、紧凑，质量轻，刚性大，转向灵敏，制造容易，成本低，传动效率高，而且特别适合于与麦弗逊式独立悬架配用，便于布置等特点，因此，在轿车和微型、轻型货车上得到了广泛的应用。

图2－36 所示为轿车用的齿轮齿条式转向器结构图。作为传动副主动件的转向齿轮安装在壳体中，与水平布置的转向齿条相啮合。弹簧通过压块将齿条压靠在齿轮上，保证无间隙啮合。

齿轮齿条式转向器在汽车中的布置如图2－37 所示。在转向齿条的中部用螺栓与转向拉杆的托架相连，转向左右横拉杆的外端与转向节臂相连。当转动转向盘时，转向齿

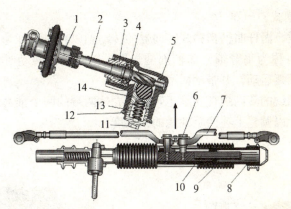

1－万向节叉；2－转向齿轮轴；3－调整螺母；4－向心球轴承；5－滚针轴承；
6－固定螺栓；7－转向横拉杆；8－转向器壳体；9－防尘套；10－转向齿条；
11－调整螺塞；12－锁紧螺母；13－压紧弹簧；14－压块

图2－36　齿轮齿条式转向器

轮转动，使与之啮合的齿条沿轴向移动，从而使左右横拉杆带动左右转向节转动，使转向轮偏转，实现汽车转向。

　　为了避免转向轮的摆振，在该结构中装有转向减振器。

　　采用齿轮齿条式转向器还可以使转向机构简化，不需要转向摇臂和转向直拉杆等，这也是该转向器目前在轿车和微、轻型货车上广泛应用的原因之一。

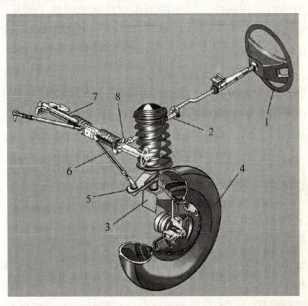

1－转向盘；2－转向轴；3－转向节；4－轮胎；5－转向节臂；
6－左横拉杆；7－转向减振器；8－转向器

图2－37　齿轮齿条式转向器布置图

4. 涡杆曲柄指销式转向器

如图 2-38 所示,涡杆曲柄指销式转向器的传动副以转向涡杆为主动件,从动件是装在摇臂轴(有时也称为垂臂轴)曲柄部的指销。转向涡杆转动时,与之啮合的指销即绕摇臂轴轴线沿圆弧运动,并带动摇臂轴转动。

具有梯形截面螺纹的转向螺杆支承于转向器壳体两端的两个推力球轴承上,转向器盖上装有调整螺母,以调整上述两个轴承的预紧度。

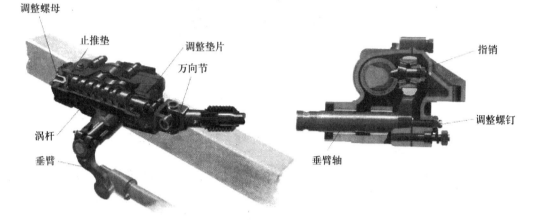

图 2-38　涡杆曲柄指销式转向器

涡杆与两个锥形的指销相啮合。两个指销均用双列圆锥滚子轴承支于摇臂轴内端的曲柄上,其中靠指销头部的一列无内座圈滚子直接与指销轴颈接触。这样,所受剪切载荷较大的这段轴颈的直径可以做得大一些,以保证指销有足够的强度。指销装在滚动轴承上可以减少涡杆与指销的磨损,提高传动效率。

双指销式转向器在中间及其附近位置时,其两指销均与涡杆啮合,故每个指销所受载荷比单指销式转向器的指销载荷小,因而其工作寿命较长。当摇臂轴转角相当大时,一个指销与涡杆脱离啮合,另一指销仍保持啮合。因此,双指销式的摇臂轴转角范围比单指销式的要大。

四、转向操纵机构

1. 转向操纵机构的组成和布置

图 2-39 是某车型转向操纵机构和转向器布置图。由图可知,汽车转向操纵机构一般由转向盘、转向柱管、万向节及转向轴等组成。在汽车转向系中,从转向盘到转向传动轴这一系列部件和零件属于转向操纵机构,其作用是将驾驶员转动方向盘的操纵力传给转向器至转向系传动机构,使转向轮偏转。

从图中可知,转向柱管中部用橡胶垫和半圆形冲压支架固定在驾驶室前围板上,下端插入铸铁支座的孔中。支座则固定在转向操纵机构支架上。

穿过转向柱管的转向轴其上端借衬套支承,下端则支承在转向柱管支座中的圆锥滚子轴承(图上未标示出)上,其轴向位置由转向轴限位弹簧限定。转向轴通过双万向

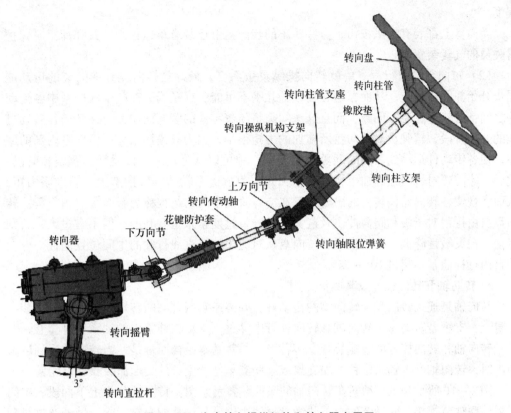

图 2-39 汽车转向操纵机构和转向器布置图

节万向传动装置与转向器中的转向涡杆相连。下万向节与转向传动轴用滑动花键连接。为了保证转向器摇臂轴在中间位置时，从转向摇臂起始的全套转向传动机构也处于中间位置，在摇臂轴的外端面和转向摇臂上孔外端面上各刻印有短线，作为装配标记。装配时，应将两个零件上的标记短线对齐。

2. 转向盘

（1）转向盘结构。转向盘由轮缘、轮辐和轮毂组成（如图 2-40 所示）。轮辐一般为三根辐条或四根辐条，也有用两根辐条的。转向盘轮毂孔具有细牙内花键，借此与转向轴连接。转向盘内部由成形的金属骨架构成，骨架外面一般包有柔软的合成橡胶或树脂等材料，这样既可增加良好的手感，还可防止手心出汗时握转向盘打滑。

当汽车发生碰撞时，从安全性考虑，不仅要求转向盘应具有柔软的外表皮，可起缓冲作用，而且要求转向盘在撞车时，其骨架能产生变形，以吸收冲击能量，减轻驾驶员的受伤

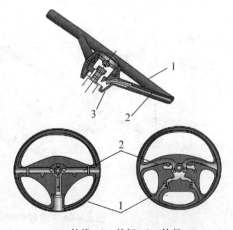

1—轮缘；2—轮辐；3—轮毂

图 2-40 转向盘的构造

程度。

转向盘上都装有喇叭按钮，有些轿车的转向盘上还装有车速控制开关和撞车时保护驾驶员的气囊装置。

（2）转向盘自由行程。单就转向操纵灵敏而言，最好是转向盘和转向节的运动能同步开始并同步终止。然而，这在实际上几乎不可能。这是因为在整个转向系中各传动件之间都必然存在装配间隙，而且这些间隙将随着零件的磨损而增大。在转向盘转动过程的开始阶段，驾驶员对转向盘所施加的力矩很小，因为只是用来克服转向系内部的摩擦，使各传动件运动到其间的间隙完全消除，故可以认为这一阶段是转向盘空转阶段。此后，才需要对转向盘施加更大的转向力矩以克服经车轮传到转向节上的转向阻力矩，从而实现使各转向轮偏转目的。转向盘在空转阶段中的角行程称为转向盘自由行程。转向盘自由行程对于缓和路面冲击及避免使驾驶员过度紧张是有利的，但不宜过大，否则将使转向灵敏性降低。一般来说，转向盘从对应于汽车直线行驶的中间位置向任一方向的自由行程通常不超过 $10° \sim 15°$。

3. 转向轴和转向柱管及其吸能作用

转向轴是连接转向盘和转向器的传动件，并传递它们之间的转矩。转向柱管安装在车身上，支承着转向盘。转向轴从转向柱管中穿过，支承在柱管内的轴承和衬套上。

转向轴和转向柱管的吸能装置有多种形式。其基本结构原理是，当转向轴受到巨大冲击时，转向轴产生轴向位移，使支架或某些支承件产生塑性变形而吸收冲击能量。

图 2-41 所示为桑塔纳轿车转向轴的吸能装置示意图。转向轴分为上下两段，中间用柔性联轴节连接。联轴节的上下凸缘盘靠两个销子与销孔扣合在一起。销子通过衬套与销孔配合。当发生猛烈撞车时，将引起车身、车架产生严重变形，导致转向轴、转向盘等部件后移。与此同时，在惯性作用下驾驶员人体向前冲，致使转向轴上的上下凸缘盘的销子与销孔脱开，从而缓和了冲击，吸收了冲击能量，有效地减轻了驾驶员的受伤程度。

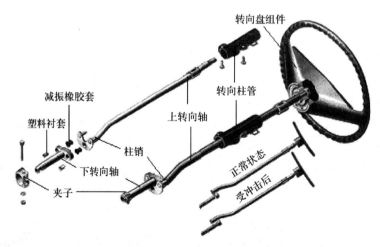

图 2-41　桑塔纳轿车转向轴的吸能装置示意图

五、转向传动机构

1. 转向传动机构的作用

转向传动机构的作用是将转向器与各转向轮连接起来，并将转向器输出的力和运动传给转向桥两侧的转向节，使两侧的转向轮偏转，且使二转向轮偏转角按一定关系变化，以保证汽车转向时车轮与地面的相对滑动尽可能小。

2. 转向传动机构的组成与形式

转向传动机构由若干杆件组成，一般包括转向摇臂（或称转向垂臂）、转向纵拉杆、转向节臂、左右梯形臂和转向横拉杆等机件。

转向传动机构各杆件相互连接组成一个空间杆系，各杆件的连接点的运动轨迹都不在同一平面内。为此，空间杆系中某些杆件的连接点（如纵拉杆、横拉杆），必须采用球铰链，以防杆系运动干涉。

根据汽车转向桥所采用的悬架不同，转向传动机构可分为两类：与非独立悬架配用的转向传动机构（如图2-42所示）和与独立悬架配用的转向传动机构（如图2-43所示）。当转向桥采用独立悬架时，每个转向轮都能相对于车架作独立运动，因此，汽车转向传动机构中应采用断开式横拉杆。

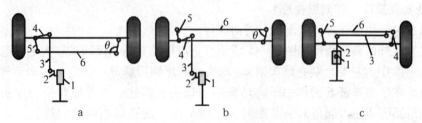

1-转向器 2-转向摇臂 3-转向直拉杆 4-转向节臂 5-梯形臂 6-转向横拉杆

图2-42 与非独立悬架配用的转向传动机构示意图

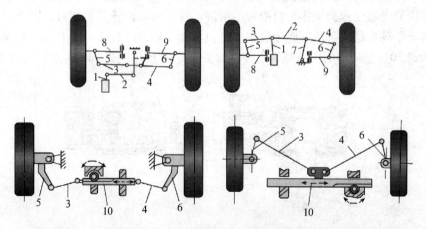

1-转向摇臂 2-转向直拉杆 3-左转向横拉杆 4-右转向横拉杆 5-左梯形臂
6-右梯形臂 7-摇杆 8-悬架左摇臂 9-悬架右摇臂 10-齿轮齿条式转向器

图2-43 与独立悬架配用的转向传动机构示意图

3. 转向摇臂

在大多数结构中，转向摇臂的大端用内锥面的三角形细齿花键与转向摇臂轴外端连接，并用螺母紧固。转向垂臂小端则用球头销与转向纵拉杆铰链连接（如图2-44所示）。

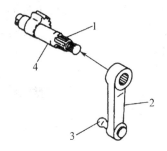

1-带锥度的细齿花键　2-转向摇臂　3-球头销　4-摇臂轴

图2-44　转向摇臂和摇臂轴

安装时，转向摇臂与其轴的相对角位置要正确，以保证转向摇臂自中间位置向两边的摆角范围大致相等。为此，转向摇臂及轴上刻有安装记号，也有的使二者的花键部分都少铣一个或几个齿。

4. 转向直拉杆（转向纵拉杆）

转向直拉杆用来连接转向垂臂与转向节臂。

转向直拉杆的典型结构如图2-45所示。直拉杆体9是一段两端扩大的钢管，其前端（图2-45中为左端）装有球头销2。球头销的尾端用螺母1固定在转向节臂上。两个球头座5在压缩弹簧6的作用下将球头销的球头夹持住。为保证球头与球头座的润滑，可从滑脂嘴8注入润滑脂。装配时，供球头出入的孔口用耐油的橡胶防尘垫3封盖。压缩弹簧6能自动消除因球头及球头座磨损而产生的间隙，并可缓和经车轮和转向节传来的路面冲击。弹簧预紧力可用端部螺塞4调节，调好后用开口销固定。当球头销作用在内球头座上的冲击力超过压缩弹簧预紧力时，弹簧便进一步变形而吸收冲击能量。弹簧变形增量受到弹簧座7自由端的限制，这样可以防止弹簧超载，并保证在弹簧折断的情况下球头销不致从管腔中脱出。直拉杆体9后端（图2-45右端）嵌装在转向摇臂球头销10。这一端的压缩弹簧也装在球头座5后方（图2-45右端）。这样，两个

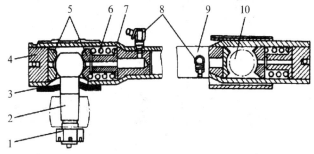

1-螺母　2-球头销　3-橡胶防尘垫　4-端部螺塞　5-球头座　6-压缩弹簧
7-弹簧座　8-滑脂嘴　9-直拉杆体　10-转向摇臂球头销

图2-45　转向直拉杆

压缩弹簧可分别在沿轴线的不同方向上起缓冲作用。自球头销2传来的向后的冲击力由前压缩弹簧承受，当球头销2受到向前的冲击力时，冲击力即依次经前球头座5、前端部螺塞4、直拉杆体9和后端部螺塞传给后压缩弹簧。

5. 转向横拉杆及转向梯形机构

横拉杆用来连接左、右二梯形臂（或转向节臂）。典型转向横拉杆如图2-46所示，由横拉杆体2和用螺纹旋装在横拉杆体两端的横拉杆接头1及其上的球头销4等组成。两端的接头结构相同，但其连接螺纹一个左旋，另一个右旋。其中球头销4的尾部与梯形臂（或转向节臂）相连。3为夹紧螺栓，旋松后，转动横拉杆体，可改变横拉杆的长度，以达调整转向轮前束的目的。

由左、右梯形臂，转向横拉杆及前轴所构成的四连杆机构称为转向梯形机构。其作用是：

（1）传力——将直拉杆传到左转向轮的转向力矩部分地传到右转向轮，使右转向轮实现转向。

（2）减小转向阻力——梯形机构能够保证汽车转向时内轮转角大于外轮转角，使所有车轮绕着一个瞬心转动，实现纯滚动，减小转向阻力。

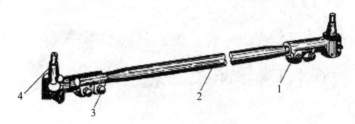

1-横拉杆接头　2-横拉杆体　3-夹紧螺栓　4-球头销

图2-46　转向横拉杆

第五节　汽车行驶系

汽车行驶系是汽车的基架，承受汽车的全部载荷；行驶时承受各种力和力矩，同时还起着减震和缓冲的作用，以保证汽车行驶平稳。

汽车行驶系由车架、车轮和轮胎、车桥和悬架机构等组成。

一、车架

车架是整个汽车的基体，汽车的绝大部分总成和部件都通过车架来连接成一体，并承受汽车内外的各种力及其力矩的作用。

通常车架分为整体承载式结构和非整体承载式结构。

整体承载式结构的特点是：所有的车身构件都参加承载，充分发挥材料的最大潜力，并能使整车的高度降低，以提高汽车的操纵稳定性。

非整体承载式结构是单独的车架，汽车的载荷及各种主要受力由车架承受。非整体承载式车架又分为两种型式：边梁式车架和中梁式车架（或称脊梁式车架）。

1. 边梁式车架

边梁式车架由两根位于两边的纵梁和若干根横梁组成。通常用铆接或焊接法，也有用螺栓连接的方法将纵梁和横梁连接成刚性构架。纵梁用低碳合金钢钢板冲压而成，断面形状一般为槽形，也有做成"Z"字形或箱形。根据汽车不同的型式及结构布置的要求，纵梁的形状可以在水平面或纵向平面内做成弯曲的形状，断面形状做成等断面或非等断面。横梁不仅用来支承汽车的主要总成部件，还要承受车架的扭转和纵向载荷。通常汽车的横梁数量及形状、位置由总布置来确定。边梁式车架的结构要求便于安装车身和布置其他总成，有利于满足改装变形和发展多品种的需要，所以被广泛地应用在运输车、大多数的特种车上，它们的构造都相类似。

图2-47为一轻型车车架，其结构特点有：

（1）纵梁的断面形状制成箱形，以提高车架的强度及刚度。

（2）车架中段向下弯曲，以利于降低汽车重心，提高汽车的稳定性。

（3）在车架最后一道横梁上装有两个环状保险杠。

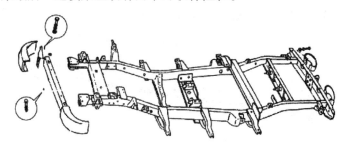

图2-47　轻型车车架

2. 中梁式车架

中梁式车架有一根纵梁位于汽车中央并贯穿汽车全长，因此亦称为脊梁式车架（如图2-48所示）。

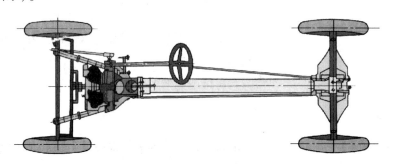

图2-48　中梁式车架

中梁的断面形状做成管形、槽形或箱形。中梁的前端做成外伸支架，用来固定发动机，而主减速器壳通常固定在中梁的尾端，形成断开式后驱动桥。中梁上的悬伸托架用来支承汽车车身和安装其他机件。如果中梁是管形的，传动轴可在管内穿过。

中梁式车架有较好的抗扭刚度和较大的前轮转向角，结构上允许车轮有较大的跳动空间，适于装配独立悬架的越野汽车。与同等载质量的汽车相比，中梁式车架轻且重心比较低，故行驶稳定性好；车架的强度和刚度较大；脊梁还能起到封闭传动轴的防尘罩作用。中梁式车架制造工艺复杂，精度要求高，总成安装困难，维护修理也不方便，故目前应用不多。

二、车轮和轮胎

车轮和轮胎是汽车行驶系的重要部件。现代汽车都采用充气的弹性轮胎，其作用是支撑全车的载荷，吸收或缓冲由于路面不平所产生的震动，提高汽车高速行驶时的稳定性。

1. 车轮

车轮主要由轮辋与轮辐组成，用于安装汽车轮胎。

（1）轮辐。车轮通常按轮辐与轮毂连接部分的结构型式不同分为辐式和盘式两种类型。

①辐式车轮。辐式车轮，使用与轮毂铸成一体的钢质空心辐条与轮辋连接，故也称铸钢式车轮（如图 2 - 49 所示）。这种辐式车轮一般用得较少，只在载重量较大的载重汽车上才采用。但在有些轿车上采用较细的实心辐条作为车轮的轮辐。

②盘式车轮。目前在汽车上广泛采用的是盘式车轮，即轮辐为一钢质圆盘（在小型车上多为铝合金圆盘）。图 2 - 50 所示为某中型汽车上采用的盘式车轮。它由轮辋 1、轮盘 3、挡圈 2 及锁圈 4 等部件组成。

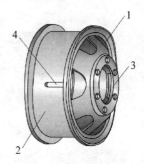

1—挡圈；2—轮辋；
3—辐板；4—气门嘴孔
图 2 - 49　辐式车轮

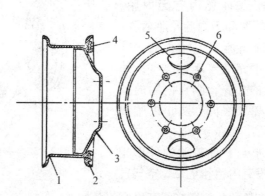

1—轮辋　2—挡圈　3—轮盘　4—锁圈　5—孔　6—锥形螺栓孔
图 2 - 50　盘式车轮

轮盘与轮辋通常用铆接或焊接的方法连接成一体。为便于使轮辋总成与轮毂中心对正，将轮盘上的连接螺栓孔加工成锥形，也有用轮盘中间的大孔内圆柱面与轮毂上的外圆柱面相互配合来对正。

轮胎总成装在轮辋的圆柱面上，并用挡圈 2、锁圈 4 等机件固定。

在汽车行驶时，为了不使轮辋总成的固定螺母自动松脱，通常大、中型汽车左右两侧车轮上的车轮固定螺栓的螺纹是不同方向的，左边的为左旋，且在螺母上有记号，右边为右旋。

（2）轮辋。轮辋按其断面形状分为：平式、深式及对开式（如图 2 – 51 所示）。

①深式轮辋。图 2 – 51a 所示为轻型车上用得较多的一种型式。其是由钢板冲压而成的环形圈，有带肩的凸缘，用以安放外胎的胎圈，其肩部通常略向中间倾斜，深式轮辋的结构简单，重量轻，对于小尺寸弹性较大的轮胎最适宜。

②平式轮辋。图 2 – 51b 所示轮辋是我国中型汽车用得较多的一种型式。挡圈是整体的，而用一个开口锁圈来限止挡圈脱出。

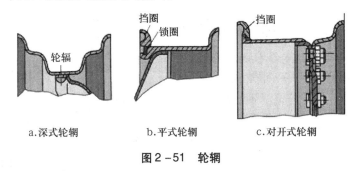

a.深式轮辋　　　　b.平式轮辋　　　　c.对开式轮辋

图 2 – 51　轮辋

③对开式轮辋。图 2 – 51c 所示为对开式轮辋的结构，轮辋是以轮盘用螺栓连接成一个整体，拆装轮胎时只要拆卸该连接螺栓即可。这种轮辋在大、中型越野车上用得较多。

2. 轮胎

（1）轮胎的分类。按轮胎内有无内胎，充气轮胎分为有内胎轮胎和无内胎轮胎两种。图 2 – 52 所示为有内胎轮胎，它由内胎、外胎和垫带组成。内胎中充满着压缩空气；外胎是坚硬而富有弹性的外壳，套在内胎的外边；垫带放在内胎与轮辋之间，防止内胎被轮辋及外胎的胎圈擦伤。

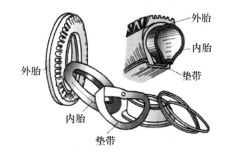

图 2 – 52　有内胎轮胎的组成

无内胎轮胎的外形与普通轮胎的外形相似，所不同的地方是没有内胎和垫带。空气直接压入外胎中，故要求轮胎与轮辋之间有很好的密封。

按轮胎气压的大小可分为高压胎、低压胎和超低压胎三种形式。一般气压在 0.5MPa ~ 0.7MPa（0.5 ~ 0.7N/mm²）为高压胎；0.15MPa ~ 0.45MPa 为低压胎；0.15MPa 以下为超低压胎。但由于制造轮胎用的原材料的不断发展，轮胎负荷能力大幅度提高，相应的气压也提高了，而轮胎的缓冲性能仍在某种程度上保持了原来同规格

"低压胎"的性能，因此按过去标准，已属于高压胎气压范围，现在国内外还是将其归于"低压胎"这一类。目前，大多数汽车采用低压胎。因为低压胎弹性好、断面宽，与道路接触面大，壁薄而散热性良好，这些特点提高了汽车行驶的平顺性和操纵性。

按胎体中帘线的排列方向不同轮胎还分为普通斜交胎、"子午线"胎等。

（2）轮胎的构造。

①有内胎轮胎。对于轮胎外胎来说，通常由帘布层、缓冲层（带束层）、胎圈、胎冠及胎肩等组成。

图2-53所示为普通有内胎的充气轮胎的外胎结构。由于该种形式的轮胎的帘布层帘线排列是倾斜并相互交叉的，所以该种轮胎称为斜交轮胎。帘布层是外胎的骨架，是轮胎的主要承载部分，以保持外胎的形状和尺寸。缓冲层是用来连接帘布层和橡胶胎面的过渡层。

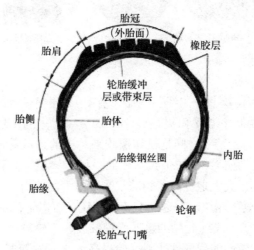

图2-53　普通有内胎的充气轮胎的外胎结构

在胎面上制有各种花纹。普通花纹适用于较好路面（图2-54a）；越野花纹深而粗（如图2-54c所示），越野能力较强，适用于松软路面。当安装"人"字形越野花纹轮胎时，胎面花纹的尖端与旋转方向一致，以免花纹间被泥土所填塞。混合花纹介于普通花纹与越野花纹之间（如图2-54b所示）。拱形花纹轮胎（如图2-54d所示）与低压特种花纹轮胎（如图2-54e所示）用于特种车辆。

胎圈的作用是使外胎能牢固地装在轮辋上。

内胎是一个环形橡胶气囊（见图2-52），具有良好的弹性，并能耐热和不漏气。内胎上装有与自行车轮胎相似的气门嘴，用于轮胎充放气用。

"子午线"轮胎与普通斜交轮胎的区别仅在于外胎的帘布层和缓冲层。"子午线"轮胎的结构特点有：

a. 帘布层帘线的排列方向与轮胎的中心平面之间的夹角为90°。帘线的这种排列很像地球上的"子午线"（即经线），"子午线"轮胎由此而得名。由于帘线的这种排列，使帘线的强度能得到充分的利用，故"子午线"轮胎胎体帘布层数一般比普通轮胎可

a.普通花纹　　　b.混合花纹　　　c.越野花纹

d.拱形胎花纹　　　　e.低压特种花纹

图2-54　轮胎花纹

减少约40%～50%，而钢丝"子午线"轮胎仅有1～2层钢丝帘线。

　　b. 采用了帘线与轮胎中心平面夹角较小（10°～20°）的多层、高强度及伸张较小的缓冲层。"子午线"轮胎帘线之间是仅靠橡胶来粘接的，承受切向力能力较小，为使该轮胎能够承受较大的切向力，"子午线"轮胎采用了多层、高强度的缓冲层，就像一刚性环带紧箍于胎体上，大大地提高了轮胎承受切向力的能力。

　　在性能上，"子午线"轮胎与普通斜交轮胎相比较有以下优点：

　　a. 轮胎寿命长。"子午线"轮胎的接地面积较大，车轮对地面的单位压力小。附着性能好，胎面滑移小。轮胎的耐磨性比斜交胎提高约50%，延长了使用寿命。

　　b. 负荷能力大。"子午线"轮胎帘布层的帘线排列方向与轮胎变形方向一致，使得帘线强度能够得到充分有效地利用，在同样帘布层数的情况下，"子午线"轮胎比斜交胎的负荷能力大。

　　c. 缓冲性能好。由于"子午线"轮胎轮胎的帘布层数减少，轮胎的径向弹性大，缓冲作用好。

　　d. 经济性好。由于"子午线"轮胎轮胎帘布层数少，轮胎的滚动阻力小，燃油消耗少，节油率一般在6%～8%。

　　e. 轮胎耐穿刺。由于胎冠较厚，且有坚实的缓冲层，不容易被刺穿。

　　但由于"子午线"轮胎胎侧较薄，存在侧向稳定性差、胎侧易裂口等缺点。

　　总体来说，由于"子午线"轮胎性能优越，在中、小型车上得到了广泛的使用。"子午线"轮胎在我军装备的小型汽车上普遍采用，在中大型汽车上有所采用，如东风系列汽车上均采用"子午线"轮胎。

　　②无内胎的充气轮胎。无内胎充气轮胎近年来使用日益广泛。其没有内胎，压缩空气被直接压入外胎中。因此，要求外胎和轮辋之间有很好的密封性。

　　无内胎轮胎在外观上与有内胎轮胎相似，所不同的是无内胎轮胎的外胎内壁上附加了一层厚度约 2～3mm 的专门用来封气的橡胶密封层 1（见图 2－55），它是用硫化的方法黏附上去的。在密封层正对着胎面下面贴着一层用未硫化橡胶的特殊混合物制成的自粘层 2。当轮胎穿孔时，自粘层能自行将刺穿的孔黏合，故称为有自粘层的无内胎轮胎。

③无内胎轮胎。图 2－55 所示为无内胎轮胎的结构。在胎圈上做出若干道同心圆的环形槽纹 3。在轮胎内空气压力作用下，槽纹 3 能使胎圈可靠地紧贴在轮辋边缘上，以保证轮胎与轮辋之间的气密性，但也有的胎圈外是光滑而没有槽纹的。气门嘴 4 直接固定在轮辋 7 上，其间垫以密封用的橡胶密封衬垫 6。铆接轮辋和辐板的铆钉 5 自内侧塞入，并涂上一层橡胶。

无内胎轮胎的优点：轮胎穿孔时，压力不会急剧下降，能安全地继续行驶；无内胎轮胎中不存在因内外胎之间摩擦和卡住而引起损坏，气密性较好；可以直接通过轮辋散热，所以工作温度低，使用寿命长；结构简单、质量较小，适应于高速行驶。

无内胎轮胎的缺点：途中修复较为困难。此外，自粘层只有在穿孔尺寸不大时方能自黏合。天气炎热时自粘层可能软化而向下流动，从而破坏车轮平衡。因此，一般多采用无自粘层的无内胎轮胎。它的外胎内壁只有一层密封层，当轮胎穿孔后，由于其本身处于压缩状态而紧裹着穿刺物，故能较长时间不漏气。即使将穿刺物拔出，也不会漏气，通常无内胎轮胎只有在轮胎爆破时才会失效。

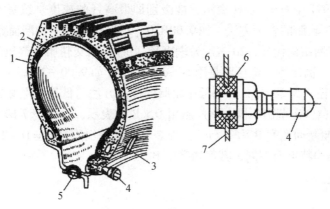

1－橡胶密封层　2－自粘层　3－槽纹　4－气门嘴
5－铆钉　6－橡胶密封衬垫　7－轮辋
图 2－55　无内胎轮胎

有些轮胎在车轮与轮胎之间加装了内支撑，以保证车轮泄气后，车辆仍能在不同路面上续驶一段距离。

（3）充气轮胎尺寸的标记方法。充气轮胎尺寸的标记如图 2－56 所示。D 表示轮胎外径；d 表示轮辋直径；H 表示轮胎断面高度；B 表示轮胎断面宽度。轮胎断面高度 H 与轮胎断面宽度 B 之比为轮胎的高度比（以百分比表示），又称扁平比，通常高度比为 80、75、70、60、55 等。

充气轮胎尺寸的标记我国有相关的规定。其轮胎规格的表示方法为：轿车轮胎的表

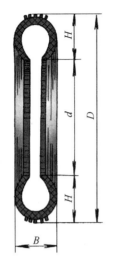

B-轮胎断面宽度　d-轮辋直径　D-轮胎外径　H-轮胎断面高度

图 2-56　轮胎尺寸标示符号

示方法。例如，185/60R13 80 H，185 表示轮胎断面宽度（mm）、60 表示轮胎高宽比0.60、R 表示"子午线"轮胎结构代号、13 表示轮辋直径（in）、80 表示负荷指数（可从 GB/T2978-1977 中查出）、H 表示速度级别即最高行驶速度。载货汽车轮胎的表示方法："子午线"轮胎的表示方法，如 9.00R20，9.00 表示轮胎的断面宽度（in）、R 表示"子午线"轮胎结构代号、20 表示轮辋直径（in）。斜交轮胎按气压的不同分为：低压胎、超低压胎、高压胎。低压胎是用 B—d 来表示，如 9.00—20 表示断面宽度 B 为 9（in），而轮辋直径 d 为 20（in）；超低压轮胎的标注方法与低压轮胎相同，只是在轮胎上标注的所使用的气压范围不同；高压胎用 D×B 来表示，如 34×7 即表示轮胎外径 D 为 34（in），轮胎断面宽度 B 为 7（in）。安装轮胎的轮辋直径 d＝D-2H，式中断面高度 H 随外胎的结构特点而不同，其值约等于 B。

三、汽车车桥

车桥通过悬架与车架相连，两端安装车轮，用以在车架与车轮之间传递各向作用力。

根据车桥上车轮的作用不同，车桥可分为转向桥、驱动桥、转向驱动桥和支持桥四种类型。

1. 转向桥

转向桥是利用前轴与转向节铰接使车轮可以偏转一定的角度，以实现车轮转向的车桥，各种车型的转向桥结构基本相似。

图 2-57 所示为某中型运输车转向桥。该桥主要由前轴 17、转向节 7、轮毂 5、主销 14 组成。汽车的前轴 17 由钢材锻造而成，其断面形状为"工"字形，可以提高抗弯强度（不同汽车类型其断面形状亦有所不同），为提高抗扭强度该前轴接近主销处略呈方形。中部加工出两处用以安装钢板弹簧的加宽弹簧座，且向下弯曲，使发动机的位置

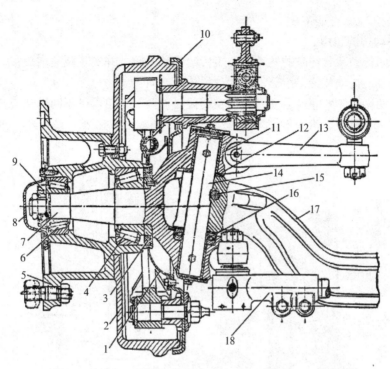

1-挡油盘　2-制动鼓　3-油封　4-轴承　5-轮毂　6-轴承
7-转向节　8-罩　9-调整螺母　10-制动底板　11-衬套　12-调整垫片
13-转向节臂　14-主销　15-楔形锁销　16-轴承　17-前轴　18-横拉杆

图 2-57　汽车转向桥

降低，从而降低汽车重心，开阔驾驶员视野，并减小传动轴与变速器输出轴之间的夹角。前轴两端各有一个加粗部分，呈拳形，其中有通孔，主销 14 即插入此孔内。用带有螺纹的楔形锁销 15 将主销固定在拳部孔内，使之不能转动。转向节 7 上有带销孔的两个吊耳通过主销与前轴的拳部相连，使前轮可以绕主销偏转一定角度而使汽车转向。为了减少磨损，转向节销孔内压装有衬套 11（在其他车型上也有采用滚针轴承的），衬套上制有润滑油槽，用装在转向节上的滑脂嘴注入滑脂润滑，销孔端部用盖片密封。为使转向轻便灵活，在转向节下耳与前轴拳形部分下端面之间装有圆锥轴承 16（在轻型车上也有装滚珠轴承的），在转向节上耳与前轴拳形部分上端面之间装有调整垫片，可调整转向节沿主销轴线方向上的轴向间隙。

　　在转向节的上吊耳装有转向节臂 13，其与纵拉杆相连接，在下吊耳装有与转向横拉杆相连接的梯形臂。轮毂 5 通过两个圆锥轴承 4 和 6 支承在转向节轴颈上，轴承的松紧度可用调整螺母 9 加以调整，调整后用锁紧螺母固定，轮毂外端用冲压的金属罩 8 封盖。轮毂内侧装有油封 3 以防漏油。如果油封漏油，则外面的挡油盘 1 仍可以防止润滑脂进入制动器内。转向节上靠近主销孔的一端有方形凸缘，用以固定车轮制动底板 10。

2. 驱动桥

（1）驱动桥的功用。

①将万向传动装置传来的发动机转矩传给驱动车轮，并实现减速增矩；

②改变万向传动装置传给驱动轮的动力传递方向；

③实现两侧车轮的差速运动，保证在需要时使两侧车轮可以不同转速旋转。

如图 2－58 所示，汽车驱动桥主要由驱动桥壳、主减速器、差速器、半轴及轮毂组成。

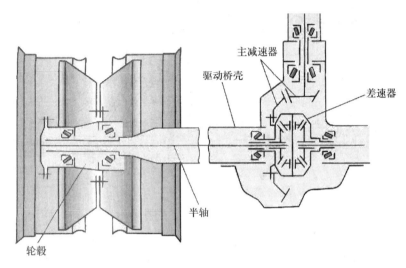

图 2－58　整体式驱动桥

（2）驱动桥的结构类型。根据桥壳与驱动轮的连接关系，驱动桥分为整体式和断开式两种。

①整体式。整体式驱动桥（如图 2－58 所示）采用非独立悬架。其驱动桥壳为一刚性的整体，驱动桥两端通过弹性悬架与车架相连，左右半轴始终在一条直线上，即两侧的半轴和驱动轮不可能在汽车横向平面内有相对运动，故称为整体式或非断开式驱动桥。

②断开式。为了提高汽车行驶平顺性和通过性，有些越野车、轿车的驱动桥采用独立悬架，即两侧驱动轮分别通过弹性悬架与车架相连，两侧车轮可彼此独立地相对于车架或车身上下运动。驱动桥壳制成分段并以铰链方式连接，这种驱动桥称为断开式驱动桥。如图 2－59 所示，主减速器 1 固定在车架或车身上，两侧车轮 5 分别通过各自的弹性元件 3、减振器 4 和摆臂 6 组成的弹性悬架与车架相连。为适应车轮绕摆臂轴 7 上下跳动的需要，差速器与轮毂之间的半轴 2 两端用万向节连接。

（3）驱动桥壳。

①桥壳的功用。桥壳是安装主减速器、差速器、半轴、轮毂和悬架的基础件。它的主要功用是：

a. 支承并保护主减速器、差速器和半轴等总成和部件；

b. 同从动桥一起支承车架及其上的各总成质量；

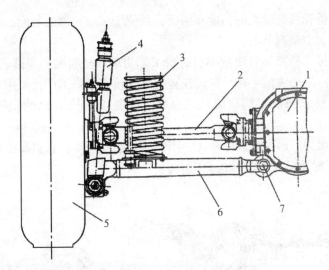

1-主减速器　2-半轴　3-弹性元件　4-减震器　5-车轮　6-摆臂　7-摆臂轴

图 2-59　断开式驱动桥

c. 汽车行驶时，承受由车轮传来的路面反作用力和力矩，并经悬架传给车架。

②桥壳的构造。桥壳从结构上可分为整体式和分段式两种。

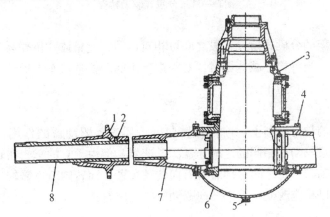

1-凸缘盘　2-止动螺钉　3-主减速器壳　4-固定螺钉

5-螺塞　6-后盖　7-空心梁　8-半轴套管

图 2-60　整体式驱动桥壳

图 2-60 为一中型汽车的整体式驱动桥壳。其中部为一铸铁铸成的环形空心梁 7，两端压入钢制的半轴套管 8，并用止动螺钉 2 限位。半轴套管外端露出部分安装轮毂轴承，端部制有螺纹，用于安装轮毂轴承调整螺母和锁紧螺母。凸缘盘 1 用来固定制动底板。主减速器和差速器先装入主减速器壳 3 内，再将主减速器壳用固定螺钉 4 固定在空心梁中部的前端面上。空心梁中部后端面的大孔可用来检查主减速器和差速器的工作情况，平时用后盖 6 封住。后盖 6 上有螺塞 5，用以检查油面高度。主减速器壳上有加油孔和放油孔。

整体式驱动桥壳具有较大的强度和刚度，且便于主减速器的装配、调整和维修，因此普遍应用于大、中型汽车上。

钢板冲压焊接式桥壳具有质量小、制造工艺简单、材料利用率高、抗冲击性能好、成本低等优点，并适于大量生产，目前在轻型车和轿车上得到广泛采用。

分段式驱动桥壳一般由两段组成，也有三段甚至多段组成的，各段之间用螺栓连接。

图2－61所示为一两段组成的桥壳，用螺栓1连成一体。它主要由铸造的主减速器壳10、盖14、半轴套管4及凸缘盘8组成。

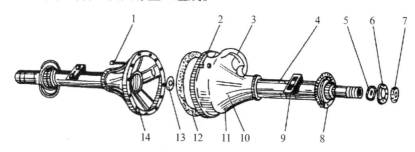

1－螺栓　2－注油孔　3－主减速器壳颈部　4－半轴套管　5－调整螺母　6－止动垫片　7－锁紧螺母
8－凸缘盘　9－弹簧座　10－主减速器壳　11－放油孔　12－垫片　13－油封　14－盖

图2－61　分段式驱动桥壳

采用独立悬架的分段式桥壳各段之间可相对运动，比整体式桥壳易于铸造，加工简便，但维修不便，当拆检主减速器时，必须把整个驱动桥从汽车上拆卸下来。分段式驱动桥壳一般用在中、轻型车上。

3. 转向驱动桥

在全轮驱动的越野汽车上，前桥除转向外，还兼起驱动桥的作用，故称转向驱动桥。它有着和一般驱动桥相同的主减速器和差速器，但由于它的车轮在转向时需要转过一个角度，故半轴与车轮之间必须装有万向传动装置，而转向节也需较一般转向桥的转向节在结构上得以相应改变。由于转向驱动桥结构较复杂，在此不作介绍。

四、汽车悬架

1. 概述

（1）功用。

①传递并承受各种力和这些力所形成的力矩。

②缓和、消减由于路面不平所引起的冲击和震动，以保证汽车行驶具有良好的平顺性。

（2）组成。多数悬架主要由弹性元件、减震器和导向结构三部分组成。这三个组成部分分别起缓冲、减震和导向的作用，同时，三者还有一个共同作用——传力。图2－62为一螺旋弹簧式悬架的组成图。

应该指出，悬架只要具备上述功能，在结构上并不是非设置上述三套单独的部分不

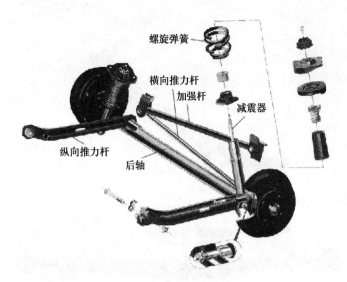

图2-62　螺旋弹簧式悬架

可。例如，常见的钢板弹簧，除了作为弹性元件起缓冲作用外，当它在汽车上纵向安置时，还可以担负起传递所有各向力和力矩以及导向的作用。此外，一般钢板弹簧是多片叠成的，它们之间的摩擦即具有一定的减震作用，因而当对减震要求不是很高时，在采用钢板弹簧的悬架中，也可以不装减震器。

（3）分类。根据导向装置的型式，悬架可以分成两大类：非独立悬架（如图2-63a所示），其两侧车轮由一根整体式车桥相连，车轮连同车桥一起通过弹性悬架与车架相连接。独立悬架（如图2-63b所示），其每一侧车轮单独通过弹性悬架与车架（或车身）相连接。采用独立悬架时，车桥都制成断开式的。这样，一侧车轮在汽车横向平面内摆动不会同时引起另一侧车轮的摆动。

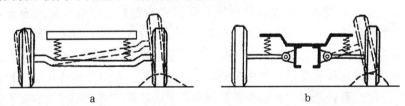

图2-63　非独立悬架和独立悬架

2. 弹性元件

汽车悬架的弹性元件有钢板弹簧、螺旋弹簧、扭杆弹簧、气体弹簧，油气弹簧、橡胶弹簧等。下面简要介绍常见的钢板弹簧、螺旋弹簧和扭杆弹簧。

（1）钢板弹簧。钢板弹簧（又称叶片弹簧）应用得最广泛，一般是由若干片曲率半径不同、不等长的合金弹簧钢板片组合而构成的一根近似于等强度的弹性梁，其结构如图2-64所示。

中心螺栓用以连接各片弹簧钢板，并保证装配时各片的相对位置。这种连接方式的

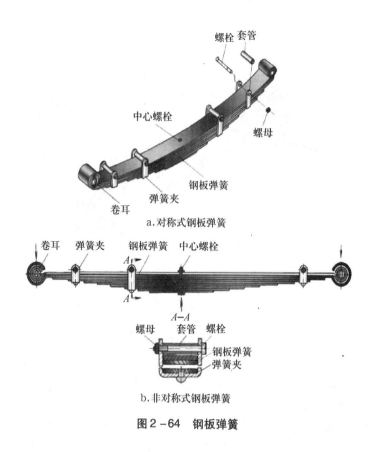

图2-64　钢板弹簧

缺点是在钢板中心孔处易形成应力集中，削弱钢板的强度。因此，有些汽车的钢板弹簧，不用中心螺栓，而是在每片钢板中部上表面压出圆形凹坑，相应地在下表面则形成圆形凸起，装配弹簧时，各片的凸部与凹部依次互相嵌合。钢板弹簧的第一片（最长的一片）称为主片，其两端弯成卷耳，内压装青铜（或塑料、橡胶、粉末冶金）制成的衬套，以便用钢板销与固定在车架上的支架或吊耳作铰链连接。钢板弹簧的中部一般固定在车桥上，为改善主片卷耳的受力情况，常将第二片末端也制成卷耳，包在主片卷耳的外面。为了使得在弹簧变形时各片有相对滑动的可能，在主片卷耳与第二片卷耳之间留有较大的空隙。有些悬架中的钢板弹簧两端不制成卷耳，而采用其他的支承连接方式（如两端插入橡胶支承垫中）。

当钢板弹簧反向变形（即车桥与车架互相离开）时，为使各片不互相分开，避免主片单独承载，常采用若干个弹簧夹（又称回弹夹）予以限位。为减少弹簧叶片之间的摩擦，各片间需涂上润滑脂（石墨滑脂）。

（2）螺旋弹簧。螺旋弹簧广泛地应用于独立悬架，特别是前轮独立悬架中，如图2-62中的弹性元件即为螺旋弹簧。

螺旋弹簧本身没有减震作用，因此在螺旋弹簧悬架中必须另装减震器。此外，螺旋弹簧只能承受垂直载荷，故必须设置导向机构以传递垂直力以外的各种力和力矩。

螺旋弹簧用弹簧钢棒料卷制而成，可制成等螺距或变螺距。

螺旋弹簧与钢板弹簧比较具以下优点：无须润滑，不忌泥污，安置它所需的纵向空间不大，弹簧重量轻。

（3）扭杆弹簧。扭杆弹簧本身是一根由弹簧钢制成的杆（如图2-65所示），可以在汽车上纵向布置，也可以横向布置（如图2-66所示）。扭杆断面通常为圆形，少数为矩形或管形。其两端形状可以做成花键、方形、六角形或带平面的圆柱形等，以便一端固定在车架上，另一端固定在悬架的摆臂上。摆臂则与车轮相连。当车轮跳动时，摆臂便绕扭杆轴线摆动，使扭杆产生扭转弹性变形，借以保证车轮与车架的弹性联系。有的扭杆由一些矩形断面的薄条（扭片）组合而成，这样弹簧更加柔软。

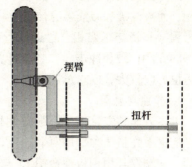

图2-65　扭杆弹簧

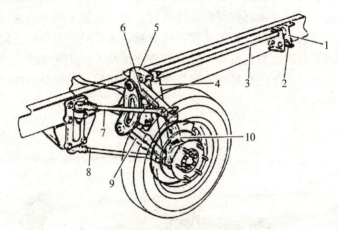

1-扭杆弹簧固定支架　2-扭杆弹簧预加载荷调整螺钉　3-扭杆弹簧　4-减震器
5-减震器上支架　6-上横臂　7-上支撑杆　8-下支撑杆　9-下横臂　10-转向节

图2-66　纵置扭杆弹簧悬架

若将扭杆的固定端转过一个角度，则摆臂的初始位置将改变，借此可调节车架与车轮之间的距离，即调节车身高度。扭杆弹簧近年来在汽车上的应用逐渐增多。

3. 减震器

为加速车架与车身震动的衰减，以改善汽车的行驶平顺性，在大多数汽车的悬架系统内都装有减震器。减震器和弹性元件（一般为钢板弹簧）是并联安装的（如图2-67所示）。

目前汽车上广泛采用双向作用筒式减震器。其作用原理是当车架与车桥作往复相对运动，而活塞在缸筒内往复移动时，减震器

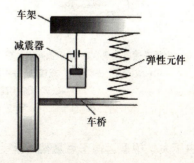

图2-67　减震器和弹性元件的安装示意图

壳体内的油液便反复地从一个内腔通过一些窄小的孔隙流入另一内腔。此时，孔壁与油液间的摩擦及液体分子内摩擦便形成对震动的阻尼力，使车身和车架的震动能量转化为热能，而被油液和减震器壳体所吸收，然后散到大气中。减震器工作时要求：在悬架压缩行程（车桥与车架相互移近的行程）内，减震器阻尼力应较小，以便充分利用弹性元件的弹性，缓和冲击；在悬架伸张行程（车桥与车架相对远离的行程）内，减震器的阻尼力应较大，以求迅速减震。

4. 非独立悬架

大多数非独立悬架采用纵置钢板弹簧式悬架。图2－68所示为某中型汽车的前悬架。前钢板弹簧2中部用两个"U"形螺栓3固定在前桥上。弹簧两端的卷耳孔中压入衬套。前端卷耳用钢板弹簧销15与钢板弹簧前支架1相连，形成固定的铰链支点；而后端卷耳则通过钢板弹簧吊耳销14用铰链挂在吊耳支架10上与可以自由摆动的吊耳9相连接，从而保证了弹簧变形时两卷耳中心线间的距离的改变。这种用铰链和吊耳将钢板弹簧两端固定在车架上的结构是目前广泛采用的一种连接型式。在钢板弹簧销钻有轴向油道及径向油道，通过油嘴将润滑脂加注到衬套处，以便于润滑。使用时，应注意定期加注润滑脂，以免磨损加剧。为加速震动的衰减，改善驾驶员的乘坐舒适性，悬架中一般都装有减震器。在前板簧盖板4上装有橡胶缓冲块5，以限制弹簧的最大变形并防止弹簧直接撞击车架。其他汽车采用此类悬架的结构相似，只是其后端的支承方式及弹簧叶片断面形状有所不同。

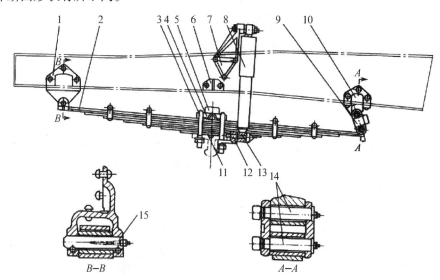

1－钢板弹簧前支架　2－前钢板弹簧　3－U形螺栓　4－前板簧盖板　5－橡胶缓冲块　6－限位块
7－减震器上支架　8－减震器　9－吊耳　10－吊耳支架　11－中心螺栓　12－减震器
13－减震器连接销　14－弹簧吊耳销　15－弹簧销

图2－68　汽车前悬架

由于大、中型运输车后悬架所承受的载荷较大，在后悬架中加装副钢板弹簧（如图2－69所示）。

当汽车空载或装载质量不大时，副簧不承受载荷而由主簧单独工作。在重载或满载情况下，车架相对车桥下移，使车架上的副钢板弹簧滑板式支座与副钢板弹簧接触，即主、副簧共同参加工作，一起承受载荷。

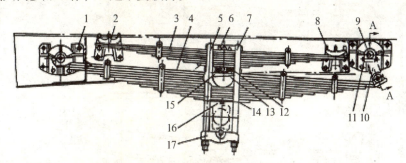

1－后钢板弹簧前支架　2－副钢板弹簧前支架　3－副钢板弹簧　4－后钢板弹簧

5－后钢板弹簧前U形螺栓　6－后钢板弹簧盖板　7－后钢板弹簧后U形螺栓

8－副钢板弹簧后支架　9－后钢板弹簧后支架　10－后钢板弹簧吊耳　11－副钢板弹簧支架楔形销

12－副钢板弹簧垫板　13－后钢板弹簧缓冲块　14－后钢板弹簧垫板

15－副钢板弹簧中心螺栓　16－后钢板弹簧中心螺栓　17－后钢板弹簧压板

图2－69　汽车后悬架

5. 独立悬架

图2－70所示为某小型车双横摆臂式前悬架。上摆臂11和下摆臂4的内端分别通过摆臂轴15和1与车架作铰链连接，二者的外端则分别通过上球头销14和下球头销3与转向节9相连。螺旋弹簧5的上、下端分别通过橡胶垫圈7支承于车架横梁上的支承座和下摆臂上的支承盘内。双向作用筒式减震器6的上、下两端同样分别通过橡胶衬垫与车架和下摆臂上的支承盘相连。其中装有弹簧13，保证当球头销与销座有磨损时，自动消除二者之间的间隙。下球头销如有松动出现间隙时，可以拆开球头销，适当减少垫片2以消除间隙。该车采用球头结构代替主销，属于无主销式，即上、下球头销的连心线相当于主销轴线，转向时车轮即围绕此轴线偏转。

采用独立悬架的优点是：

（1）在悬架弹性元件一定的变形范围内，两侧车轮可以单独运动，而互不影响，这样在不平道路上行驶时可减缓车架和车身的震动。

（2）减少了汽车的非悬架质量（即不由弹簧支承的质量）。在道路条件和车速相同时，非悬架质量愈小，则悬架所受到的冲击载荷也愈小，故采用独立悬架可以提高汽车的平均行驶速度。

（3）采用断开式车桥，发动机总成的位置便可以降低和前移，使汽车重心下降，提高了汽车行驶稳定性。

但是，独立悬架结构复杂，制造成本高，保养维修不方便。

6. 多轴汽车的平衡悬架

多轴汽车的全部车轮如果都是单独刚性地悬挂在车架上，则在不平道路上行驶时将不能保证所有车轮同时接触地面（如图2－71a所示）。即使各个车轮能与地面接触，各

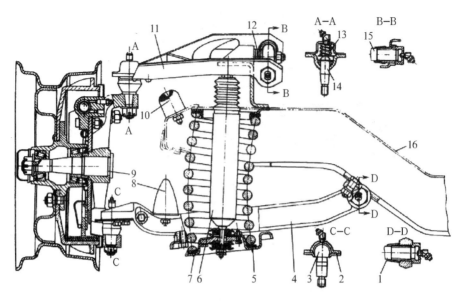

1-下摆臂轴　2-垫片　3-下球头销　4-下摆臂　5-螺旋弹簧
6-筒式减震器　7-橡胶垫圈　8-下缓冲块　9-转向节　10-上缓冲块
11-上摆臂　12-调整垫片　13-弹簧　14-上球头销　15-上摆臂轴　16-车架横梁

图2-70　双横摆臂式汽车前悬架

车轮的垂直载荷也会相差很大。若转向轮不能与地面较好地接触，汽车操纵能力将大大降低；若驱动车轮遇此情况将不能产生足够的驱动力，保证汽车正常行驶。此外，还会使其他车桥及车轮有超载的危险。如全部车轮采用独立悬架，可以保证所有车轮与地面的良好接触，但将使汽车结构变得复杂。若将两个车桥（如三轴汽车的中桥与后桥）装在平衡杆的两端，而将平衡杆中部与车架作铰链式连接（如图2-71b所示），这样，一个车桥抬高将使另一个车桥下降。而且，由于平衡杆两臂等长，则两个车桥上的垂直载荷在任何情况下都相等，不会出现如图2-71a所示的情况。这种能保证中、后桥车轮垂直载荷始终相等的悬架称为平衡悬架。

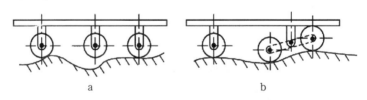

图2-71　三轴汽车在不平道路上行驶情况示意图

图2-72所示为某中型越野汽车的中、后驱动桥平衡悬架。纵向布置的钢板弹簧2中部用"U"形螺栓5固定在钢板弹簧座上。钢板弹簧的两端自由地支承在中、后桥半轴套管上的滑板式支架内。这样，钢板弹簧便相当于一根平衡杆，它以悬架平衡轴为支点转动，从而可保证汽车在不平道路上行驶时，各轮都能着地，且使中、后桥车轮的垂直载荷平均分配。这种钢板弹簧的布置只能传递垂直力和侧向力，而不能传递驱动力、

制动力及其相应的反作用力矩，为此在中、后桥上还装有导向杆1。每个车桥有一根上导向杆及两根下导向杆。上导向杆一端以球头销与桥壳中部的导向杆上臂相连，另一端用球头销与固定在车架上的支架3连接。下导向杆一端用球头销与桥壳两侧的导向杆下臂相连，另一端用球头销与悬架平衡轴支架连接。横向力则由装在钢板弹簧座内的内、外止推垫圈来承受。

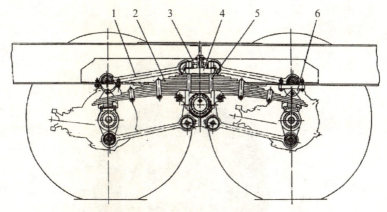

1-导向杆　2-钢板弹簧　3-支架　4-钢板弹簧座　5-"U"形螺栓　6-滑板式支架

图2-72　汽车中、后驱动桥平衡悬架

五、汽车车轮定位

车轮定位是车轮相对车身和路面的几何位置。车轮定位非常重要，其原因有：

（1）确保正确的直线行驶性能。

（2）确保转弯行驶时轮胎附着良好。

（3）减少轮胎磨损。

车轮定位由以下参数决定（如图2-73所示）：轴距、轮距、车轮前束、车轮外倾、主销内倾、主销后倾、主销偏置距、轮距差角。

图2-73　底盘特性

为保证汽车的转向操纵性，汽车设置有车轮定位参数。由于汽车转向轴一般在前轮，故习惯上称前轮定位参数为"前轮定位"，包括主销后倾角 γ、主销内倾角 β、车

轮外倾角 α 和前轮前束。随着汽车技术的发展，为保持汽车行驶的直线性和操稳性，改善汽车的转向性等，汽车后轮也设置了车轮定位参数，称为"后轮定位"。前轮定位和后轮定位合称为四轮定位。

1. 主销后倾

主销后倾，是指回转轴线相对于垂直于路面的一条垂直轴线处于倾斜位置（图 2 - 74）。

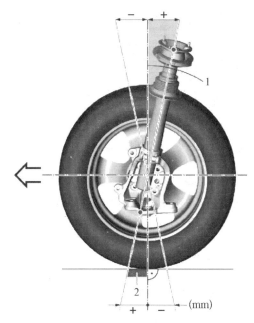

1 - 主销后倾角　2 - 主销后倾拖距（偏距）

图 2 - 74　主销后倾

从汽车的一侧看，主销轴线在纵向平面内，上部向后倾斜一个角度，这个倾斜角叫后倾角，主要是由前钢板弹簧的安装给予保证的；一般主销后倾角不超过 3°（东风 EQ1108 型汽车为 2°30′）。

主销后倾的作用包括：使主销轴线的延长线与车轮轮胎着地点之间有一个距离，此距离称为稳定力臂。当汽车转弯行驶时，在离心力反作用力即向心力的作用下，形成一个稳定力矩，正好与车轮发生偏摆时的力矩方向相反。这样，可使驾驶员打方向盘转弯行驶后，只需作用在方向盘上较小的力，车轮便能很快回到直线行驶位置上，俗称车轮有自动回正的能力。

2. 主销内倾

主销内倾角指的是摆动轴相对于一条垂直轴线的倾斜位置，该垂直轴线在车轮支撑点处与路面相垂直（朝车辆纵向轴方向看）。转向时主销内倾角使车辆抬起，并产生复位力（如图 2 - 75 所示）。

从汽车的前部向后看前轴与转向节连接的主销，在横向平面内，上部向内倾斜一个角度，此角称为主销内倾角，一般不超过 8°（东风 EQ1108 型汽车为 7°），它是由前轴设计制造时给予保证的。

主销内倾的作用包括：

（1）使转向轮偶遇外力发生偏转时，能自动回正，提高汽车直线行驶的稳定性。汽车直线行驶中，若受到外力作用将使前轮发生偏摆时，必须要克服前桥的负重，将前桥抬起一定的高度，才能使前轮发生偏摆。若此外力较小，不能将前桥抬起一定的高度，则前轮不会发生偏摆；如果此外力较大，足以克服前桥的负重，而使前轮发生偏摆时，当此外力一消失，则前轮便能在前桥重力作用下自动回摆到直线行驶位置上，保证了汽车具有直线行驶的稳定性。

图2-75　主销内倾角

（2）使转向轻便，并减小方向盘上所受到的冲击力。由于主销有了内倾角之后，使主销轴线的延长线和车轮上轮胎与路面着地点间的距离减小，使前轮发生偏摆时的阻力矩减小，从而可使转向轻便。

3. 前轮外倾

外倾角，是指车轮中心平面与一条垂直于路面的轴线（车轮支撑点内）之间的角度。车轮上部由车轮中心平面向外倾斜时，外倾角为正值（＋），向内倾斜时为负值（－）。以"度"为单位测量外倾角（如图2-76所示）。

图2-76　车轮外倾角

车轮保持一定外倾角旋转时就像一个在圆形轨道上翻转的锥体。如果通过车轮悬架防止车轮外倾，就会产生一个朝向车辆中心平面的侧向力（负外倾角）。因此，车轮处于负外倾角运行状态时比正外倾角时传输的侧向力更大。此外，车轮在转向节上转动，减弱外侧车轮轴承的负荷，并弥补行驶过程中的车轮轴承间隙。

转向节安装到前轴上之后，使转向节轴线与水平线之间向下倾斜一个角度，即当前轮装入后，使车轮纵线与垂线之间形成一定的夹角，此夹角称为前轮外倾角。一般前轮外倾角在1°左右。

前轮外倾角的作用包括：前轴在满载后，要产生向下弯曲微量变形，加之主销与销孔配合间隙过大或轮毂轴承在使用中会出现间隙等，均会造成前轮的上端向内倾斜，车轮转动时，会造成轮毂向外压向小轴承，使小轴承受力过大，引起载荷集中而使小轴承脱落，严重时会使轴颈断裂等，造成事故。因此，预先使两前轮有了一定的外倾角之后，可使两前轮在上述不良因素影响下，接近于垂直地面作纯滚动，防止意外事故的发生。

4. 前轮前束

一个车桥的总前束，是指一个车桥上车轮前后距离之间的长度差（如图2－77所示）。总前束（c＋d）＝a－b。

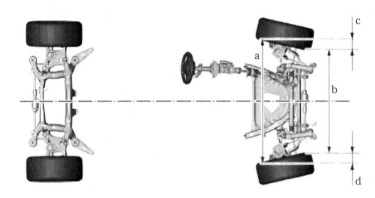

图2－77　车轮前束

前轮前束的作用包括：由于前轮有了外倾和在汽车行驶阻力的作用下，汽车在行驶中，有使两前轮向外分开的趋势，车速越快，阻力越大，将使两前轮滚动的方向和行驶方向不一致，造成前轮摇摆和加速轮胎的磨损。为了消除上述现象，汽车两前轮必须有一定的前束值。

第六节　汽车照明、信号装置及其他电气设备

为了保证汽车行驶安全和工作可靠，在汽车上装有各种照明装置和信号装置，用以照明道路，标示车辆宽度，照明车厢内部、指示仪表以及夜间车辆检修等。此外，在转弯、制动、会车、停车、倒车等工况下，还应发出光亮或音响信号，以警示行人和其他车辆。

一、汽车照明装置

现代汽车上，因车型不同，使用照明装置的数量、结构形式以及安装位置也不尽相同。

前照灯俗称"大灯"，是汽车夜间行驶照明的装置。照明是车辆灯具的基本功能，

在保证车辆行驶安全性方面起着重要的作用。车辆照明要求与道路综合交通环境以及车速有密切关系，随着汽车工业和公路交通的发展，车辆在道路上行驶的速度和密度也日益增加，尤其是随着汽车车速越来越快，对灯具的要求也越来越高。对照明功能来说，要求车辆照明有一定的亮度以保证足够的照明距离；对于信号指示灯来说除了有规定的照度外，还必须有清晰而又灵敏的反应，为道路使用者或信号接收者提供良好的信号指示。

1. 与前照灯相关的概念

（1）光通量。光通量，是指单位时间内辐射光能量的大小。它是根据人眼对光的感觉来评价的。光通量的单位是流明（lm）。在照明工程中，光通量是说明光源发光能力的基本量。

（2）发光强度。它是表示光源发光强度的物理量，计量单位是坎德拉（cd）。一个光源发出频率为 $540 \times 1012Hz$ 的单色辐射，若在一定方向上的辐射强度为 $1/683W/sr$（即 $1/683W$ 每球面度），则此光源在该方向上的发光强度为 1 坎德拉（cd）。

（3）照度。照度是表示受光表面被照明的程度的物理量，用来表示被照面上光的强弱，以被照场所光通量的面积密度来表示。计量单位是勒克斯（Lx）。

（4）发光强度和照度的关系。当一个光源发光强度一定，在不计光源大小的情况下（看做点光源），照度与离开光源距离的平方成反比（倒数二次方法则），即照度 = 发光强度／离开光源距离的平方。

（5）二灯制与四灯制。二灯制结构所采用的灯泡包含两个分开的光源，通过一个反射镜投射近光和远光。四灯制，是指一对前照灯产生远光和近光或仅产生近光，而另一对前照灯仅提供远光照明。

（6）配光特性。所谓配光特性，是指前照灯灯光的光形分布特性。如果将照度相同的点连成一条等照度曲线，那么，等照度曲线的形状与分布即反映出了前照灯的配光特性（如图 2 - 78 所示）。

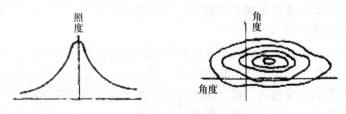

图 2 - 78　等照度曲线

（7）非对称式配光。非对称式配光，是指汽车前照灯的近光的光形分布为非对称式，即光形分布有一条明显的明暗截止线。非对称式配光有两种：一种是如图 2 - 79a 所示，在配光屏幕上，明暗截止线的水平部分在 V - V 线的左半边，右半边为水平线向上成 15°的斜线。另一种如图 2 - 79b 所示，明暗截止线为右半边水平线向上成 45°斜线至距水平线 h 的垂直距离为 25cm 转向水平的折线，由于明暗截止线呈 Z 形，亦称 Z 形配光。

（8）暗视觉。在微弱的照度下（视场亮度在 $10^{-6}cd/m^2 \sim 10^{-2}cd/m^2$），人的眼球只

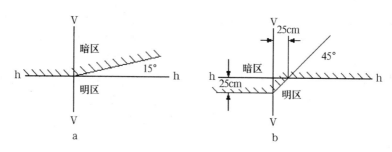

图 2-79　非对称式配光示意图

有杆状体工作，锥状体不工作，这种视觉状态称为暗视觉。

（9）明视觉。当亮度达到 $10cd/m^2$ 以上时，人眼锥状体的工作起主要作用，这种视觉状态称为明视觉。人眼只有在照度较高显得明亮的条件下，即明视觉环境下，才有良好的颜色感。

（10）安全停车距离。汽车作为快速的交通工具，为了保证夜间安全行车，要求由前照灯远光照明所决定的发现（或辨认）障碍物的距离应大于安全停车距离。

安全停车距离 S 主要与车速有关，它包括驾驶员看到障碍物开始制动动作的车辆行驶距离、车辆的制动距离和距离障碍物停车的储备距离三方面，且由下式给出：

$$S = S_1 + S_2 + L_0$$

其中，S_1 表示驾驶员看到障碍物开始制动动作的车辆行驶距离（m）；S_2 表示车辆的制动距离（m）；L_0 表示距离障碍物停车的储备距离（m）。

一般来说，车辆行驶时需提供的视认照度与车速成正向关系，车速越高，所需的照度越大。一方面是因为照度越大，照射距离越长，则给予驾驶员的反应和动作时间越充分；同时在一定距离上的照度值越大，给予驾驶员的视认清晰度越高，因此车辆前方的照明效果也就越好。另外，还需考虑夜间环境比较差和雨雾天气等。所以车辆具有良好的照明的一个基本要求就是车辆必须提供足够的发光强度。

2. 前照灯的防眩目功能

作为快速移动的交通工具，汽车在夜间行驶时同时也是一个移动的强光源，所以车辆行驶照明时，在保证自身视认距离的同时，也应最大可能避免迎面车辆的驾驶员产生眩目，不对对方车辆造成视觉干扰，即要求灯具必须具有防眩目功能。

防眩目要求并不是一开始就提出来的，而是随着车辆照明技术发展到一定阶段才提出来的。事实上，汽车的照明功能和防眩目功能是一对矛盾，现代汽车照明技术的发展也就是在如何解决这对互不相容的矛盾中发展的。为了更好地说明这个问题，首先对眩光问题作一探讨。

按照对视觉产生的影响不同，眩光分为失能眩光和不舒适眩光。它是由于视野中的亮度分布或亮度范围的不适宜，或存在极端的对比，以致引起不舒适感觉或降低观察细部或目标的能力的视觉现象。影响眩光的因素有：

（1）周围环境较暗时，眼睛的适应亮度很低，此时即使是亮度较低的光，也会有明显的眩光。

（2）光源的表面或灯具反射面的亮度越高，眩光越显著。

（3）光源的大小。

总之，眩光一般与光源亮度有关。如果环境背景的亮度低，则产生眩光的亮度也随之降低。引起眩光的生理原因主要有：

（1）由于高亮度的刺激，使瞳孔缩小。

（2）由于角膜和晶状体等眼内组织产生光散射，在眼内形成光幕。

（3）由于视网膜受高亮度的刺激，使顺应状态破坏。眼睛能承受的最大亮度值约为 10^6cd/m^2（一般钨丝灯的亮度就能够达到此数量级），如超过此值，视网膜就会受到损害。

研究表明，失能性眩光是由于眼内光的散射，从而使像的对比下降所造成的。对于不舒适性眩光的产生机理还正在研究，通常用刚刚能产生不舒适感的亮度 L 来确定，这个亮度的阈限标准称为"舒适不舒适分界线"，常用 BCD 表示它。通过对单个眩目光源产生的不舒适性研究表明，背景亮度越小，则 BCD 亮度越低，光源尺寸越大。换句话说，同样亮度的光源在比较暗的环境下更容易产生眩目，而且光源越大，产生眩目的可能性越大。

汽车在夜间行驶时，周围环境比较暗，因此应尽量减少光源亮度，但这就与汽车的照明功能发生矛盾，为了较好地解决这个矛盾，欧洲和美国等先进的汽车生产国分别发展了灯具照明技术，开发出具有一定防眩目功能的前照灯。如今欧洲带明暗截止线的防眩目功能已经成为我国的汽车灯具的强制性要求，带明暗截止线的前照灯也成为汽车标准配备产品。

灯具的防眩目技术，其核心是要改善灯具照明光束光通量的空间分布，即使得前方需要被照亮的部位分配较大光通量，而分配给迎面乘员或行人眼睛部位的光通量小。表现在照度上就是使前方照度在空间形成合理分布，尽可能降低对面乘员眼睛高度的照度值。对车辆照明灯具来说，由于灯泡的发光强度一定，要实现灯具照度在立体角中的变化，就需借助配光屏、反射镜和透光镜来实现，这样对灯具的结构也提出了要求。

带明暗截止线的汽车前照近光灯属于非对称近光系统。它采用双丝灯泡（远光和近光组合的双光束单灯光组）或四灯式前照灯系统（即远光和近光分开的单光束灯光组）。由于实现了远光和近光切换分开，因此在正常行车时采用远光照明，而在会车时采用近光照明，这样可最大限度地防止对迎面乘员或行人的眩目。为了保证实际行车时能达到这样的效果，我国相关的交通安全法规对驾驶员在夜间会车时应切换至近光灯作了相应规定。

近光的明暗截止线首先由近光灯泡里面的配光屏来实现，该配光屏用于屏蔽灯具反射镜不受灯丝照射，由于反射的交叉作用，下面被屏蔽的光线将在前面照明范围的上部出现暗区，如果配合精确的尺寸，就能够在配光屏幕上获得预期的配光图形。我国的《道路机动车辆灯丝灯泡尺寸、光电性能要求》（GB 15766.1 - 2001）中对灯泡的配光屏位置进行了明确规定。

3. 造型功能

随着汽车造型技术的发展，车灯在车辆外观造型上的元素功能也不断增加。现在的汽车照明灯具普遍使用车身内嵌形式，灯具外表面已经和车身融为一体，在车身的设计方面，前照灯和保险杠、散热器罩、商标、前风窗和后视镜等组成汽车的前脸，从而构成了汽车的正面艺术风貌，直接影响整车的造型和流线型，这就使得车辆灯具日益成为重要的造型元素。

正是基于以上功能，车辆灯具已经由当初简单的道路照明辅助部件发展成为集道路照明、车辆造型和保证道路其他车辆安全通行于一体的重要部件。也正是如此，无论是我国的国家标准《汽车及挂车外部照明和光信号装置的安装规定》（GB 4785 - 1998），还是国外的技术法规（如 E. C. E 法规），都对车辆灯具作了很系统的规定，不仅从照度上，而且从安装位置和尺寸上，都对灯具作了明确规定。同时，由于车灯形状的变化会影响车身结构的改变，甚至会带来车辆型式的改变，所以在车辆管理环节，我国也把车灯外型的变化作为车辆产品的变化型式之一。

4. 前照灯的结构

前照灯分为两灯制和四灯制两种，即汽车前端左右各装一个大灯或各装两个大灯。为了防止会车时前照灯的强光束使迎面车辆的驾驶员眩目，前照灯一般采用双丝灯泡，即远光和近光两个灯丝。在汽车正常行驶时使用远光灯，它将光束射向远方，使车前110m 或更远的路面上有均匀而明亮的照明，以便提高车速，现代高速汽车的照明距离应达到200～250m；在市区明亮的道路上行驶时，特别是在会车时应使用近光灯，使光线向车前的路面和路缘倾斜照射，防止迎面车辆的驾驶员眩目，并使车前50m 内的路面有清晰的照明。

前照灯有半封闭式和封闭式等不同形式。一般由灯泡、反光镜、配光镜、灯光调整机构和灯具外罩及固定安装装置等组成（如图 2 - 80 所示）。灯泡一般采用双丝灯泡，即有远光和近光两个灯丝。

其中，光源、反光镜和配光镜直接影响灯具配光，因此直接决定了灯具的照明性能。灯光调节机构主要是用来调整灯具在车辆上安装以后的照射角度和位置，通过适当调节灯具光线角度，起到良好的照明效果。外罩及固定安装装置作为辅助机构，可起到保护、支撑和固定灯具的作用。

在灯具的配光装置中，光源一般是各种类别的灯泡，用来发光。目前国内光源所用的灯泡一般为灯丝灯泡，另外还有少量气体放电灯泡。反光镜主要是将光源发出的散射光反射会聚成强会聚光束，提高灯具的发光强度。由于灯泡发出的光通量一定，当此光通量由四处发散的散射光变为具有一定角度的、微弱散射的灯光束的时候，其发光强度将提高许多。也正是利用这个原理，车辆灯具起到了良好的照明效果。配光镜装在灯具的前部，一般通过其表面花纹的设计，来改善灯具反射出的光通量分布，保证比较均匀地照亮道路。由于灯具照明技术的改进，反光镜已经能够完成灯具光形在空间的合理分布，加上视觉美观的需要，灯具配光镜表面不再有花纹显示，使配光镜目前更多地起到封闭灯具、防止灰尘进入反光镜的作用。

5. 与车辆灯具相关的国家标准

在我国的汽车国家标准体系中，车辆灯具标准在数量方面占有相当大的比重，这也说明车辆灯具作为车辆重要的主动安全部件，起到十分重要的作用。

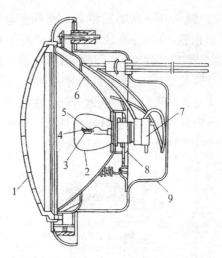

1-配光镜　2-灯泡、3、4-配光屏　5-近光灯丝
6-反光镜　7-接线器　8-插座　9-灯外壳

图2-80　汽车前照灯

在我国相关的汽车灯具标准中，对车辆必需或选装的每种灯具都作了明确规定。按照标准所规定的对象可分为4个层次，依次为：第一层次标准为《机动车安全运行技术条件》（GB 7258-2004），规定了车辆安全运行必需的要求和条件，其中也规定了车辆灯具的基本要求，该标准属于车辆基础标准。第二层次标准为《汽车及挂车外部照明和光信号装置的安装规定》（GB 4785-1998），规定了车辆照明及光信号装置的种类、数量及功能等，属于车辆灯具的基础标准。第三层次标准为《汽车前照灯配光性能》（GB 4599-1994）、《汽车前雾灯配光性能》（GB 4660-1994）、《机动车回复反射器》（GB 11564-1998）、《机动车用三角警告牌》（GB 19151-2003）、《汽车和挂车外部照明和信号装置基本环境试验》（GB/T 10485-1989）等标准，主要规定了车辆主要配备的灯具的配光性能要求及灯具必须满足的环境试验的要求，以上为主要针对灯具产品本身的标准，是灯具标准的主体。第四层次标准为灯泡标准 GB 15766.1-2000、GB/T 15766.2-2000、GB/T 15766.3-2000，这三个标准对光源作了详细规定，包括光源的位置、尺寸、性能及光电参数等，并在灯具标准中引用，是灯具标准非常重要的部分。

二、汽车喇叭

汽车喇叭是用气源或电源来激励金属膜片振动从而产生音响的警告装置。按使用能源的不同，汽车喇叭分为电喇叭和气喇叭两种。

1. 电喇叭

电喇叭以蓄电池为电源通过电磁线圈或电子电路，激励金属膜片振动而发出声音。按其外部形状的不同分为螺旋形、盆形和长筒形三种。

（1）螺旋形电喇叭。螺旋形电喇叭声音和谐清脆，比较悦耳，广泛应用于各种汽车上，轻型乘用车都用电喇叭，其结构如图2-81所示。按下喇叭按钮时蓄电池的电流经线圈 11、活动触点臂 17、触点 16、喇叭按钮 21，流回蓄电池负极。电流流过线圈 11 并在铁心中产生磁场，吸引衔铁 10，与衔铁相连的中心杆下移，向下推动膜片，并通过调整螺杆 13 压下活动触点臂 17，使触点分开而切断电路。由于线圈中电流中断，铁心中磁场消失，衔铁复位，膜片也在自身弹力和弹簧片 9 的作用下复位，触点重新闭合，电路又被接通。如此反复，由于触点不断地开闭，使膜片不断地振动发出一定音调的声波，经扬声筒加强后传出。共鸣板与膜片刚性连接，与膜片一起振动使声音更加悦耳。电容器 18 与触点并联，可减少触点分开时的火花。

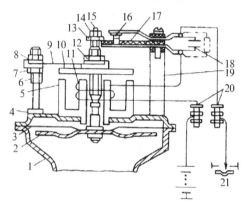

1－扬声器　2－共鸣板　3－膜片　4－底板　5－山字形铁心　6－螺杆　7、13－调整螺杆
8、12、14－锁紧螺母　9－弹簧片　10－衔铁　11－线圈　15－中心杆　16－触点
17－活动触点臂　18－电容器　19－支架　20－接线柱　21－喇叭按钮
图 2－81　螺旋形电喇叭

（2）盆形电喇叭。盆形电喇叭的声音指向性好，可以减小城市噪声污染，还具有耗电量小、结构简单、外形尺寸小、安装方便等许多特点，在中、小型客车和轿车上应用十分广泛。盆形电喇叭以共鸣板作为共鸣装置，不需要扬声筒，其结构如图 2－82 所示。

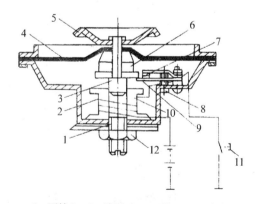

1－下铁心　2－线圈　3－上铁心　4－膜片
5－共鸣板　6－衔铁　7－触点　8－调整螺钉
9－活动触点臂　10－铁心　11－喇叭按钮　12－锁紧螺母
图 2－82　盆形电喇叭

共鸣板 5、膜片 4 以及衔铁 6 和上铁心 3 固连成一体。按下喇叭按钮时，线圈通电并在铁心中产生磁场，上铁心 3 连同衔铁被吸下与下铁心 1 碰撞，使膜片产生较低频率的振动，与膜片 4 相连的共鸣板发生共振，发出远高于膜片振动频率的声音。衔铁下移时触点被分开，线圈断电，衔铁在膜片弹力的作用下复位，触点重新闭合电路又被接通。如此，触点不断地开闭，使膜片和共鸣板连续振动发出悦耳的声音。

为了使喇叭的声音更加悦耳，汽车上一般装有高、低音两个甚至三个不同音调的喇叭。由于喇叭在工作时消耗的电流较大，如果直接用喇叭按钮控制，喇叭按钮很容易损坏。为此，采用多音喇叭时，为了减小流过喇叭按钮的电流，在喇叭电路中一般装有喇叭继电器（如图 2-83 所示）。按下喇叭按钮时继电器线圈 7 通电，触点 4 吸合，蓄电池经继电器触点向喇叭供电，流过按钮的电流是很小的线圈电流，松开按钮时喇叭自动断电。

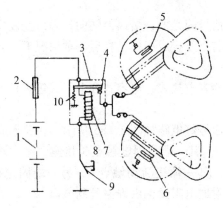

1-蓄电池　2-熔断器　3-喇叭继电器　4-触点　5、6-喇叭
7-线圈　8-铁心　9-喇叭按钮　10-弹簧
图 2-83　喇叭继电器示意图

2. 气喇叭

气喇叭按结构和外形的不同分为长筒形和螺旋形两种，按音调的不同又可分为单音和双音气喇叭等。

图 2-84 是长筒形气喇叭结构示意图。当接通气喇叭时，压缩空气经气阀 3 进入喇叭气室 1，使膜片 7 和筒颈 5 组成的振动系统发生振动，并按其固有频率周期性地排出气体，经扬声器共鸣形成很强的声波。气喇叭的声响强度和声音指向性好，适于山区使用。为了减少城市噪声污染，各个国家的交通法规均规定禁止在市区使用气喇叭。

三、信号装置

1. 转向信号装置

汽车转向信号装置是由转向信号灯、转向信号闪光器和转向信号灯开关等组成。转向信号灯分装在车身前端和后端的左右两侧。由驾驶员在转向之前，根据将向左转弯或向右转弯，相应地开亮左侧或右侧的转向信号灯，以通知交通警察、行人和其他汽车上的人员。为了在白天能引人注目，转向信号灯的亮度很强。此外为引起对方注意，在转

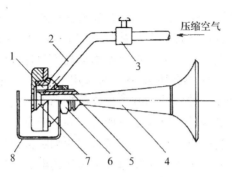

1-气室　2-耐压胶管　3-气阀　4-扬声筒
5-筒颈　6-螺母　7-膜片　8-安装支架

图2-84　长筒形气喇叭

向信号灯线路中装有转向信号闪光器，借以使转向信号灯光发生闪烁。闪烁式转向信号灯可以单独设，也可以与前小灯合成一体，在后一种情况下，一般用双丝灯泡。也有的后转向信号灯和后灯合成一体。

转向信号闪光器常用的有电热式、电容式和电子式等多种形式。下面简要介绍电热式闪光器结构原理。

电热式闪光器及转向信号灯电路如图2-85所示。在胶木底板上固定着"工"字形铁心1，线圈2绕在铁心上，其一端与固定触点3相连，另一端接接线柱15。镍铬丝6具有较大的热线膨胀系数，其一端接活动触点4，另一端固定在调节片7的玻璃球上，并与附加电阻丝8并联，附加电阻丝也由镍铬丝制成。

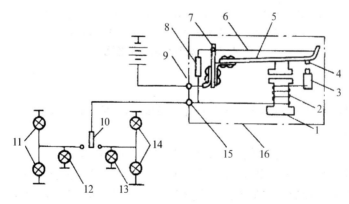

1-铁心　2-线圈　3-固定触点　4-活动触点　5-活动触点臂　6-镍铬丝　7-调节片
8-附加电阻丝　9、15-接线柱　10-转向信号灯开关　11-左前、左后转向信号灯
12-左转向指示灯　13-右转向指示灯　14-右前、右后转向信号灯　16-闪光器

图2-85　电热式闪光器及转向信号灯电路

汽车正常行驶时转向信号灯开关处于中间位置，转向信号灯及仪表板上的转向指示电路均被切断。汽车转向时，转向信号灯开关向左或向右接通了转向信号灯的电路，蓄电池的电流经闪光器的接线柱9、活动触点臂5、镍铬丝6、附加电阻丝8、接线柱15、

转向信号灯开关 10、左前、左后或右前、右后转向信号灯和转向指示灯搭铁，流回蓄电池负极，左或右转向信号灯和转向指示灯点亮。由于附加电阻丝 8 串联在转向灯的电路中，电路中的电阻大电流小，灯光暗淡。镍铬丝 6 中因有电流通过而受热伸长，活动触点臂逐渐弯曲，经短暂的时间后触点 3、4 闭合。触点闭合后，蓄电池的电流经活动触点臂、触点、线圈 2、接线柱 15、转向信号灯开关 10 流过转向信号灯和转向指示灯。触点 3、4 闭合后，线圈 2 中有电流通过，在铁心中产生磁力，吸引活动触点臂使触点 3、4 紧密接触。由于镍铬丝和附加电阻丝被短路，电路中的电阻减小，电流增大，转向信号灯和转向指示灯变亮。镍铬丝和附加电阻丝因被短路，电流中断温度降低而收缩，经一定时间后触点 3、4 分开，镍铬丝和附加电阻串入电路中，转向信号灯和转向指示灯又变暗。如此反复，在转向信号灯开关接通后，由于闪光器的作用使转向信号灯和转向指示灯时亮时暗而发出闪光。

2. 制动信号装置

制动信号装置主要由制动信号灯和制动信号灯开关组成。

制动信号灯安装在汽车的尾部，在驾驶员踩下制动踏板时立即点亮，发出强烈的红色光亮，即使在白天也十分明显，以提醒后车驾驶员注意。制动信号灯可以有一个或两个，有些车辆将制动信号灯装在组合后灯内。

制动信号灯开关安装在汽车制动回路中，随制动系统结构形式的不同，有液压式和气压式两种。

3. 倒车信号装置

倒车信号装置由倒车信号灯、倒车信号灯开关以及倒车报警器等组成。倒车信号灯和倒车报警器由倒车灯开关控制。倒车时倒车信号灯点亮的同时，倒车报警器的电喇叭也发出断续的声响或语言报警，以警告后车的驾驶员和行人。

4. 故障停车信号灯

故障停车信号灯在汽车运行中，因出现故障而停驻在路上时点亮，以引起其他车辆和行人的注意。故障停车信号灯常与转向信号灯共用一组灯泡，分别由转向信号灯开关、故障停车灯开关控制。

5. 常用标识符

汽车驾驶室的仪表板上装有指示汽车、发动机运行工况的各种仪表、报警灯、指示灯以及各种控制开关和按钮。为了便于驾驶员识别和控制，在各指示灯、开关的相应位置标有醒目的、形象化的符号。常用的标识符如图 2－86 所示。

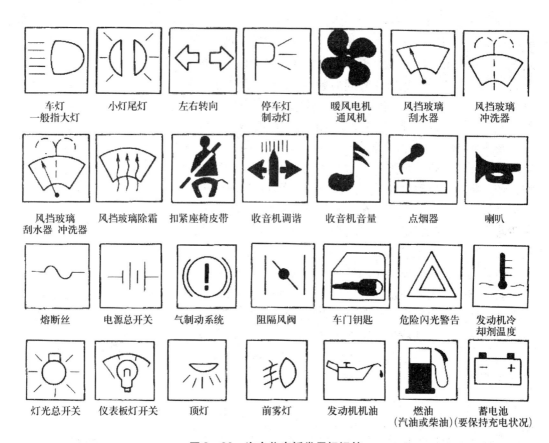

图2-86　汽车仪表板常用标识符

本章小结

　　本章首先介绍了机动车的分类标准以及按不同分类标准划分的机动车的类型。

　　汽车发动机是汽车的"心脏"，本章主要介绍了车用发动机的工作原理、汽油和柴油发动机的总体构造，分析了曲柄连杆机构、配气机构、油料供给系统、冷却系统、润滑系统、点火系统、启动系统以及有害物排放控制系统的功用、组成、典型结构及新结构和新技术。

　　汽车的传动系统是汽车底盘部分最为重要的一个部分，主要包括离合器、变速器、传动轴、驱动桥等部分，在传动系统这一部分介绍了各部件的功用、工作原理、组成以及典型部件的结构等内容。

　　汽车行驶系的作用是支持并保证车辆的正常行驶，不但要承受载荷冲击、衰减振动，而且起到将地面的力和扭矩传递到车架、车身及相关部件的作用。汽车行驶系主要包括车架、车桥、车轮和悬架，此部分详细介绍了各部分的功用、结构型式及组成等。

　　转向系和制动系对行车安全起着举足轻重的作用，本章重点介绍了转向系和制动系的功用、工作原理及组成，详细分析了三种转向器的结构与工作原理、各种制动器的结构与工作原理等内容。

最后介绍了汽车照明、信号装置及其他电气设备等内容。

思考题：

1. 什么是机动车？机动车有哪些类型？

2. 发动机的工作原理是什么？发动机由哪些部分组成？

3. 曲柄连杆机构的功用是什么？由哪些部分组成？

4. 活塞的功用是什么？

5. 配气机构有哪些类型？其由哪些部分组成？

6. 汽油机供给系统由哪些部分组成？柴油机供给系统由哪些部分组成？二者有什么不同？

7. 发动机冷却系统的功用是什么？

8. 发动机润滑系统的功用是什么？

9. 发动机点火系统的功用是什么？汽油机现在主要采用什么点火方式？其工作原理是什么？

10. 发动机启动系统的作用是什么？

11. 制动系有哪些类型？制动系的工作原理是什么？

12. 制动系统由哪些部分组成？制动系的功用是什么？制动系的类型有哪些？

13. 制动器的工作原理是什么？

14. 什么是鼓式制动器？鼓式制动器有哪些类型？

15. 盘式制动器有哪些类型？盘式制动器由哪些部分组成？盘式制动器有哪些优点？

16. 人力制动系有哪些类型？

17. 制动防抱死系统的工作原理是什么？

18. 转向系的工作原理是什么？转向系由哪些部分组成？转向器有哪些类型？

19. 齿轮齿条式转向器由哪些部分组成？

20. 循环球式转向器由哪些部分组成？

21. 涡杆曲柄指销式转向器由哪些部分组成？

22. 转向操纵机构由哪些部分组成？

23. 转向传动机构的功用是什么？转向传动机构有哪些类型？

24. 传动系统的功用是什么？

25. 传动系统有哪些布置方案和类型？

26. 离合器的主要功用是什么？

27. 变速器有什么功用？按传动比变化方式汽车变速器可分为哪几种？

28. 万向传动装置主要包括哪几部分？万向传动装置有什么功用？在汽车上哪些部位得到应用？

29. 膜片弹簧离合器与普通螺旋弹簧离合器相比有何优缺点？

30. 对称式锥齿轮差速器的运动特性及转速分配特性是什么？

31. 行驶系统由哪些部分组成？行驶系统的功用是什么？

32. 车架由哪些部分组成？其类型有哪些？转向桥由哪些部分组成？

33. 前轮定位参数包括哪些内容？各是如何定义的？各起什么作用？

34. 转向驱动桥与驱动桥有什么不同？其由什么组成？

35. 车轮有哪些类型？轮辋有哪些类型？

36. 轮胎的作用是什么？轮胎有哪些类型？轮胎的花纹有哪些？轮胎的规格是如何进行标记的？

37. 悬架的功用是什么？由哪些部分组成？独立悬架和非独立悬架有什么不同？

38. 弹性元件有哪些类型？减震器的作用是什么？对其有什么要求？

39. 动力转向系统由哪些部分组成？

40. 汽车照明系统由哪些部分组成？各有什么作用？

第三章　机动车基本性能

随着汽车技术的不断发展，人们对汽车的理解越来越深刻，想通过各种技术手段来改善汽车的基本性能，以适应社会的发展和对汽车要求的提高。汽车的基本性能主要包括动力性、制动性、操纵稳定性等，但随着人们环保意识的增强及世界各国法规的日益严格，汽车的环保性逐渐为汽车设计人员和使用者所重视，也成为汽车设计的一个重要理念。

第一节　汽车的动力性

汽车的动力性系指汽车在良好路面上直线行驶时由汽车受到的纵向外力决定的、所能达到的平均行驶速度。汽车是一种高效率的运输工具，运输效率的高低在很大程度上取决于汽车的动力性。所以，动力性是汽车各种性能中最基本、最重要的性能。

一、汽车的动力性指标

从获得尽可能高的平均行驶速度的观点出发，汽车的动力性主要可由三方面的指标来评定，即：① 汽车的最高车速 u_{amax}；② 汽车的加速时间 t；③ 汽车能爬上的最大坡度 i_{max}。

最高车速，是指在水平良好的路面（混凝土路或沥青路）上汽车能达到的最高行驶车速。

汽车的加速时间表示汽车的加速能力，它对平均行驶车速有着很大影响，特别是轿车，对加速时间更为重视。常用原地起步加速时间与超车加速时间来表明汽车的加速能力。原地起步加速时间，是指汽车由 I 挡或 II 挡起步，并以最大的加速度逐步换至最高挡后到某一预定的距离或车速所需要的时间。超车加速时间，是指用最高挡或次高挡由某一较低车速全力加速至某一高速所需要的时间。因为超车时汽车与被超车辆并排行驶，容易发生安全事故，所以超车加速能力越强，并行行程就越短，行驶也就更安全。一般常用 0→402.5m（0→1/4 mile）或 0→400m 的秒数来表明汽车原地起步加速能力；也有用 0→96.6km/h（0→60 mile/h）或 0→100km/h 所需的时间来表明加速能力。对超车加速能力还没有一致的规定，采用较多的是用最高挡或次高挡由 30km/h 或 40km/h 全力加速行驶至某一高速所需要的时间。

汽车的上坡能力是用满载（或某一载质量）时汽车在良好路面上的最大爬坡度 i_{max} 表示的。显然，最大爬坡度是指 I 挡最大爬坡度。轿车最高车速大，加速时间短，经常在较好的道路上行驶，一般不强调其爬坡能力；但是，其 I 挡加速能力大，故爬坡能力也强。货车经常在各种地区的各种道路上行驶，所以必须具有足够的爬坡能力，一般

i_{max} 为 30% 即 16.7°左右。需要说明的是：i_{max} 代表了汽车的极限爬坡能力，它应比实际行驶中遇到的道路最大坡度超出很多，这是因为要考虑到在实际坡道行驶时，在坡道上停车后顺利起步加速、克服松软坡道路面的大阻力、克服坡道上崎岖不平路面的局部大阻力等要求的缘故。

越野汽车要在坏路或无路条件下行驶，因此爬坡能力是一个很重要的指标，其最大爬坡度可达 60%，即 31°左右。

二、汽车的驱动力与行驶阻力

1. 汽车的驱动力

汽车发动机产生的转矩，经传动系统传至驱动轮上。此时作用于驱动轮上的转矩 T_t 产生对地面的圆周力 F_0，地面对驱动轮的反作用力 F_t（方向与 F_0 相反）即是驱动汽车的外力（如图 3−1 所示）。其数值为

$$F_t = \frac{T_t}{r} \ (N) \tag{3−1}$$

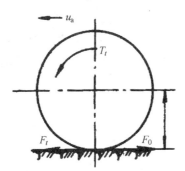

图 3−1　汽车的驱动力

式中，T_t 为作用于驱动轮上的转矩；r 为车轮半径。

作用于驱动轮上的转矩 T_t 是由发动机产生的转矩经传动系传至车轮上的。若令 T_{tq} 表示发动机转矩，i_g 表示变速器的传动比，i_0 表示主减速器的传动比，η_g 表示传动系的机械效率，则有

$$T_t = T_{tq} i_g i_0 \eta_g \tag{3−2}$$

2. 汽车的行驶阻力

汽车在水平道路上等速行驶时，必须克服来自地面的滚动阻力和来自空气的空气阻力。滚动阻力以符号 F_f 表示，空气阻力以符号 F_w 表示。当汽车在坡道上上坡行驶时，还必须克服重力沿坡道的分力，称为坡度阻力，以符号 F_i 表示。汽车加速行驶时还需要克服加速阻力，以符号 F_j 表示。因此，汽车行驶的总阻力为

$$\sum F = F_f + F_w + F_i + F_j \tag{3−3}$$

上述诸阻力中，滚动阻力和空气阻力是在任何行驶条件下均存在的，坡度阻力和加速阻力仅在一定行驶条件下存在，在水平道路上等速行驶时就没有坡度阻力和加速阻力。

（1）滚动阻力。车轮滚动时，轮胎与路面的接触区域产生法向、切向的相互作用力以及相应的轮胎和支承路面的变形。轮胎和支承面的相对刚度决定了变形的特点。当弹性轮胎在硬路面（混凝土路、沥青路）上滚动时，轮胎的变形是主要的。此时，由于轮胎有内部摩擦产生弹性迟滞损失，使轮胎变形时对它做的功不能全部收回。

地面法向反作用力的分布前后并不对称，而使它们的合力 F_Z 相对于法线 $n - n'$ 向前移动了一个距离 a（如图 3 – 2a 所示），其随弹性迟滞损失的增大而变大。

如果将法向反作用力 F_Z 平移至与通过车轮中心的垂线重合，则从动轮在硬路面上滚动时的受力情况如图 3 – 2b 所示，即滚动时有滚动阻力偶矩 $T_f = F_Z a$ 阻碍车轮滚动。

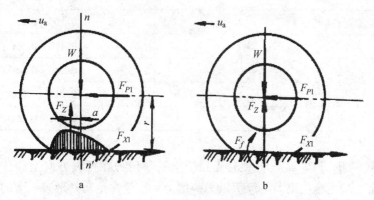

图 3 – 2　从动轮在硬路面上滚动时的受力情况

要想使从动轮在硬路面上等速滚动，必须在车轮中心加一推力 F_{p1}，此推力可以记为

$$F_{p1} = Wf \tag{3-4}$$

式中，f 为滚动阻力系数；W 为作用在车轮上的重力。

滚动阻力等于滚动阻力系数与车轮负荷之乘积，即

$$F_f = Wf \tag{3-5}$$

这样，在分析汽车行驶阻力时，不必具体考虑车轮所受到的滚动阻力偶矩，只要知道滚动阻力系数就能得出滚动阻力了。

滚动阻力系数由试验确定。滚动阻力系数与路面的种类、行驶车速以及轮胎的构造、材料、气压等有关。表 3 – 1 给出了汽车在某些路面上以中、低速行驶时，滚动阻力系数的大致数值。

表3-1　滚动阻力系数 f 的数值

路面类型	滚动阻力系数
良好的沥青或混凝土路面	0.010～0.018
一般的沥青或混凝土路面	0.018～0.020
碎石路面	0.020～0.025
良好的卵石路面	0.025～0.030
坑洼的卵石路面	0.035～0.050
压紧路面：干燥的	0.025～0.035
压紧路面：雨后的	0.050～0.150
泥泞土路（雨季或解冻期）	0.100～0.250
干　砂	0.100～0.300
湿　砂	0.060～0.150
结冰路面	0.015～0.030
压紧的雪道	0.030～0.050

（2）空气阻力。汽车直线行驶时受到的空气作用力在行驶方向上的分力称为空气阻力。空气阻力分为压力阻力与摩擦阻力两部分。作用在汽车外形表面上的法向压力的合力在行驶方向上的分力，称为压力阻力（见图3-3）；摩擦阻力是由于空气的黏性在车身表面产生的切向力的合力在行驶方向上的分力。压力阻力又可分为四个部分：形状阻力、干扰阻力、内循环阻力和诱导阻力。形状阻力占压力阻力的大部分，与车身主体形状有很大关系；干扰阻力是车身表面突起物（如后视镜、门把、引水槽、悬架导向杆、驱动轴等）引起的阻力；发动机冷却系、车身通风等所需空气流经车体内部时构成的阻力，即为内循环阻力；诱导阻力是空气升力在水平方向的投影。

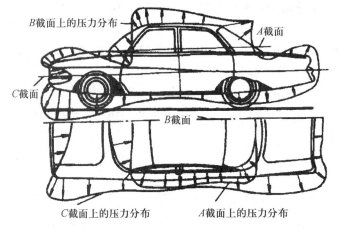

图3-3　车身表面上的空气法向压力分布

在一般轿车中，这几部分阻力的大致比例为：形状阻力占 58%，干扰阻力占 14%，内循环阻力占 12%，诱导阻力占 7%，摩擦阻力占 9%。

在汽车行驶范围内，空气阻力的数值通常都总结成与气流相对速度的动压力 $\frac{1}{2}\rho\mu_r^2$ 成正比例的形式，即

$$F_W = \frac{1}{2}C_D A\rho\mu_r^2 \qquad (3-6)$$

式中，C_D 为空气阻力系数；A 为迎风面积，即汽车行驶方向的投影面积；μ_r 为相对速度，ρ 为空气密度。

（3）坡度阻力。当汽车上坡行驶时，汽车重力沿坡道的分力表现为汽车坡度阻力，如图 3-4 所示。坡度阻力可以表示为

$$F_i = G\sin\alpha \qquad (3-7)$$

式中，G 为作用于汽车上的重力；α 为坡度角。

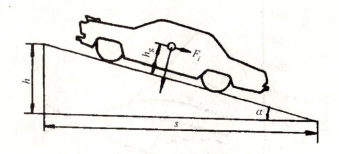

图 3-4 汽车的坡度阻力

（4）加速阻力。汽车加速行驶时，需要克服其质量加速运动时的惯性力，也就是加速阻力 F_j。汽车的质量分为平移质量和旋转质量两部分。加速时，不仅平移质量产生惯性力，旋转质量也会产生惯性力偶矩。为了便于计算，一般把旋转质量的惯性力偶矩转化为平移质量的惯性力，对于固定传动比的汽车，常以系数 δ 作为计入旋转质量惯性力偶矩后的汽车旋转质量换算系数，故汽车加速时的阻力可记为

$$F_j = \delta m \frac{du}{dt} \qquad (3-8)$$

式中，δ 为汽车旋转质量换算系数，$\delta > 1$；m 为汽车质量；$\frac{du}{dt}$ 为行驶加速度。

三、汽车的驱动力—行驶阻力平衡图与动力特性图

1. 驱动力—行驶阻力平衡图

具有固定传动比变速器汽车的行驶方程式为

$$F_t = F_f + F_W + F_i + F_j \qquad (3-9)$$

此公式表明了汽车行驶时驱动力和外界阻力之间相互关系的普遍情况。当汽车的发动机的转速特性、变速器的传动比、主减速器比、传动效率、车轮半径、空气阻力系

数、汽车迎风面积以及汽车质量等确定后，便可以计算出在附着性能良好的典型路面（混凝土路、沥青路）上的行驶能力，即可以确定汽车在节气门全开时可能达到的最高车速、加速能力和爬坡能力。

为了清晰而形象地表明汽车行驶时的受力情况及其平衡关系，一般是将汽车行驶能力与阻力用图解法来表示，如图3-5所示。其中阻力为汽车经常遇到的滚动阻力和空气阻力。此图即为汽车驱动力—行驶阻力平衡图，并以其来确定汽车的动力性。

图3-5所示为具有五挡变速器的轿车的驱动力—行驶阻力平衡图。

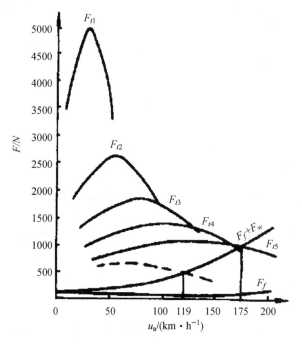

图3-5 汽车驱动力-行驶阻力平衡图

2. 动力特性图

汽车的动力性可以用动力特性图来进行分析，将汽车行驶方程3-9整理后两边除以汽车重力，并令 $\psi = \dfrac{F_f + F_i}{G}$，则有

$$\frac{F_t - F_W}{G} = \psi + \frac{\delta du}{g dt} \qquad (3-10)$$

令 $\dfrac{F_t - F_W}{G}$ 为汽车的动力因数并以符号 D 表示，则

$$D = \psi + \frac{\delta du}{g dt} \qquad (3-11)$$

汽车在各挡下的动力因数与车速的关系曲线称为动力特性图（如图3-6所示），并在动力特性图上作出滚动阻力系数曲线 $f - u_a$。

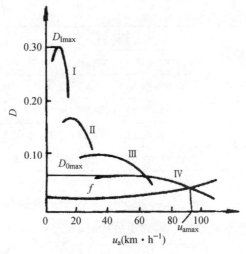

图3-6　汽车动力特性图

四、汽车行驶的附着条件和汽车的附着率

汽车发动机与传动系统所确定的驱动力是决定动力性的一个主要因素。驱动力大，加速能力好，爬坡能力也强。不过这只有在轮胎与路面有足够大的附着力（如良好轮胎在干燥的水泥路面上）时才能成立。在潮湿的沥青路面上附着性能差时，大的驱动力可能引起车轮在路面上急剧加速滑转，地面切向反作用力并不很大，动力性也未进一步提高。由此可见，汽车的动力性能不只受驱动力的制约，它还受到轮胎与地面附着条件的限制。

地面对轮胎切向反作用力的极限值称为附着力 F_φ，在硬路面上它与驱动轮法向反作用力 F_Z 成正比，常记为：

$$F_\varphi = F_Z \varphi \tag{3-12}$$

式中，φ 称为附着系数，它是由路面与轮胎决定的，汽车纵滑附着系数参考值如表3-2所示。

表3-2　汽车纵滑附着系数参考值表

路面类型		干　　燥		潮　　湿	
		48km/h 以下	48km/h 以上	48km/h 以下	48km/h 以上
混凝土路面	新路	0.80 ~ 1.00	0.70 ~ 0.85	0.50 ~ 0.80	0.40 ~ 0.75
	交通量比较小的公路	0.60 ~ 0.80	0.60 ~ 0.75	0.45 ~ 0.70	0.45 ~ 0.65
	交通量比较大的公路	0.55 ~ 0.75	0.50 ~ 0.65	0.45 ~ 0.65	0.45 ~ 0.60
沥青路面	新路	0.80 ~ 1.00	0.60 ~ 0.70	0.50 ~ 0.80	0.45 ~ 0.75
	交通量比较小的公路	0.60 ~ 0.80	0.55 ~ 0.70	0.45 ~ 0.70	0.40 ~ 0.65
	交通量比较大的公路	0.55 ~ 0.75	0.45 ~ 0.65	0.45 ~ 0.65	0.40 ~ 0.60
	焦油过多的公路	0.50 ~ 0.60	0.35 ~ 0.60	0.30 ~ 0.60	0.25 ~ 0.55

（续表）

路面类型	干　燥		潮　湿	
	48km/h 以下	48km/h 以上	48km/h 以下	48km/h 以上
铺砂子的公路	0.40 ~ 0.70	0.40 ~ 0.70	0.45 ~ 0.75	0.45 ~ 0.75
灰渣捣实的公路	0.50 ~ 0.70	0.50 ~ 0.70	0.65 ~ 0.75	0.65 ~ 0.75
平坦的冰路面	0.10 ~ 0.25	0.07 ~ 0.20	0.05 ~ 0.10	0.05 ~ 0.10
雪压实的路面	0.30 ~ 0.55	0.35 ~ 0.55	0.30 ~ 0.60	0.30 ~ 0.60

分析图 3 - 2 知，由作用在驱动轮上的转矩 T_t 引起的地面切向反作用力不能大于附着力，否则将发生驱动轮滑转现象，即对于后轮驱动的汽车：

$$\frac{T_t - T_{f2}}{r} = F_{X2} \leqslant F_{Z2}\varphi \tag{3 - 13}$$

这就是汽车行驶的附着条件。上式可以记为：

$$\frac{F_{X2}}{F_{Z2}} \leqslant \varphi \tag{3 - 14}$$

式中，$\dfrac{F_{X2}}{F_{Z2}}$ 称为后轮驱动汽车驱动轮的附着率 $C_{\varphi2}$，即

$$C_{\varphi2} \leqslant \varphi \tag{3 - 15}$$

驱动轮的附着率是表明汽车附着性能的一个重要指标，是汽车驱动轮在不滑转工况下充分发挥驱动力作用所要求的最低地面附着系数。

汽车的附着率，是指汽车在直线行驶状况下，充分发挥驱动力作用时要求的最低附着系数。不同的直线行驶工况，要求的最低附着系数是不一样的。在较低行驶车速下，用低速挡加速或上坡行驶，驱动轮发出的驱动力大，要求的附着系数大。此外，在水平路段上以极高车速行驶时，要求的附着系数也大。

第二节　汽车的制动性

汽车行驶时能在短距离内停车且维持行驶方向稳定性和在下长坡时能维持一定车速的能力，称为汽车的制动性。

汽车的制动性是汽车最重要的性能。制动性直接关系到交通安全，重大交通事故往往与制动失效、制动距离太长、紧急制动时发生侧滑等情况有关，故汽车的制动性是汽车安全行驶的重要保障，确保和改善汽车的制动性，始终是汽车设计制造和使用监管部门的重要任务。

一、汽车的制动性评价指标

汽车的制动性主要由下列三方面来评价：

（1）制动效能，即制动距离、制动时间与制动减速度；

（2）制动效能的恒定性，即抗热衰退性能；

（3）制动时汽车的方向稳定性，即制动时汽车不发生跑偏、侧滑以及失去转向能力的性能。

制动效能，是指在良好路面上，汽车以一定初速紧急制动到停车所驶过的距离或制动时汽车的减速度。它是制动性能最基本的评价指标。汽车高速行驶或下长坡连续制动时制动效能保持的程度，称为抗热衰退性能。因为制动过程实际上是把汽车行驶的动能通过制动器吸收转换为热能，所以制动器温度升高后能否保持在冷状态时的制动效能，已成为设计制动器时要考虑的一个重要问题。此外，涉水行驶后，制动器还存在水衰退问题。制动时汽车的方向稳定性，常以制动时汽车按给定路径行驶的能力来评价。若制动时发生跑偏、侧滑或失去转向能力，则汽车将偏离原来的路径。

表3-3给出了部分国家轿车制动规范对行车制动器制动性的要求。

表3-3 轿车制动规范对行车制动器制动性的部分要求

项 目	欧洲经济共同体（EEC）71/320	中 国GB 7258	美 国联邦135
试验路面	附着良好	$\varphi \geqslant 0.7$	skid no81
载 重	一个驾驶员或满载	任何载荷	轻、满载
制动初速度	80km/h	50km/h	96.5km/h（60mile/h）
制动时的稳定性	不抱死跑偏	不许偏出2.5m通道	不抱死偏出3.66m（12ft）
制动距离或制动减速度	$\leqslant 50.7\text{m}$，$\geqslant 5.8\ \text{m/s}^2$	满载$\leqslant 22\text{m}$空载$\leqslant 21\text{m}$	$\leqslant 65.8\text{m}$（216ft）
踏板/力	<490N	<500N	66.7～667N（15～150lb）

二、制动时车轮的受力

汽车受到与行驶方向相反的外力时，才能从一定的速度制动到较小的车速直至停车。这个外力只能由地面和空气提供。但由于空气阻力相对较小，所以实际上外力主要是由地面提供的，称为地面制动力。地面制动力越大，制动减速度越大，制动距离也就越短，所以地面制动力对汽车制动性具有决定性影响。

1. 地面制动力

图3-7所示为在良好的硬路面上制动时车轮的受力情况。图中，滚动阻力偶矩和减速时的惯性力、惯性力偶矩均忽略不计。T_μ是车轮制动器中摩擦片与制动鼓或制动盘相对滑转时的摩擦力矩；F_{Xb}是地面制动力；W为车轮垂直载荷；T_p为车轴对车轮的推力；F_z为地面对车轮的法向反作用力。

地面制动力是使汽车制动而减速行驶的外力，但是地面制动力取决于两个摩擦副的摩擦力：一个是制动器内制动摩擦片与制动鼓或制动盘之间的摩擦力，另一个是轮胎与地面间的摩擦力，即附着力F_φ。

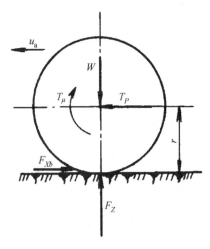

图 3 - 7　车轮在制动时的受力情况

2. 制动器制动力

在轮胎周缘为了克服制动器摩擦力矩所需的力称为制动器制动力，以符号 F_μ 表示。它相当于把汽车架离地面，并踩住制动踏板，在轮胎周缘沿切线方向推动车轮直至它能转动所需的力，显然

$$F_\mu = \frac{T_\mu}{r}\ (N) \tag{3-16}$$

式中，T_μ 为制动器的摩擦力矩。

从上式可以看出，制动器制动力 F_μ 仅由制动器结构参数所决定，即取决于制动器的形式、结构尺寸、制动器摩擦副的摩擦因数以及车轮半径，并与制动踏板力，即制动系的液压或气压 P 成正比。图 3 - 8 所示为试验得到的某轿车的制动器制动力与制动踏板力的关系曲线。

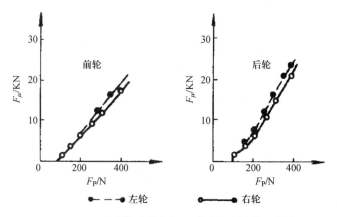

图 3 - 8　制动器制动力与制动踏板力的关系曲线

3. 地面制动力、制动器制动力与附着力之间的关系

在制动时，若只考虑车轮的运动为滚动与抱死拖滑两种状态，当制动踏板力较小

时，制动器摩擦力矩不大，地面与轮胎之间的摩擦力，即地面制动力足以克服制动器摩擦力矩而使车轮滚动。则车轮滚动时的地面制动力就等于制动器制动力，且随踏板力增长而成正比地增长（如图3-9所示）。但是，地面制动力是滑动摩擦的约束反力，其数值不能超过附着力，即

$$F_{Xb} \leqslant F_{\varphi} \leqslant F_{Z}\varphi \tag{3-17}$$

或最大地面制动力为

$$F_{Xb\max} = F_{Z}\varphi \tag{3-18}$$

当制动踏板力 F_p 或制动系液压力 p 上升到某一值、地面制动力 F_{Xb} 达到附着力 F_{φ} 时，车轮即抱死不转而出现拖滑现象。随着制动系液压力或气压力的增大，制动器制动力 F_{μ} 由于制动器摩擦力矩的增长而仍按直线关系继续上升。但是，若作用在车轮上的法向载荷为常数，地面制动力 F_{Xb} 达到附着力 F_{φ} 后就不再增加。

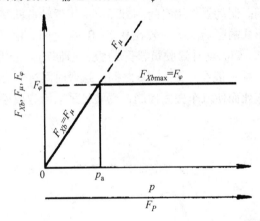

图3-9　制动过程中地面制动力、制动器制动力与附着力的关系

所以，汽车的地面制动力首先取决于制动器制动力，但同时又受地面附着条件的限制，故只有汽车具有足够的制动器制动力，同时地面又能提供高的附着力时，才能获得足够的地面制动力。

三、制动效能及其恒定性

1. 制动距离与制动减速度

制动距离与制动踏板力、路面附着条件、车轮载荷、发动机是否结合等诸多因素有关。在测试制动距离时，应对踏板力或制动系统压力、路面附着系数以及车辆的状态作出规定。制动距离与制动器的热状况也有密切关系，若无特殊说明，一般制动距离是在冷试验的条件下测得的。此时，起始制动时制动器的温度在100℃以下。由于各种汽车的动力性不同，对制动效能恒定性也提出了不同要求：一般轿车、轻型货车行驶车速高，所以要求制动效能也高；重型货车行驶车速低，要求就稍低一点。

制动减速度是制动时车速对时间的导数，即 $\dfrac{du}{dt}$，其大小直接决定制动距离的长短，反映了地面制动力的大小，因此与制动器制动力（车轮滚动时）及附着力（车轮抱死

拖滑时）有关。

2. 制动过程分析

图 3 - 10 是驾驶员在接受了紧急制动信号后，制动踏板力、汽车制动减速度与制动时间的关系曲线。其中图 3 - 10a 是实际测得的，图 3 - 10b 是经过简化后的曲线。

驾驶员接到紧急停车信号时，并没有立即行动（图 3 - 10b 中的 a 点），而要经过时间 τ'_1 后才意识到应进行紧急制动，并移动右脚，再经过时间 τ''_1 后才踩着制动踏板。从 a 点到 b 点所经过的时间 $\tau_1 = \tau'_1 + \tau''_1$ 称为驾驶员反应时间。这段时间一般为 0.3 ~ 1.0s。在 b 点以后，随着驾驶员踩踏板的动作，踏板力迅速增大，至 d 点达到最大值。不过由于制动蹄是由回位弹簧拉着，蹄片与制动鼓间存在间隙（盘式制动是制动块与制动盘之间的间隙），所以要经过时间 τ'_2 后，到达 c 点，地面制动力才起作用，使汽车开始产生减速度。由 c 点到 e 点是制动器制动力增长过程所需的时间 τ_2。$\tau_2 = \tau'_2 + \tau''_2$，总称为制动器的作用时间。制动器作用时间一方面取决于驾驶员踩踏板的速度，另外更重要的是受制动系结构形式的影响。τ_2 一般在 0.2 ~ 0.9s 之间。由 e 到 f 为持续制动时间 τ_3，其减速度基本不变。到 f 点时驾驶员松开踏板，但制动力的消除还需要一段时间，称为制动释放时间 τ_4，τ_4 一般在 0.2 ~ 1.0s 之间。这段时间过长会耽误随后起步行驶时间。另外，若因车轮抱死而使汽车失去控制，驾驶员采取措施放松制动踏板时，又会使制动力不能立即释放。

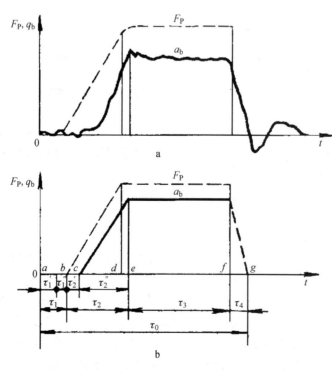

图 3-10　汽车的制动过程

3. 制动效能的恒定性

汽车在繁重的工作条件下制动时（如在下长坡时，制动器就要较长时间连续地进行较大强度的制动），制动器温度通常在300℃以上，有时高达600℃～700℃。高速制动时，制动器温度也会很快上升。制动器温度上升后，摩擦力矩常会有显著下降，这种现象称为制动器的热衰退。热衰退是目前制动器不可避免的现象。制动效能的恒定性主要是指抗热衰退性能。

制动器抗热衰退性能一般用一系列连续制动时制动效能的保持程度来衡量。根据国家行业标准ZBT24007－89，要求以一定车速连续制动15次，每次的制动强度为$3m \cdot s^{-2}$，最后的制动效能应不低于规定的冷试验制动效能（$5.8m \cdot s^{-2}$）的60%（制动踏板力相同的条件下）。

山区行驶的货车和高速行驶的轿车，对抗热衰退性能有更高的要求。一些国家规定，大型货车必须装备附着制动器，以保持山区行驶的制动效能。

抗热衰退性能与制动器摩擦副材料及制动器结构有关。

四、制动时汽车的方向稳定性

制动过程中，有时会出现制动跑偏、后轴侧滑或前轮失去转向能力而使汽车失去控制离开原来的行驶方向，甚至发生撞入对方车辆行驶轨道、滑入沟渠、滑下山坡等危险情况。一般称汽车在制动过程中维持直线行驶或按预定弯道行驶的能力为制动时汽车的方向稳定性。汽车试验中常规定一定宽度的试验通道（如1.5倍车宽或3.7m），制动时方向稳定性合格的车辆，在试验过程中不允许产生不可控制的效应使其离开这条通道。

1. 汽车的制动跑偏

制动时汽车自动向左或向右偏驶称为制动跑偏。汽车制动时跑偏的情况如图3－11所示。

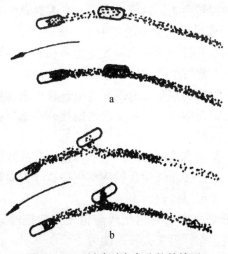

图3－11 制动时汽车跑偏的情形

制动时汽车跑偏的原因有两个：

（1）汽车左、右车轮，特别是前轴左、右车轮（转向轮）制动器的制动力不相等。

（2）制动时悬架导向杆系与转向系拉杆在运动学上不协调（相互干涉）。

其中，第一个原因是制造、调整误差造成的，汽车究竟向左或向右跑偏，要根据具体情况而定；第二个原因是设计造成的，制动时汽车总是向左或向右一方跑偏。

图 3-11a 为制动跑偏时轮胎在地面上留下的印迹；图 3-11b 为制动跑偏引起后轴轻微侧滑时轮胎留在地面上的印迹。

图 3-12 所示为由于转向轴左、右车轮制动力不相等而引起跑偏的受力分析。为了简化，假设车速较低，跑偏不严重，且跑偏过程中转向盘是不动的，在制动过程中也没有发生侧滑，并忽略汽车做圆周运动时产生的离心力使车身绕质心的惯性力偶矩。

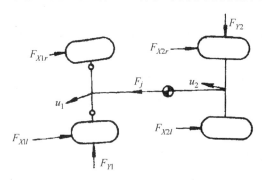

图 3-12　制动跑偏时的受力图

设前左轮的制动器制动力大于前右轮，故地面制动力 $F_{X1l} > F_{X1r}$。此时，前后轴分别受到的地面侧向反作用力为 F_{Y1} 和 F_{Y2}。显然，F_{X1l} 绕主销的力矩大于 F_{X1r} 绕主销的力矩。虽然转向盘不动，但由于转向系各处的间隙及零件的弹性变形，转向轮仍产生一向左转动的角度而使汽车有轻微的转弯行驶，即跑偏。同时，由于主销有后倾，也使 F_{Y1} 对转向轮产生同一方向的偏转力矩，这样也增大了向左转动的角度。

2. 制动时后轴侧滑与前轴转向能力的丧失

侧滑，是指制动时汽车的某一轴或两轴发生横向移动。最危险的情况是在高速制动时发生后轴侧滑，此时汽车常发生不规则的急剧回转运动而失去控制。由试验与理论分析得知，制动时若后轴车轮比前轴车轮先抱死拖滑，就可能发生后轴侧滑。若能使前后轴车轮同时抱死或前轴车轮先抱死、后轴车轮再抱死或不抱死，则能防止后轴侧滑。但前轴车轮抱死后将失去转向能力。

前轮失去转向能力，是指弯道制动时汽车不再按原来的弯道行驶而沿弯道切线方向驶出，直线行驶制动时，虽然转动转向盘但汽车仍按直线方向行驶的现象。

通过进行行驶制动试验可以得到两个结论：

（1）制动过程中，若是只有前轮抱死或前轮先抱死拖滑，汽车基本上沿直线向前行驶，汽车此时处于稳定状态，但失去转向能力。

（2）若后轮比前轮提前一定时间先抱死拖滑，且车速超过某一数值时，汽车在轻微的侧向力作用下就会发生侧滑。路面越滑、制动距离和制动时间越长，后轴侧滑越剧烈。

在制动器设计中，从保证汽车方向稳定性的角度出发，首先不能出现只有后轴车轮抱死或后轴车轮比前轴车轮先抱死的情况，以防止危险的后轴侧滑；其次，尽量少出现只有前轴车轮抱死或前后轴车轮都抱死的情况，以维持汽车的转向能力。最理想的情况就是防止任何车轮抱死，前后车轮都处于滚动状态，这样就可以确保制动时的方向稳定性。

制动防抱死系统（ABS）的应用，使这一问题得到了很好的解决，ABS已经成为现代轿车的标准配置，从而使制动过程中前后车轮同时抱死或一个轴上的车轮抱死的情况得以避免，制动过程中车轮都处于滚动状态，保证了方向的稳定性。

第三节　汽车的操纵稳定性

汽车的操纵稳定性，是指在驾驶员不感到过分紧张、疲劳的条件下，汽车能遵循驾驶员通过转向系及转向车轮给定的方向行驶，且当遭遇外界干扰时，汽车能抵抗干扰而保持稳定行驶的能力。

汽车的操纵稳定性不仅影响到汽车驾驶的操纵方便程度，而且也是决定高速汽车安全行驶的一个主要性能，所以人们称之为"高速车辆的生命线"。

一、汽车操纵稳定性包含的内容

汽车操纵稳定性涉及的问题较为广泛，需要采用较多的物理参量从多方面来进行评价。表3-4给出了汽车操纵稳定性的基本内容及评价所用物理参量。

在汽车操纵稳定性的研究中，常把汽车作为一个控制系统，求出汽车曲线行驶的时域响应与频域响应，并以它们来表征汽车的操纵稳定性能。

汽车曲线行驶时的时域响应，是指汽车在转向盘输入或外界侧向干扰输入下的侧向运动响应。转向盘输入有两种形式：给转向盘作用一个角位移，称为角位移输入，简称角输入；给转向盘作用一个力矩，称为力矩输入，简称力输入。驾驶员在实际驾驶车辆时，对转向盘的这两种输入是同时加入的。外界侧向干扰输入主要是指侧向风与路面不平产生的侧向力。

表3-4中的转向盘角阶跃输入下进入的稳态响应及转向盘角阶跃输入下的瞬态响应，就是表征汽车操纵稳定性的转向盘角位移输入下的时域响应。回正性是一种转向盘力输入下的时域响应。

横向角速度频率响应特性是转向盘转角正弦输入下，频率由 $0 \to \infty$ 时，汽车横摆角速度与转向盘转角的振幅比及相位差的变化图形。它是另一个重要的表征汽车操纵稳定性的基础特性。

转向盘中间位置操纵稳定性是转向盘小转角、低频正弦输入下汽车高速行驶时的操纵稳定性。

转向半径是评价汽车机动灵活性的物理参量。

转向轻便性是评价转动转向盘轻便程度的特性。

汽车的直线行驶性能是评价汽车操纵稳定性的另一个重要方面。其中，侧向风稳定性与路面不平度稳定性是汽车直线行驶时在外界侧向干扰输入下的时域响应。

典型行驶工况性能，是指汽车通过某种模拟典型驾驶操作的通道的性能。它们能更如实地反映汽车的操纵稳定性。

极限行驶能力，是指汽车在处于正常行驶与异常危险运动之间的运动状态下的特性。它表明了汽车安全行驶的极限性能。

表3-4　汽车操纵稳定性的基本内容及评价所用物理参量

基本内容	主要评价参量
1. 转向盘角阶跃输入下进入的稳态响应——转向特性 转向盘角阶跃输入下的瞬态响应	稳态横摆角速度增益——转向灵敏度 反应时间、横摆角速度波动的无阻尼圆频率
2. 横向角速度频率响应特性	共振峰频率、共振时振幅比、相位滞后角、稳态增益
3. 转向盘中间位置操纵稳定性	转向灵敏度、转向盘力特性——转向盘转矩梯度、转向功灵敏度
4. 回正性	回正后剩余横摆角速度与剩余角速度、达到剩余横摆角速度的时间
5. 转向半径	最小转向半径
6. 转向轻便性 原地转向轻便性 低速行驶转向轻便性 高速行驶转向轻便性	转向力、转向功
7. 直线行驶性能 直线行驶性 侧向风稳定性 路面不平度稳定性	转向盘转角和 侧向偏移 侧向偏移
8. 典型行驶工况性能 蛇行性能 移线性能 双移线性能——回避障碍性能 ……	转向盘转角、转向力、侧向加速度、横摆角速度、侧偏角、车速等
9. 极限行驶能力 圆周行驶极限侧向加速度 抗侧翻能力 发生侧滑时的控制性能 ……	极限侧向加速度 极限车速 回至原来路径所需时间

二、汽车试验的两种评价方法

汽车性能应通过试验来进行测定与评价。试验中的性能评价有主观评价和客观评价两种方法。客观评价法是通过测试仪器测出表征性能的物理量，如以横摆角速度、侧向加速度、侧倾角及转向力等来评价操纵稳定性的方法。主观评价法就是感觉评价，其方法是让

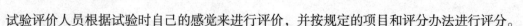

试验评价人员根据试验时自己的感觉来进行评价，并按规定的项目和评分办法进行评分。

由于汽车是由人来驾驶的，因此，主观评价法始终是操纵稳定性的最终评价方法。例如，客观评价中采用的物理量是否可以表征操纵稳定性，就取决于用这些物理量评价性能的结果与主观评价是否一致。熟练的试验驾驶员在进行主观评价试验时，还能发现仪器所不能检验出来的现象。较为常见的是先由人的感觉发现问题，然后用仪器来进行计测。虽然开路系统试验只用客观评价法，但是其试验方法本身及采用的评价指标，实际上均是由人们的长期实践或专门设置的主观评价试验来检验确定的。

主观评价的缺点之一是它受到评价者个人主观因素的影响，不同评价者可能给出差别较大的评价结果；其另一缺点是，一般情况下，它不能给出"汽车性能"与"汽车结构"二者之间有何种联系的信息。而开路系统客观评价试验可以指出改变汽车结构及结构参数以提高性能的具体途径。

开路系统客观评价试验方法包括：确定稳态响应与瞬态响应的转向盘角阶跃输入试验，确定横摆角速度频率响应特性的转向盘角脉冲输入试验以及转向盘中间位置操纵稳定性试验。

三、等速圆周行驶的汽车稳态响应

1. 稳态响应

汽车等速行驶时，在前轮角阶跃输入下进入的稳态响应就是等速圆周行驶。常用输出与输入的比值，如稳态的横摆角速度与前轮转角之比来评价稳态响应。这个比值称为稳态横摆角速度增益，也称为转向灵敏度，以符号 $\left.\dfrac{\omega_r}{\delta}\right)_s$ 表示。稳态横摆角速度增益的一般表达式为

$$\left.\frac{\omega_r}{\delta}\right)_s = \frac{u/L}{1 + Ku^2} \tag{3-19}$$

式中，L 表示轴距，u 表示汽车的行驶速度，K 称为稳定性因数，是表征汽车稳态响应的一个重要参数。

2. 稳态响应的三种类型

根据 K 的数值，汽车的稳态响应可以分为三类：

（1）中性转向。$K=0$ 时，$\left.\dfrac{\omega_r}{\delta}\right)_s = u/L$，即横摆角速度增益与车速成线性关系，斜率为 $1/L$。这种稳态称为中性转向（如图 3-13 所示）。

（2）不足转向。当 $K>0$ 时，横摆角速度增益 $\left.\dfrac{\omega_r}{\delta}\right)_s$ 比中性转向时要小。$\left.\dfrac{\omega_r}{\delta}\right)_s$ 与车速不再呈线性关系，$\left.\dfrac{\omega_r}{\delta}\right)_s -u$ 是一条低于中性转向的汽车稳态横摆增益线。后来又变为向下弯曲的曲线（见图 3-13）。具有这样特性的汽车称为不足转向汽车。K 值越大，横摆角速度增益曲线越低，不足转向量越大。

（3）过多转向。当 $K<0$ 时，横摆角速度增益 $\left.\dfrac{\omega_r}{\delta}\right)_s$ 比中性转向时要大。随着车速的

增加，$\left.\dfrac{\omega_r}{\delta}\right)_s$ $-u$ 曲线向上弯曲。具有这种特性的汽车称为过多转向汽车。K 值越小，过多转向量越大。当车速为 $u_{cr}=\sqrt{-1/K}$ 时，稳态横摆角速度增益趋于无穷大，u_{cr} 称为临界车速，是表征过多转向量的一个参数。

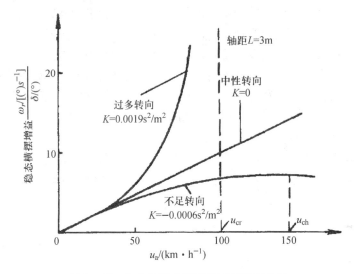

图 3 – 13　汽车的稳态横摆角速度增益曲线

过多转向汽车达到临界车速时将失去稳定性，只要极其微小的前轮转角便会产生极大的横摆角速度。这意味着汽车的转向半径极小，汽车会发生急转而侧滑或翻车。由于过多转向汽车有失去稳定性的危险，故汽车都应具有适度的不足转向特性。

四、汽车操纵稳定性与悬架的关系

汽车在行驶过程中，由于悬架导向杆系的运动及变形，将引起车身的侧倾，车身的侧倾会引起车轮外倾角的变化，还会引起侧倾转向及变形转向。

车厢相对于地面转动时的瞬时轴线称为车厢侧倾轴线。该轴线通过车厢在前后轴处横断面上的瞬时转动中心，称为侧倾中心。汽车侧倾主要与悬架的结构型式、悬架的线刚度和侧倾角刚度、悬挂质量、质心位置、车速等因素有关。

车厢侧倾时，因悬架型式不同，车轮外倾角的变化有三种情况：保持不变，沿地面侧向反作用力作用方向倾斜，沿地面侧向反作用力作用方向的相反方向倾斜。车轮外倾角的变化会引起外倾侧向力或者说引起轮胎侧偏角的改变，进而影响到汽车直线行驶的稳定性，尤其是车辆外侧车轮逆着地面侧向力方向倾斜，侧偏角增大，汽车的操纵稳定性急剧恶化。所以，悬架型式对汽车操纵稳定性有着非常重要的影响。

在侧向力作用下车厢发生侧倾，由车厢侧倾所引起的前转向轮绕主销的转动、后轮绕垂直于地面轴线的运动，即车轮转向角的变动，称为侧倾转向。发生侧倾转向时，非独立悬架的车轴发生绕垂直轴线的转动，所以侧倾转向也称为轴转向。随着前后侧倾转向的方向与数值的不同，汽车的不足转向量可能增加或减少。对于采用双横臂独立悬架的汽车，外侧车轮的前束减小，车轮向外转动；内侧车轮的前束增加，车轮向汽车纵向中心线方向转动，侧倾转向增加了不足转向量，这种侧倾转向称为不足侧倾转向，对于增加汽车的不足转向有利。但是，具有侧倾转向效应的汽车在直线行驶时，路面不平引起车轮相对于车厢的跳动也会使车轮产生一定的转向角，从而影响汽车直线行驶的稳定性，所以，现代轿车都趋于减少侧倾转向量。

悬架导向杆系各元件在各种力、力矩作用下会发生变形，引起车轮绕主销或垂直于地面轴线的转动，称为变形转向，其转角叫做变形转向角。变形转向角有增加不足转向趋势，称为不足变形转向角；有增加过多转向趋势，称为过多变形转向角。同侧倾转向一样，变形转向也是一种使汽车具有恰当不足转向量的有效手段。一般希望转弯行驶时承受主要载荷的外侧车轮有合适的不足变形转向角，即前轮有减少前束的变形转向角，后轮有增加前束的变形转向角。

五、汽车操纵稳定性与转向系的关系

转向系的功能大体可以分为两个部分。第一个功能是驾驶员通过转向盘控制前轮绕主销的转角来操纵汽车运动方向。驾驶员操纵转向盘时对转向盘的输入有两种方式，即角输入与力输入。转向系的第二个功能是凭借转向盘（反作用）力，将整车及轮胎的运动、受力状况反馈给驾驶员，这种反馈称为路感。驾驶员可以通过手（握住转向盘）、眼睛（观察汽车的运动）、身体（承受到的惯性力）及耳朵（听到轮胎在地面滚动时的声音）等感觉检测汽车的运动状态，但最重要的信息还是来自转向盘反馈给驾驶员的路感。人在驾驶时，只有及时、方便、准确地掌握汽车的行驶状况，才能有把握地操纵汽车。因此良好的路感是优良的操纵稳定性中不可缺少的部分。从转向系的功能可以看出，转向盘力在操纵汽车时起到了重要的作用。

转向盘力随汽车运动状况而变化的规律称为转向盘力特性。汽车转向系应具有良好的转向盘力特性，才能很好地起到控制汽车与反馈信息的作用。

在不同工况下，对操纵稳定性要求的侧重点是不一样的。在低车速、低侧向加速度行驶工况下，汽车应具有适度的转向盘力与转向盘总回转角，还应具有良好的回正性能。由于考虑到高速行驶时汽车应具有较大的转向灵敏度，转向系总传动比不宜过大。但总传动比不够大，会带来低速行驶时转向盘过于沉重的问题，现代汽车一般采用动力转向器来解决这个问题。在高车速、转向盘小转角、低侧向加速度范围内，汽车应具有良好的横摆角速度频率特性、直线行驶能力与回正性能。

汽车在行驶过程中，由于地面作用于转向车轮的回正力矩使转向系发生了弹性变形，所以转向轮有了变形转向角。转向系的变形转向要比悬架的变形转向大许多，转向系的刚度不够时，会产生过大的不足转向量。为了全面满足操纵稳定性的要求，特别是为了获得轿车在高速行驶时的"良好路感"，转向系的刚度应大些，尤其是转向盘中间位置小转角范围内应有尽可能高的刚度。

六、汽车操纵稳定性与传动系的关系

由于轮胎的侧偏特性受到地面切向反作用力的影响，所以操纵稳定性与传动系有密

切的关系。特别是近年来切向反作用力还成为改善极限工况下操纵稳定性的一项有效手段。

若汽车为前轮驱动形式，则驱动力对"不足—过多转向特性"具有如下影响：

（1）当汽车在弯道上以大驱动力加速行驶时，前轴垂直载荷明显减轻，后轴垂直载荷相应增加。一般载荷范围内，轮胎侧偏刚度是随载荷的增大、减少而增减的。因此，加速时前轴侧偏角增加，后轴侧偏角减小，汽车有增加不足转向的趋势。

（2）车轮驱动时，随着驱动力的增加，同一侧偏角下的侧偏力下降。因此，节气门开大汽车在弯道上加速行驶时，为了提供要求的侧偏力，前轮侧偏角必然增大。这是前轮驱动汽车有不足转向趋势的另一个原因。地面附着条件差时，这种现象更为突出。

（3）前轮受半轴驱动转矩的影响会产生不足变形转向，增加了前轮驱动汽车的不足转向趋势。

（4）随着驱动力的增加，轮胎回正力矩也往往有所增大，这也增加了不足转向趋势。

综上所述，驱动力的作用是增加前轮驱动汽车的不足转向趋势。但是，当用发动机进行制动时，上述（1）、（3）、（4）项的影响将使汽车有增加过多转向的趋势。所以，当大功率的前驱动汽车在大油门加速中突然松开油门踏板，汽车的转向特性会发生明显变化，甚至成为过多转向，因此，汽车会发生出乎意料的突然驶向弯道内侧的"卷入"现象，此现象在高速行驶中会产生灾难性的后果，这也是为什么在车辆高速行驶时不能突然放松油门踏板的原因。

第四节　汽车的环保性

随着世界各国环保意识的增强，汽车的环保性也越来越受到人们的重视。2005年，国务院下达了《国务院关于做好建设节约型社会近期重点工作的通知》，其中就鼓励发展节能环保型小排量汽车给出了具体的意见，这表明我国已经认识到汽车环保性的重要。

汽车的环保性在以往主要是指如何降低汽车的尾气排放有害物，但随着科技的发展，环保的理念已经渗入汽车的方方面面。现在的汽车环保性主要包括发展小排量汽车、降低尾气排放、采用清洁能源环保动力、利用可回收材料、消除电磁干扰等方面。

一、发展小排量汽车

近年来，随着汽车工业科技水平的不断提高，节能环保型小排量汽车在安全性、动力性和外观等方面都有了很大改善，同时其燃油消耗少、尾气排放低、外形尺寸小、道路和车位占用面积少等优点也日益突出。

目前，节能环保型小排量汽车已成为汽车发展的主流和消费者关注的热点。美国、日本、欧洲等发达国家和地区节能环保型小排量汽车比例已占70%以上。我国节能环保型小排量汽车正日益受到消费者的喜爱，增长迅速，但比例仍然偏低。积极发展节能环保型小排量汽车，符合我国能源供给实际和大众消费水平，不仅有利于缓解能源紧张状况，保护环境，而且有利于培育我国汽车工业自主品牌，提高国际竞争力，对于促进汽车产业可持续发展，落实国家能源发展战略，加快建设资源节约型、环境友好型社会，具有重要意义。

二、降低尾气排放技术

1. 发动机尾气处理技术

发动机尾气处理技术就是在现有发动机的基础上通过增加一套尾气处理控制装置，以减少排放有害气体的技术。对于汽油机而言，这项技术主要包括催化转化装置（氧化催化转化装置、还原催化转化装置和三元催化转化装置）、降低低温 HC 排放装置、稀薄 NO_x 催化转化装置以及废气再循环系统。对于柴油机而言，尾气处理技术包括废气再循环系统、NO_x 还原装置、CO 及 HC 氧化装置以及微粒捕集装置等。

2. 车载自动诊断系统

车载自动诊断系统（On - Board Diagnostics, OBD）是就发动机的运行状况随时监控汽车是否尾气超标，一旦超标，会马上发出警示。根据警报，维修人员能迅速准确地确定故障的性质和部位并进行维修，进而确保车辆尾气排放能够符合标准要求。

从 20 世纪 80 年代起，美、日、欧等各大汽车制造企业开始在其生产的电喷汽车上配备 OBD，初期的 OBD 没有自检功能。20 世纪 90 年代中期，带自检功能的 OBD - Ⅱ 诞生。它有着严格的排放针对性，当车辆排放的碳氢化合物等超过排放标准 1.5 倍时，报警灯点亮。装配 OBD - Ⅱ 的车辆上的报警灯主要目的是提醒驾驶者，其车辆的废气排放量超标时，需要进行修理。

目前最发达的车载诊断系统是 OBD - Ⅲ，其主要目的是使汽车的检测、维护和管理合为一体，以符合环境保护的要求。该系统利用小型车载通信系统，将车辆的身份代码、故障码及所在位置等信息自动通告管理部门。因此，OBD - Ⅲ 系统不仅能就车辆排放问题向驾驶者发出警告，而且还能对违规者进行惩罚。

3. 电子燃油喷射系统

减少尾气排放的另一个有效手段就是让发动机汽缸内的可燃混合气充分地燃烧。为此，汽油机广泛采用了电子燃油喷射系统，不但可以严格控制可燃混合气的空燃比，而且能更好地燃烧，提高了燃料的利用率，降低了有害物的排放。对于柴油机而言，很多发动机采用了电控柴油机喷射系统，在此基础上为了使各缸内的混合气体燃料相同，还采用了高压共轨技术，在提高燃烧经济性的同时也降低了排放量。

三、清洁能源环保动力

1. 氢动力内燃机技术

众所周知，传统的汽车就是以燃油动力内燃机作为驱动的。无论是汽车行业还是消费者都早已习惯内燃方式的汽车。所以如果新的环保汽车同样采用内燃机驱动，那么无论是技术上还是市场上都令人比较容易接受。

宝马氢动力 7 系是汽车业氢内燃动力领域的领军者。它的动力系统，即 12 缸的内燃发动机可以使用氢和汽油两种燃料。所以宝马氢动力 7 系轿车拥有两个燃料箱，分别可存储 7.99kg 的液态氢和 74L 的汽油。

宝马氢动力 7 系拥有一个双重模式的电机组，能够快速便捷地从氢驱动转换到传统的汽油驱动。无论采用哪种模式运行，宝马氢动力 7 系的动力性能曲线都完全一样，以保证行车安全及驾驶习惯。不过 6 升 V12 缸发动机只能输出 260 马力的最大功率，比 730Li 的 231 马力的最大功率稍高，但与 760Li 的 445 马力相差甚远。同时，为了安装液氢罐而使车身重量增加了将近 260 公斤，动力的损失换来的是两种燃料模式间的完美协调。

2. 氢燃料电池技术

与氢内燃机动力技术类似，氢燃料电池动力技术也是以氢为能量源。不同的是氢内燃机动力技术是将氢直接作为燃料在发动机中燃烧以获得动力；而氢燃料电池则是将氢先在燃料电池中经化学作用转化为电能，然后靠电动机来驱动汽车。氢燃料电池以氢气和氧气为燃料，排放物只有水，实现了废气零排放。在此领域，通用是当之无愧的领导者，其代表作就是通用 Sequel 氢燃料电池车。

虽然早在 2005 年的上海车展就登场亮相，但是通用 Sequel 氢燃料电池车却一直以来被认为是燃料电池车领域的经典之作。因为与之前的燃料电池车相比，通用 Sequel 氢燃料电池车在可驾驶性方面取得了突破性的进步，其动力表现与驾驶特性都堪与目前使用汽油燃料的汽车产品媲美。

通用 Sequel 氢燃料电池车通过采用线传操控技术，不仅提高了车辆安全性，简化了维护程序，拓展了设计自由度，而且也更环保。其几乎所有的驱动和控制组件都安装在 28cm 的厚底盘结构上，几乎每个方面的性能表现都比现有的传统汽车更胜一筹——更迅速，更平稳，更便于操控，便于生产，更美观也更安全，最重要的是，它只排放水蒸气，完全没有污染。

2008 年，通用、大众等公司都推出了新一代的搭载了氢燃料电池的概念车。此外，福田公司于 2008 年也推出了采用氢燃料电池的大客车，并服务于北京奥运会。

图 3-14 所示为通用公司的凯迪拉克 Provoq 氢燃料电池概念车。

图 3-14　凯迪拉克 Provoq 氢燃料电池概念车

现在，氢燃料电池面临的一个最主要的问题就是氢燃料电池造价太高，以福田大客车为例, 每辆车的成本为 800 万 ~ 900 万元, 远高于采用普通内燃机的客车价格, 阻碍了其市场化, 但随着技术的发展, 其制造成本有望进一步降低。

3. 油电混合动力技术

油电混合动力技术也是提高汽车环保性的主要方式之一。发动机只有在某一转速或功率范围内才具有良好的燃油经济性和排放性能。但是, 大多数轿车的行驶条件还是以城市道路为主, 在城市中不停地起步加速、减速等工况, 使发动机很少处于最经济、最优排放的工作状态, 不但增加了燃油消耗, 而且增加了排放的有害物质, 严重影响了城市的空气质量。

油电混合动力技术可谓目前市场上最成熟的环保动力技术。因为油电混合动力技术是基于现有内燃机技术和电动技术基础上开发的, 所以相比氢内燃机技术和氢燃料电池技术, 油电混合动力技术在市场上应用最广, 车型也是最多的。在此领域, 丰田公司无疑是当之无愧的领头羊, 其最具影响力且实现商业化的是普瑞斯 (如图 3 – 15 所示)。其百公里油耗仅 1.5L 左右, 不但经济, 而且环保。

图 3 – 15　丰田混合动力车普瑞斯

混合动力技术一般有两种行驶模式, 在低速或城市道路上行驶时, 采用电驱动模式, 以提高燃油经济性和排放性能, 在高速公路上行驶时, 采用发动机驱动模式, 以发挥其最好的动力性。在城市道路上行驶时, 发动机仍然工作, 此时发动机运转在最佳工作状态下, 并将机械能转化为电能储存在电池里或直接为驱动电机供电。

目前丰田的混合动力领军车型当属雷克萨斯 LS600hL。

虽然同为油电混合动力产品, 但雷克萨斯 LS600hL 丝毫没有普瑞斯那种独特醒目的外观。纯正雷克萨斯车系的设计, 使雷克萨斯 LS600hL 的外观和内饰并没有太大的变化, 而它的内在动力系统却发生了彻底的变化。

作为雷克萨斯的新款旗舰, LS600hL 也是全球第一款搭载 V8 混合动力发动机的全驱车型。LS600hL 的混合动力系统是以 5L V8 汽油发动机为基础, 配合高输出的电动机组和最新研制电压为 288V 的大容量电池组共同组成的。LS600hL 的混合动力驱动系统所提供的动力性能可与 6L 排量的发动机相媲美, 可以使 LS600hL 在 6.3s 内毫不费力地将时速从 0km/h 提高到 100km/h。

4. 纯电动汽车技术

纯电动汽车由于其零排放的优势得到了很多专业人士的青睐,很多科研院所纷纷开展有关纯电动汽车的技术研究。沃尔沃、吉利等公司先后推出了纯电动概念车（如图3 - 16、3 - 17 所示）。

图 3 - 16 沃尔沃充电概念车

图 3 - 17 吉利 LC - E 电动汽车

但是,目前纯电动汽车面临的两个最主要问题是:一是电池问题,普通的铅酸蓄电池成本低,但电容量太小,且寿命短,镍锌、锂离子等电池容量较大,但造价太高,寿命也较短,即使以容量较大的锂离子电池为动力源,其标准配备的电池组充满一次电,也仅能行驶 100 ~ 200km 左右,不能满足长途行驶的需要;二是快速充电问题,纯电动汽车的充电时间最少也要 2 个小时,此外,充电配套设施也非常欠缺。若能解决这两个问题,纯电动汽车必能得到广泛的应用。

四、采用可回收材料

为了体现绿色环保的理念,在汽车的装饰材料选择方面也有很大创新。图 3 - 18 所示为路虎 LRX 概念车,其内饰采用了植物鞣质的皮革（无铬,更利于回收）,广泛使用金属铝（质量轻，可回收），并采用由可再生材料制成的毛毡地毯。车门嵌条和车顶内饰使用香草色绒面翻毛皮，它以循环后再利用的塑料瓶为原料加工制成，100%可再生。

图 3-18 路虎 LRX 概念车

世界第二大汽车公司美国福特公司于近日宣布，将在今后 5 年内建成全球最大的废旧汽车回收中心，把废旧汽车零部件回收使用率提高到 95%。

据福特公司负责汽车回收业务的部门统计，美国每年有 1100 万辆汽车由于老旧或交通事故而报废，报废汽车零部件的回收使用，主要靠分布在全国的一万多家"夫妻店"式修理行。福特公司拟通过建立回收中心的方式，统领这些家庭修理行。利用福特公司的制造技术加工二手车零部件，将其资料输入计算机，供所有修理行上网查询；利用福特公司的销售运输网络，及时输送和供应二手车零部件。福特公司的目标是成为世界上首屈一指的汽车回收中心，力争在 5 年内使二手车零部件的年销售额超过 10 亿美元。

福特公司特别希望从保险公司收购因交通事故而报废的汽车，因为这些汽车许多还是新的，零部件回收使用率更高。据说，保险公司也很愿意同福特公司合作，因为这有可能大幅度降低保险公司目前支出的高昂修车费用。

汽车工业的专家们认为，福特公司建立汽车回收中心的做法，是该公司新任总裁杰克·纳泽制定的新的经营方针的一部分。这个方针是：为用户着想，尽可能延长福特汽车的使用寿命，福特公司则由于在延长福特汽车使用寿命的每一个过程中发挥主导作用而步步盈利。

专家认为，福特公司此举对消费者有百利而无一害。虽然今后的汽车修理费未必大幅度下降，但是，由于福特公司涉足汽车修理领域而带来先进的技术和服务，将使得用户坐等零部件的时间大大缩短，从而极大地方便用户。

根据福特公司的计划，将在今后数月内先收购美国大的汽车修理回收中心，然后向欧洲、亚洲和拉美扩展业务领域。

五、消除电磁干扰技术

为了消除汽车电磁波对外界环境的干扰，不同的汽车上采用了不同的消除电磁干扰措施，一般可以归纳为 4 类，即单线制负极搭铁、电火花灭弧、金属罩屏蔽和串入阻尼电阻。

1. 单线制负极搭铁

在汽车电系中，均采用单线制，使汽车电源的负极与车架或发动机相连（俗称搭铁）。汽车电器共用搭铁线后，可以使整个汽车大件结构在电器方面连成一个整体，能大大减少因电器元件及汽车部件的静电感应引起的电磁干扰。

2. 电火花灭弧

这是一种较为普遍采用的防电磁干扰措施，如传统点火系中与断电器白金触点并联的电容器、与双金属片型传感器并联的电容器等，均起到灭电弧的作用。除电容器吸弧外，目前在有些汽车的电器设备上还设有由电容、电阻和电磁元件组成的滤波器，用以吸收电器设备尤其是某些继电器的电火花。

3. 金属罩屏蔽

金属罩屏蔽是较为先进的一项防止电磁干扰的措施，目前在轿车尤其是高档轿车上得到了普遍的应用。它是将汽车上所有容易产生火花的电器用金属罩屏蔽，导线也用金属网或金属管屏蔽，并使这些屏蔽罩、网、管搭铁，这样就使产生电磁干扰的高频电磁波在屏蔽良好的金属罩内产生涡流，以热能的形式消耗掉，从而使电磁波不能发射出去。这种装置屏蔽电磁波的效果较好，但成本较高。

4. 串入阻尼电阻

汽车点火系的高压电是造成电磁干扰的最主要原因。目前，在点火高压电路中串入阻尼电阻是常用的一种减少电磁干扰的方法，它对削弱电火花的高频电磁波有很明显的效果，因此得到了广泛的应用。

本章小结

本章重点介绍了汽车的基本性能：动力性、制动性、操纵稳定性和环保性。动力性是评判车辆行驶性能的一个重要指标，动力性可以用三个指标进行评价，驱动力、行驶阻力、附着条件等都是影响汽车动力性的重要因素。汽车的制动性是关乎汽车安全性最重要的一个指标，制动性好则可以提高车辆的整体性能，反之，则车辆行车存在安全隐患。汽车制动性具有三个评价指标：制动效能、制动效能的恒定性以及制动时方向的稳定性。

汽车操纵稳定性是关乎汽车行驶安全性的一个非常重要的方面，良好的操纵稳定性能提高车辆行驶安全性，避免事故的发生。本章介绍了汽车操纵稳定性的内容、汽车试验的两种方法、等速圆周行驶的汽车三种稳态响应，分析了汽车操纵稳定性与转向系和传动系的关系。

汽车的环保性是汽车技术发展中日益受到关注的一个方面，本章从发展小排量汽车、降低尾气排放、采用清洁能源环保动力、利用可回收材料、消除电磁干扰等方面介绍了汽车的环保性。

思考题：

1. 什么是汽车的动力性？

2. 汽车的动力性有哪些评价指标？

3. 汽车的驱动力是怎么产生的？

4. 汽车的行驶阻力有哪些？

5. 汽车的滚动阻力是怎么产生的？

6. 什么是空气阻力？空气阻力又由哪些部分组成？

7. 什么是汽车的驱动力—行驶阻力平衡图？

8. 什么是汽车的动力特性图？

9. 什么是汽车的行驶附着条件？

10. 什么是汽车的行驶附着率？

11. 什么是汽车的制动性？

12. 汽车的制动性评价指标有哪些？

13. 地面制动力是怎么产生的？

14. 什么是制动器制动力？

15. 地面制动力、制动器制动力与附着力之间有什么关系？

16. 什么是制动距离？

17. 什么是制动减速度？

18. 制动过程是怎样的？

19. 制动效能的恒定性如何进行评价？

20. 什么是制动跑偏？制动跑偏有什么危害？

21. 制动时前轴抱死和后轴抱死有什么危害？

22. 什么是汽车的操纵稳定性？

23. 汽车操纵稳定性包含的内容有哪些？

24. 汽车的操纵稳定性有哪些评价方法？

25. 什么是汽车的稳态横摆角速度增益？

26. 稳态响应可以分为哪几种类型？

27. 汽车设计中一般是什么类型的稳态转向？

28. 汽车操纵稳定性与悬架有什么关系？

29. 汽车操纵稳定性与转向系有什么关系？

30. 汽车操纵稳定性与传动系有什么关系？

31. 为了提高汽车的环保性能，汽车上都采用了哪些技术？

32. 如何降低发动机的排放水平？

33. 什么是汽车的混合动力技术？

34. 燃料电池为什么具有零排放的优势？

35. 为什么纯电动驱动方式现在难以全面推广？

第四章 测量与计量基础

第一节 测量方法

测量是检测的基础，在科学实验或生产过程中，必须对客观事物进行定性或定量分析，这就需要对被测对象进行测量。所谓测量，即以确定量值为目的的操作，也就是将被测量和作为测量单位的标准量进行比较，得到被测量是测量单位的多少倍，并用数字和单位表示出来。例如，以 X 表示被测量，以 E 表示测量单位的标准量，两者的比值为：

$$n = \frac{X}{E} \qquad (4-1)$$

显然 n 是一个纯数，对应的被测量为：

$$X = nE \qquad (4-2)$$

例如，$E = 1\text{mm}$，$n = 6.3$，则 $X = 6.3\text{mm}$。

由上可见，测量过程就是一个比较过程。测量结果可用一定的数值表示，也可以用一条曲线或某种图形表示。但无论其表现形式如何，测量结果应包括两大部分：一部分是数值的大小和符号（正或负）；另一部分是相应的单位。表示测量结果时，不注明单位，该结果将无意义。

测量过程的核心是比较，但在近代测量中除了大量遇到比较过程外，还必须进行各种转换。转换的目的有两个：其一，由于被测量能直接与标准量比较的场合不多，大多数的被测量和标准量都要变换到双方便于比较的某个中间变量后再进行比较；其二，随着电子技术、传感技术、电子计算机技术的发展，将非电量转换成电量测量，具有能对电信号进行远距离传输、便于动态测量等优点。转换包括物理量或化学量的转换（非电量转换成电量）和能量转换（如电压放大、功率放大），可以说转换是现代检测技术的特征之一。

测量的具体方法是由被测量的种类、数值的大小、所需的测量精确度、测量速度等一系列因素决定的。

测量方法可按被测量的获得方法不同，分为直接测量和间接测量两大类。按测量方法不同也可分为直接比较测量法、微差测量法、零位测量法、组合测量法等。

一、直接测量法与间接测量法

1. 直接测量法

无须对与被测量有函数关系的其他量进行测量，而直接得到被测量值的测量称为直接测量法。例如，用标准尺测量长度、用等臂天平测量质量等。由于它"直接"，因而比较简便，在工程参数检测中应用得最广泛。但是，直接测量并不等于完全用直读式仪表的测量，如用电压表（直读式仪表）和电位差计（比较式仪表）测电压，两者均属于直接测量法。

只要参与测量的对象就是被测量本身，都属于直接测量。

2. 间接测量法

通过对与被测量有函数关系的其他量进行测量，才能得到被测量值的测量方法，称为间接测量法。

间接测量过程比较麻烦，一般在直接测量很不方便、直接测量误差较大或缺乏直接测量仪器时才被采用。

二、其他分类方法

1. 直接比较测量法

将被测量直接与已知其值的同类量进行比较的测量方法称为直接比较测量法。例如，用一根标度尺测量长度。

直接比较测量法所使用的测量仪表大多是直读指示式仪表，如压力表、电流表、玻璃温度计等。仪表刻度预先用标准量具进行分度和校准，在测量过程中，指示标记在标尺上的位移就表示了被测量的值。对测量人员来说，除了将其指示值乘以测量仪器的常数或倍率外，无须作附加的动作或计算。由于测量过程简单方便，在实际工作中应用比较广泛。

2. 微差测量法

将被测量与只有微小差别的已知量相比较并测出这两个量值间的差值以确定被测量的测量方法称为微差测量法。

微差测量法的特征是测量被测量与已知量之间的差值，这种测量方法的最大优点是已知量的精确度很高，其值又很接近被测量时，用精度较低的测量仪表也能得到精确的测量结果。微差测量法是一种很有发展前途的测量方法，在工程测量中会获得愈来愈广泛的应用。

3. 零位测量法

零位测量法是通过调整一个或几个与被测量有已知平衡关系的（或已知其值的）量而用平衡法确定被测量的测量方法。

4. 组合测量法

用直接或间接方法测得一定数目的测量值，根据不同组合，列出一组方程，通过解方程组得到测量值的方法称为组合测量法。

上述四种测量法中，前三种属于直接测量，最后一种属于间接测量。

除上述分类外，还可根据传感器与被测对象是否接触分为接触式测量法和非接触式测量法等。

第二节　测量误差

进行测量的目的是获得尽可能接近真值的测量结果。如果测量误差超过一定限度，测量工作以及由测量结果所得到的结论就失去了意义。在实验中使用各种仪器仪表进行

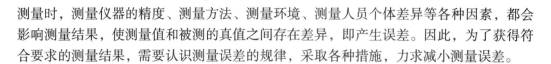

测量时，测量仪器的精度、测量方法、测量环境、测量人员个体差异等各种因素，都会影响测量结果，使测量值和被测的真值之间存在差异，即产生误差。因此，为了获得符合要求的测量结果，需要认识测量误差的规律，采取各种措施，力求减小测量误差。

一、测量误差与真值

真值是任一物理量真实的客观大小的量值。测量值是用测量仪器仪表测定待测物理量所得的数值。测量值与真值之差称为测量误差。

最理想的测量就是能够测得真值，但由于实际的测量是利用仪器仪表，在一定条件下通过测试人员来完成的，因此，受仪器的灵敏度和分辨能力的局限性，环境的不稳定性和人的精神状态等因素的影响，使得待测量的真值是不可测得的。

测量的任务是设法使测量值中的误差降到最小，求出在测量条件下被测量的最近真值，估计最近真值的可靠程度。在实验和工程中，常用满足规定的准确度要求的测量结果来代替真值，这个测量结果被认为充分地接近真值。

二、误差的分类

按照测量误差的性质，可将其分为系统误差、随机误差和过失误差三种。

1. 系统误差

在测量仪器、方法、环境、测量人员不变的同一条件下，多次测量同一被测量时，误差的符号和绝对值保持不变；或在测量条件发生变化时，误差按一定规律变化，则这样的误差称为系统误差。

系统误差反映了多次测量总体平均值偏离真值的程度。系统误差为非随机变量，不满足统计规律，可以通过多次测量反复重现，可以修正。

产生系统误差的主要原因有以下几种：

仪器误差：由测量仪器、装置、设备不完善而产生的误差。

方法误差（理论误差）：由实验方法本身或理论不完善而导致的误差。

环境误差：由外界环境（如光照、温度、湿度、电磁场等）影响而产生的误差。

读数误差：由测试人员在测量过程中的主观因素或不良习惯而产生的误差。

系统误差主要是受到仪器缺陷、方法（或理论）不完善、环境影响和实验人员本身等因素的影响而产生的。因此，只有在实验过程中不断积累经验，认真分析系统误差产生的原因，才能有针对性地采取适当的措施来消除。

2. 随机误差

在同一条件下，多次测量同一量时，测量值总是有稍许差异而变化不定，这种测量的绝对值和符号经常变化的误差称为随机误差，亦称为偶然误差。

随机误差的大小和符号没有确定的变化规律，不可预知也不可控制。单次测量的随机误差没有规律，多次测量的结果一般符合统计规律，可以通过对数据的统计处理，在理论上估计随机误差对测量结果的影响。

随机误差的产生原因主要是温度、光照、湿度、气压、电磁场、空气扰动等周围环境对测量过程的影响。因此，随机误差具有规律性，绝对值相等的正的误差和负的误差出现的机会相同，绝对值小的误差比绝对值大的误差出现的机会多，超出一定范围的误差基本不出现。

在一定测量条件下，增加测量次数，使用算术平均值，可以减小测量结果的偶然误差，使测量值趋于真值。因此，可以取算术平均值为直接测量的最近真值。

3. 过失误差

在测量错误、读错、记错、计算错误以及未能达到预定要求的实验条件下匆忙做实验而获得的一种明显地歪曲了测量结果的误差称为过失误差。含有过失误差的测量值亦称为异常值，应予以剔除。应注意使用了具有缺陷的仪器仪表时也可能引入过失误差。

三、测量的精密度、准确度和精确度

精密度、准确度和精确度都是评价测量结果好坏的常用技术术语，但这三个词的意义不同，使用时应加以区别。

测量的精密度高，是指测量数据比较集中，偶然误差较小，但系统误差的大小不明确。

测量的准确度高，是指测量数据的平均值偏离真值较少，测量结果的系统误差小，但数据分散的情况，即偶然误差的大小不明确。

测量的精确度高，是指测量数据比较集中在真值附近，即测量的系统误差和偶然误差都比较小。精确度是对测量的偶然误差与系统误差的综合评定。

四、随机误差的控制

大量的生产实践和科学实验说明，当对一个样品进行重复多次的测量，然后把测定的结果进行统计，就可以得到随机误差符合正态分布曲线。正态分布不同置信限的概率如图 4 - 1 所示。

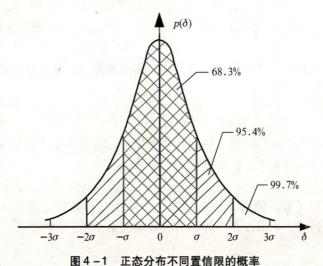

图 4 - 1　正态分布不同置信限的概率

σ 为总体的标准差，如以曲线下所覆盖总面积为 100%，则在一个标准差范围内

（$\mu \pm \sigma$），68.3%的数据出现；在正负两个标准差内（$\mu \pm 2\sigma$），95.4%的数据出现；最后在正负三个标准差内（$\mu \pm 3\sigma$），99.7%的数据出现，误差超过3σ者为极少数。

从数理统计的理论出发，用平均值比用单一测量值较准确、可靠，如果重复的次数愈多，其平均值愈接近真值。测量结果的允许偏差范围是总结实际分析情况后确定的，两次平行测定结果的相差超过允许值，必须重做。

第三节　测试装置的基本特性

测试装置是汽车检测设备中的一个重要组成部分，用于实现计测功能。在汽车检测设备中，传感器的作用就相当于人的感官，用于检测有关外界环境及自身状态的各种物理量（如力、位移、速度、位置等）及其变化，并将这些信号转换成电信号，然后再通过相应的变换、放大、调制与解调、滤波、运算等电路将有用的信号检测出来，反馈给控制装置或送去显示。实现上述功能的传感器及相应的信号检测与处理电路，就构成了汽车检测设备的测试装置。测试装置的基本特性，是指传感器及相应的信号检测与处理电路将需要检测的各种物理量的变化不失真地转换成相应的电量的特性。

一、测试装置的静态特性

测试装置的静态特性，是指当被测量处于稳定状态下，测试装置的输入与输出值之间的关系。测试装置静态特性的主要技术指标有：线性度、灵敏度、迟滞和重复性等。

1. 线性度

测试装置的线性度，是指测试装置实际输出—输入特性曲线与理论直线之间的最大偏差与输出满度值之比，即

$$\gamma_L = \pm \frac{\Delta max}{y_{FS}} \times 100\% \qquad (4-3)$$

式中，γ_L 表示线性度；Δmax 表示最大非线性绝对误差；y_{FS} 表示输出满度值。

2. 灵敏度

测试装置的灵敏度，是指测试装置在稳定标准条件下，输出量的变化量与输入量的变化量之比，即

$$S_0 = \frac{\Delta y}{\Delta x} \qquad (4-4)$$

式中，S_0 表示灵敏度；Δy 表示输出量的变化量；Δx 表示输入量的变化量。

对于线性测试装置来说，其灵敏度是个常数。

3. 迟滞

测试装置在正（输入量增大）反（输入量减小）行程中，输出—输入特性曲线不重合的程度称为迟滞，迟滞误差一般以满量程输出 y_{FS} 的百分数表示：

$$\gamma_R = \pm \frac{\Delta Hm}{y_{FS}} \times 100\% \qquad (4-5)$$

式中，ΔHm 表示输出值在正、反行程间的最大差值。

迟滞特性一般由实验方法确定。

4. 重复性

测试装置在同一条件下，被测输入量按同一方向作全量程连续多次重复测量时，所得输出—输入曲线的不一致程度，称重复性。重复性误差用满量程输出的百分数表示，即

（1）近似计算：

$$\gamma_R = \pm \frac{\Delta Rm}{y_{FS}} \times 100\% \qquad (4-6)$$

（2）精确计算：

$$\gamma_R = \pm \frac{2 \sim 3}{y_{FS}} \sqrt{\frac{\Sigma(y_i - \bar{y})^2}{(n-1)}} \qquad (4-7)$$

式中，ΔRm 表示输出最大重复性误差；y_i 表示第 i 次测量值；$\bar{y}$ 表示测量值的算术平均值；n 表示测量次数。

重复性特性也用实验方法确定，常用绝对误差表示。

5. 分辨力

测试装置能检测到的最小输入增量称为分辨力，在输入零点附近的分辨力称为阈值。

6. 零漂

测试装置在零输入状态下，输出值的变化称为零漂，零漂可用相对误差表示，也可用绝对误差表示。

二、测试装置的动态特性

测试装置测量静态信号时，由于被测量不随时间变化，测量和记录过程不受时间限制。而实际中大量的被测量是随时间变化的动态信号，测试装置的输出不仅需要精确地显示被测量的大小，还要显示被测量随时间变化的规律，即被测量的波形。测试装置能测量动态信号的能力用动态特性表示。动态特性，是指测试装置测量动态信号时，输出对输入的响应特性。测试装置动态特性的性能指标可以通过时域、频域以及试验分析的方法确定，其动态特性参数，如最大超调量、上升时间、调整时间、频率响应范围、临界频率等。

动态特性好的测试装置，其输出量随时间的变化规律将再现输入量随时间的变化规律，即它们具有同一时间函数。但是，除了理想情况以外，实际测试装置的输出信号与输入信号不会具有相同的时间函数，由此引起动态误差。

第四节　检测设备的计量检定

机动车安全技术检测设备是对机动车的安全性、动力性进行检测，对其运行技术状况作出准确的定量测试和科学判断的专用计量器具。为保证机动车安全技术检测设备的量值准确可靠，应当按照《中华人民共和国计量法》的有关规定，定期对其进行检定或校准。

一、计量检定的定义

计量检定，是指为评定计量器具的计量性能，确定其是否合格所进行的全部工作，也就是查明和确认计量器具是否符合法定要求的程序，包括检查、加标记和（或）出具检定证书。计量检定是进行量值传递的重要形式，是保证量值准确、可靠、一致的重要措施。

二、计量检定的分类

计量检定可按照法制管理要求和检定实施时间进行分类。

1. 根据法制管理要求的不同，计量检定可以分类为强制检定和非强制检定

（1）强制检定，是指由法定计量检定机构或授权的计量检定机构，对社会公用计量标准、部门和企事业单位使用的最高计量标准以及用于贸易结算、安全防护、医疗卫生、环境监测方面的列入强制检定目录的工作计量器具实行的定点定期检定。目前，《中华人民共和国强制检定的工作计量器具目录》共包括60项117种工作计量器具。检定周期由执行强制检定的计量检定机构根据计量检定规程，结合实际使用情况确定。

（2）非强制检定，是指由使用单位自己依法进行的定期检定，或者本单位不能检定的，送交有权对社会开展量值传递工作的其他计量检定机构进行的检定。非强制检定也是法制检定的一种形式，其技术行为仍具有法制性，也要受法律约束，同样要执行计量检定规程和有关技术标准。

2. 根据检定实施时间的不同，计量检定可以分类为首次检定和后续检定

（1）首次检定，是指对未曾检定过的新计量器具进行的一种检定。

（2）后续检定，是指计量器具首次检定后的检定，其中后续检定又可分为强制性周期检定、修理后检定以及周期检定有效期内的检定（不论它是由用户提出要求，或由于某种原因使有效期内的封印失效而进行的检定）。

三、计量检定的实施

根据《中华人民共和国道路交通安全法实施条例》的规定，质量技术监督部门负责对机动车安全技术检测设备进行检定。根据《中华人民共和国计量法实施细则》和《中华人民共和国强制检定的工作计量器具检定管理办法》的规定，机动车安全技术检测机构应当将其使用的强制检定的工作计量器具登记造册，报计量行政部门备案，并向其指定的计量检定机构申请周期检定。当地不能检定的，向上一级计量行政部门指定的计量检定机构申请周期检定。未按规定没有进行计量检定或计量检定不合格的检测设备不得使用。

四、日常计量检定制度

机动车安全技术检测机构应当按照《中华人民共和国计量法》、《中华人民共和国计量法实施细则》和《中华人民共和国强制检定的工作计量器具检定管理办法》等的规定，加强对机动车安全技术检测设备的管理，设置专、兼职的计量管理人员，建立和完善计量器具的周期检定制度和计量器具报废、更新制度，以及各种日常的不定期自查制度等。

机动车安全技术检测常用计量器具及其检定周期见表4-1。

表4-1　机动车安全技术检测常用计量器具及其检定周期

检定（校准）类别	常用计量器具	校准时间间隔
线外检测	轮胎气压表	3~6个月
	轮胎花纹深度尺	12个月
	透光率计	12个月
	钢卷尺	12个月
	钢直尺	12个月
	方向盘转向力—转向角检测仪	12个月
线内检测	汽油车排放分析仪	6（12）个月
	滚筒式车速表检验台	12个月
	底盘测功机	12个月
	滤纸式烟度计	12个月
	不透光烟度计	12个月
	发动机转速表	12个月
	秒表	12个月
	滚筒反力式制动检验台	12个月
	平板式制动检验台	12个月
	踏板力计	12个月
	轮（轴）重仪	12个月
	汽车侧滑检验台	12个月
	前照灯检测仪	12个月
	声级计	12个月
	汽车悬架转向系间隙检查仪	12个月
路试检测	便携式制动性能测试仪	12个月
	第五轮仪	12个月
	非接触式速度表	12个月

第五节　车辆检测常用传感器及用电常识

传感器是能感受规定的被测量并按一定的规律将其转换为可用输出信号的器件或装置。传感器一般由敏感元件和转换元件两个基本环节组成。

传感器的分类方法很多。按被测物理量可以分为位移传感器、速度传感器、温度传感器等；按工作原理可以分为电阻式、电感式、电容式、磁电式、压电式、热电式、电化学式、核辐射式等；按能量的传递方式可以分为能量控制型（即无源传感器）、能量变换型（即有源传感器）和能量传递型（间接传感器）三类；按输出信号的性质又可以分为电压型、电流型和电抗型。

下面介绍在机动车检测设备中经常用到的一些传感器。

一、测力传感器

在汽车检测中，力是最常用的机械参量。测力传感器按工作原理可分为电阻应变式、压电式、弹性式、电感式、电容式和磁电式等，而电阻应变式测力传感器应用较为广泛。

1. 电阻应变式测力传感器

电阻应变式测力传感器是基于电阻应变效应进行工作的。当粘贴有应变片的弹性元件受力作用时产生变形，应变片将弹性元件的应变转换为电阻值的变化，经过转换电路输出电压或电流信号。

电阻应变片是一种将被测件上的应变变化转换成为一种电信号的敏感器件，它是压阻式应变传感器的主要组成部分之一。电阻应变片应用最多的是金属电阻应变片和半导体应变片两种。金属电阻应变片又有丝状应变片和金属箔状应变片两种。通常是将应变片通过特殊的黏合剂紧密地黏合在产生力学应变的基体上，当基体受力发生应力变化时，电阻应变片也一起产生形变，使应变片的阻值发生改变，从而使加在电阻上的电压发生变化。这种应变片在受力时产生的阻值变化通常较小，一般这种应变片都组成应变电桥，并通过后续的仪表放大器进行放大，再传输给处理电路（通常是 A/D 转换和 CPU）显示或执行机构。

测力传感器按量程大小和测量精度不同有很多规格品种，主要差别是弹性元件的结构形式不同，以及应变片在弹性元件上粘贴的位置不同。通常测力传感器的弹性元件有柱式、梁式等。

柱式弹性元件有圆柱形、圆筒形等几种。这种弹性元件结构简单、承载能力大，主要用于中等载荷和大载荷（可达数兆牛顿）的拉（压）力传感器。

梁式弹性元件的特点是结构简单、加工方便、应变片粘贴容易、灵敏度较高。主要用于小载荷、高精度的拉（压）力传感器中。可测量 0.01 牛顿到几千牛顿的拉、压力。在同一截面正反两面粘贴应变片，并应粘在该截面中性轴的对称表面上。

常见的梁式电阻应变式测力传感器是由四片电阻应变片分别粘贴在弹性体平衡梁上、下两表面上而构成（如图 4 - 2 所示）。

梁式电阻应变式测力传感器的工作原理是粘在弹性梁上的四个应变片组成电桥，采用非平衡电桥原理进行测量，电路图如图 4 - 3 所示。当粘有传感器的弹性平衡梁受到载荷作用时，电阻应变片 R_1 和 R_2 受到拉伸作用，阻值增加；R_3 和 R_4 受到压缩作用，阻值减小，电桥失去平衡，产生的不平衡电压 Usc 的大小与所受作用力成正比，通过测量不平衡电压便可得到载荷作用力。

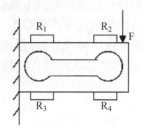

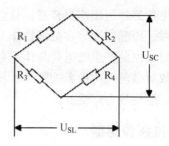

图4-2　梁式电阻应变式测力传感器的结构　　　图4-3　传感器应变片电路图

2. 压电式测力传感器

当某些材料沿某一方向施加压力或拉力时，会产生变形，并在材料的某一相对表面产生符号相反的电荷；当去掉外力后，它又重新回到不带电的状态。这种现象称为压电效应。

具有压电效应的材料叫压电材料。常见的压电材料有单晶体结构的石英晶体和多晶体结构的人造压电陶瓷（如钛酸钡和锆钛酸铅等）。压电材料的压电效应具有方向性，特别是石英晶体（SiO_2）的分子及原子排列结构使得石英晶体的压电方向是天然确定的。实际上，压电材料的压电特性只和变形有关，施加的外力是产生变形的手段。石英晶体产生压电效应的方向只有 x 轴方向，其他方向都不会产生电荷。

压电传感器是以电荷或两极间的电势作为输出信号。当测试静态信号时，由于任何阻抗的电路都会产生电荷泄漏，因此测量电势的方法误差很大，只能采用测量电荷的方法。当给压电传感器施加交变的外力，传感器就会输出交变的电势，信号处理电路相对简单，因此压电式传感器适合测试动态信号，且频率越高越好。

压电式传感器结构一般由两片或多片压电晶体黏合而成。由于压电晶片有电荷极性，因此接法上分成并联和串联两种（如图4-4所示）。并联接法虽然输出电荷大，但由于本身电容也大，故时间常数大，可以测量变化较慢的信号，并以电荷作为输出参数测量。串联接法输出电压高，本身电容小，适用于以电压输出的信号和测量电路输出阻抗很高的情况。

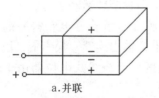

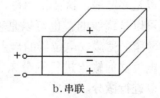

a.并联　　　　　　　　　　　　　　b.串联

图4-4　压电传感器的并联、串联示意图

由于压电传感器的信号较弱，且是电荷的表现形式，因此测量电路必须进行信号放大。当采用测量电势的方法时，测量电路要配置高阻抗的前置电压放大器和一般放大器，高阻抗的前置电压放大器的作用是减缓电流的泄漏速度；一般放大器是为了将高阻抗输出变为低阻抗输出。当采用电荷测试方法时，测量电路采用的是电荷放大的原理。

目前，压电传感器应用相当普遍，且生产厂家都专门配备有传感器处理电路。

使用时，传感器固定在被测物体上，受到的作用力使压电元件产生变形。压电元件产生的变形和由此产生的电荷与作用力成正比。压电式加速度传感器可以做得很小，重量很轻，故对被测机构的影响很小。压电式加速度传感器的频率范围广、动态范围宽、灵敏度高，应用较为广泛。

二、位移传感器

位移传感器可以测量角位移和线位移，也可以用来检测运动。在很多情况下，如在编码器中，位置信息也可以用来计算速度。以下是在汽车检测设备中常用的位移传感器。

1. 电位器

电位器通过电阻把位置信息转化为随位置变化的电压，当电位器上的滑动触头随位置变化在电位器上滑动时，触头接触点变化，前后的电阻阻值与总阻值之比就会发生变化（如图4-5所示）。由于在功能上电位器充当了分压器的作用，因此输出将与电阻成比例，即

$$v_{out} = v_{cc} R_1 / R \qquad (4-8)$$

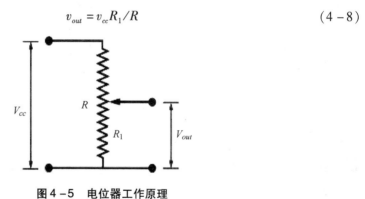

图4-5　电位器工作原理

电位器既可以是旋转式也可以是直线式，因此能够测量旋转运动和直线运动。旋转式电位器还可以是多圈的，这使得用户能够测量多种旋转运动。

电位器既可以是绕线的，也可以是喷镀薄膜（也称作导电塑料）的，即在表面喷镀阻性材料的薄膜。薄膜式电位器的最主要优点是输出连续，噪声低，因此可以通过电子装置对这种电位器的输出进行微分来得出速度。而绕线式电位器由于输出是步进式的，所以不可以进行微分。

2. 线位移差动变压器

线位移差动变压器（LVDT）实际上就是一个变压器，它的铁心随被测位移移动，同时将随位移变化的模拟电压输出作为位移的测量结果。通常，变压器是一种将电能转化为同种能量但改变电压—电流比的装置。若无损耗，则总输入能量与总输出能量相等。根据线圈匝数的多少，变压器可提升或降低电压，所以相应的电流与电压呈相反的趋势变化。发生这种情况是因为有两个不同匝数的线圈，输入其中一个线圈中的电能产生磁通量，在次级线圈，感应出与匝数成正比的电压。次级线圈的匝数越多，电压就越

高，相应的电流就越小。然而，次级线圈中的感应电压主要是磁通强度的函数。如果没有铁心，磁通就会分散，磁通强度随之降低，于是次级线圈中的电压将会减小。如果铁心出现磁力线就会聚集在一起，磁场强度增强，感生电压升高。线位移差动变压器就是利用这一原理产生随位移变化的电压，如图4-6所示。线位移差动变压器的输出线性度好，它与铁心输入位置成比例。

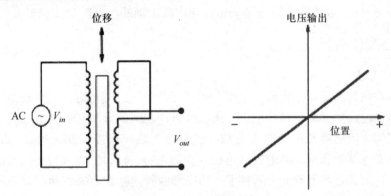

图4-6　线位移差动变压器

3. 光电编码器

光电编码器是一种码盘式角度—数字检测元件。它有两种基本类型：一种是增量式编码器，另一种是绝对式编码器。增量式编码器具有结构简单、价格低、精度易于保证等优点，在汽车检测设备中采用最多。

增量式编码器，是指随转轴旋转的码盘给出一系列脉冲，然后根据旋转方向用计数器对这些脉冲进行加减计数，以此来表示转过的角位移量。增量式编码器的工作原理如图4-7所示。

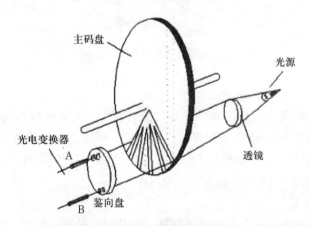

图4-7　增量式编码器工作原理

它由主码盘、鉴向盘、光源、透镜和光电变换器组成。在主码盘（光电盘）周边刻有节距相等的辐射状窄缝，形成均匀分布的透明区和不透明区。鉴向盘与主码盘平行，并刻有两组透明检测窄缝，它们彼此错开1/4节距，以使A、B两个光电变换器的输出信号在相位上相差90°。工作时，鉴向盘静止不动，主码盘与转轴一起转动，光源发出的光投射到主码盘与鉴向盘上。当主码盘上的不透明区正好与鉴向盘上的透明窄缝对齐时，光线被全部遮住，光电变换器输出电压为最小；当主码盘上的透明区正好与鉴向盘上的透明窄缝对齐时，光线全部通过，光电变换器输出电压为最大。主码盘每转过一个刻线周期，光电变换器将输出一个近似的正弦波电压，且光电变换器A、B的输出电压相位差为90°。经逻辑电路处理就可以测出被测轴的相对转角和转动方向。

三、速度传感器

1. 光电式速度传感器

光电脉冲测速原理是：物体以速度V通过光电池的遮挡板时，光电池输出阶跃电压信号，经微分电路形成两个脉冲输出，测出两脉冲之间的时间间隔，则可测得速度。

光电式速度传感器是由装在被测轴（或与被测轴相连接的输入轴）上的带缝隙圆盘、光源、光电器件和指示缝隙圆盘组成（如图4-8所示）。光源发出的光通过带缝隙圆盘和指示缝隙圆盘照射到光电器件上，当带缝隙圆盘随被测轴转动时，由于圆盘上的缝隙间距与指示缝隙的间距相同，因此圆盘每转一周，光电器件输出与圆盘缝隙数相等的电脉冲，根据测量时间t内的脉冲数N，则可测得转速。

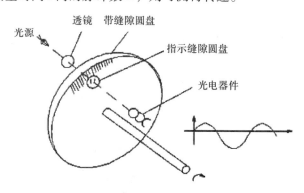

图4-8 光电式速度传感器的结构原理图

2. 差动变压器式速度传感器

差动变压器式除了可测量位移外，还可测量速度，其工作原理如图4-9所示。差动变压器式的原边线圈同时供以直流和交流电流，当差动变压器以被测速度$V = dx/dt$移动时，在其副边两个线圈中产生感应电势，将它们的差值通过低通滤波器滤除高频率后，则可得到与速度V（m/s）相对应的电压输出。

3. 磁电式传感器

磁电式传感器是通过磁电作用将被测量（如震动、转速、扭矩）转换成电势信号的传感器。它是一种用来测定速度的传感器，由于速度与加速度间有积分或微分的关系，在传感器的信号调节电路中接一个积分电路或微分电路，就可以用来测量位移或加速度。

磁阻式转速传感器线圈和磁铁部分都是静止的，与被测物连接而运动的部分是用导磁材料制成的，在运动中，它们改变磁路的磁阻，因而改变贯穿线圈的磁能量，在线圈

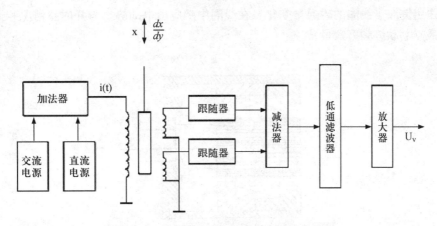

图4-9 差动变压器式速度传感器测速原理

中产生感应电动势。磁阻式转速传感器一般用来测量转速，线圈中产生感应电动势的频率作为输出，而电势的频率取决于磁通变化的频率。

磁阻式转速传感器的结构有开磁路和闭磁路两种。如图4-10所示是一种开磁路磁阻式转速传感器。传感器由永久磁铁1、感应线圈3、软铁2组成，齿轮4安装在被测转轴上与其一起旋转。安装时把永久磁铁产生磁力线通过的软铁端部对准齿轮的齿项，当齿轮旋转时，齿的凹凸引起磁阻的变化，使磁通量发生变化，因而在感应线圈3中感应出交变的电动势，其频率 f 等于齿轮的齿数 Z 和转速 n 的乘积，即

$$f = \frac{Z \cdot n}{60} \tag{4-9}$$

式中，Z 表示齿轮的齿数；n 表示被测轴转速（r/min）；f 表示感应电动势频率（Hz）。

这样当已知齿轮的齿数 Z 时，测得感应电势频率 f 就可知道被测轴转速 n 了。

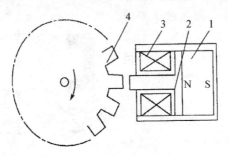

1-永久磁铁 2-软铁 3-感应线圈 4-齿轮
图4-10 开磁路磁阻式转速传感器

开磁路磁阻式转速传感器结构比较简单，但输出信号较小，另外当被测轴震动较大时，传感器输出波形失真较大。在震动强的场合往往采用闭磁路转速传感器。

闭磁路磁阻式转速传感器的结构如图4-11所示，它是由装在转轴1上的内齿轮2和永久磁铁5，外齿轮3a、3b，线圈4构成，内、外齿轮的齿数相同，当转轴连接到被测轴上与被测轴一起转动时，内、外齿轮的相对运动使磁路气隙发生变化，因而磁阻发

生变化并使贯穿于线圈的磁通量变化，在线圈中感应出电动势。与开磁路情况相同，也可通过感应电动势频率测量转速。

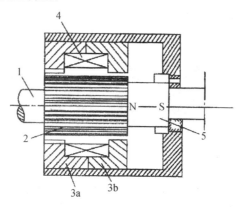

1－转轴　2－内齿轮　3a－外齿轮　3b－外齿轮　4－线圈　5－永久磁铁

图 4－11　闭磁路磁阻式转速传感器

传感器的输出电动势取决于线圈中磁场变化速度，因而它是与被测速度成一定比例关系的。当转速太低时，输出电动势很小，以致无法测量。所以这种传感器有一个下限工作频率，一般为 50Hz 左右，闭磁路磁阻式转速传感器的下限频率可降低到 30Hz 左右，其上限工作频率可达 100Hz。

4. 直流测速发电机

直流测速发电机是一种测速元件，其实际上是一台微型的直流发电机。根据定子磁极激磁方式的不同，直流测速发电机可分为电磁式和永磁式两种。如以电枢的结构不同来分，有无槽电枢、有槽电枢、空心杯电枢和圆盘电枢等。

直流测速发电机的结构有多种，但原理基本相同。图 4－12 所示为永磁式测速发电机原理电路图。恒定磁通由定子 1 产生，当转子 2 在磁场中旋转时，电枢绕组中即产生交变的电势，经换向器和电刷转换成正比的直流电势。

直流测速发电机的特点是输出斜率大、线性好，但由于有电刷和换向器，构造和维护比较复杂，摩擦转矩较大。

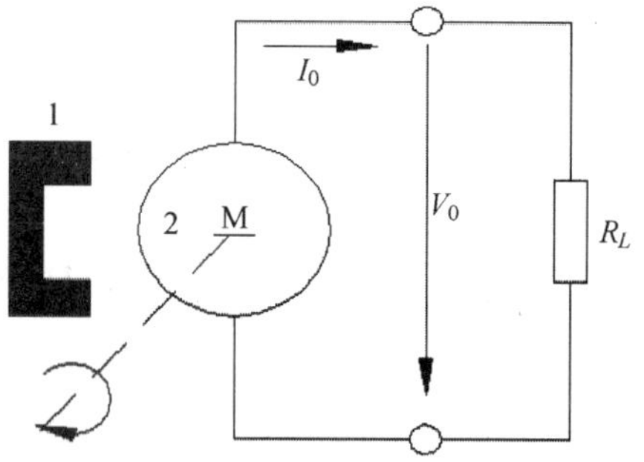

1－定子　2－转子

图 4－12　永磁式测速发电机原理电路图

四、温度传感器

温度传感器按传感器与被测介质的接触方式可分为两大类：一类是接触式温度传感器，另一类是非接触式温度传感器。接触式温度传感器的测温元件与被测对象要有良好的热接触，通过热传导及对流原理达到热平衡，这时的示值即为被测对象的温度。这种测温方法精度比较高，并在一定程度上还可测量物体内部的温度分布，但对于运动的、热容量比较小的或对感温元件有腐蚀作用的对象，这种方法将会产生很大的误差。

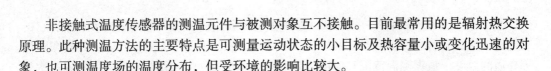

非接触式温度传感器的测温元件与被测对象互不接触。目前最常用的是辐射热交换原理。此种测温方法的主要特点是可测量运动状态的小目标及热容量小或变化迅速的对象，也可测温度场的温度分布，但受环境的影响比较大。

1. 热电偶温度传感器

热电偶是目前温度测量中应用最广泛的温度传感元件之一。热电偶温度传感器用热电偶作为传感器，把被测的温度信号转换成电势信号，经连接导线再配以测量毫伏级电压信号的显示仪表来实现温度的测量。热电偶传感器是工业测量中应用最广泛的一种温度传感器，它与被测对象直接接触，不受中间介质的影响，具有较高的精确度；测量范围广，可在 $-50℃ \sim 1600℃$ 进行连续测量，特殊的热电偶，如金铁—镍铬，最低可测到 $-269℃$，钨—铼最高可测到 $2800℃$。

（1）热电偶测温基本原理。热电偶温度传感器主要按照热电效应来工作。将两种不同的导体 A 和 B 连接起来，组成一个闭合回路，即构成感温元件，如图 4-13 所示。当导体 A 和 B 的两个接点 1 和 2 之间存在温差时，两者之间便产生电动势，因而在回路中形成一定大小的电流，这种现象即称为热电效应，也叫温差电效应。热电偶就是利用这一效应进行工作的。热电偶的一端是将 A、B 两种导体焊接在一起，称为工作端，置于温度为 T 的被测介质中。另一端称为参比端或自由端，放于温度为 T_0 的恒定温度下。当工作端的被测介质温度发生变化时，热电势随之发生变化，将热电势送入计算机进行处理，即可得到温度值。

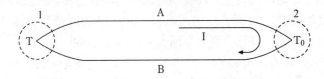

图 4-13　热电效应示意图

（2）热电偶的主要结构形式。

①铠装式热电偶。这是一种近三十年发展起来的新型热电偶，其断面结构如图 4-14 所示，它由热电极、绝缘材料、套管三者组合拉制而成，也称套管热电偶。其特点包括：一是小型化（直径最小可达 0.25mm），热惯性小，使用方便。二是时间常数小，露头型铠装热电偶的时间常数仅为 0.05s，适用于动态温度的测量。三是机械性能好，且可做成各种形状，以满足对复杂对象的温度测量。

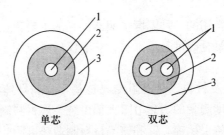

单芯　　　双芯

1－热电极　2－绝缘材料　3－套管

图 4-14　铠装式热电偶断面结构

②工业用插入式热电偶。图 4-15 是典型的工业用插入式热电偶结构示意图。它由热电极、绝缘套管、保护套管以及接线盒等部分组成，主要用于测量气体、蒸汽和液体等介质的温度。根据测温范围和使用环境不同，选择的热电偶和保护套管也不同。按其安装时连接形式可分为螺纹连接和法兰连接两种，按其使用状态的要求又可分为密封式和高压固定螺纹插入式。

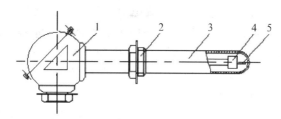

1-接线盒　2-固定螺丝　3-保护套管　4-绝缘套管　5-热电极

图 4-15　插入式热电偶结构示意图

③薄膜热电偶。它是由两种金属薄膜制成的一种特殊结构的热电偶。薄膜的制作方法有许多种，如真空蒸镀、化学涂层和电泳等。测量端既小又薄，约为数百埃到数千埃（1 埃 $= 10^{-10}$ 米 $= 10^{-4}$ 微米）。由于测量端的热容量很小，可以用于微小面积上的温度测量，且响应快，其时间常数可达微秒级，因而可测瞬变的表面温度。此外，它的尺寸小，不会造成被测流体通路的堵塞。薄膜热电偶的结构有三种：片状与针状热电偶，以及将热电极材料直接蒸镀在被测表面的热电偶。片状结构的低温薄膜热电偶常用的有铁—康铜、铜—康铜和铁—镍等。测温范围为 $-200\text{℃} \sim 300\text{℃}$。

（3）热电偶传感器的温度补偿。由于温度传感器热电偶的材料一般都比较贵重（特别是采用贵金属时），而测温点到仪表的距离都很远，为了节省热电偶材料，降低成本，通常采用补偿导线把温度传感器热电偶的冷端（自由端）延伸到温度比较稳定的控制室内，再连接到仪表端子上。必须指出，温度传感器热电偶补偿导线的作用只是延伸热电极，使温度传感器热电偶的冷端移动到控制室的仪表端子上，它本身并不能消除冷端温度变化对测温的影响，不起补偿作用。因此，还需采用其他修正方法来补偿冷端温度 $t_0 \neq 0\text{℃}$ 时对测温的影响。

在使用温度传感器热电偶补偿导线时必须注意型号相配，极性不能接错，补偿导线与温度传感器热电偶连接端的温度不能超过 100℃。

2. 热电阻温度传感器

热电阻是中低温区最常用的一种温度检测器。它的主要特点是测量精确度高，性能稳定。其中铂热电阻的测量精确度是最高的，它不仅广泛应用于工业测温，而且被制成标准的基准仪。

（1）热电阻测温原理及材料。热电阻测温是基于金属导体的电阻值随温度的增加而增加这一特性来进行温度测量的。热电阻大都由纯金属材料制成，目前应用最多的是铂和铜，此外，现在已开始采用镍、锰和铑等材料制造热电阻。

（2）热电阻的结构。

①普通型热电阻。工业用普通型热电阻的外形结构与普通型热电偶的外形结构基本相同。从热电阻的测温原理可知，被测温度的变化是直接通过热电阻阻值的变化来测量的。因此，热电阻体的引出线等各种导线电阻的变化会给温度测量带来影响。为消除引线电阻的影响一般采用三线制或四线制。

②铠装热电阻。铠装热电阻是由感温元件（电阻体）、引线、绝缘材料、不锈钢套管组合而成的坚实体，它的外径一般为 $\Phi2 \sim \Phi8mm$。与普通型热电阻相比，它有下列优点：体积小，内部无空气隙，测量滞后小；机械性能好，耐震，抗冲击；能弯曲，便于安装；使用寿命长。

③端面热电阻。端面热电阻感温元件由经过特殊处理的电阻丝材绕制，紧贴在温度计端面。它与一般轴向热电阻相比，能更正确和快速地反映被测端面的实际温度，适用于测量轴瓦和其他机件的端面温度。

④隔爆型热电阻。隔爆型热电阻通过特殊结构的接线盒，把其外壳内部爆炸性混合气体因受到火花或电弧等影响而发生的爆炸局限在接线盒内，生产现场不会引起爆炸。隔爆型热电阻可用于具有爆炸危险场所的温度测量。

五、CCD 图像传感器

电荷耦合器件（CCD）是一种新型光电转换器件，它能存储由光产生的信号电荷。当对它施加特定时序的脉冲时，其存储的信号电荷便可在 CCD 内作定向传输而实现自扫描。它主要由光敏单元、输入结构和输出结构等组成。它具有光电转换、信息存储和延时等功能，而且集成度高、功耗小，已经在摄像、信号处理和存储等领域得到广泛的应用。

CCD 有面阵和线阵之分，面阵是把 CCD 像素排成 1 个平面的器件；而线阵是把 CCD 像素排成 1 条直线的器件。

CCD 是由许多个光敏像元按一定规律排列组成的。每个像元就是一个 MOS 电容器（大多为光敏二极管），如图 4-16a 所示，它是在 P 型 Si 衬底表面上用氧化的办法生成 1 层厚度约为 1000A ~ 1500A 的 SiO_2，再在 SiO_2 表面蒸镀一金属层（多晶硅），在衬底和金属电极间加上 1 个偏置电压，就构成 1 个 MOS 电容器。当有 1 束光线投射到 MOS 电容器上时，光子穿过透明电极及氧化层，进入 P 型 Si 衬底，衬底中处于价带的电子将吸收光子的能量而跃入导带。光子进入衬底时产生的电子跃迁形成电子—空穴对，电子—空穴对在外加电场的作用下，分别向电极的两端移动，这就是信号电荷。这些信号电荷储存在由电极形成的"势阱"中（如图 4-16b 所示）。

可用式 $QS = Ci \times VG \times A$ 求出 MOS 电容器的电荷储存容量（注：QS 表示电荷储存量；Ci 表示单位面积氧化层的电容；VG 表示外加偏置电压；A 表示 MOS 电容栅的面积）。由此可见，光敏元面积越大，其光电灵敏度越高。

而面阵 CCD 的结构一般有三种。第一种是帧转性 CCD。它由上、下两部分组成，上半部分是集中了像素的光敏区域，下半部分是被遮光而集中于垂直寄存器的存储区域。其优点是结构较简单并容易增加像素数，缺点是 CCD 尺寸较大，易产生垂直拖影。第二种是行间转移性 CCD。它是目前 CCD 的主流产品，其像素群和垂直寄存器在同一

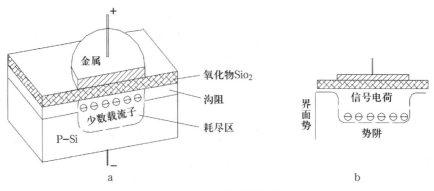

图 4 - 16 CCD 单元结构

平面即 1 个单片上，其特点是价格低，并容易获得良好的摄影特性。第三种是帧行间转移性 CCD。它是第一种和第二种的复合型，结构复杂，但能大幅度减少垂直拖影并容易实现可变速电子快门等优点。

第六节 常用电动机

大部分检测诊断设备的驱动、测量机构的动作、某些信号的传递转换等都是由不同的电动机完成的。

一、三相异步电动机

1. 三相异步电动机的旋转磁场与旋转方向

实际的异步电动机中转子的转动，是由于定子旋转磁场的作用。三相异步电动机的定子铁心中放有三相对称绕组 AX、BY 和 CZ，假设将三相绕组连接成星形，接在三相电源上，绕组中便通入三相对称电流，其波形如图 4 - 17 所示。取绕组始端到末端的方向作为电流的正方向。在电流的正半周时，其值为正，其实际方向即为正方向；在负半周时，其值为负，其实际方向与正方向相反。

$$i_A = I_m \sin\omega t \qquad (4-10)$$

$$i_B = I_m \sin(\omega t - 120^0) \qquad (4-11)$$

$$i_C = I_m \sin(\omega t + 120^0) \qquad (4-12)$$

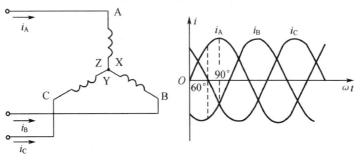

图 4 - 17 三相对称电流

　　将每相电流所产生的磁场相加，得出三相电流的合成磁场。当定子绕组通入三相电流后，它们共同产生的合成磁场随电流的交变而在空间不断地旋转着，这就是旋转磁场（如图 4 – 18 所示）。

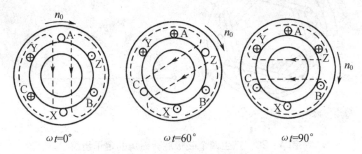

图 4 – 18　三相电流产生的旋转磁场

　　电动机转子转动的方向与旋转磁场的方向相同，如需要电动机反转，必须改变磁场的旋转方向。如果将三相电源的三根导线中的任意两根之间对调位置，则旋转磁场反向，电动机转子也就跟着改变转动方向（如图 4 – 19 所示）。

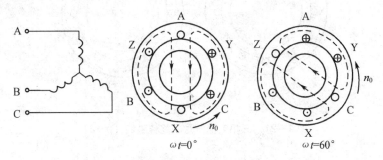

图 4 – 19　旋转磁场的反转

　　如果将同三相电源连接的三根导线中的任意两根的一端对调位置（如对调 B 与 C 两相），则电动机三相绕组的 B 相与 C 相对调（注意：电源三相端子的相序未变），旋转磁场因此反转，电动机也就跟着改变转动方向。

　　2. 三相异步电动机的极数与转速

　　三相异步电动机的极数就是旋转磁场的极数。旋转磁场的极数和三相绕组的安排有关。若每相绕组只有一个线圈，绕组的始端之间相差 120° 空间角，则产生的旋转磁场具有一对磁极，即 p = 1（p 是磁极对数）。若将定子绕组安排得如图 4 – 20 所示，即每相绕组有两个线圈串联，绕组的始端之间相差 60° 空间角，则产生的旋转磁场具有两对磁极，即 p = 2（如图 4 – 21 所示）。

　　由此推知，当旋转磁场具有 p 对磁极时，磁场的转速为

$$n_0 = \frac{60f_1}{p} \tag{4 – 13}$$

　　因此，旋转磁场的转速 n_0 取决于电流频率 f_1 和磁场的磁极对数 p，而后者又取决于三相绕组的安排情况。对于某一异步电动机来说，频率和磁极对数通常是一定的，所

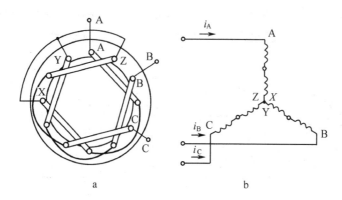

图4-20 产生四个磁极旋转磁场的定子绕组

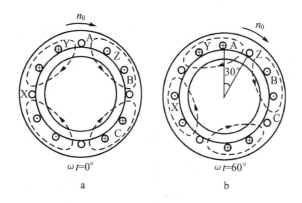

图4-21 三相电流产生的旋转磁场（p=2）

以磁场的转速是一个常数。我国交流电的频率为50Hz，对于不同磁极对数下的磁场转速见表4-2。

表4-2 不同磁极对数下的磁场的转速表

P	1	2	3	4	5	6
n_0（r/min）	3000	1500	1000	750	600	500

我们常用转差率s来表示转子转速n与磁场转速n_0相差的程度。即

$$s = \frac{n_0 - n}{n_0} \qquad (4-14)$$

转差率是异步电动机的一个重要的物理量。转子转速愈接近磁场转速，则转差率愈小。由于三相异步电动机的额定转速与同步转速相近，所以它的转差率很小。通常异步电动机在额定负载时的转差率约为1.5%～6%。启动开始瞬间的转差率最大。

3. 三相异步电动机的构造

三相异步电动机分成两个基本部分：定子（固定部分）和转子（旋转部分）。图4-22所示的是三相异步电动机的构造。

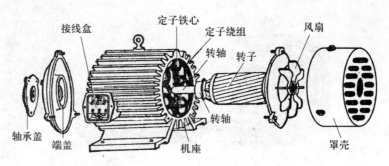

图4-22 三相异步电动机的构造

三相异步电动机的定子由机座和装在机座内的圆筒形铁心组成。机座是用铸铁或铸钢制成的，铁心是由互相绝缘的硅钢片叠成的。铁心的内圆周表面冲有槽（见图4-23），用以放置对称三相绕组，三相绕组有的连接成星形，有的连接成三角形。

三相异步电动机的转子根据构造上的不同分为两种型式：鼠笼式和绕线式。转子铁心是圆柱状，也用硅钢片叠成，表面冲有槽（见图4-24）。铁心装在转轴上，轴上加机械负载。

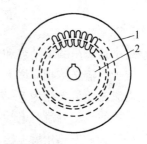

1-定子 2-转子

图4-23 定子和转子的铁心片

鼠笼式的转子绕组做成鼠笼状，就是在转子铁心的槽中放铜条，其两端用端环连接，或者在槽中浇铸铝液，铸成一鼠笼（见图4-25）。这样便可以用比较便宜的铝来代替铜，同时制造也快。因此，目前中小型鼠笼式电动机差不多都采用铸铝转子。鼠笼式异步电动机的鼠笼式构造特点非常易于识别。

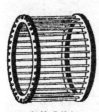

a.鼠笼式绕组   b.转子外形

图4-24 鼠笼式转子

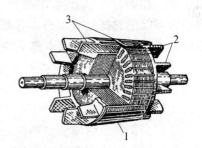

1-转子铁心 2-风叶 3-铸铝条

图4-25 铸铝的鼠笼式转子

绕线式异步电动机的构造如图4-26所示，它的转子绕组同定子绕组一样，也是三相的，连接成星形。每相的始端连接在三个铜制的滑环上，滑环固定在转轴上。环与环、环与轴相互绝缘。在环上用弹簧压着电刷。

4. 三相异步电动机的启动

电动机的启动就是将它开动起来。在启动开始瞬间，n＝0，s＝1，在刚启动时，由于旋转磁场对静止的转子存在很大的相对转速，磁力线切割转子导体的速度很快，这时

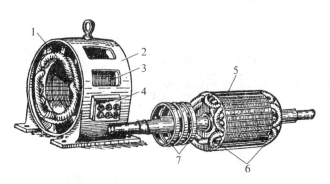

1-定子绕组　2-机座　3-定子铁心　4-接线盒　5-转子铁心　6-转子绕组　7-滑环

图4-26　绕线式异步电动机的构造

转子绕组中感应出的电动势和产生的转子电流都很大。和变压器的道理一样，转子电流增大，定子电流必然相应增大。一般中小型鼠笼式电动机的定子启动电流（指线电流）与额定电流之比值大约为5~7。

电动机的启动电流对电动机本身来讲影响不大。因为启动电流虽大，但启动时间很短（1~3s），从发热角度考虑没有问题；并且一经启动后，转速很快升高，电流便很快减小了。但当启动频繁时，由于热量的积累，可以使电动机过热。因此，在实际操作时应尽可能不要让电动机频繁启动。

但是，电动机的启动电流对线路是有影响的。过大的启动电流在短时间内会在线路上造成较大的电压损失，而使负载端的电压降低，影响邻近负载的正常工作。

鼠笼式电动机的启动又分为直接启动和降压启动两种。降压启动包括：

（1）星形—三角形换接启动。如果电动机正常工作时定子绕组是连接成三角形的，启动时可以把它连结成星形，等到转速接近额定转速时再换成三角形。这种降压启动的电流是直接启动的1/3。这种换接启动可采用星三角启动器来实现，图4-27是一种星三角启动器的接线简图。

（2）自耦降压启动。自耦降压启动时利用三相自耦变压器将电动机在启动过程中的端电压降低，其接线图如图4-28所示。启动时先将开关扳到启动位置，而后再接通电源；当电动机转速接近额定值时，将开关扳到工作位置，切断自耦变压器。

对于绕线式电动机的启动，只要将转子电路中接入适当的电阻，就可达到减小启动电流的目的（如图4-29所示）。

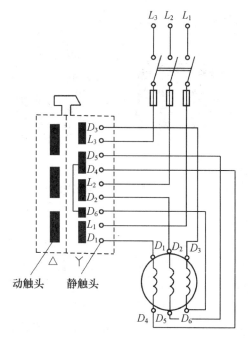

图4-27　星三角启动器接线简图

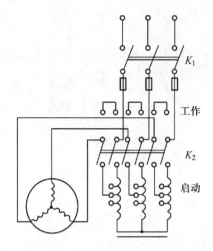

图 4 – 28 自耦变压器启动接线图

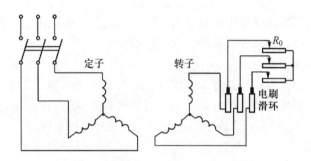

图 4 – 29 绕线式电动机启动时的接线图

5. 三相异步电动机的制动

为了使电动机在断电后迅速停止，提高检测精度，汽车检测设备上的驱动电机一般采用了停车制动方式。

（1）能耗制动。能耗制动是在断开三相电源的同时，接通直流电源，使直流电通入定子绕组。直流电的磁场是不变化的，而转子由于惯性继续转动，转子电流与固定磁场之间就产生电磁制动转矩。直流电的大小一般选电动机额定电流的 0.5 ~ 1 倍。

（2）反接制动。反接制动是在停车时，将电源的三根导线的任意两根对调位置，使旋转磁场的方向相反，起到制动作用（如图 4 – 30 所示）。当电动机转速接近零时，自动将电源切断。

（3）发电回馈制动。当电动机的转速超过额定转速时，就会出现发电制动情况。将多速电动机从高速调到低速过程中，也会发生回馈制动。因为刚将磁极对数加倍时，磁场转速立即减半，但由于惯性，转子转速只能逐渐下降，因此就会出现回馈制动。

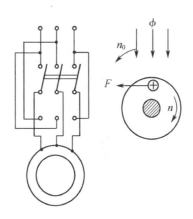

图 4 - 30 反接制动

二、单相异步电动机

单相异步电动机的定子绕组是单相的，而转子大多是鼠笼式。由于单相异步电动机没有启动转矩，因此，必须要有某种特殊的启动装置。

1. 电容分相式异步电动机

在电容分相式异步电动机的定子中放置一个启动绕组，与工作绕组相隔 90°。启动绕组与电容串联，使两个绕组的电流在相位上接近相差 90°，这就是分相。这样在空间相差 90° 的两个绕组，分别通入在相位上相差接近 90° 的两相电流，也就能产生旋转磁场（如图 4 - 31 所示）。电动机转动正常后，要将启动绕组断开。

2. 罩极式单相异步电动机

罩极式单相异步电动机的结构示意图如图 4 - 32 所示。单相绕组绕在磁极上，在磁极的约 1/3 部分套一铜环。通电后，由于铜环内的涡流作用，使磁场产生偏移，因而在转子上获得启动转矩进而转动。

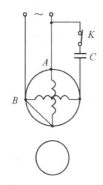

图 4 - 31 电容分相式异步电动机

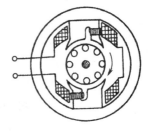

图 4 - 32 罩极式单相异步电动机

三、直流电机

直流电机主要由三部分组成（如图 4 - 33 所示）。

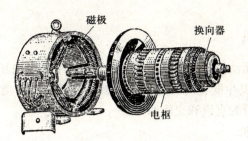

图4-33　直流电机的组成部分

1. 磁极

磁极用来产生磁场如图4-34所示。磁极分为极心和极掌两部分。极心上放置励磁线圈，极掌用来挡住励磁线圈，并使电机空气隙中磁感应强度的分布最为合理。磁极用硅钢片叠成，固定在机座（即电机外壳）上；机座也是磁路的一部分。小型直流电机中，也有用永久磁铁作为磁极的。

2. 电枢

电枢是电机中产生感应电动势的部分。直流电机的电枢是旋转的。电枢铁心呈圆柱状，由硅钢片叠成，表面冲有槽，槽中放电枢绕组（如图4-35所示）。

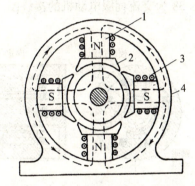

1-极芯　2-极掌　3-励磁线圈　4-电机外壳

图4-34　直流电机的磁极及磁路

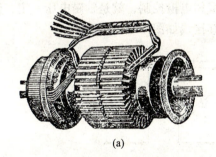

(a)

(b)

图4-35　直流电机的电枢及硅钢片

3. 换向器

换向器又称整流子，是直流电机中的一种特殊装置，其外形如图4-36所示。换向器由楔形铜片组成，铜片间用云母垫片绝缘。换向铜片放置在套筒上，用压圈固定；压圈本身又用螺母固紧。换向器装在转轴上。电枢绕组的导线按一定规则与换向铜片相连接。换向器的凸出部分是焊接电枢绕组的。

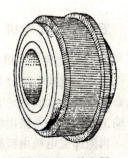

图4-36　换向器

四、伺服电动机

伺服电动机用来驱动控制对象，它的转矩和转速受信号电压控制。当信号电压的大小和极性（或相位）发生变化时，电动机的转矩、转速和转动方向非常灵敏准确地跟着变化。伺服电动机分为直流和交流两种。

1. 交流伺服电动机

交流伺服电动机就是两相异步电动机，它的定子上装有两个绕组，一个是励磁绕组，另一个是控制绕组，两个绕组相隔90°。图4-37为杯形转子伺服电动机的结构图，图4-38为交流伺服电动机的接线图。

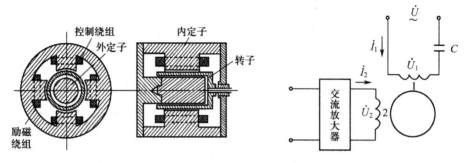

图4-37　杯形转子伺服电动机的结构图　　图4-38　交流伺服电动机的接线图

2. 直流伺服电动机

直流伺服电动机的结构和普通直流电动机相似，其励磁绕组和电枢绕组分别有两个独立电源供电，也有永磁式的。通常采用电枢控制，就是励磁电压一定，建立的磁通也是定值，而将控制电压加到电枢上，其接线如图4-39所示。

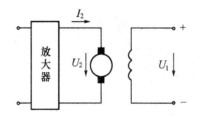

图4-39　直流伺服电动机的接线图

五、测速发电机

1. 交流测速发电机

交流测速发电机分为同步式和异步式两种。异步式交流测速发电机与杯形转子伺服电动机没有什么区别。它的定子上有两个绕组，一个作为励磁用，成为励磁绕组；另一个输出电压，成为输出绕组。两个绕组的轴线互相垂直，其原理图如图4-40所示。

当测速发电机由被测轴驱动而旋转时，就有电压输出。通过测量发电机的输出电压就可测量或调节电动机的转速。

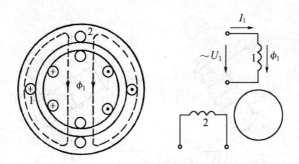

图4-40　异步式交流测速发电机的原理图

2. 直流测速发电机

直流测速发电机分永磁式和他励式两种。永
磁式测速发电机不需要励磁绕组，他励式的结构
和直流伺服电动机相同，其连接线路图如图4-
41所示。

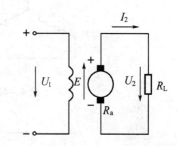

六、自整角机

图4-41　他励式测速发电机的接线图

在转角随动系统中，自整角机是主要元件。
它利用电的连接，使两个在机械上不相连的转轴作同步偏转，就是一个轴转多少度，另
一个轴就跟随也转多少度。

自整角机有一个三相绕组，它们的匝数相同，轴线在空间互差120°，连接成星形；还有
一个单绕组。三相绕组放在定子上，单相绕组放在转子上；也可相反。两者原理相同。

自整角机常成对使用，一个用来发送，另一个用来接收。由于使用上的不同，又可
分为控制式和力矩式两种。

1. 控制式自整角机

图4-42为控制式自整角机的接线图。左边的是发送机，右边的是控制变压器，两
者结构完全一样。三相绕组放在定子上。两边的三相绕组用三根导线对应地连接起来。
发送机的单相绕组作为励磁绕组，接在交流电源上，其电压为定值。控制变压器的单相
绕组作为输出绕组，其输出电压经电子放大器放大后去控制伺服电动机。

2. 力矩式自整角机

在控制式自整角机中，转角的随动是通过伺服电动机来实现的。伺服电动机既带动
控制对象，也带动控制机的转子。若负载很轻，就不需要应用伺服电动机，由自整角机
直接来实现转角随动，这就是力矩式自整角机。

图4-43为力矩式自整角机的接线图。和控制式不同的是，右边的自整角机成为接
收机，其单相绕组和发送机一道接在交流电源上，都作为励磁用。接收机的转子带动
负载。

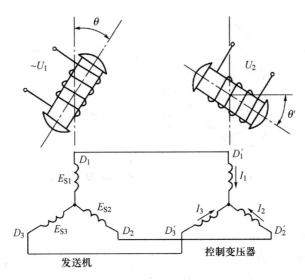

图 4 – 42　控制式自整角机的接线图

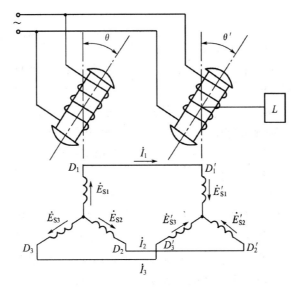

图 4 – 43　力矩式自整角机的接线图

七、步进电机

步进电机是一种利用电磁铁的作用原理将电脉冲信号转换成为线位移或角位移的电机，近年来在数字控制装置中的应用日趋广泛。

1. 步进电机的结构原理

图 4 – 44 是反应式步进电机的结构示意图。步进电机的定子具有均匀分布的六个磁极，磁极上绕有绕组。两个相对的磁极组成一相，绕组的联法如图 4 – 44 所示。假定转子具有均匀分布的四个齿。

步进电机有单三拍、六拍和双三拍等多种工作方式，以下以单三拍工作方式说明步进电机的基本原理。

设 A 相首先通电（B、C 两相不通电），产生 A - A′轴线方向的磁通，并通过转子形成闭合回路。这时 A、A′极就成为电磁铁的 N、S 极。在磁场的作用下，转子总是力图转到磁阻最小的位置，也就是要转到转子的齿对齐 A、A′极的位置（图4-45）。接着 B 相通电（A、C 两相不通电），转子便顺时针方向转过 30°，它的齿和 B、B′极对齐。随后 C 相通电（A、B 两相不通电），转子又顺时针方向转过 30°，它的齿和 C、C′极对齐。

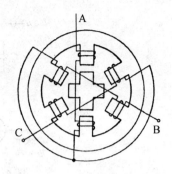

图 4-44　反应式步进电机的
结构示意图

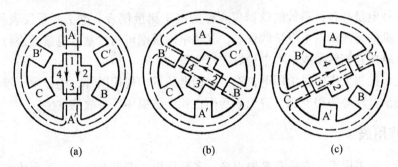

图 4-45　单三拍通电方式转子的位置

不难理解，当脉冲信号一个一个发来，如果按 A——B——C——A——……的顺序轮流通电，则电机便顺时针方向一步一步地转动。每一步的转角为 30°（称为步距角）。电流换接三次，磁场旋转一周，转子前进一个齿距角（转子四个齿时为 90°）。若按 A——C——B——A——……的顺序通电，则电机转子便逆时针方向转动。这种通电方式称为单三拍式。

2. 步进电机的驱动电源

根据指令输入的电脉冲不能直接来控制步进电机，必须经过脉冲分配器先将脉冲按通电工作方式进行分配，而后经脉冲放大器放大到具有足够的功率，才能驱动电动机工作。图 4-46 为驱动电路方框图。

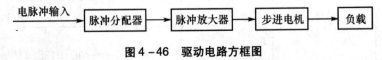

图 4-46　驱动电路方框图

脉冲分配器输出信号较弱，不足以推动步进电机转动，通常必须经放大器放大。末级放大器的基本电路如图 4-47 所示，其中 A、B、C 分别为步进电机的三相绕组。在通电瞬间利用电容器使绕组中的电流迅速上升，以使转子在启动时有较大的加速度。在稳态下，利用串联的电阻来限流。

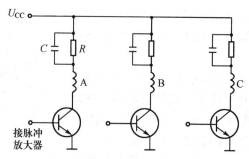

图4-47　末级功率放大电路示意图

第七节　常用电工仪表及安全用电常识

测量各种电量和各种磁量的仪器仪表称为电工测量仪表。电工测量仪表种类繁多，实用中最常见的是测量基本电量的仪表，其他电磁量则可通过基本电量值进行推算，或通过变换电路把它们转换成基本电量后进行测量。

为在汽车检测工作中科学用电，除了掌握电的基本规律以外，还必须了解安全用电的知识，安全合理地使用电能，避免人身伤亡和设备损坏等事故的发生。

一、万用表

万用表又称多用表，它具有多种用途、多种量程、携带方便等一系列优点，是最常用的一种电工测量仪表。它的基本功能是测量直流电流、直流电压、交流电压和电阻。有的万用表还可以测量交流电流、电容、电感及晶体管的参数等。

万用表按其显示方式可分为模拟式（指针式）和数字式两大类。万用表类型虽很多，但其基本原理和使用方法大致相同。下面以指针式万用表为例作简单介绍。

1. 测量电路基本原理

万用表由测试机构（习惯上称表头）、测量电路和转换开关等组成。

图4-48、4-49、4-50所示分别为测试直流电压、交流电压，直流电流及电阻的电路原理图。

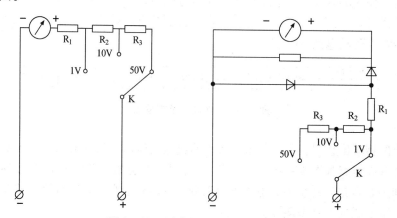

图4-48　测试交、直流电压原理图

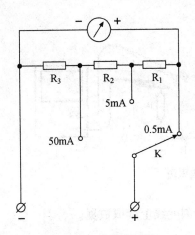

图 4 – 49 直流电流挡

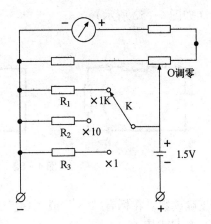

图 4 – 50 电阻挡

2. 使用方法

（1）使用前准备。

①检查机械零点。若指针未指示零位，可调节机械调零旋钮，使指针指于零位。

②红表笔插在"＋"插孔，黑表笔插在"－"插孔。

（2）测量直流电压。

①将转换开关旋至"V"档位，正确选择量程，所选量程应大于被测电压，若不知被测电压大小时，则应先以最大量程测试，然后逐次旋至适当量程上（使指针接近满刻度或大于 2/3 满刻度为宜）。

②万用表并接于被测电路，且注意极性，即红表笔接高电位端，黑表笔接低电位端（如图 4 – 51 所示）。

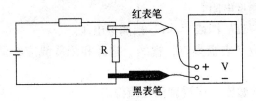

图 4 – 51 测量直流电压

③正确读数。在标有"－"或"DC"符号的刻度线上读取数据。

（3）测量交流电压。

①将转换开关旋至"交流电压"档位，正确选择量程，其方法与测量直流电压相同。

②万用表并接于被测电路，没有极性之分。

③正确读数。在标有"～"或"AC"符号的刻度线上读取数据。

（4）测量直流电流。

①将转换开关旋至"mA"档位，正确选择量程，方法与测量交、直流电压时相同。

②万用表串接于被测电路中，并注意极性，即应使电流从红表笔端流入，由黑表笔

端流出（如图4-52所示）。

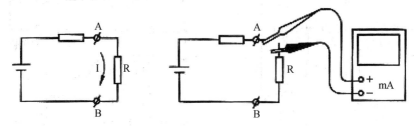

图4-52　测量直流电流

③正确读数。在标有"-"或"DC"符号的刻度线上读取数据。

（5）测量电阻。

①将转换开关旋至"Ω"档位，正确选择量程，即尽量使指针指在刻度线的中间部分。若不知被测电阻大小时，可选择高档位测试一下，然后选择合适的挡位。

②调节零点。将两表笔短接，调节"Ω调零旋钮"，使指针指在0Ω刻度线上。每次换挡后必须调零。

③将表笔接于电阻两端进行测量。

④正确读数。在标有"Ω"符号的刻度线上读取数据再乘以转换开关所在档位的倍率。即

$$被测电阻 = 刻度线示数 \times 倍率$$

3. 使用万用表注意事项

万用表使用不当，不但影响测量精度，还有可能损坏仪表。为此，必须注意下列事项：

（1）不允许带电测量电阻。

（2）绝不可误用"Ω"档或"mA"档测量电压。

（3）读数时视线应与表盘垂直，视线、指针和刻度线应在同一直线上，以提高读数的准确度。

（4）正确使用有效数字，应读到估计值位。

（5）为防止操作失误、选挡不当而损坏仪表，一般在万用表使用完毕之后，应将转换开关旋至交流电压挡的最大量程上。

二、安全用电常识

1. 电流对人体的危害

对电气设备使用不当，安装不合理，设备维护不及时及违反操作规程等，都可能造成人身伤亡的触电事故。

（1）触电事故。触电事故是由于电流通过人体造成的，触电的伤亡程度主要取决于通过人体的电流的大小、途径和时间。实验证明，有0.6mA～1.5mA的电流通过人体就有感觉，手指麻刺发抖。50mA～80mA的电流通过人体，则使人呼吸麻痹、心室开始颤抖。电流通过人体的途径以两手间通过的情况最危险。通电时间越长，人体电阻越

小，危险越大。

（2）安全电压。在一般情况下，36V以下电压不会造成人体伤亡，称为安全电压。工程上规定有：交流36V、12V两种；直流48V、24V、12V、6V四种。为了减少触电事故，要求所有工作人员经常接触的电气设备全部使用安全电压，而且环境越潮湿，使用安全电压的等级越低。例如，汽车一般使用24V、12V电源供电。

2. 触电方式及触电急救

（1）触电方式。由上面讨论可知，当人体被施加一定电压时，将会受到伤害。目前我国采用三相三线制和三相四线制供电方式，因此触电有下面几种类型。

①两相触电。如图4-53所示，当人的双手或人体的某两部位接触三相电中的两根火线时，人体承受线电压，环路电阻为人体电阻加接触电阻，这时，将有一个较大的电流通过人体。这种触电方式属最危险的一种触电。

②单相触电。

a. 三相四线制单相触电。如图4-54所示，人体的一个部位接触一根火线，另一部位接触大地，这样，人体、大地、中线、一相电源绕组就形成回路。人体承受相电压，构成了三相四线制单相触电。

图4-53 两相触电

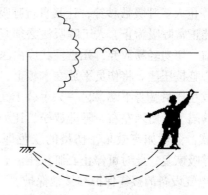

图4-54 三相四线制单相触电

b. 三相三线制单相触电。输电线路与大地均属于导体。因此，二者间存在电容，当人体某部位接触火线时，人体、大地、导体对地构成环路，引起触电事故。三相三线制单相触电如图4-55所示。这种触电方式，环路电流与对地电容大小有关。导线越长，接地电容越大，对人体的危害越大。

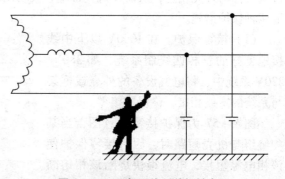

图4-55 三相三线制单相触电

（2）触电急救。万一发现有人触电，应当及时抢救。首先应迅速切断电源或用绝缘器具（如木棒、干扁担、干布带、干衣服等）迅速将电源线断开，使伤员脱离电源。如果伤员未脱离电源，救护人员须用绝缘的物体（如隔着干衣服等）才能接触伤员的肌体,使伤员脱离电源。如果伤员在高空作业,还须预防在脱离电源时摔下而导致摔伤。

伤员脱离电源被救下后,如果只是一度昏迷,尚未失去知觉,则应使伤员在空气流通的地方静卧休息;如果是呼吸暂时停止,心脏停止跳动,伤员尚未真正死亡,或者虽有呼吸,但是比较困难,这时必须毫不迟疑地用人工呼吸和心脏按压进行抢救。

①人工呼吸。将伤员伸直仰卧在空气流通的地方,解开领口、衣服、裤带,再使其头部尽量后仰,鼻孔朝天,使舌根不致阻塞气道,救护人用一只手捏紧伤员鼻孔,用另一只手的拇指和食指扳开伤员嘴巴,先取出伤员嘴里的东西,然后救护人员紧贴着伤员的口吹气约2秒钟,放松2秒钟(如图4-56所示)。依次吹气和放松,连续不断地进行,如果扳不开嘴巴,可以捏紧伤员的嘴巴,紧贴着鼻孔吹气和放松。

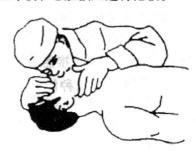

图4-56　口对口人工呼吸

在进行人工呼吸的过程中,若发现伤员表现出好转的迹象时(如眼皮闪动或嘴唇微动)应停止人工呼吸数秒钟,让其自行呼吸;如果还不能完全恢复呼吸,须把人工呼吸进行到能正常呼吸为止,人工呼吸法必须坚持长时间地进行,在没有呈现出明显的死亡症状以前,切勿轻易放弃,死亡症状应由医生来判断。

②心脏按压法。将伤员平放在木板上,头部稍低,救护人员站在伤员一侧,将一手的掌根放在伤员胸骨下端,另一只手叠于其上,靠救护人员的体重,向胸骨下端用力加压,使其陷下3厘米左右,随即放松,让胸廓自行弹起,如此有节奏地压挤,每分钟约60—80次。急救如有效果,伤员的肤色即可恢复,瞳孔缩小,颈动脉搏动可以摸到,自发性呼吸恢复,此时可停止心脏按压。心脏按压法可以与人工呼吸法同时进行。

3. 电气设备的接零保护和接地保护

电气设备经过长时间运行,内部的绝缘材料有可能已老化,若不及时修理,将出现带电部件与外壳相连,从而使机壳带电,极易出现触电事故。因此,我们采用接零和接地两种保护措施。

(1)接零保护。在1000V以下中线接地良好的三相四线制系统,如380V/220V系统中,将电气设备的外壳或框架与系统的零线相接,称保护接零。

图4-57为保护接零示意图,当某相绕组与机壳短路时,因有接零保护使该相电源短接,电流很快烧断该相熔断丝而断电。

在采用接零保护时,必须注意以下几点:

①对中点接地的三相四线制系统,

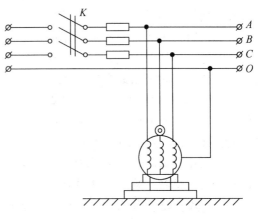

图4-57　保护接零

电力装置宜采用低压接零保护。

②采用保护接零时，接零导线必须牢靠，以防折断、脱线，在零线中不允许安装熔断器和开关等设备。为了在相线碰壳时，保护电器可靠地动作，要求接零的导线电阻不要太大。

（2）接地保护。

①接地保护的作用，接地保护就是把电气设备的金属外壳、框架等用接地装置与大地可靠地连接，以保护人身安全，它适用于1000V以下电源中性电点不接地的电网和1000V以上的任何形式电网。

保护接地的示意图如图4-58所示。当某相绕组与机壳相碰，使机壳带电，而人体与机壳接触时，因接地电阻很小，远小于人体电阻，电流绝大部分通过接地线流入大地，从而保护人身安全。

②安装接地装置注意事项。

a. 同一电源上的电气设备不可一部分设备接零，另一部分接地。因为当接地的电气设备绝缘损坏而碰壳时，可能由于大地的电阻较大使保护开关或保护熔丝不能动作，于是电源中性点电位升高（等于接地短路电流乘以中点接地电阻），以至于使所有的接零电气设备都带电（如图4-59所示），反而增加了触电的危险性。

b. 接地装置的安装要严格按照国家有关规定进行，安装完毕必须严格测定接地电阻，以满足完好运行的要求。

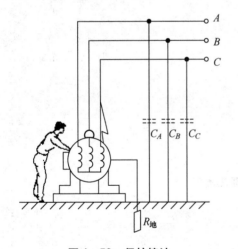

图4-58 保护接地

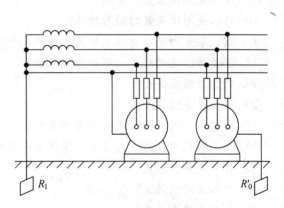

图4-59 不正确的接地接零保护

本章小结

本章主要介绍了机动车检测设备常用传感器、测试装置的基本特性和测量误差，最后介绍了检测设备的计量基础知识。

汽车检测设备常用传感器部分主要介绍了力传感器、位移传感器、速度传感器等的分类和工作原理；测试装置的基本特性是传感器及信号检测处理电路的电量特性，主要包括测试装置的静态特性和动态特性；测量误差是检测设备实际存在的，通过介绍一定的误差知识了解检测仪器的数据准确性；机动车安全技术检测设备要按照计量法的相关规定定期进行检定或校准，本章简要介绍了计量检定的基本知识。

思考题：

1. 力传感器按工作原理分为哪几种？
2. 电阻应变片的测量原理是什么？
3. 什么是压电效应？
4. 简述电位器的工作原理。
5. 增量式编码器的工作原理是什么？
6. 画出光电式转速传感器的结构原理图。
7. 简述开磁路磁阻式转速传感器的工作原理。
8. 画出永磁式测速发电机的原理电路图。
9. 测试装置静态特性的主要技术指标有哪几个？
10. 什么是测试装置的线性度？
11. 什么是测试装置的灵敏度？
12. 什么是测试装置的迟滞？
13. 什么是测试装置的重复性？
14. 什么是测试装置的分辨力？
15. 什么是测试装置的零漂？
16. 什么是测试装置的动态特性？
17. 测试装置的动态特性参数主要有哪几个？
18. 误差按出现的规律性可分为哪几类？
19. 什么是随机误差？
20. 什么是系统误差？
21. 引起系统误差的原因主要有哪些？
22. 误差按被测量随时间变化的情况可分为哪几类？
23. 什么是静态误差？
24. 什么是动态误差？
25. 什么是稳态误差？
26. 计量检定的定义是什么？
27. 根据法制管理要求的不同，计量检定可以分为哪两类？
28. 根据检定实施时间的不同，计量检定可以分为哪两类？
29. 机动车安全技术检测设备的检定由哪个部门负责？

第二篇　检测技术

第五章 机动车安全检验设备

第一节 车速表检验台

一、车速表检验台的作用和分类

1. 车速表检验台的作用

机动车的行驶速度与行车安全及运输生产率密切相关。为了提高运输生产率，应尽可能发挥车辆性能所能提供的高速度，但车速过高往往会导致车辆失去操纵稳定性及制动距离过长，严重影响行车安全。此外，车辆的行驶速度还受交通情况与道路条件，以及着眼于经济成本的经济车速的限制。所以在驾驶车辆时合理地控制车速有着重要意义。

驾驶员对车速的掌握虽然可以依据主观估计进行，但是人对速度的估计往往会因错觉、驾驶经历和驾驶环境等因素而造成误差，不够准确可靠；因此，车速表是驾驶员用来判断车辆行驶速度的重要仪表。为了更好地保证行车安全，有必要利用仪器对车速表的指示误差进行检验，这种仪器就是车速表检验台。

车速表检验台检验的指标是车轮轮缘的线速度，单位为 km/h。

车速表检验台现行的产品制造执行标准为《滚筒式汽车车速表检验台》（GB/T 13563－2007）。

2. 车速表检验台的分类

按有无驱动装置可将车速表检验台分为标准型与电机驱动型两种。标准型检验台无驱动装置，它靠被测汽车驱动轮带动滚筒旋转；电机驱动型检验台由电动机驱动滚筒旋转，再由滚筒带动车轮旋转。此外，还有把车速表检验台与制动检验台或底盘测功机组合在一起的综合式检验台。目前，汽车检测线绝大部分使用标准型滚筒式车速表检验台，摩托车检测使用电机驱动型车速表检验台。

按允许承载轴荷，一般可将汽车车速表检验台分为3t、10t、13t 三种。

摩托车车速表检验台按适用车型分为全车型速度表检验台、两轮车速度表检验台。

二、车速表检验台的结构

1. 标准型车速表检验台

该检验台主要由滚筒、举升器、测量装置、显示仪表及辅助装置等几部分组成，主要结构见图 5－1。

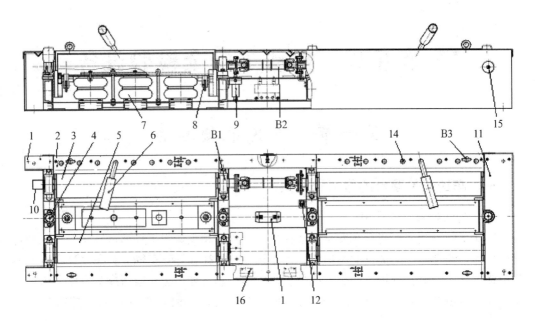

1-框架 2-左轮出车端盖板 3-左轮主滚筒 4-轮胎挡轮 5-左轮副滚筒 6-手动挡轮 7-举升气囊
8-滚筒刹车蹄片 9-气路滤水调压器 10-旋转编码器 11-右侧边盖板 12-传感器安装架 13-气路电磁阀
14-手动挡轮插孔 15-框架侧顶螺栓 16-快速排气阀 B1-滚筒轴承 B2-主滚筒联轴器 B3-吊环

图5-1 标准型车速表检验台结构图

（1）滚筒部分。检验台左右各有两根滚筒，用于支撑汽车的驱动轮。在测试过程中，为防止汽车的差速器起作用而造成左右驱动轮转速不等，前面的两根滚筒是用联轴器连在一起的。滚筒多为钢制，表面有防滑处理，按 GB/T 13563-2007 标准要求直径不小于175mm，滚筒表面附着系数不小于0.6。当直径为176.8mm 时，滚筒转速为1200r/min，正好对应滚筒表面的线速度为40km/h。

（2）举升器。举升器置于前后两根滚筒之间，多为气动装置，也有液压驱动和电机驱动。测试时，举升器处于下方，以便滚筒支撑车轮。测试前，举升器处于上方，以便汽车驶上检验台。测试后，靠气压（或液压、电机）升起举升器，顶起车轮，以便汽车驶离检验台。

（3）测量元件。测量元件，即测量转速的传感器，其作用是测量滚筒的转动速度。通过转速传感器将滚筒的速度转变成电信号（模拟信号或脉冲信号），再送到显示仪表。常用的转速传感器有：测速发电机式、光电编码器式、旋转编码器和霍尔元件式等，现在测速发电机式很少使用。按 GB/T 13563-2007 标准，转速传感器要求装在主滚筒上。

（4）显示仪表。目前多用智能型数字显示仪表，也就是一个单片机系统。若传感器产生的是模拟信号（如测速发电机式），经放大、A/D 转换或经滤波整形后进入单片机处理，再输出显示测量结果；若为数字编码信号，直接由计数器计数，计算单位时间内的脉冲数或测量脉冲之间的时间来计算滚筒表面线速度。在全自动检测线上也有直接

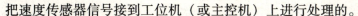

把速度传感器信号接到工位机（或主控机）上进行处理的。

（5）辅助部分。

①安全装置。车速台滚筒两侧设有挡轮，以免检测时车轮左右滑移损坏轮胎或设备。

②滚筒抱死装置。汽车测试完毕出车时，如果只依靠举升器，可能造成车轮在前滚筒上打滑，为了防止打滑，增加滚筒抱死装置，与举升器同步。举升器升起的同时，抱死滚筒；举升器下降时，松开滚筒。

③举升保护装置。车辆在速度检验台上运转时，举升器突然上升会导致严重的安全事故，因而车速台设有举升器保护装置（软件或硬件保护），以确保滚筒转速低于设定值后（如5km/h）才允许举升器上升。

2. 电机驱动型车速表检验台

如图 5-2 所示，车速表的转速信号多数取自汽车变速器或分动器的输出轴，但对于后置发动机的汽车，由于车速表软轴过长会出现传动精度和寿命等方面的问题，所以部分车辆转速信号取自前从动轮。对这种车辆必须采用电动机驱动型车速表检验台。测试时由电动机驱动滚筒与前从动轮旋转。这种检验台往往在滚筒与电动机之间装有离合器。若检验时将离合器分离，这种检验台又可作为标准型检验台使用。

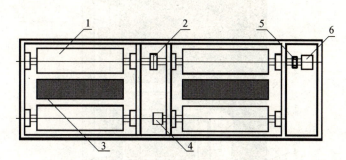

1-滚筒　2-联轴器　3-举升器　4-速度传感器　5-离合器　6-驱动电机

图 5-2　电机驱动型车速表检验台结构示意图

3. 摩托车速度表检验台结构

全车型摩托车速度表检验台的结构如图 5-3 所示，两轮及两轮轻便摩托车速度表检验台结构见图 5-4。检测时将车辆被测前轮停于主、副滚筒之间，由励磁调速电机经滚筒带动车轮转动。

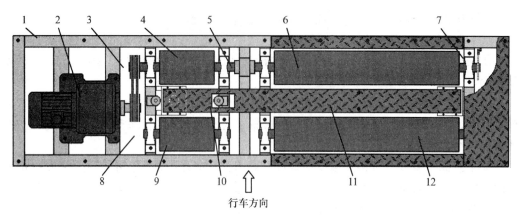

行车方向

1-框架 2-励磁调速电机 3-皮带及皮带轮 4-左测速主滚筒 5-主滚筒联轴器

6-右测速主滚筒 7-测速（霍尔式）传感器及码盘 8-滚筒轴承 9-左测速副滚筒

10-摩托轮胎挡轮 11-举升器 12-右测速副滚筒

图5-3 全车型摩托车速度表检验台结构图

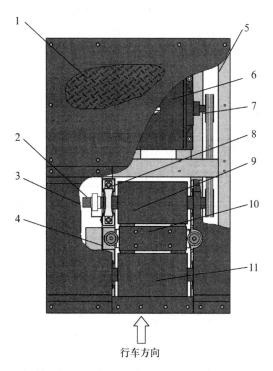

行车方向

1-检测台面板 2-编码器支架 3-测速传感器（编码器）

4-摩托轮胎挡轮 5-框架 6-励磁调速电机 7-皮带及皮带轮

8-滚筒轴承 9-主滚筒 10-举升器 11-副滚筒

图5-4 两轮及两轮轻便摩托车速度表检验台结构图

三、车速表检验台测试原理

检测时将汽车被测轮停于前后滚筒之间，由车轮（或电机）驱动滚筒旋转。旋转的滚筒相当于移动的路面，由此来模拟汽车在路面上行驶的实际状态。通过滚筒端部的码盘与测速传感器发生信号传递，传感器发出的脉冲信号频率随滚筒转速增高而增加，滚筒的转速与车速成正比，因此测速传感器脉冲频率与车速成正比。将采集到的脉冲信号经过计算转换为车轮的线速度，计算方法如式 5 – 1。

$$v = \pi \times D \times n \times 60 \times 10^{-6} \tag{5 – 1}$$

式中：v 表示滚筒的线速度，km/h；D 表示滚筒的直径，mm；n 表示滚筒的转速，r/min。

车轮的线速度与滚筒的线速度相等，经计算后的值即为汽车真实的车速。利用滚筒的线速度值与此时车辆在检测时速度表的显示值比较可得出该车车速表的误差。车速台信号经计算机或仪表计算处理后，显示结果打印输出。

四、车速表误差原因分析

随着汽车使用年限的增加，车速表的误差可能会增大。造成车速表失准的原因，主要有两个方面：一方面是车速表本身的问题，另一方面也与轮胎的状况有关。

1. 车速表自身的原因

不论是磁电式还是电子式车速表，其主轴都是由与变速器相连的软轴驱动的。对于磁电车速表（车速表通常与里程表做在一起，如图 5 –5 所示），当主轴旋转时，与主轴

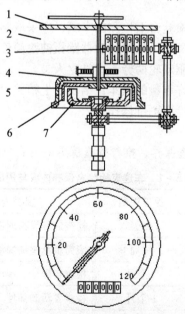

1 – 指针　2 – 刻度盘　3 – 数字轮　4 – 游丝
5 – 磁屏　6 – 铝罩　7 – 永久磁铁
图 5 – 5　磁电车速表

固定连接的永久磁铁也一起旋转。其磁场会在铝罩上感应涡流，产生的涡流力矩引起铝罩偏转并带动游丝和指针偏转，最后达到涡流力矩与游丝的弹性反力矩相平衡。车速越高，涡流力矩越大，指针偏转的角度也越大。对于电子式车速表来说，主轴的转动会引起传感器产生与主轴转速成正比的脉冲信号，经电子线路处理后，送到仪表引起指针偏转或给出数字指示。

当汽车长期使用后，车速表内的机械零件难免出现磨损变形，永磁元件可能退磁老化，这些因素都会使车速表指示值误差增大。

2. 轮胎方面的原因

由车速表的工作原理可知，车速表的指示值仅仅是与车轮的转速成正比，而汽车行驶的速度相当于驱动轮的线速度，显然线速度不仅与转速有关，还与车轮的半径有关。

汽车行驶的线速度 v 用式 5-2 表示：

$$v = 2\pi \cdot r \cdot n/60 = 0.377r \cdot n \tag{5-2}$$

式中，v 表示汽车行驶线速度（km/h）；n 表示汽车车轮转速（r/min）；r 表示车轮半径（m）。

实际上，由于轮胎是一个充气的弹性体，所以汽车行驶时，轮胎受到垂直载荷、车轮驱动力和地面阻力等作用会发生弹性变形；另外，由于轮胎磨损、气压不符合标准（过高或不足）等原因也会影响车轮半径的变化。因此，即使在驱动轮转速不变（车速表的指示也不变）的情况下，上述原因也会引起实际车速与车速表指示值不一致的现象。

五、车速表检验台使用与保养

1. 使用注意事项

（1）对于不能在车速表检验台上检测的车辆，应采取路试检验。

（2）检测结束后，检验员不可猛踩制动器踏板使滚筒停止转动。

（3）测速时车辆前方及驱动轮两旁不准站立人员。

（4）轴重大于检验台允许重量的汽车，请勿开上检验台。

（5）不要在检验台上进行车辆维修作业。

2. 检查保养

车速表检验台需定期检查保养，推荐检查保养的内容与周期见表 5-1。

表 5-1　车速表检验台保养内容与周期

保养内容	保养周期	保养内容	保养周期
清洁	每天	检查信号线物理损伤	1 个月
检查油雾器、滤水杯	每周	滚筒轴承座加润滑油	3 个月
检查轴承座、滚筒	1 个月	检查各螺栓、螺母	3 个月
检查速度传感器	1 个月	检查各活动部件	3 个月
检查主滚筒联轴器	1 个月	检查滚筒运转有无异响	6 个月
检查滚筒制动带	1 个月	活动、摩擦部件加油	6 个月

六、车速表检验台计量检定

为保证车速表检验台测试的准确性，一般每年依据《滚筒式车速表检验台检定规程》（JJG 909-2009）检定一次，主要的检定内容为车速测试的示值误差、车速表检验台的滚筒外径允许误差、外观等。

第二节　轴（轮）重仪

《机动车安全技术检验项目和方法》（GB 21861-2008）规定，在用滚筒反力式制动检验台检验时"被检车辆正直居中行驶，各轴依次停放在轮重仪上"，因此检测站应采用轮重仪检测。

一、轴（轮）重仪的作用和分类

1. 轴（轮）重仪的作用

轴（轮）重仪用于分别测定车辆各轴（轮）的垂直载荷，提供在汽车制动检测时计算各轴及整车的制动效能时所需的轴荷数据。

2. 轴（轮）重仪的分类

从原理上看，轴（轮）重仪可以分为机械式和电子式两类。机械式是一种传统的形式，它是依据杠杆原理制成的，因功能简单、精度较低、不便于联网，目前已很少使用。电子式轴（轮）重仪多配有智能化仪表，因其功能强、精度高，目前已获得广泛应用。

按允许承载轴荷，一般可将轴（轮）重仪分为3t、10t、13t 三种。

摩托车轴（轮）重仪按适用车型分为全车型轴（轮）重仪、两轮轴（轮）重仪。

二、轴（轮）重仪结构

电子式轴（轮）重仪可分为轴重仪和轮重仪（如图 5-6 所示）。

轴重仪是整个承重台面为一钢性连接整体，左右车轮停在同一台面上直接测取轴荷；轮重仪分左、右两块相互独立的承重板，通过测取左、右轮重计算轴荷，测试精度较高。为更好地评价机动车的制动性能，应尽可能采用能分别测量和显示左、右车轮轮荷的轮重仪。

轴（轮）重仪主要由框架和承重台面及电子仪表组成。能独立测量和显示左、右车轮的轮重仪具有两个承重台面，分别安装在左、右框架内；而电子仪表则主要起显示作用。

承重台面四角分别固定四只压力应变传感器。当传感器受到压力时，电阻应变片的阻值发生变化，从而能够输出一个与所受压力成正比的电压信号。

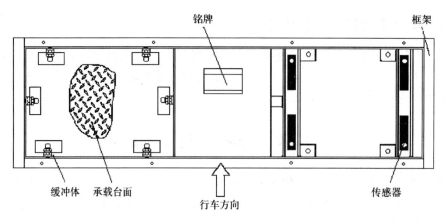

图5-6　轮重仪整体结构

三、轴（轮）重仪测量原理

不论轴（轮）重仪结构如何，都必须满足以下两个基本条件：第一，所有传感器承受的总质量应与被测轴重相适应；第二，在允许使用的范围内，测量结果应与车轮在承载板上停放的位置无关。

我们分析一下上述轴（轮）重仪的测量原理。设轴荷为 W，其重心位于台面上任意一点 M，四个传感器将会受到大小不等的压力。根据力学常识不难理解，这四个力的大小比例与 M 点的位置有关。但是四个传感器的支撑力之和必定等于轴荷 W。因为台面在轴荷 W 和四个传感器支撑力的作用下是保持平衡的，而且与 M 点的位置无关。因此，我们只要采集这四个传感器输出的电信号经放大滤波后，送往仪表或 A/D 转换器转换成数字信号，经计算机或仪表计算处理后，显示结果打印输出即可。

在实际使用中，若被测质量过于偏离承载台面中心，则可能会增大测量误差。所以实际测量轴荷时，还是应该尽量摆正车轮在检验台上的位置。

四、轴（轮）重仪使用与保养

1. 使用注意事项
（1）使用中应注意清洁，严禁用有腐蚀性的液体擦拭设备台面。
（2）不准在台面上长时间停留重载车辆，承重台应避免撞击。
（3）严禁轴荷台中进水，保持传感器干燥，以保证灵敏度。
（4）承重台与台架间应留有间隙，不要相互接触摩擦。
（5）平时注意检查台面四角是否水平，台面是否居中，并随时调整。
（6）使用时防止超负荷。

2. 检查保养
轴（轮）重仪需定期检查保养，推荐检查保养的内容与周期见表5-2。

表5-2　轴（轮）重仪保养内容与周期

保养内容	保养周期	保养内容	保养周期
清洁	每天	传感器球碗加油	3个月
检查信号线物理损伤	1个月	检查各螺栓、螺母	3个月
检查台面四角平稳	3个月	检查、清理放大器	6个月

五、轴（轮）重仪计量检定

为保证轴（轮）重仪测试准确性，一般每年依据《机动车检测专用轴（轮）重仪检定规程》（JJG 1014-2006）检定一次。主要检定内容为示值误差、空载变动性、零点漂移、示值间差、偏载、重复性等。

第三节　制动检验台

一、制动检验台的作用和分类

1. 制动检验台的作用

制动检验台主要用于检测汽车制动力及相关参数，包括各轮阻滞力（N）、各轮最大制动力（N）、同轴左右轮全过程最大差（N）、制动协调时间（s）、驻车制动力（N），并计算得到各轮阻滞率（%）、各轴制动率（%）、各轴左右不平衡率（%）、整车制动率（%）、驻车制动率（%）。

现行的滚筒反力式汽车制动检验台产品制造执行标准为《滚筒反力式汽车制动检验台》（GB/T 13564-2005）。

2. 制动检验台的分类

制动检验台是用来检验制动性能的设备，常见的分类方法有：按测试原理不同，可分为反力式和惯性式两类；按检验台支撑车轮形式不同，可分为滚筒式和平板式两类；按检测参数不同，可分为测制动力式、测制动距离式、测制动减速度式和综合式四种；按检验台的测量、指示装置、传递信号方式不同，可分为机械式、液力式和电气式三类。目前国内机动车检测站所用制动检验设备多为反力式滚筒制动检验台和平板式制动检验台。目前已研制出惯性式ABS防抱死滚筒制动检验台，但价格昂贵。本节内容重点介绍滚筒反力式制动检验台和平板式制动检验台。

按允许承载轴荷，一般可将制动检验台分为3t、10t、13t三种。

摩托车制动检验台按适用车型分为全车型制动检验台、两轮制动检验台。

二、滚筒反力式制动检验台的结构与原理

1. 滚筒反力式制动检验台的结构

滚筒反力式制动检验台的结构简图及结构图如图5-7、5-8所示。它由结构完全

相同的左、右两套对称的车轮制动力测试单元和一套指示、控制装置组成。每一套车轮制动力测试单元由框架（多数检验台将左、右测试单元的框架制成一体）、驱动装置、滚筒组、举升装置、测量装置等构成。

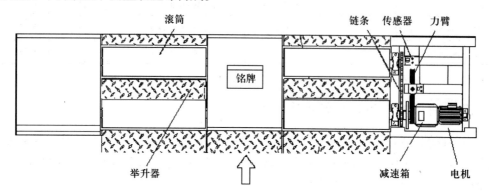

图5-7　滚筒反力式制动检验台结构简图

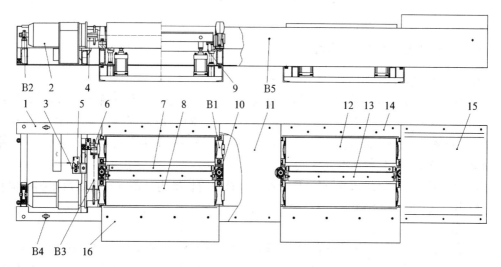

1-框架　2-减速机组件　3-力臂支架　4-主滚筒链轮　5-光电开关支架　6-副滚筒链轮
7-左制动第三滚筒　8-左制动主滚筒　9-举升器导向　10-轮胎挡轮　11-中间盖板
12-右制动副滚筒　13-右制动举升器　14-右制动出车端边盖板　15-右制动边盖板
16-左制动引板　B1-滚筒轴承　B2-电动机轴承　B3-链条　B4-吊环　B5-框架侧顶螺栓

图5-8　滚筒反力式制动检验台结构图

（1）驱动装置。驱动装置由电动机、减速器和链条组成。电动机经过减速器减速后驱动主动滚筒，主动滚筒通过链条带动从动滚筒旋转。减速器输出轴与主动滚筒同轴连接或通过链条、皮带连接，减速器壳体为浮动连接（即可绕主动滚筒轴自由摆动）。日制式制动台测试车速较低，一般为 0.1~0.18km/h，驱动电动机的功率较小，一般为 $2 \times 0.7 \sim 2 \times 2.2 kW$；而欧制式测试车速为 2.0~5km/h，驱动电动机的功率较大，一般为 $2 \times 3 \sim 2 \times 11 kW$。减速器的作用是减速增扭，其减速比根据电动机的转速和滚筒测试

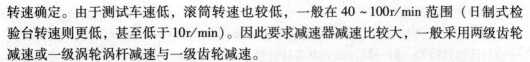

转速确定。由于测试车速低，滚筒转速也较低，一般在 40～100r/min 范围（日制式检验台转速则更低，甚至低于 10r/min）。因此要求减速器减速比较大，一般采用两级齿轮减速或一级涡轮涡杆减速与一级齿轮减速。

理论分析与试验表明，滚筒表面线速度过低时测取协调时间偏长、制动重复性较差，过高时对车轮损伤较大，GB/T 13564－2005 推荐使用滚筒表面线速度为 2.5km/h 左右的制动检验台。

（2）滚筒组。每一车轮制动力测试单元设置一对主、从动滚筒。每个滚筒的两端分别用滚筒轴承与轴承座支承在框架上，且保持两滚筒轴线平行。前后滚筒各部是水平面布置，也有为防止被检车后移做成后滚筒高于前滚筒的形式。滚筒相当于一个活动的路面，用来支承被检车辆的车轮，并承受和传递制动力。汽车轮胎与滚筒间的附着系数将直接影响制动检验台所能测得的制动力大小。为了增大滚筒与轮胎间的附着系数，滚筒表面都进行了相应加工与处理（GB/T 13564－2008 要求滚筒表面附着系数不小于0.7），目前可见的一般有下列 5 种：

①开有纵向浅槽的金属滚筒。在滚筒外圆表面沿轴向开有若干间隔均匀、有一定深度的沟槽。这种滚筒表面附着系数最高可达 0.65。当表面磨损且沾有油、水时附着系数将急剧下降。

②表面粘有砂粒的金属滚筒。这种滚筒表面无论干或湿其附着系数可达 0.8 以上，是目前国内采用的主要方式。

③表面具有嵌砂喷焊层的金属滚筒。喷焊层材料选用 NiCrBSi 自熔性合金粉末及钢砂。这种滚筒表面新的时候其附着系数可达 0.9 以上，其耐磨性也较好。

④高硅合金铸铁滚筒。这种滚筒表面带槽、耐磨，附着系数可达 0.7～0.8，价格便宜。

⑤表面带有特殊水泥覆盖层的滚筒。这种滚筒比金属滚筒表面耐磨。表面附着系数可达 0.7～0.8。但表面易被油污与橡胶粉粒附着，使附着系数降低。

滚筒直径与两滚筒间中心距的大小，对检验台的性能有较大影响。滚筒直径增大有利于改善与车轮之间的附着情况，增加测试车速，使检测过程更接近实际制动状况。但必须相应增加驱动电机的功率。而且随着滚筒直径增大，两滚筒间中心距也需相应增大，才能保证合适的安置角。这样使检验台结构尺寸相应增大，制造要求提高。GB/T 13564－2005 推荐使用直径为 245mm 左右的制动台。

为能及时控制停机，有的滚筒制动检验台在主、从动滚筒之间设置一直径较小，既可自转又可上下摆动的第三滚筒，平时由弹簧使其保持在最高位置。在第三滚筒上装有转速传感器。检验时，被检车辆的车轮置于主、从动滚筒上，同时压下第三滚筒，并与其保持可靠接触。控制装置通过转速传感器即可获知被测车轮的转动情况。当被检车轮制动，转速下降至接近抱死时，控制装置根据转速传感器发出的相应电信号计算滑移率达到一定值（如 25%）时使驱动电动机停止转动，以防止滚筒剥伤轮胎和保护驱动电机。第三滚筒除了上述作用外，有的检验台上还作为安全保护装置用，只有当两个车轮制动测试单元的第三滚筒同时被压下时，检验台驱动电机电路才能接通。GB/T 13564－2005 只是要求有轮胎抱死时能及时控制停机的装置，不规定具体停机方式，没有明确规定必须加装第三滚筒。

（3）制动力测量装置。制动力测试装置主要由测力杠杆和传感器组成。测力杠杆一端与传感器接触，另一端与减速器壳体连接，被测车轮制动时测力杠杆与减速器壳体将一起绕主动滚筒（或绕减速器输出轴、电动机枢轴）轴线摆动。传感器将测力杠杆传来的、与制动力成比例的力（或位移）转变成电信号输送到指示、控制装置。传感器有应变测力式、自整角电机式、电位计式、差动变压器式等多种类型。日制式制动检验台多采用自整角电机式测量装置，而欧制式以及近期国产制动检验台多用应变测力式传感器。

（4）举升装置。为了便于汽车出入制动检验台，在主、从动两滚筒之间设置有举升装置。该装置通常由举升器、举升平板和控制开关等组成。举升器常用的有气压式、电动螺旋式、液压式3种型式，气压式是用压缩空气驱动气缸中的活塞或使气囊膨胀完成举升作用；电动螺旋式是由电动机通过减速器带动丝母转动，迫使丝杠轴向运动起举升作用；液压式是由液压举升缸完成举升动作。有些带有第三滚筒的制动检验台未装举升装置。

（5）控制装置。目前制动检验台控制装置大多数采用电子式。为提高自动化与智能化程度，有的控制装置中配置计算机。指示装置有指针式和数字显示式两种。带计算机的控制装置多配置数字显示器，但也有配置指针式指示仪表的。

2. 滚筒反力式制动检验台的工作原理

如图5-9所示，检测时将汽车轮胎停于主、副滚筒之间，车轮把制动台的到位开关（或光电开关）触发，控制仪表或系统，采集车轮到位信号后启动电机，经变速箱、链传动和主、副滚筒带动车轮匀速旋转，控制仪器提示驾驶员踩下制动踏板。踩下制动踏板后，车轮在车轮制动器的摩擦力矩下开始减速旋转。此时电动机驱动的滚筒对车轮轮胎周缘的切线方向作与车轮制动器力矩相反的制动力，以克服制动器摩擦力矩，维持车轮继续旋转。与此同时车轮轮胎对滚筒表面切线方向附加一个与电机产生的力矩方向相反等值的反作用力，在形成的反作用力矩作用下，减速箱外壳与测力杠杆一起朝滚筒转动相反方向摆动，测力杠杆一端的测力传感器受力，输出与制动力大小成比例的电信号。从测力传感器输出的信号经放大滤波后，送往仪表或A/D转换器转换成数字信号，经计算机或仪表计算处理后，显示结果打印输出。另外在实际使用时可将第三滚筒的转速信号输入到仪表或计算机系统，测试中当车轮与滚筒之间的滑移率下降到预设值时（滑移率指踩制动踏板后车轮转速下降的值与未踩制动踏板时车轮的转速值之比），仪表或计算机就会发出停机指令，测试完毕，以起到停机保护作用；也有采用软件判断等其他方式控制停机的制动检验台。

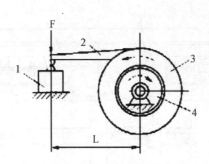

1-传感器　2-测力臂　3-电动机（或变速箱）定子　4-电动机转子
图5-9　滚筒反力式制动检验台制动力测试原理图

三、平板式制动检验台结构与原理

1. 平板式制动检验台结构

为满足汽车行驶的制动要求、提高制动稳定性、减少制动时后轴车轮侧滑和汽车甩尾，考虑到汽车制动时质量将发生前移，乘用车在设计上有许多车前轴制动力可达到静态轴荷的140%左右，而后轴制动力则设计得相对较小。上述制动特性只有在道路试验时才能体现，在滚筒反力式制动检验台上，由于受设备结构和试验方法的限制，无法测量出前轴最大制动力。

平板式制动检验台模拟实际道路制动过程进行检测，能够反映制动时轴荷转移及车辆其他系统（如悬架结构、刚度等）对制动性能的影响，因此可以较为真实地检测前轴驱动的乘用车的制动效能。但平板式制动检验台对检验员的操作要求较高，同时对不同轴距汽车的适应性也较差，因此GB 7258-2004规定对前轴驱动的乘用车适宜用平板制动检验台进行制动效能检测，一般采用四板组合（见图5-10），检测板结构图见图5-11。

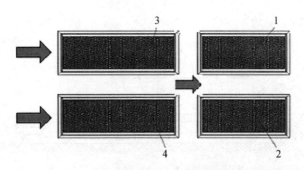

1-左前轮检测板　2-右前轮检测板　3-左后轮检测板　4-右后轮检测板
图5-10　四板式平板制动布置图

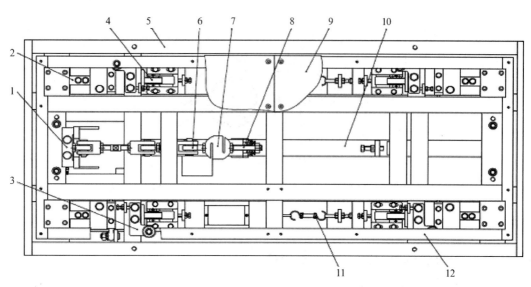

1-制动力传感器　2-称重传感器　3-检测板侧向限位装置　4-检测板纵向限位装置

5-检测板外框架　6-制动力标定传感器连接装置　7-制动力标定传感器　8-标定传感器加载装置

9-检测板粘砂面板　10-底架　11-检测扳回位弹簧　12-检测板框架

图5-11　检测板结构图

注：图中编号为6、7、8的部件只有在进行参数标定或校准时才安装，日常检测时必须拆除。

2. 平板式制动检验台测试原理

（1）制动力和轮重测试。平板制动检验台由几块平整的检测板组合安装而成，形成一段模拟路面，检测板工作面采用特殊的网格、喷涂、粘砂等处理工艺增加附着系数。检测时机动车辆以一定的速度（5~10km/h）行驶到该平板上并实施制动，此时轮胎对台面产生一个沿行车方向的切向力（如图5-12所示），车辆驶上检测台面后的全过程装在平板制动检测板下面的轮重传感器和制动力传感器将车辆轮胎传递的力转换成电信号，经放大滤波后，送往A/D转换器转换成数字信号，由计算机处理后显示结果打印输出。

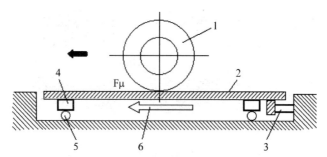

1-车轮　2-检测板　3-制动力传感器　4-称重传感器

5-钢珠　6-制动力的方向

图5-12　平板制动检验台制动力测试原理

（2）悬架效率测试。用平板制动检验台进行悬架效率测试时，车辆以 5～10km/h 的速度驶上平板台后，驾驶员迅速踩下制动踏板，车轮制动并停在平板上，由于制动时惯性力的作用，前轴负荷将大于其静态轴荷，后轴负荷将小于其静态轴荷；同时，由于受到车身震动的影响，前、后轴负荷也会随车身震动发生变化。车身加速向下时，车轮处负重增加，车身加速向上时，车轮负重减少。图 5-13a、b 所示的曲线分别是平板台在显示悬架效率测试结果时给出的前、后车轮处的负重随时间变化的曲线。由于车辆的悬架系统能衰减、吸收车身的振动，所以，车身的振动经过一段时间后就会消失，故图中曲线的后段逐渐平直并接近 0 点高度（车轮处于静态负重值），图中的曲线完整地反映了制动引起的车身振动被悬架系统逐渐衰减的过程。悬架特性用悬架效率评价，式 5-3 为悬架效率的计算公式：

$$\eta = 1 - \left| \frac{G_A - G_0}{G_B - G_0} \right| \times 100\% \qquad (5-3)$$

式中，G_0 表示车轮静态负荷（N）；G_A 表示曲线 A 点处纵坐标绝对值（N）；G_B 表示曲线 B 点处纵坐标绝对值（N）。

用此方法测得的悬架效率值不小于 45%，同轴左右轮悬架效率值之差不大于 20% 时，悬架特性为合格。

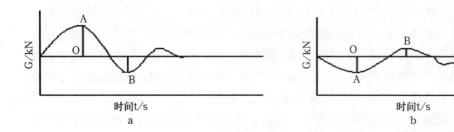

图 5-13　动态轮荷曲线

四、惯性式 ABS 防抱死滚筒制动检验台

1. 惯性式 ABS 防抱死滚筒制动检验台的结构

惯性式 ABS 防抱死滚筒制动检验台的结构示意图如图 5-14、5-15 所示。其由结

图 5-14　双轴惯性式 ABS 防抱死滚筒制动检验台的结构

构完全相同的左、右两套对称的汽车车轮称重举升装置、滚筒组、驱动装置、惯量模拟装置、测量装置等组成。

图 5 – 15　单轴惯性式 ABS 防抱死滚筒制动检验台的结构

2. 惯性式 ABS 防抱死滚筒制动检验台的原理

检测时将汽车轮停于主、副滚筒之间，车轮将制动台的到位开关（或光电开关）触发，控制系统采集车轮到位信号后，先使滚筒与车轮一起高速旋转，然后切断驱动滚筒旋转的动力，紧急踩制动踏板直至汽车轮的速度为零停车，一次性同时检验制动系统的性能，包括制动距离、最大制动力、制动减速度等和 ABS 总成高速主动工作的滑移率。另外将汽车加速到 40km/h 以上再切断驱动滚筒旋转的动力，在车速下降过程中将车速表的误差也检验完成。实现了检测状态最接近汽车高速行驶状态，真实反映汽车高速行驶时的制动性能（这种检测技术可以紧急制动检验 ABS 总成主动工作的滑移率）。这种检验台对全时四驱车或二驱带四轮智能控制的汽车的检测提供了有效的检测方法。

其检验原理是：转动的滚筒相当于移动的路面，用来模拟汽车在道路上的行驶状态，根据汽车轴重等量模拟汽车在路上行驶的动能，并且检验时的速度都超越 ABS 防抱死开始工作的起始阀值，即 ABS 防抱死都已进入高速主动工作的状态，因此检验制动过程与汽车在道路上的实际制动过程是一致的，能够逼真地反映汽车在道路上的真实制动过程，尤其能检验 ABS 防抱死的核心设计理论滑移率是否合格。检测方法及判定标准依据 GB 7258 – 2004。

五、制动检验不合格原因分析

造成制动不合格的因素很多，主要有以下几个方面：

（1）各车轮制动力均偏低：主要原因为制动踏板自由行程太大，制动液中有空气或制动液变质，制动主缸故障，真空助力器或液压助力系统有故障。

（2）同制动回路两车轮制动力均偏小：该回路中有空气或分泵或管路漏油，也有可能总泵中相应主腔密封不良。

（3）单个车轮制动力偏小：该车轮制动器有故障。

（4）若后轴车轮均存在制动力偏小，可能是感载比例阀故障，也可能是制动力分配系统设计原因。

（5）制动力平衡不合格的原因：除以上（2）、（3）原因外，两侧制动器间隙不一致、轮毂失圆、轮胎花纹磨损程度、气压不一致也是原因之一。

（6）各车轮阻滞力都超限的主要原因：制动主缸卡滞；制动踏板自由行程调整不

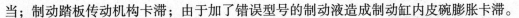

当；制动踏板传动机构卡滞；由于加了错误型号的制动液造成制动缸内皮碗膨胀卡滞。

（7）个别车轮阻滞力超限原因：制动轮缸回位不良；车轮制动器间隙调整过小；制动蹄回位弹簧故障；驻车制动机构卡滞。

（8）各车轮制动协调时间过长：制动踏板自由行程过大；车轮制动器间隙过大。

（9）驻车制动不合格原因：驻车制动调整不良；驻车制动机构因长期不用造成锈蚀卡滞。

六、制动检验台使用与保养

1. 使用与注意事项

（1）轴重大于试验台允许范围的汽车，请勿开上试验台。

（2）不要在试验台上面进行车辆修理保养工作。

（3）不应让油水、灰尘或泥沙等进入试验台。

（4）平板制动测试重复性与滚筒反力式制动检验台相比较差，多次数据比对时应注意制动动作一致性，引车时车身要正直，制动板面安装要与地面水平，平板制动台结构要合理并具有足够的强度，尽量减少垂直与水平方向作用力测量的相互干涉。

（5）各轮胎质量和胎压要达标，制动时踏板力和踩踏速度要严格控制好。

2. 检查保养

（1）滚筒反力式制动检验台检查保养内容与周期如表5-3所示。

表5-3 滚筒反力式制动检验台检查保养内容与周期

保养内容	保养周期	保养内容	保养周期
清洁	每天	滚筒轴承座加润滑油	3个月
检查油雾器、滤水杯	每周	检查各螺栓、螺母	3个月
检查轴承座、滚筒	1个月	检查减速箱是否缺油	3个月
检查信号线物理损伤	1个月	检查、清理放大器	6个月
清洁速度脉冲传感器	1个月	检查滚筒运转有无异响	6个月
检查减速机、电机轴承支座	1个月	活动、摩擦部件加油	6个月

（2）平板式制动检验台检查保养内容与周期如表5-4所示。

表5-4 平板式制动检验台检查保养内容与周期

保养内容	保养周期	保养内容	保养周期
清洁	每天	检查各螺栓、螺母	3个月
检查线路物理损伤	1个月	检查、清理放大器	6个月
检查台面四角平稳	3个月	左右限位轴承润滑	6个月
传感器球碗加油	3个月		

七、计量检定

1. 滚筒反力式制动检验台计量检定

为保证滚筒反力式制动检验台的准确性，每年依据《滚筒反力式制动检验台检定规程》（JJG 906 – 2009）检定一次。检定主要内容为：零点漂移、空载动态零值误差、示值误差、示值间差、重复性、外观等，其中空载动态零值误差检定、检定装置需加装在滚筒等效位置是 JJG 906 – 2009 标准新加入的要求。

2. 平板制动检验台计量检定

为保证平板式制动检验台的准确性，每年依据《平板式制动检验台检定规程》（JJG 1020 – 2007）检定一次。检定的主要内容为：制动平板的平面度、制动平板间的水平差、零点漂移、回零误差、示值误差、示值间差、静态复现性等。

第四节　侧滑检验台

一、汽车侧滑检验台作用和分类

1. 汽车侧滑产生的原因

前轮是汽车的转向轮。为了保证汽车具有良好的操控稳定性，转向轮（通常为前轮）所在平面以及主销轴线是设计成与汽车纵向或横向前垂面成一定角度的。这些角度参数包括主销内倾角、主销后倾角、车轮外倾角、前轮前束，合称为转向轮（前轮）定位参数。汽车转向轮（前轮）的前束值与外倾角如果配合不当，那么转向轮在向正前方滚动的同时还要产生相对于地面的横向滑移，即侧滑。侧滑量过大会直接影响到汽车的操纵稳定性和安全性、加大轮胎的异常磨损。

我们首先看一下前轮外倾和前轮前束的含义。前轮外倾如图 5 – 16 所示。其作用一方面是为了避免汽车承重后，前梁变形引起前轮出现内倾，从而加速轮胎的磨损和加大轮毂外侧轴承负荷，同时有了外倾角也可以适应拱形路面。

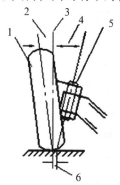
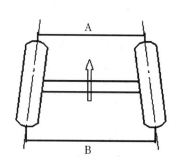

1 – 转向车轮　2 – 车轮外倾角　3 – 铅垂线
4 – 主销内倾角　5 – 转向节主销　6 – 主销偏心距

图 5 – 16　主销内倾角与车轮外倾角　　　　**图 5 – 17　车轮前束**

车轮有了外倾角以后，在滚动时，就会类似于圆锥的滚动，出现两个车轮企图向各自的外侧滚开的趋势。由于受到横直拉杆和车桥的约束不可能向外滚开，于是车轮将在地面上出现边滚边滑（向内）的现象，从而增加了轮胎磨损。

为了消除前轮外倾带来的不良后果，在安装前轮时，人为地使两轮中心平面不平行。在前进方向上，两轮前端距离小于后端距离。如图 5-17 所示，B 与 A 之差称为前束值。

由于前束的作用，车轮在前进时，两轮会力图向内侧滚动。同样由于机械上的约束，车轮不可能向内侧滚动，这就又出现了车轮边滚动边向外侧滑移的现象（或存在这种倾向）。

为保证汽车转向车轮无横向滑移的直线滚动，要求车轮外倾角和车轮前束有适当配合，当车轮前束值与车轮外倾角匹配不当时，车轮就可能在直线行驶过程中不作纯滚动，产生侧向滑移现象。当这种滑移现象过于严重时，将破坏车轮的附着条件，使汽车丧失定向行驶能力，方向沉重，易引发交通事故并导致轮胎的异常磨损。

2. 侧滑检验台的作用

侧滑检验台是当汽车从滑动板上驶过时，用测量滑动板左右移动量的方法来测量车轮横向滑移量的大小和方向，并判断是否合格的一种检测设备，检验的指标为汽车前转向轮通过侧滑板的侧滑量（m/km）。

现行的产品制造执行标准有《汽车侧滑检验台》（JT/T 507-2004）。

3. 侧滑检验台分类

按结构型式，侧滑检验台分为双板式侧滑检验台和单板式侧滑检验台，其中双板式侧滑检验台又以双板联动式为多见。实际使用中，以双板联动式侧滑检验台为主，也有部分单板侧滑检验台在使用，因此下面主要将针对这两种侧滑检验台进行介绍。

按承载重量，一般可将侧滑检验台分为 3t、10t、13t 三种。

二、侧滑检验台的结构

1. 双板联动式侧滑检验台结构

双板联动式侧滑检验台，目前可分为普通型、单释放板、双释放板（见图 5-18）三种，每一种都是由左、右两块滑板分别支撑在各自的四个滚轮上，滑板与其连接的导向轴承在轨道内滚动，使滑板只能沿左右方向滑动。两块滑板通过中间的联动机构连接，保证了两块滑板作同时向内或向外的运动。相应的位移量通过位移传感器转变成电信号送入仪表。回零机构保证汽车前轮通过后，滑板能够自动回零。锁零机构能在设备空闲或设备运输时保护传感器及联动机构。润滑机构能够保证滑板轻便自如地移动。

释放板的作用是释放掉轮胎从路面上刚刚滚动到侧滑检验台时，由于轮胎形变的应力释放而产生的侧向移动力。由于车轮有前轮前束和车轮外倾角度，使车轮不是正直的滚动，这样轮胎在与地面接触的时候会出现轮胎变形，而这种变形在遇到可以横向自由移动的面板时会释放到侧滑检验台的测试板面上，从而导致测试结果不单纯是侧滑量，还加入了轮胎变形量，引起了较大的检测误差。释放板是自由横向移动的板面，布置在测试板面进车、出车方向起到释放应力的效果。进车方向释放相对来讲比出车方向释放的作用更明显一些。出车方向的释放板是为了避免轮胎刚压到地面时产生的变形。目前常见的是带单释放板的双板联动侧滑检验台。

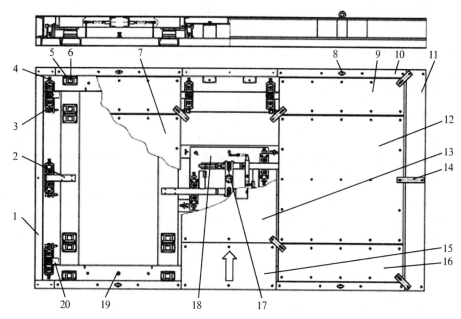

1－框架　2－左滑板外侧导向杆　3－左滑板限位螺栓　4－滑板导向组件调整螺栓　5－滑板滚珠槽
6－滚珠　7－左滑板台面　8－吊环　9－右滑板出车端释放板　10－出车端小盖板　11－右侧边盖板
12－右滑板台面　13－中间盖板　14－运输固定条　15－前部中间盖板　16－右滑板进车端释放板
17－联动机构　18－位移传感器　19－框架调平螺栓　20－释放板导向杆

图 5－18　双释放板型侧滑检验台结构图

2. 单板侧滑检验台结构

单板侧滑机械台架包括：底板、滑动板、引板（根据情况选配）导向轴承、回位弹簧及调整螺丝等（如图 5－19 所示）。

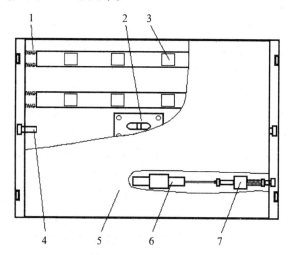

1－滚珠架回位弹簧　2－滑动扳回位机构　3－滚珠　4－防侧翻定位销
5－滑动板　6－位移量传感器　7－传感器调整装置

图 5－19　单板侧滑台

在机架底板中间位置固定一个位移传感器。通过上滑板上的顶块进行位移量传递，并将位移量转变成电信号，接入计算机信号采集系统进行处理。

三、侧滑检验台工作原理

1. 基本测量原理

（1）传感器。电气部分按传感器的种类不同而有所区别。目前常用的位移传感器有电位计式和差动变压器式两种。早期的侧滑检验台也有用自整角电机的，现已很少使用。

①电位计式测量装置。其原理非常简单，将一个可调电阻安装在侧滑检验台底座上，其活动触点通过传动机构与滑板相连，电位计两端输入一个固定电压（如5V），中间触点随着滑板的内外移动也发生变化，输出电压也随之在 $0 \sim 5V$ 之间变化，把2.5V左右的位置作为侧滑检验台的零点，如果滑板向外移动，输出电压大于2.5V，达到外侧极限位置输出电压为5V。滑板向内移动，输出电压小于2.5V，达到内侧极限输出电压为0V。这样仪表就可以通过 A/D 转换将侧滑传感器电压转换成数字量，并送入单片机处理，得出侧滑量的大小。

②差动变压器式测量装置。原理与电位计式类似，只是电位计式输出一个正电压信号，而差动变压器式输出的是正负两种信号。把电压为0时的位置作为零点。滑板向外移动输出一个大于0V的正电压，向内移动输出一个小于0V的负电压。同样，仪表就可以通过 A/D 转换将侧滑传感器电压转换成数字量，并送入单片机处理，得出侧滑量的大小。

指示仪表可分为数字式和指针式两种，目前检测站普遍使用的是数字式仪表，早期自整角电机式测量装置一般采用指针式仪表。数字式仪表多为智能仪表，实际就是一个单片机系统。

（2）测量原理。在侧滑检验台上检验时，侧滑量是指汽车在没有外加转向力的条件下，以车速3—5km/h对中直线行驶通过检验台，双滑板的横向位移量与滑板的纵向有效测量长度之比值，单滑板的横向位移量与滑板的纵向有效测量长度之比值的1/2，侧滑量以米每千米（m/km）表示。滑板向内为负（－）值、向外为正（＋）值。JT/T 507－2004 推荐滑板的纵向有效测量长度为1000mm。

2. 双板联动侧滑检验台的测量原理

（1）侧滑板仅受到车轮外倾角的作用。这里以右前轮为例，先讨论只存在车轮外倾角（前束角为零）的情况。具有外倾角的车轮，其中心线的延长线必定与地面在一定距离处有一个交点 O，此时的车轮相当于一圆锥体的一部分（如图5－20所示），在车轮向前或向后运动时，其运动形式均类似于滚锥。

从图5－20可以看出，具有外倾角的车轮在滑动板上滚动时，车轮有向外侧滚动的趋势，由于受到车桥的约束，车轮不可能向外移动，从而通过车轮与滑动板间的附着作用带动滑动板向内运动。运动方向如图5－20所示。此时滑动板向内移动的位移量记为 Sa（即由外倾角所引起的侧滑分量）。按照约定，具有外倾角的车轮，由于其类似于滚锥的运动情况，因而无论其前进还是后退时所引起的侧滑分量均为负值。反之，内倾车

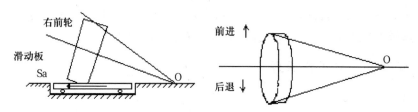

图 5-20　具有外倾角的车轮在滑板上滚动的情况（右轮）

轮引起的侧滑分量均为正值。

（2）滑动板仅受到车轮前束的作用。这里仅讨论车轮只存在前束，而外倾角为零时的情况。前束是为了消除具有外倾角的车轮类似于滚锥运动所带来的不良后果而设计的。

具有前束的车轮在前进时，由于车轮有向内滚动的趋势，但因受到车桥的约束作用，在实际前进驶过侧滑台时，车轮不可能向内侧滚动，从而会通过车轮与滑动板间的附着作用带动滑动板向外侧运动。此时，车轮在滑动板上做纯滚动，滑动板相对于地面有侧向移动，其运动方向如图 5-21 所示，此时测得的滑动板的横向位移量记为 St（即由前束所引起的侧滑分量）。遵照约定，前进时，由车轮前束引起的侧滑分量 St_1 大于或等于零。反之，仅具有前张角的车轮在前进时，由车轮前张（负前束）引起的侧滑分量 St_2 小于或等于零。

当具有前束的车轮后退时，若在无任何约束的情况下，车轮必定向外侧滚动，但因受到车桥的约束作用，虽然其存在着向外滚动的趋势，但不可能向外侧滚动，从而会通过其与滑动板间的附着作用带动滑动板向内侧移动，其运动方向如图 5-21 所示。此时测得滑动板向内的位移记为 St_1，遵照约定，仅具有前束角的车轮在后退时，通过侧滑台所引起的侧滑分量 St_1 小于或等于零。反之，仅具有前张角的车轮在轮后退时，通过侧滑台所引起的侧滑分量 St_2 大于或等于零。

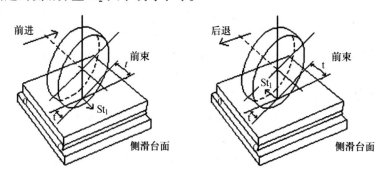

图 5-21　具有前束的车轮在滑板上滚动的情况（右轮）

综上可知，仅具有前束的车轮，在前进时驶过侧滑台时所引起的侧滑量为正值，在后退时驶过侧滑台所引起侧滑量分量为负值。反之，仅具有前张的车轮，在前进时驶过侧滑台时所引起的侧滑分量为负值，在后退时驶过侧滑台所引起的侧滑分量为正值。

（3）滑动板同时受到车轮外倾角和前束的作用。汽车转向轮同时具有外倾角和前束，在前进时由外倾所引起的侧滑分量 Sa，与由前束所引起的侧滑分量 St 方向相反，因而两者相互抵消。在后退时两者方向相同、两分量相互叠加。在外倾角及前束值不大的情况下，可以认为 Sa 和 St 在前进和后退过程中，侧滑分量数值不变。设车轮在前进时通过侧滑台所产生的侧滑量为 A，在后退时的侧滑量为 B，则可得到下述结论（在遵循上述侧滑量的符合约定的条件下）：

当车轮存在外倾角和前束时：B 大于等于零，且 B 大于等于 A 的绝对值。

另外，若假设前进时的侧滑量就是 Sa 和 St 简单叠加（或抵消）关系，则还可以得出下列结论：

①若前进时的侧滑量 A 大于一定的正数，后退时的侧滑量 B 大于另一正数，则侧滑量主要是由外倾所引起的。

②若前进时的侧滑量 A 小于一定的负数，后退时的侧滑量 B 大于某一正数，则侧滑量主要是由前束所引起的。

③外倾角引起的侧滑量：Sa =（A + B）/2。

④前束所引起的侧滑量：St =（A − B）/2。

遵循上述分析和讨论，我们可以得到其余三种组合情况下侧滑台板的运动规律，从车轮外倾、车轮内倾、车轮前束和前张四个因素中判断出是哪个因素主要引起侧滑的故障，因此可有效地指导维修人员调整前轮定位。

3. 单板侧滑检验台的测量原理

单滑板侧滑检验台仅用一块滑板（如图 5 −22 所示）。汽车左前轮从单滑动板上通过，右前轮从地面上行驶。若右前轮正直行驶无侧滑，即侧滑角 β 为零，而左前轮具有侧滑角 α 向内侧滑时（如图 5 −22a 所示），通过车轮与滑动板间的附着作用带动滑动板向左移动距离 b。若右前轮也具有侧滑角 β，同样右前轮相对左前轮也会向内侧滑，此时，滑动板向左移动距离 c，并由于左前轮同时向内侧滑的量为 b，则滑动板的移动距离为两前轮向内侧滑量之和，即 b + c（如图 5 −22b 所示）。上述 b + c 距离可反映出汽车左右车轮总的侧滑量及侧滑方向。也就是说，采用单板式侧滑台测量汽车的侧滑量时，虽然是一侧车轮从滑动板上通过，但测量的结果并非是单轮的侧滑量，而是左右轮侧滑量的综合反映。根据这一侧滑量可以计算出每一边车轮的侧滑量，即单轮的侧滑量为（b + c）/2。

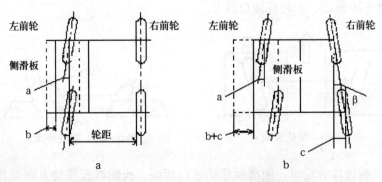

图 5 −22　单滑板侧滑检验台的测量原理分析

需要注意的是，车轮在驶入侧滑台前由于车轮侧滑的作用，车轮与地面间接触产生的横向应力会迫使车轮产生变形，而在驶上侧滑板的瞬间变形产生的应力将迅速释放并引起滑板移动量大于实际侧滑量引起的位移；与之类似，在驶出滑板的瞬间已接触地面部分的轮胎将积聚应力阻碍滑板移动，从而使滑板位移量小于实际值。因此，近来陆续出现了前后带应力释放板的侧滑台，以保证车轮通过中间滑板（带侧滑量检测传感器）时能得以准确测量，GB 21861－2008 也规定侧滑台应带车轮应力释放功能。由于进车时的应力释放对侧滑测量造成的影响比出车时大得多，考虑到成本因素，目前在进车方向带释放板的侧滑检验台较多。

四、侧滑不合格原因分析

依据 GB 7258－2004 规定对前轴采用非独立悬架的汽车，其转向轮的横向侧滑量，用侧滑台检验时侧滑量值应在 ±5m/km 之间。GB 21861－2008 规定，对独立悬架的汽车，其转向轮的横向侧滑量只检测，不评判。

标准中已对滑板的移动方向和数值正负的对应关系作了规定（外正、内负）。为便于检验人员对车辆前束、前轮外倾引起的滑板移动方向有明确的认识，下面以图示说明。

（1）汽车前进时，侧滑板向外移动，原因是：

①如图 5－23 所示，前束值过大。

②如图 5－24 所示，前轮外倾角与该车外倾角基准值相比偏小。

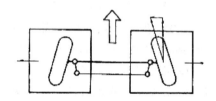

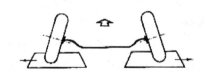

图 5－23　前轮正前束　　　　　　　　图 5－24　前轮内倾

（2）汽车前进时，侧滑板向内移动，原因是：

①如图 5－25 所示，两前轮前束值偏小或为负值。

②如图 5－26 所示，前轮外倾角过大。

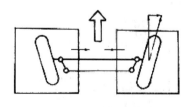

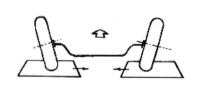

图 5－25　前轮反前束　　　　　　　　图 5－26　前轮外倾

（3）汽车前进和后退时，侧滑板移动方向相同，或侧滑板移动方向虽相反，但绝对值之差较大，属前轮外倾角异常或转向系杆件球头磨损后松旷所致。

五、侧滑检验台使用与保养

1. 使用注意事项

（1）使用前清除检验台盖板，滑板上的油水、泥、砂等杂物，检查活动滑板运动是否灵活。

（2）每月检查连杆机构的工作状态，各接触部位不得有移动和窜动等不良现象。

（3）当不检测时，应将滑板锁止待测试时再打开。

2. 检查保养

侧滑检验台检查保养内容与周期推荐如表 5 - 5 所示。

表 5 - 5　侧滑检验台检查保养内容与周期

保养内容	保养周期	保养内容	保养周期
清洁	每天	检查台面四角平稳	3 个月
检查信号线物理损伤	1 个月	检查各螺栓、螺母	3 个月
检查各活动部件	3 个月	活动、摩擦部件加油	6 个月

六、侧滑检验台计量检定

为保证侧滑检验台的测试准确性，一般每年依据《汽车侧滑检验台检定规程》（JJG 908 - 2009）检定一次。检定主要内容为：零点漂移、零值误差、示值误差、示值重复性、滑板位移同步性、滑板移动所需作用力、外观等。

第五节　摩托车轮偏检测仪

一、摩托车轮偏检测仪的作用

摩托车的直线行驶性能，影响到车辆是否跑偏、轮胎磨损和燃油经济性，涉及行车安全。目前，检查摩托车直线行驶性能的基本方法是用摩托车轮偏检测仪检查摩托车前、后车轮中心平面的偏移量，并根据偏移量判断车轮安装的位置及间隙是否正确、悬挂系统及车架是否弯曲变形等。轮偏检测仪是对摩托车行驶系检测的必备设备。

轮偏检测仪的检验指标为摩托车前后轮中心平面偏移量，简称轮偏（mm）。

二、摩托车轮偏检测仪的结构

摩托车轮偏检测仪的结构如图 5 - 27 所示。

其分为前后两部分，前部为前轮夹紧装置，后部为后轮夹紧装置。分别由一对可伸缩的夹紧臂组成，其中后轮夹紧装置为固定式（即检测时，摩托车后轮被夹紧后，为一固定的位置，不可活动和调整），前轮夹紧装置为活动式（即前轮夹紧装置连同其承载前轮的台面，相对于后轮夹紧装置可以自由向左和右两侧滑动一定距离）。

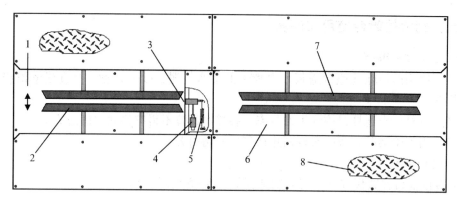

1-前轮承载板　2-前轮夹紧装置　3-传感器挡块　4-位移量传感器
5-前轮夹紧装置复位弹簧　6-后轮承载板　7-后轮夹紧装置　8-检测仪盖板
图5-27　摩托车轮偏检测仪结构图

三、摩托车轮偏检测仪的工作原理

检测轮偏时将摩托车停放在台架中间，使前轮位于前轮夹紧装置工作区域，后轮位于后轮夹紧装置工作区域。系统控制后轮夹紧装置动作，后轮被夹紧，迫使车身摆正；之后前轮被夹紧，同时前夹紧装置的车轮承载面随车轮位置横向滑移。此时若摩托车前轮和后轮的中心线重合，则前轮夹紧装置中的位移传感器位于零点状态输出零点电压，若中心线不重合，则传感器将输出前轮相对于后轮向左或向右的偏移量成正比的电压信号。该信号经放大滤波后，送往仪表或A/D转换器转换成数字信号，经计算机或仪表计算处理后，显示结果打印输出。

四、摩托车轮偏检测仪的使用与保养

1. 使用注意事项

（1）轮荷超过承载允许值的车辆不得上线。

（2）摩托车驶上轮偏检测仪检测时，不要猛踩制动，离开时不要启动过猛，避免冲击。

2. 检查与保养

轮偏检测仪检查保养内容与周期推荐如表5-6所示。

表5-6　轮偏检测仪检查保养内容与周期

保养内容	保养周期	保养内容	保养周期
清洁	每天	检查前夹紧台，移动应灵活，无明显卡阻、无间隙	3个月
检查信号线物理损伤	1个月	检查各螺栓、螺母	3个月
检查各活动部件	3个月	活动、摩擦部件加油	6个月

五、摩托车轮偏检测仪计量检定

为保证轮偏检测仪的测试准确性，一般每年依据《摩托车轮偏检测仪》（JJG 910 – 1996）检定一次。主要检定内容为：零值误差、零点漂移、示值误差、滑板移动所需作用力、外观等。

第六节　前照灯检测仪

一、前照灯检测仪的作用和分类

1. 前照灯检测仪的作用

汽车前照灯是汽车在夜间或在能见度较低的条件下，为驾驶员提供行车道路照明的重要设备，也是驾驶员发出警示、进行联络的灯光信号装置。汽车前照灯的安全检测是保障夜间行车安全的一个重要因素。世界各国对机动车前照灯有严格的测试要求。前照灯必须有足够的发光强度和正确的照射方向。夜间所有前照灯同时照明时，应具有能使驾驶员看清前方100米距离以内交通障碍物的性能，照明光束应对准车的前进方向，主光轴方向应该偏下，避免迎面驾驶员产生眩目。

由于在行车过程中，汽车受到振动，可能引起前照灯部件的安装位置发生变动，从而改变光束的正确照射方向，同时，灯泡在使用过程中会逐步老化，反射镜也会受到污染而使其聚光的性能变差，导致前照灯的亮度不足。这些变化，都会使驾驶员对前方道路情况辨认不清，或在与对面来车交会时造成对方驾驶员眩目等，从而导致事故的发生。因此，对汽车前照灯进行检测，保持汽车前照灯良好的性能非常重要。

2. 前照灯检测仪的分类

用于检测汽车前照灯性能的设备，称为前照灯检测仪。

按照测量原理分为CCD（图像传感器）前照灯测仪和感光电池式前照灯检测仪。按照操作方式分为全自动前照灯检测仪和手动前照灯检测仪。按照检测距离和方法的差异可分为聚光式、投影式和自动跟踪光轴式等。

二、前照灯检测仪的结构

用检测仪检测灯光性能时，一般距离前照灯为1m或3m，检测时前照灯的光束通过检测仪的聚光透镜和光电元件等，将1m或3m处的光照度折算成10m处的照度，并以发光强度值进行指示。

以下以目前应用较多的南华厂生产的NHD – 6101型远近光检测仪说明全自动前照灯远近光检测仪结构。NHD – 6101型远近光检测仪外形如图5 – 28所示。

控制机是前照灯检测仪进行数据处理及控制的计算机。控制机前面板的液晶显示器下方装有操作键盘（见图5 – 28），背面装有插座连接板（见图5 – 29）。

底座是整台仪器的基座，装有水平方向驱动系统，以驱动仪器整机作水平方向运动；底座内装有受光箱的上下传动机构、限位开关组、高度检测机构等。

立柱是控制机支承部分，也是受光箱垂直运动的支承导向柱。立柱内还安装有电气系统的主控板、电机控制板、电源板等控制线路板。立柱表面安装有扫描光电管阵列。

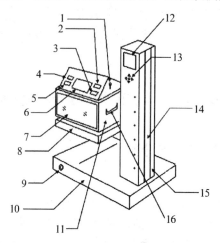

1－观察把手　2－左右方向指示表　3－上下方向指示表　4－光强指示表　5－高度指示表
6－观察屏幕　7－菲涅尔透镜　8－回转台　9－水平调整偏心轴　10－底座　11－受光箱
12－控制机　13－操作键盘　14－立柱盖板　15－立柱　16－准星

图 5－28　仪器正面示意图

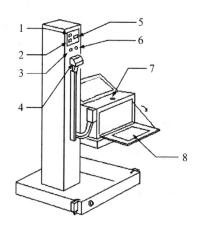

1－数字信号接口　2－显示器插座　3－电源开关　4－接线盒
5－打印机接口　6－电源插座　7－水准泡　8－参数调校板

图 5－29　仪器背面示意图

接线盒位于立柱后侧，装有各连接电缆的插座。

回转台装有驱动受光箱作上下、左右摆动的传动机构，是受光箱的支承座。

受光箱内装有光电检测元件及光学测量系统，用以实现各有关参数的检测。

水平方向光轴角指示表、发光强度指示表、垂直方向光轴角指示表及灯高指示表显示实时测量数据。

观察屏幕是用以观察远光配光特性及近光明暗截止线的显示面板，当扳起受光箱的

"观察把手"时，被检前照灯的配光图像就会投射在屏幕上，这时可借助屏幕上的刻度，对配光图像进行目测。

控制盒上面装有各种控制键，供用户执行操作。

三、前照灯检测仪的工作原理

目前应用较多的是 CCD 式前照灯检测仪，工作原理如图 5 – 30 所示。前照灯检测仪在接收到计算机发送的自动检测命令下，仪器自动从停止位置水平方向行走，并通过"远光"、"近光"指示灯提示用户在检测远光时把前照灯切换到远光，检测近光时切换到近光。仪器在行走的过程中，立柱光电扫描阵列不断进行扫描，判断立柱是否检测到前照灯光照区。当扫描到光照区时，仪器停止水平方向运动，并根据光电扫描阵列的光照区高度，控制光接收箱进入光照区。光接收箱进入前照灯光照区后，仪器转入自动跟踪状态，跟踪摄像机对被检前照灯进行跟踪定位，定位到前照灯中心位置后，控制测量摄像机拍摄被检前照灯在屏幕上投影的灯光影像，输送到数字处理芯片进行计算，并在液晶显示屏上显示检测结果数据，同时通过数据线传送到计算机，灯光检测完成。

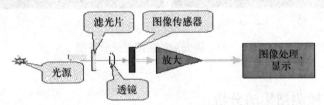

图 5 – 30　CCD 式前照灯检测仪工作原理

1. 前照灯光轴的定位原理

前照灯检测仪可以对进入光接收箱的前照灯光束进行拍摄，利用计算机和图像处理技术对整个光斑进行量化分析处理，找出前照灯的光轴中心，通过控制系统控制驱动电机，使光接收箱的光学中心和前照灯的远光（或近光）光束中心准确重合。当光接收箱的光学中心和前照灯的远光光束中心准确重合时（如图 5 – 31a 所示），上下、左右电机不动，仪器处于平衡状态；当光接收箱的光学中心和前照灯的远光光束中心不重合时（如图 5 – 31b 所示），计算计会发出指令，使上下、左右电机走动，直到光接收箱的光学中心和前照灯的远光光束中心准确重合。

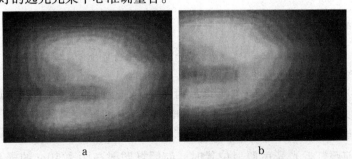

图 5 – 31　未进行聚光的前照灯光束灰度图像

2. 偏角和光强的测量

对准光轴后，前照灯检测仪的 CCD 相机拍摄光接收箱聚光后的前照灯光斑，利用计算机和图像处理技术对整个焦平面光斑进行量化分析处理，找出其光束中心。不同偏角的光束其光学中心成像在焦平面上的位置不同；不同光强的点，其在图像上的灰度也不同。光强越强的点，光斑越白；光强越弱的点，光斑越暗。前照灯检测仪可以测出机动车前照灯的角度和光强。当机动车前照灯远光的偏角为零度时，远光（或近光）灯光束经过聚光透镜聚光后，其成像在焦平面的光学中心也在焦平面的中心，其成像在焦平面的光分布如图 5 – 32a 所示。当机动车前照灯远光的偏角不为零度时，远光灯光束经过聚光透镜聚光后，其成像在焦平面光学中心也不在焦平面的中心，其成像在焦平面的光分布如图 5 – 32b 所示。

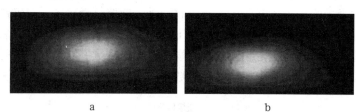

a   b

图 5 – 32　聚光后的前照灯光分布图

四、前照灯检测结果的分析

1. 国家标准对汽车前照灯的要求

为了降低行车事故，确保行车安全，机动车在出厂前，其前照灯必须调整正确。《机动车运行安全技术条件》（GB 7258 – 2004）和《营运车辆综合性能要求》（GB 18565 –2001）国家标准规定了前照灯的发光强度、照射位置及检验方法。

《机动车运行安全技术条件》（GB 7258 – 2004）中对汽车前照灯有如下规定：

（1）在正常使用条件下，机动车前照灯光束照射位置应保持稳定。

（2）装有前照灯的机动车应有远、近光变换装置，并且当远光变为近光时，所有远光应能同时熄灭。同一辆机动车上的前照灯不允许左、右的远、近光灯交叉开亮。

（3）前照灯的远、近光灯上下并列设置时，近光灯应位于上侧，其他情况下近光灯应位于外侧。

（4）所有前照灯的近光都不允许眩目。

（5）汽车（三轮汽车除外）、摩托车及轻便摩托车装用的前照灯应分别符合 GB 4599、GB 5948 及 GB 4785 的规定。

（6）远光光束发光强度。机动车每只前照灯的远光光束发光强度应达到前照灯远光光束发光强度最小值的要求。测试时，其电源系统应处于充电状态。

（7）光束照射位置要求。

①在检验前照灯近光光束照射位置时，前照灯照射在距离 10m 的屏幕上时，乘用车前照灯近光光束明暗截止线转角或中点的高度应为 0.7 ~ 0.9H（H 为前照灯基准中心

高度，下同），其他机动车（拖拉机运输机组除外）应为 0.6~0.8H。机动车（装用一只前照灯的机动车除外）前照灯近光光束水平方向位置向左偏不允许超过 170mm，向右偏不允许超过 350mm。

②轮式拖拉机运输机组装用的前照灯近光光束的照射位置，按照上述方法检验时，要求在屏幕上光束中点的离地高度不允许大于 0.7H；水平位置要求向右偏移不允许超过 350mm，不允许向左偏移。

③在检验前照灯远光光束及远光单光束灯照射位置时，前照灯照射在距离 10m 的屏幕上时，要求在屏幕光束中心离地高度，乘用车为 0.9~1.0H，其他机动车为 0.8—0.95H；机动车（装用一只前照灯的机动车除外）前照灯远光光束水平位置要求，左灯向左偏不允许超过 170mm，向右偏不允许超过 350mm，右灯向左或向右偏均不允许超过 350mm。

2. 影响光强偏少常见因素

根据国家相关标准，对前照灯检测结果进行比较。光强偏少常见原因有：

（1）机动车前照灯灯罩存在破损或太脏，由于灯罩破损分散了前照灯的亮度的最强点。

（2）机动车前照灯没有聚光罩，或是有聚光罩但不聚光。由于前照灯没有聚光导致光亮不集中。

（3）机动车蓄电池老化，导致蓄电不稳定，使前照灯光强不够。

（4）机动车前照灯灯泡故障。

五、前照灯检测仪的使用与保养

1. 日常使用

（1）检测前仪器及车辆准备。

①检测仪受光面应清洁，轨道内无杂物。

②车辆轮胎气压符合标准规定，前照灯玻璃应清洁。

（2）汽车前照灯检测程序。

①车辆正直居中行驶，在前照灯离检测灯箱 1m（或根据说明书要求的距离）处停车。

②车辆发动机处于怠速状态，置变速器于空挡，电源处于充电状态。

③启动前照灯检测仪开始测量，相应开启汽车前照灯远近光。不同型号的检测仪操作方法不同，请按说明书要求操作。

④在并列的前照灯（四灯制）进行检测时，应将与受检灯相邻的灯遮蔽。

⑤检测完毕，前照灯检测仪归位，车辆驶离。

（3）NHD-6101 型前照灯检测仪手动检测过程。

①控制盒控制手动检测。

a. 扳动控制盒的"上、下"开关，可使仪器的光接收箱在垂直方向上下移动。

b. 扳动控制盒的"左、右"开关，可使仪器在水平方向左右移动。

c. 当按下"远光"或"近光"按钮，仪器开始寻找光照区。当仪器进入被检前照灯的光照区时，进入自动检测状态，自动对准被检前照灯的远光灯或近光灯，自动进行测量，各显示表显示测量结果。

②液晶屏控制手动检测。在待机状态下，按液晶显示面板上"上升"、"下降"键，将光标移动到相应的检测项目上；按"确认"键，仪器会进行自动寻光，并把测量结果显示在数码管上。

a. "自动检测"选项：进行两灯制左灯远近光和右灯远近光检测。

b. "单测左灯"选项：进行两灯制左灯远、近光检测。

c. "单测右灯"选项：进行两灯制右灯远、近光检测。

（4）NHD-6101型前照灯检测仪自动检测过程。自动检测程序启动前，仪器必须处于导轨的左端或右端（沿行车方向判别，左端或右端可通过原始位置设定开关设定）。

自动检测程序启动后，仪器按下述步骤自动进行检测（以左停原始位、两灯制为例）。

①仪器从原始位置右行走寻找光照区。

②在仪器行走的过程中，光电扫描阵列不断进行扫描。当扫描到光照区时，仪器停止水平方向运动，并根据光电扫描阵列的光照区高度，控制光接收箱进入光照区。

③当光接收箱进入左灯光照区后，仪器自动转入自动跟踪状态，对被检前照灯进行检测。

④检测过程仪器通过"远光"、"近光"指示灯提示用户在检测远光时把前照灯切换到远光，检测近光时切换到近光。检测完成后，各表头显示检测数据。

⑤完成左灯检测后，仪器自动向右行驶寻找右灯光照区。

⑥在仪器行走的过程中，光电扫描阵列不断进行扫描。当扫描到光区时，仪器停止水平方向运动，并根据光电扫描阵列的光照区高度，控制光接收箱进入光照区。

⑦当光接收箱进入右灯光照区后，仪器自动转入自动跟踪状态，对被检前照灯进行检测。

⑧检测过程仪器通过"远光"、"近光"指示灯提示用户在检测远光时把前照灯切换到远光，检测近光时切换到近光。检测完成后，各表头显示检测数据。

⑨仪器自动返回至原始位置，并回复到"待命"状态。

2. 前照灯检测注意事项

（1）停车位置要准确，车身纵向中心线要垂直于前照灯受光面，否则会影响光束左右偏测量的准确性。

（2）初检与复检时尽量由同一检验员引车操作，驾驶员体重的变化会对光束上下偏测量的准确性和重复性造成影响，尤其对微型车影响较大。

（3）前照灯检测仪正在移动或将要移动时，严禁车辆通过。

（4）检测完毕后车辆要及时驶离，车身不得长时间挡住轨道。

3. 前照灯检测仪的日常维护

（1）仪器的立柱应保持清洁，并每天加润滑油少许，以利滑行。

（2）光接收箱上下传动链条及底箱内左右传动齿轮，每周加油润滑。

（3）导轨的表面应保持洁净，去除沙粒、油泥、小石子等。严禁加油润滑表面。

（4）仪器光接收箱正面的防护玻璃应保持洁净。如有油污及过量粉尘积聚，可用软布揩擦干净。

(5) 每年对灯光仪进行校准。

六、前照灯检测仪的计量检定

为保证前照灯检测仪的测试准确性,一般每年依据《机动车前照灯检测仪检定规程》(JJG 745 – 2002) 检定一次。主要检定内容为:发光强度、光轴偏移值(角)、跟踪时间、近光明暗截止线转角或中点偏移值(角)、疲劳性、高度及高度比、外观等。

本章小结

本章介绍了车速表检验台、轴(轮)重仪、制动检验台、汽车侧滑检验台、摩托车轮偏检测仪、前照灯检测仪的作用、结构、工作原理、使用与维护和计量检定要求,需要重点了解的内容有各检测设备、仪器的作用和结构,需要掌握的内容有各检测设备、仪器的原理、结果分析、使用与保养以及计量检定要求。

思考题:

1. 当车轮轮胎磨损后,车速表指示的数值偏快还是偏慢?为什么?

2. 车速表检验台现行的产品制造执行标准号及名称是什么?

3. 当车速表检验台的滚筒直径为 176.8mm,滚筒转速为 1200r/min 时,滚筒的线速度是多少?

4. 车速表失准的主要原因是什么?

5. 造成前轮侧滑的主要原因是什么?

6. 简述轴(轮)重仪偏载误差产生的原因。

7. 滚筒反力式制动性能检验台测试的汽车制动性能指标有哪些?

8. 在滚筒反力式制动性能检验台上检验时,如车轮已抱死,是否已测到了制动器的最大制动力?为什么?

9. 可采取哪些措施增加滚筒反力式制动性能检验台的制动力测试能力?

10. 有些滚筒反力式制动性能检验台设置第三滚筒的目的是什么?

11. 平板制动检验台重复性好坏主要取决于哪些因素?

12. 侧滑检验台进车方向应力释放板的作用是什么?

13. 前轮正前束导致侧滑板的移动方向是向外还是向内?

14. 前轮外倾导致侧滑板的移动方向是向外还是向内?

15. 在标定时,滑板有效长度分别为 500mm、1000mm 的双板联动侧滑台在滑板向外移动 1mm 时分别对应的侧滑量(m/km)为多少?

16. 什么是摩托车轮偏?

17. 前照灯检测仪如何定位灯光?

18. 影响前照灯光强的因素有哪些?

19. 前照灯检测仪日常保养维护需要注意哪些事项?

第六章 机动车环保检测设备

第一节 废气分析仪

一、废气分析仪的作用和分类

1. 废气分析仪的作用

汽油车所排放的污染物主要有：CO（一氧化碳）、HC（碳氢化合物）、NO_x（氮氧化合物）等。

CO 是燃料不完全燃烧的产物，当发动机混合气过浓或燃烧质量不佳时，易生成 CO 而从发动机排气管排出。特别是发动机怠速时，混合气供给偏浓，发动机工作循环中的气体压力和温度不高，燃烧速度减慢，因不完全燃烧所生成的 CO 浓度增高；发动机在加速过程中供给较浓混合气，或因点火过分推迟补燃增多时，均会使 CO 的排放量增加。CO 与血液中的血红蛋白结合，形成碳氧血红蛋白，这部分血红蛋白失去输送氧气的能力，造成血液输氧能力下降，导致人体缺氧。

废气中的 HC 是发动机未燃尽的燃油分解所产生的气体。汽车排放污染物中，HC 的 20%～25%来自曲轴箱窜气；20%来自化油器和燃油箱中燃油的蒸发；其余则由发动机排气管排出。发动机冷启动或怠速工况下混合气较浓，且燃烧温度过低或化油器雾化不良时，发动机排出的废气中的 HC 含量增加。HC 可以使人的骨髓功能减弱，血小板减少，刺激眼、鼻、呼吸道，危害植物，也是形成光化学烟雾的因素。

NO_x 是空气中的 N_2 与 O_2 在高温高压条件下反应而生成的。汽车发动机所排出废气中的 NO_x 主要由 NO（一氧化氮）和 NO_2（二氧化氮）构成。汽油机排出的氮氧化物中，NO 占 99%，而柴油机排出的氮氧化物中 NO_2 的比例稍大。发动机的负荷和压缩比越高，发动机的燃烧温度越高，燃烧终了气缸内的压力越高，生成 NO_x 的条件也越充分。NO_2 危害眼睛、呼吸道和肺；NO_x 使纤维、塑料、橡胶、电子材料提前老化，并参与形成光化学烟雾。

汽油车排气中含有的有害成分不但严重污染了大气，恶化了环境，而且直接威胁人们的身体健康。因此，对汽油车排放进行检测从而减少污染具有十分重要的意义。

2. 废气分析仪的分类

用于检测汽车尾气排放的设备，称为废气分析仪。

按照仪表显示类型，废气分析仪可分为电流表指针指示、LED 数码管显示和 LCD 液晶显示。电流表指针指示是国内外最早的分析仪器通常采用的方式，其靠指针指示，直观简便，多采用模拟技术。LED 数码管显示是比指针方式进一步的显示方式，这种方式简单可靠，数字大而明亮，仪器功能增强，多是模拟或数字处理技术。LCD 液晶显示器可显示汉字和较复杂的图形，控制系统复杂，功能强大，仪器档次高，菜单引导操作简便易行，采用现代计算机、单片机等数字处理技术，是现在和未来发展的主潮流。按照检测气体种类可分为两气体废气分析仪、四气体废气分析仪和五气体废气分析仪。两气体废气分析仪主要是检测 CO、HC 两种气体的排放，四气体废气分析仪能够检测 CO、HC、CO_2 和 O_2，五气体废气分析仪在四气体废气分析仪的基础上还能检测氮氧化合物（NOx）。

二、废气分析仪的结构

两气体废气分析仪从汽车排气管内收集汽车的尾气，并对气体中所含有的 CO 和 HC 的浓度进行连续测定。它主要由汽油车排气采集部分和汽油车废气分析部分构成。

以下以目前应用较多的南华厂生产的 NHA‑506 型废气分析仪为例说明废气分析仪的结构。废气分析仪外形如图 6‑1 所示。仪器主要由仪器本体、短导管、前置过滤器、取样管、取样探头、嵌入式微型打印机等组成。

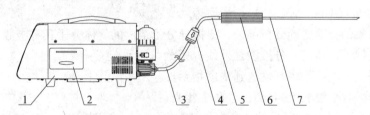

1. 仪器主机　2. 嵌入式微型打印机　3. 取样管
4. 前置过滤器　5. 短导管　6. 取样探头把手　7. 取样探头

图 6‑1　NHA‑506 仪器的组成

废气分析仪气体采集部分如图 6‑2 所示，由探头、过滤器、导管、水分离器和泵等构成。用探头、导管、泵从排气管采集汽油车排气。排气中的粉尘和碳粒用过滤器滤除，水分用水分离器分离出去。最后，将气体成分输送到分析部分。

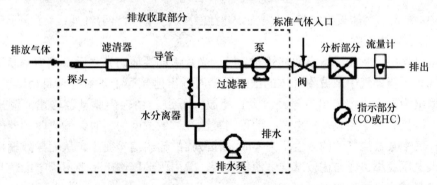

图 6‑2　废气分析仪气体采集结构示意图

仪器内部分析装置（见图 6‑3）由红外光源、取样气室、切光扇轮、滤光片、半导体红外检测器、信号放大和处理模块组成。

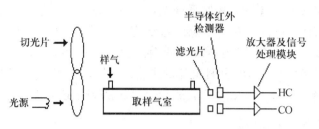

图6-3 废气分析仪分析装置结构示意图

三、废气分析仪检测原理

五气体废气分析仪中，CO、CO_2、HC 通过非分散红外线不同波长能量吸收的原理来测定，而 NO_x 与 O_2 的浓度采用氧传感器和一氧化氮传感器测定。

1. 废气分析仪 HC、CO、CO_2 检测原理

废气从采集部分输送到分析部分，根据异分子组成的气体分子具有吸收一定波长的红外光能量的特性，通过非分散型红外线分析测定气体的浓度，用电信号将其输送到浓度指示部分。CO 能吸收中心波长为 4.65μm 的红外光，CO_2 能吸收中心波长为 4.3μm 的红外光，HC 能吸收中心波长为 3.4μm 的红外光。由比尔定律（见式6-1）可知，当气体层（即气体长度）一定时，被测气体吸收的能量 ΔI 与气体浓度 C 成

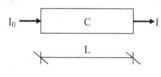

图6-4 比尔定律

一一对应关系（见图6-4），因此只要测定出不同中心波长的 ΔI，就可以得出所对应的气体的浓度。

$$\Delta I = I_0 - I = I (1 - e^{-kcl}) \tag{6-1}$$

式中：k 表示气体吸收常数；I_0 表示入射红外线；I 表示出射红外线；l 表示气体层长度；c 表示气体浓度。

测量过程中，从光源发出的红外光，经过光片周期性地切光之后，成为一断续的束光射向气室。当样气中某被测气体的浓度为零时，出射光等于入射光（即 $\Delta I = 0$），检测器的输出为最大，该输出信号经放大、滤波（低道）由输出驱动器输出。输出驱动器的输入端接有一个比较基准电源，使得当被测气体的浓度为零时，输出驱动器输出为零。当样气中某被测气体的浓度不为零时，检测器的输出信号变小，从而导致输出驱动器的输入电压变小，经与比较基准电源比较后，输出驱动器输出一个不为零的信号，其大小正比于被测气体的浓度。

2. 废气分析仪 O_2 及 NO 检测原理

废气中的 NO_x 与 O_2 的浓度采用电化学电池进行分析，由电解质阳极和空气阴极组成有限度渗透型电化学电池。渗透膜上所渗透的 O_2 原子，与气体中 O_2 的分压成正比。电化学电池根据渗入的 O_2 原子数量，输出相应电流。NO_x 传感器与 O_2 传感器原理一样。

氧（O_2）传感器，其基本形式是包括一个电解质阳极和一个空气阴极组成的金属—空气有限度渗透型电化学电池。氧传感器电流是一个电流发生器，其所产生的电流正比于氧的消耗率。此电流可通过在输出端子跨接一个电阻以产生一个电信号。如果通入传感器的氧只是被有限度地渗透，利用上述信号可测氧的浓度。在汽车废气检测上应用的氧电池，使用一种塑料膜作为渗透膜，其渗透量受控于气体分子撞击膜壁上的微孔，如果气体压力增加，分子的渗透率增加。因此，输出的结果直接正比于氧的分压且在整个浓度范围内呈线性响应。由氧传感器输出的信号经放大后，送至仪器的数据处理系统的 A/D 输入端，进行数字处理及显示。

NO_x 的传感器是基于 O_2 传感器基础上发展起来的电化学电池式传感器（见图 6 – 5）。

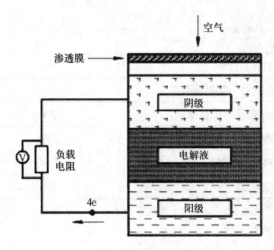

图 6 – 5　电化学电池式传感器

四、检测结果的分析

1. 排气污染物的相关标准

目前我国机动车排气污染物排放控制的标准体系仍在不断完善之中，且国家环保部门正在制定在用车排气污染物排放的系列标准，《机动车运行安全技术条件》（GB 7258 – 2004）仅定性地规定"机动车排气污染物排放应符合相关标准的规定"，未直接引用相关标准的名称及年号，机动车生产厂家、管理和使用部门应按照规定执行相关标准。

按照现行国家标准，装配点燃式发动机的车辆怠速及双怠速试验排气污染物限值见表 6 – 1 和 6 – 2。对装配点燃式发动机的汽车，我国现行的在用车排放检测方法主要是怠速法、双怠速法、由于只规定测量 HC、CO 的排放浓度，所以无法适应新车发展的需要。部分城市为满足实施更高排放检测要求，将逐步实施工况法检测，检测方法主要有稳态工况法、瞬态工况法和简易瞬态工况法三种，对于这三种检测排气污染物排放限值，国家标准并没有明确要求，只是环境保护行业根据实施工况法检测地区的限值制定了相关的参考值（参见 HJ/T 240 – 2005）。

表6-1　新生产汽车排放污染物排放限值（体积分数）

车　型	怠　速		高怠速	
	CO（%）	HC（10^{-6}）	CO（%）	HC（10^{-6}）
2005 年 7 月 1 日起新生产的第一类轻型汽车	0.5	100	0.3	100
2005 年 7 月 1 日起新生产的第二类轻型汽车	0.8	150	0.5	150
2005 年 7 月 1 日起新生产的重型汽车	1.0	200	0.7	200

表6-2　在用汽车排放污染物排放限值（体积分数）

车　型	怠　速		高怠速	
	CO（%）	HC（10^{-6}）	CO（%）	HC（10^{-6}）
1995 年 7 月 1 日前生产的轻型汽车	4.5	1200	3.0	900
1995 年 7 月 1 日起生产的轻型汽车	4.5	900	3.0	900
2000 年 7 月 1 日起新生产的第一类轻型汽车	0.8	150	0.3	100
2001 年 10 月 1 日起新生产的第二类轻型汽车	1.0	200	0.5	150
1995 年 7 月 1 日前生产的重型汽车	5.0	2000	3.5	1200
1995 年 7 月 1 日起生产的重型汽车	4.5	1200	3.0	900
2004 年 7 月 1 日起生产的重型汽车	1.5	250	0.7	200

注：对于 2001 年 5 月 31 日以前生产的 5 座以下（含 5 座）的微型面包车，执行 1995 年 7 月 1 日起生产的轻型汽车的排放限制。

对于使用闭环控制电子燃油喷射系统和三元催化转化器技术的汽车进行过量空气系数（λ）的测定，发动机转速为高怠速转速时，λ 应在 1.00 ± 0.03 或制造厂规定的范围内。进行测试前，应按照制造厂使用说明书的规定预热发动机。

2. 影响测量结果因素

（1）混合气成分的影响。如果怠速工况排出的 CO 及 HC 的排放浓度较高，检查发动机内部各运动件的配合情况并改善润滑条件，以降低运动阻力，改善怠速工作条件；同时，在保证规定的怠速转速范围内，调整怠速调节螺钉和节气门开度限制螺钉，以供给稍稀的混合气。怠速转速不能调得太低，因为转速越低，CO 及 HC 的排放浓度越大。

（2）点火时刻的影响。点火时刻推迟可降低 HC 的排放浓度，点火时刻对 CO 排放浓度一般无显著影响。点火时刻是通过改变分电器与驱动轴的相互位置调整的。

（3）火花塞和分电器触点间隙的影响。在火花塞间隙一定的情况下，HC 的排放浓度随火花塞间隙增大而降低；CO 排放浓度随火花塞间隙的增加呈锯齿形变化，即火花塞间隙开始增大，CO 排放浓度增加，火花塞间隙继续增大，CO 排放浓度随之降低。CO 和 HC 的排放浓度随分电器触点间隙的增大而增加。

由上可知：

（1）凡燃烧不完全或使混合气浓度降低的因素一般均会导致 CO 和 HC 的排放浓度

增加。

（2）各因素对 CO 和 HC 的排放浓度的影响程度是不一致的，因此，不可能采用同一种措施使 CO 和 HC 的排放浓度同时降低。

（3）对控制排气污染有利的因素，往往对发动机的动力性、燃油经济性不利，如推迟点火提前角、缩小分电器触点间隙等。因此，在实际调整过程中，要考虑其影响的综合效果。

五、日常使用与保养

1. 废气分析仪的使用

（1）使用前的准备。

①给仪器接通电源，进行必要的预热（30 min 以上）。

②对仪器进行校准，接通 CO、HC 分析仪的简易校准开关，用标准调整旋钮把指示仪表指针调到校准刻度线位置。

③把取样头和取样管接到检测仪上，检查取样头和取样试管内是否有残留的 CO、HC。如果导管内壁吸附有较多的 CO、HC，仪表指针将大大超过零点，在此情况下，要用压缩空气吹洗管道或用细布条擦拭。

④启动发动机进行充分预热。

（2）测量步骤。

①把取样头插入排气消音器内 400mm 左右（无法插入 400mm 时，需接长排气管或用布套把排气管口罩住，以防外部气体混入）。

②待指示稳定后，读取仪表显示值。

③测量结束后，把取样头从排气管内抽出，再吸入新鲜空气 5min，待仪表指针回零后，再关掉电源或继续进行下一辆车的检测。

2. 废气分析仪的维护

正确保养、维修是保持仪器测量精度的关键，CO、HC 分析仪的保养周期与作业项目可参照表 6－3 执行。

CO、HC 废气分析仪维护注意事项：

①测量时，发动机不能高速运转，测试完毕，立刻把取样头从排气管内抽出。

②不能在有燃油或有机溶剂的环境内测量。

③测量时，取样头、导管不可弯折。

④对于配有两套取样头及导管的分析仪，使用时不要混用。

⑤连续测量时，每测完一次要把取样头从排气管消音器内抽出，待仪表指针回零后，再测量下一部汽车。

⑥测量仪工作时，要注意室内通风，以防止人员中毒。

⑦取样头及导管不用时，不可平放，要垂直悬吊，防止管内积水腐蚀管壁。

⑧安装分析仪不可放在潮湿地点，同时要避开温度变化剧烈的环境。

⑨标定用标准气样是有毒气体，要稳妥保存、使用，以防人员受害。

⑩分析仪不可放在潮湿地点，同时要避开温度变化剧烈的环境。数显、打印、微机

系统如有故障，宜请专业人员或厂家修理。

表6-3　CO、HC分析仪保养、维修项目

保养周期	保养部位	保修要领	备注
使用前	仪表	在未接通电源时，指针是否在机械零点上	指针失准，可用零点调整螺钉把它调至与零点重合
	气体流量计	把导管从测量仪上的废气入口处拔下来，用手把废气入口处挡住，检查气体流量计情况	气体流量计如不能正常工作，需请厂家维修
	取样头和导管	检查有无割裂、压坏、堵塞和脏污情况	有污垢，堵塞时，用细布条擦拭或用压缩空气吹洗；有压伤、裂纹时，应予以更换
	滤清器	检查脏污情况	脏污时，更换滤芯
	水分离器	检查积水量	水分离器内有积水应及时排放，并进行清洁工作
	校准装置标准气样校准和简易校准	接通电源，对发动机进行必要的预热，使测量仪吸入新鲜空气，检查仪表指针能否调到零点。关掉泵开关（有"校准、测量"转换开关的测量仪，把开关扳到"校准"一边），把标准气样灌入分析仪，检查指针是否能调到标准位置（仪器校准间隔时间应按厂家规定进行）。接通简易校准开关，检查分析仪工作状态及仪表指针所指位置是否对准仪表盘上的校准刻度线	因为HC分析仪的标准气样是丙烷，所以校准的标准值要按下式计算：校准的标准值＝标准气样浓度×换算系数。当无法调整时，需请厂家派员修理
	各种导线	检查是否有接触不良及断路部位	紧固接触不良部位，更换不良导线
6个月	根据使用工作频繁程度，决定标定工作（使用频繁者，最好标定一次）		
1年	必须接受计量部门检定与校准		

3. 更换过滤元件

当仪器的取样系统被汽车排气中的粉尘、油泥等污物阻塞，导致取样系统的流量大大下降时，显示屏的流量标尺将会低于2格，同时流量标尺左侧的"F"字样也会出现闪烁。此时，应关断仪器电源，检查并清洗取样探头、取样管、短导管，更换前置过滤器和水过滤器。阻塞排除后，仪器便可恢复正常工作。

4. 更换前置过滤器

（1）将取样管和短导管从失效的前置过滤器上取下。

（2）从仪器的附件中取出新的前置过滤器，按外壳上标示的气流方向箭头连接取样管和短导管。使短导管与前置过滤器的小端连接，取样管与大端连接。

5. 更换水过滤器的滤芯

如图6-6所示，逆时针方向拧开水过滤器上端的水杯，卸下水杯。然后旋下螺盖，依次卸下失效的小圆筒滤芯、压环、失效的大圆筒滤芯，并换上新滤芯。最后按拆卸的相反顺序依次安装各件。安装新滤芯时务必注意，勿让硬物将其表面划伤，影响过滤效果。螺盖与水杯要拧紧，以防漏气。

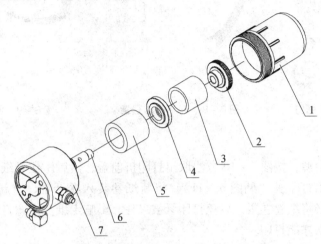

1-水杯 2-螺盖 3-小圆筒滤芯 4-压环
5-大圆筒滤芯 6-螺杆 7-座体
图6-6 水过滤器

6. 更换零气过滤器

零气过滤器的使用寿命较长，正常使用环境下，一般两至三年更换一次。

更换时只需要将失效的零气过滤器从仪器后面板上的连接的弯管上取下，然后将新的零气过滤器按照后面板上箭头的指示方向重新安装即可。

7. 更换氧和氮氧传感器

由于老化的原因，O_2 传感器和 NO_x 传感器使用一年左右就需要更换。更换方法如下：

（1）逆时针旋开仪器后面板传感器罩下方的两个螺钉（见图6-7）。

（2）按图6-8方向掀开并卸下传感器罩。

（3）拔掉传感器的连接插头，逆时针方向旋转卸下失效的传感器（见图6-9）。

（4）将新的传感器按顺时针方向旋转安装在传感器座上，注意旋紧，并注意氧气和氮氧传感器位置不能调反。

（5）重新插上连接插头，盖上传感器罩，最后旋紧传感器罩上的两个螺钉，完成传感器的更换。

（6）氧传感器更换后要执行调零的操作。氮氧传感器更换后要进行调零和 NO 校准的操作。

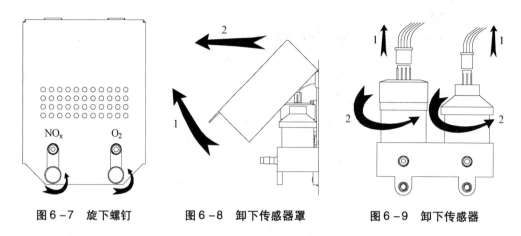

图6-7　旋下螺钉　　　　图6-8　卸下传感器罩　　　　图6-9　卸下传感器

8. 更换打印纸

关闭分析仪电源，按图6-10方法取出打印机前盖，然后压住卷纸轴两侧，将卷纸轴向下拉将其卸出打印机（见图6-11）。将新纸卷装入卷纸轴，重新装回打印机上。安装纸卷时，务必将纸卷卷紧，以免打印纸被夹住，影响走纸。注意打印纸的方向，只有较光滑的热感面才能打印。

接通分析仪电源，按一下打印机的"SEL"键，使"SEL"指示灯熄灭，再按一下"LF"键，打印机开始走纸，用手将纸头送入机头下面的入纸口处，纸便会徐徐进入机头，直到纸从机头正前方露出约1cm左右为止，再按一下"SEL"键，停止走纸，"SEL"指示灯点亮。

打印纸安装完毕后，将打印机重新装回分析仪上。

图6-10　拆卸打印机前盖板

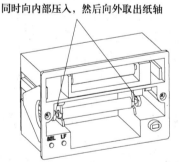

图6-11　取出卷纸轴

六、计量检定

计量检定参考《汽车排放气体测试仪检定规程》（JJG 688-90）。

第二节　烟度计

一、烟度计的作用和分类

1. 烟度计的作用

柴油车的排放污染物主要是微粒，微粒比汽油机多 30～60 倍，主要为含碳物质（碳烟）、铅氧化物和高分子量有机物（润滑油的氧化和裂解产物）。碳烟是柴油发动机燃烧不完全的产物，主要由直径为 0.1～1.0μm 的多孔性碳粒构成。当汽车启动、加速、上坡时，由于混合气过浓，碳烟排放量增加；或者柴油喷雾质量不高、雾化不良时，也会增大碳烟的排放量。碳烟中的有害物质致癌，降低空气能见度，附着固体表面，影响美观，腐蚀金属。铅氧化物会损害心、肺、造血系统，降低智力。

柴油车排气中含有的有害成分不但严重污染了大气，恶化了环境，而且直接威胁人们的身体健康。因此，对柴油车排放进行检测从而减少污染具有十分重要的意义。

2. 烟度计的分类

用来检测柴油车排气污染物的仪器，称为烟度计。按仪器测量原理分有两种，一种是滤纸式，另一种是透射式。国家标准规定，2001 年 10 月 1 日以前生产的柴油车要用滤纸式烟度计检测，2001 年 10 月 1 日以后生产的柴油车用不透光度计进行检测。

二、烟度计的结构

1. 滤纸式烟度计结构

滤纸式烟度计的结构如图 6-12 和 6-13 所示，由采样抽气系统和测量系统两部分组成。采样抽气系统由抽气气缸、抽气电机、取样探头以及气路管道系统和控制电路组成。测量系统主要由走纸机构、压纸机构、光电测量探头以及测量电路和结果显示电路组成。

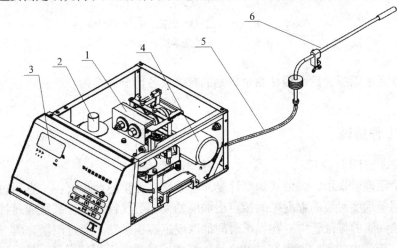

1-测量装置；2-走纸机构；3-显示面板；4-抽气电机；5-连接气管；6-取样探头

图 6-12　滤纸式烟度计结构

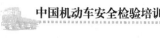
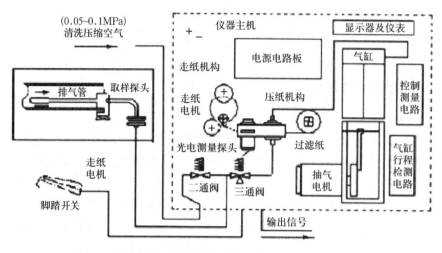

图6-13 滤纸式烟度计总体结构示意图

2. 不透光烟度计结构

不透光烟度计又称消光式烟度计、透射式烟度计，主要由测量单元、控制单元、取样探头、连接电缆等组成（见图6-14）。

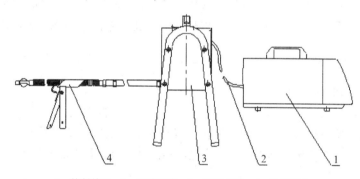

1-控制单元 2-连接电缆 3-测量单元 4-取样探头

图6-14 不透光烟度计结构

控制单元前面板、后面板和测量单元的布置及各部分的结构、名称可参见仪器的说明书。

三、工作原理

1. 滤纸式烟度计原理

从测量原理上来说，滤纸式烟度计是一种非直接测量的计量仪器，它通过检测测量介质被所测量烟度污染的程度来间接得出烟度的大小。仪器的取样系统通过抽气泵、取样探头从柴油车的排气管内，在规定时间抽取规定容积废气，经过测量介质（测试过滤纸）过滤，废气中的碳粒附着在过滤纸上，形成一个规定面积的烟斑，然后通过测量系统的光电测量探头对烟斑的污染程度进行测量，转化为电信号，经过放大、处理，再将测试结果通过显示装置显示出来。

采样时，在控制电路的控制下，电机带动气缸运动，气缸通过气路管道系统，取样枪从柴油车的排气管内抽取规定容积的废气，并通过测试过滤纸过滤，完成采样过程。测量时压纸机构张开，走纸电机带动走纸机构，将被采样系统污染后的测试过滤纸带到光电测量探头下，光电测量探头对其进行测量，通过其内部的测量装置（如图6－15所示的光电池）将滤纸污染程度转化为电信号，经过测量电路放大、处理，最后通过显示电路在数字表上将测量结果显示出来。

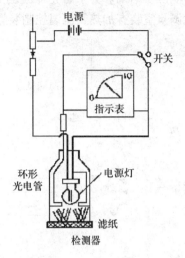

图6－15　检测系统

检测系统是将洁白滤纸的反射率和有烟斑的滤纸对光的反射率（烟斑深和烟斑浅的反射率不同的这一特点）比较，将其转换成电信号，计算出烟度，公式如下：

$$S_F = 10 \ (1 - R_d/R_c) \tag{6-2}$$

式中：S_F表示烟度；R_d、R_c分别为污染滤纸和洁白滤纸的反射因数，R_d/R_c的值由0到100%，分别对应于全黑滤纸的反射和洁白标准滤纸的反射；10表示烟度计的满量程。

烟度值的单位按1983年国家标准规定采用的滤纸洁白度为86.3%，其烟度的单位是"Rb"；1993年国家标准修改后滤纸的洁白度为92.2%，烟度的单位是"FSN"。但由于一些原因，目前仍用"Rb"作为烟度的单位。

2. 不透光烟度计原理

不透光烟度计测量排烟（主要是烟碳微粒）污染程度的原理是使光束通过一段给定长度的排烟，通过测量排烟对光的吸收程度来决定排烟对环境的污染程度。

如图6－16所示，不透光烟度计测量单元的测量室是一根分为左右两半部分的圆管，被测排气从中间的进气口进入，分别穿过左圆管和右圆管，从左出口和右出口排出。左右两侧装有两个凸透镜，左端装有绿色发光二极管，右端装有光电转换器，发光二极管至左透镜及光电转换器至右透镜的光程都等于透镜的焦距。因此，发光二极管发出的光通过左透镜后就成为一束平行光，再通过右透镜后，汇聚于光电转换器上，并转换成电信号。排气中含烟越多，平行光穿过测量室时光能衰减越大，经光电转换器转换的电信号就越弱。

排气中夹带着许多烟碳微粒，如果让排烟直接接触左右透镜的表面，烟碳微粒将会沉积在上面，吸收光能，从而影响测量结果。为使光学系统免遭烟的污染，仪器采用了"空气气幕"保护技术。图中的排风扇将外界的清洁空气吹入左右透镜与测量室出口之间的通道，使透镜表面形成"风帘"，避免其沾上烟碳微粒。

排气中含有水分。由于排气管的温度较高，刚进入仪器时，排气中的水分仍保持在气态。如果仪器测量室管壁的温度比排气温度低很多，排气中的水蒸气就要冷凝成雾，影响测量结果。为了防止冷凝的影响，测量室管壁的温度应始终保持在70℃以上，为此测量室装有加热及恒温控制装置。

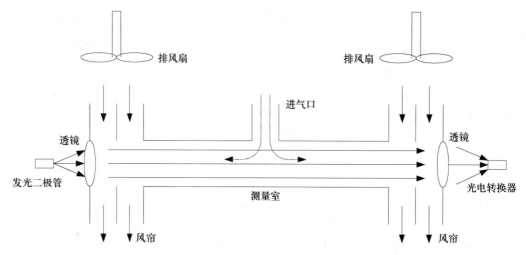

图6-16　不透光度计测量单位内部结构

四、检测结果的分析

1. 排气污染物的相关标准

按 GB 14761-1999 通过 C 类认证的车辆进行自由加速排气可见污染物试验，其他装配压燃式发动机的车辆进行自由加速烟度试验。其限值是：2001 年 10 月 1 日至本标准实施之日生产的汽车，应按附录 I 的要求进行自由加速试验，所测得的排气光吸收系数不应大于以下数值：

①自然吸气式：2.5 m^{-1}。

②涡轮增压式：3.0 m^{-1}。

1995 年 7 月 1 日至 2001 年 9 月 30 日生产的在用汽车，应按国家标准的有关要求进行自由加速试验，所测得的烟度值应不大于 4.5 Rb。

1995 年 6 月 30 日以前生产的在用汽车，应按国家标准的有关要求进行自由加速试验，所测得的烟度值应不大于 5.0Rb。

2. 影响测量结果的车辆因素

其影响因素有以下几方面，应逐项进行检查及调整：

（1）喷油时间过早。

（2）喷油泵喷油量过大。

（3）喷油泵各缸喷油不均匀。

（4）喷油嘴雾化不良。

（5）发动机负荷过大。

（6）调速器失效而喷油过多，最大油量限制螺钉调整不当。

（7）喷油泵柱塞位置改变，喷油过多。

（8）空气滤清器堵塞。

3. 影响测量结果的操作因素

（1）发动机排气管漏气。

（2）没有用脚踏开关，造成采样时间不同步。

（3）踩下油门时，速度过于缓慢。

（4）发动机不能充分燃烧，造成测量排放数值偏高。

（5）在正式测量前没有在怠速工况下将油门踏板急速踩到底，将沉积在排气管中的烟碳微粒排干净。

五、日常使用与保养

1. 滤纸式烟度计使用与保养

（1）为保证测量数据准确和防止管路堵塞，仪器应外接清洗系统。可用管道将压缩空气（压力 0.05 ~ 0.1MPa）接至仪器清洗接头，每次测量时，仪器将自动打开清洗取样管及取样探头。

（2）更换过滤纸。

（3）当测试过滤纸使用完毕，再连续测量多次，至仪器面板平均值灯闪烁。打开仪器的箱盖，按"穿纸"键，使仪器压纸机构打开，把测试过滤纸穿好，再按"穿纸"键使仪器压纸机构复位，再按"走纸"键不放，仪器走过滤纸。

注意：不要松动卷纸轴上的螺母。

（4）仪器应放在阴凉干燥处，避免高温及阳光直射。

2. 不透光度计使用与保养

维护保养的周期取决于仪器的使用次数，如果仪器使用频繁，建议每周进行一次。维护保养按以下步骤进行：

（1）将生产厂家提供的清洁刷子，从废气出口处小心插入测量室的管内边清扫烟碳，边向里逐渐伸进，直至另一端废气出口为止。操作过程中务必注意：不要接触和损伤两端的光学透镜。不能将刷子从废气入口插入，以防损坏其内部的温度传感器。

（2）用柔软干净的湿布（不要太湿）轻轻拭擦两端的透镜，务必注意：不要损伤

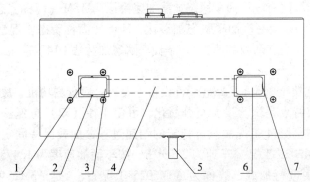

1-透镜　2-滤光片插槽　3-废气出口　4-测量室　5-废气入口　6-废气出口　7-透镜

图6-17　测量单元底面

透镜，且待透镜表面的水分已蒸发后，才能接通仪器电源。

（3）用清水和干净的布清洁取样探头、导管的内部和外部。

六、计量检定

1. 不透光烟度计检定

不透光烟度计检定参照《透射式烟度计检定规程》（JJG 976 - 2010）。

2. 滤纸式烟度计检定

滤纸式烟度计检定参照《滤纸式烟度计检定技术条件》（GBT 11798.5 - 2001）。

第三节　工况法检测设备

一、工况法检测设备的分类和用途

对装配点燃式发动机的汽车，我国现行的在用车排放检测方法主要是怠速法、双怠速法，但是由于怠速法没有负荷，并不能全面反映出汽车真实的排放状况，无法适应新车发展的需要。

对装配压燃式发动机的汽车，实施自由加速烟度法，但是在检测过程中操作严重影响结果，而且不加负载，不能真实反映汽车的实际排放状况，同样无法适应新车发展需要。

为满足实施更高排放检测要求以及适应新车的发展需要，将逐步实施工况法检测。

1. 分类

工况法检测方法主要有稳态工况法、瞬态工况法和简易工况法三种，常用的检测方法为简易工况法。简易工况法是将车辆置于底盘测功机上，车辆按规定车速在底盘测功机上"行驶"。底盘测功机按照检测标准，以设定好的功率，向滚筒、最终向驱动轮施加一定的负荷，来模拟汽车道路行驶阻力。车辆按一定的速度、克服一定的阻力，走完试验工况，同时测量尾气中污染物含量。有载荷检测法与新车试验时相比，设备、仪器作了简化，试验时间也缩短很多，故称为"简易工况法"。

常见的简易工况法有：汽油车稳态加载加速模拟法 ASM（简称稳态工况法）、汽油车瞬态加载法 IM240、简易汽油车瞬态加载法 VMAS（简称瞬态工况法）、柴油车加载减速法 LUGDOWN（简称加载减速法）、柴油车瞬态加载法 D147 等。

2. 用途

（1）稳态工况法（ASM）。ASM 硬件设备主要有：底盘测功机、废气分析仪、计算机。该方法的最大特点是试验设备充分简化，可使用在（双）怠速法中广泛使用的五气分析仪进行工作。ASM 工况法只有稳定的匀速过程，加载保持固定值，有两个等速工况段：一是 ASM5025 工况（车速为 25km/h，按车辆加速度为 $1.475m/s^2$、时输出功率的 50% 对该车辆进行加载，故称为 ASM5025 工况）；二是 ASM2540 工况（车速为 40km/h，按车辆加速度为 $1.475m/s^2$、时输出功率的 25% 对该车辆进行加载，故称为 ASM2540 工况）。污染物分析仪器采用下列原理：CO、HC 和 CO_2 采用不分光红外法

（NDIR），NO 和 O_2 采用电化学法或其他等效方法。排放结果以浓度表示。ASM 的不足之处是该方法基于污染物排放浓度而不是排放质量。发动机排量小的车辆排放质量少，排量大的车辆排放质量多，但其排放浓度却有可能相同。因而 ASM 对不同发动机排量的车辆是欠公允的。

（2）简易瞬态工况法（VMAS）。VMAS 硬件设备主要有：底盘测功机、废气分析仪、流量计（VMAS）、计算机。该方法是一种瞬态加载简易工况法。测试期间的平均车速为 19km/h，有效检测时间 195 秒，循环理论行驶距离为 1.013km。测量稀释排气量最终可得出污染物排放质量的优点，也吸取了 ASM 直接利用简便式废气分析仪就可对各个污染物浓度进行测试的长处，采用气体流量分析仪来测得汽车的排气流量，最终得出每种污染物每公里的排放质量。

（3）加载减速工况法（LUGDOWN）。LUGDOWN 硬件设备主要有：底盘测功机、不透光度计、计算机。该方法最早源于香港特区。该方法在 3 个加载工况点测试烟度。3 个测量点分别是：最大功率点 VelMaxHP100%、最大功率对应转速的 VelMaxHP90% 转速点和最大功率对应转速的 VelMaxHP80% 转速点。测试数据包括轮边功率、发动机转速和排气烟度。只有轮边最大功率、发动机转速范围和 3 个工况点测得的光吸收系数或烟度值均满足标准限值，排放测试才判定为合格。

二、结构（以简易工况法为例）

1. 系统总体结构组成

简易工况法检测系统的组成如图 6-18 所示，由控制系统、测量系统和底盘测功机等组成。

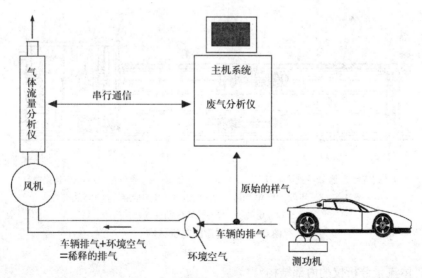

图 6-18　简易工况法总体结构

2. 底盘测功机结构

汽车排气污染物测量用底盘测功机是采用工况法对汽车排气污染物进行测量的重要

设备之一。其主要作用是在排气测量时按照工况要求对汽车施加行驶阻力。底盘测功机的典型结构如图6-19所示，主要由测力装置、测速装置、举升器、电涡流功率吸收器、台架、滚筒、电机、飞轮及传动装置组成。

（1）滚筒系统。滚筒直径越大，车轮在滚筒上运转就越接近实际道路状况。分单滚筒和双滚筒。目前多采用双滚筒的方案，这是因为滚筒越大技术难度和造价都要相对增加。

（2）加载装置——电涡流机。加载装置——电涡流机用来模拟汽车行驶时的各种阻力、空气阻力、爬坡阻力等。国家标准中要求其必须是可以以0.1kW为单位且可调的。

（3）测力和速度传感器。有了速度和力，根据普通物理的原理就可以测量出功率：P = F · V。

（4）反拖装置。反拖装置采用电动机来测量测功机系统和汽车传动系的机械损失，以及车轮在滚筒上的滚动阻力。因为涡流机只能吸收动能，不能输出动力，所以涡流机式的测功机设有反拖装置。

（5）惯量模拟装置。工况法采用的测功机应具备惯量模拟装置，可以采用可自动调节的离合式机械飞轮组，或者电模拟惯量，用以测量汽车行驶的惯量。因为汽车行驶时车辆本身具有一定的惯性，即动能，而当汽车在测功机滚筒上运转时是相对静止的，不具有平行移动的动能，所以在进行非稳定工况的性能测试时，如加速、滑行等，就需要有惯量模拟装置来模拟车辆行驶时的惯量。通常采用的机械式的惯量模拟装置就是飞轮，可以配一个，也可以配一组。仅采用电模拟惯量或者电惯量与机械惯量的组合模拟都是允许的。

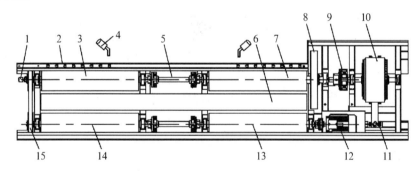

1-速度传感器 2-支撑台架 3、7、13、14-滚筒 4-限位轮 5-滚筒连接轴
6-举升器 8-飞轮 9-联轴器 10-电涡流功率吸收器 11-测力装置
12-电动机 15-皮带传动装置

图6-19　底盘测功机结构

3. 气体流量分析仪的内部结构

流量分析仪在测试时，VMAS微处理器控制每秒从主机系统气体分析仪、涡旋流量表和稀释O_2传感器的数据收集。而且，它每秒执行上述提及的计算，把结果存储在缓冲器中，在测试结束时把结果传送到主机。它也包含元件的所有校准信息。

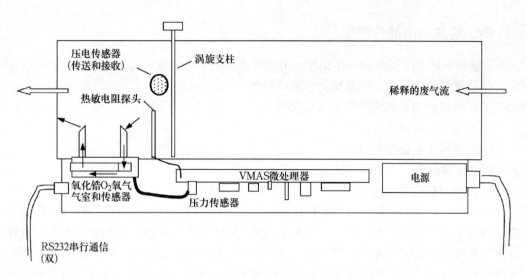

图 6 - 20 流量计内部结构示意

氧化锆 O_2 传感器是用于测量测试时稀释氧气传感器每秒的变化，测试前也测量环境中的氧气。这些资料用于计算前述的稀释率。

涡流表也是测量稀释流量率，用于进行前述废气流量率和质量排放的计算。

支柱是涡流表的重要元件，当通过圆柱形的横截面时，在稀释流中创造涡旋。这些涡旋根据比率流出，该比率与稀释流量比率成比例。

压电传感器是涡流表的重要元件，用于测量从支柱流出的涡旋的比率。在一定频率下，传送压电发送一个超声波给接收压电，但涡旋干扰这些超声波。接收压电计算每秒的干扰数量，这也是涡旋流出比率的测量。

三、工作原理（以简易工况法为例）

在被检车辆进行检测的过程中，将取得的废气分析仪的废气浓度数据、测量出的稀释后尾气的流量和相应的稀释率进行计算，通过气体流量分析仪的 RS232 通信电缆，把主机测量的信号传给计算机，计算出总的排放质量流量和相应的 CO_2、CO、NO_x 和 HC 的累积质量，记录每秒的测试结果。计算机上安装有该系统的监控分析软件，分别测控和记录数据两个工作区，所测数据包括 CO_2、CO、NO_x、O_2 和 HC 的排放值。

在流量分析仪进行排气污染物收集的同时，被检车辆汽车驱动轮带动测功机滚筒及电涡流功率吸收器转子旋转，测功机上的电涡流功率吸收器由于磁通密度发生变化使转子表面产生电涡流，该电涡流与磁场相互作用产生反向制动力矩，通过测功机滚筒作用于汽车驱动轮，并使电涡流制动器定子绕主轴轴线摆动。该制动力矩通过固定在电涡流制动器定子的杠杆传递给压力传感器，由压力传感器测出瞬时驱动力值。与此同时，底盘测功机的速度传感器测出瞬时的速度值，经公式 $P = F \cdot V$ 计算可得出瞬时的功率值。测功机控制系统按工况要求设定加载功率或驱动力，由传感器得到实时的加载力或功率，经控制器进行闭环控制，通过调节电涡流制动器的励磁电流来调节制动力（力矩）的大小，从而实现对汽车的精确加载。

四、检测结果的分析

根据简易瞬态工况法的工作原理，可以知道影响系统测量精度的因素有以下几点：

（1）废气分析仪器的测量精度和响应时间。

（2）底盘测功机的精度和阻力模拟精度。

（3）流量分析仪精度。

（4）被检车辆排放不稳定。

以下分别讨论：

1. 排放分析仪的响应时间

按 Sensor 公司的规定，排放分析仪使用满足 BAR97 规定的分析仪，NO_x 和 O_2 测量使用的化学电池传感器响应时间一般为 $5\sim6s$，并且和排气流量、污染物的浓度、取样分析系统的管道长度等诸多因素有关。这样在逐秒积分计算过程中，污染物测量时刻和流量测量时刻不同步，虽然微处理器中已经根据标准延迟时间进行了修正，但是由于响应时间和多种因素有关，并且随着使用时间的增长，化学电池输出电压下降，延迟时间也相应增长。因此精确修正延迟时间比较困难。

2. 底盘测功机的加载精度

简易瞬态工况法测试时，需要底盘测功机能够精确再现车辆在道路上的行驶阻力，目前新车测试系统广泛使用电力测功机（交流测功机或直流测功机），但在用车排放测试系统中，由于受到成本和使用环境的限制，一般使用风冷电涡流测功机。电涡流测功机的响应时间比电力测功机要慢，而且低速转矩特性较差，模拟汽车道路阻力的能力较差，不同的底盘测功机加载会对汽车排放有很大的影响。

3. 流量分析仪精度

简易瞬态工况法测试时，在计算排气流量时需要利用流量传感器测量稀释后的气体流量，由于有连接管，管长的不同直接影响到流量计测量流量的延迟时间。而且不同材料的管对于排放气体有不同的吸附作用，从而影响气体的流量和浓度。所以对系统的稀释管的长度和材料都应该严格要求。测量时，稀释流量也必须保证在 $7\sim10m^3/min$ 的要求范围内。如果流量低于流量传感器标定范围，系统测量精度就会降低，影响测量结果。

4. 车辆因素

简易瞬态工况法系统对没有使用三效催化转化器的车辆测量稳定性好，对使用了三效催化转化器的车辆，由于三效催化转化器内部温度的影响，导致测量结果波动相对较大。

注意：对于使用三效催化转化器的车辆，在进行简易瞬态工况法排放试验前，应当对车辆进行必要的预先处理，以充分预热三效催化转化器，提高测量结果的准确度。

5. 检测结果分析

最后根据检测的结果可以帮助我们判定汽车发动机的某些故障，这里列出一些案例供大家参考：

（1）点火正时：在任何运转状态下，增加点火提前和负荷，将会增加 NO_x。

（2）进气歧管真空：歧管真空的降低，将提高发动机的负荷和燃烧室的温度，降低剩余废气的含量和燃烧时间，从而提高最大循环的温度，导致 NO_x 的增加。相反，歧管真空的增加，将降低发动机的负荷和燃烧室的温度，增加剩余废气的含量和燃烧时间，从而降低最大循环的温度，导致 NO_x 的减少。

（3）发动机转速：发动机转速的增加，由于涡流的影响将提高火焰传播速度，从而减小每循环的热损失，提高了实际压缩比、燃烧温度和燃烧压力，当混合气较浓时，燃烧加快，导致 NO_x 增加。当混合气较稀时，由于燃烧速度降低，减少了 NO_x 的形成。

（4）进气温度：高的进气温度将增加 NO_x。

（5）冷却液温度：高的冷却液的温度将提高汽缸和气体的温度，从而增加 NO_x。过高或过低的冷却液温度将引起汽缸和燃烧室沉积物的形成，提高了实际压缩比，增加了 NO_x 浓度。

（6）积碳：燃烧室的积碳减小了燃烧室的容积，提高了实际压缩压力和混合气的温度，增加 NO_x 浓度。

（7）燃油的辛烷值：低辛烷值燃油由于爆震导致燃烧的失控，也会增加 NO_x 浓度。

（8）混合气稀的发动机状态：若发动机有爆震声，表明发动机工作在稀的状态会增加 NO_x 浓度，若混合气和排气过稀，催化转化器虽可转化 CO 和 HC，但不能控制 NO_x 浓度。

（9）混合气浓的发动机状态：浓的混合气和高的 CO 会掩盖 NO_x 的问题。当发动机内部由于过浓而形成积碳，以及由于对过浓状态的修正，导致稀燃的状态也会增加 NO_x 的形成。

（10）当混合气和排气过浓时，催化转化器虽可降低 NO_x，但不能控制 HC 和 CO 浓度。

（11）催化转化器：工作正常的催化转化器可减少 NO_x，但当混合气和排气过浓时，催化转化器虽可降低 NO_x，但不能控制 HC 和 CO 浓度。当混合气和排气过稀时，催化转化器虽可降低 CO 和 HC，但不能控制全部 NO_x 浓度。

（12）湿度：混合气湿度的增加，由于降低了燃烧室内的最大火焰温度，也会减少 NO_x 的形成。

（13）空气泵的工作：若空气泵的压力超过催化器内的压力，在减速时，由于空气被泵入催化器（正常时是切换至大气中）导致空气的回流，减少了催化器的有效部分，也将导致 NO_x 的增加。

（14）喷油器的问题：在多点喷射的发动机上，若一个汽缸的喷油器阻塞，将导致该缸工作在较稀状态，提高了汽缸温度，增加了 NO_x 浓度。由于此时其他汽缸还正常，在排气尾管测量的 NO_x 值仅稍有提高。

五、日常使用与保养

1. 测功机日常使用与保养

（1）定期更换油水过滤器。如图 6 - 21 所示，拆开水过滤器的气管、接头（B）；拆开水过滤器的螺钉（C），拆除水过滤器（A）；更换水过滤器；重新安装新的水过滤器的步骤与拆除水过滤器的步骤相反。

注意： 气管接头需先缠上密封带再旋紧，在更换水过滤器之后需检查气密性。

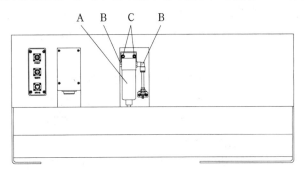

A－水过滤器　B－接头　C－螺钉
图6-21　水过滤器的位置

（2）测功机所有轴承均采用2号锂基润滑脂润滑，每半年加注润滑脂一次，加注后用汽车带动测功机到40km/h运行15分钟。

（3）定期对主、副滚筒轴承进行检查（每月一次）。若发现轴承有异响或滚筒转动不灵时，应及时调整和检修，必要时更换轴承，严禁设备带故障工作。

（4）每月检查同步带的张紧程度，如过松可能会导致同步皮带脱齿打滑，调节测功机同步带端滚筒轴承的定位螺丝以张紧皮带。

（5）各部分的螺栓和螺母的紧固情况，每半年检查一次。

（6）传感器及控制箱不允许受潮。

2. 流量分析仪日常使用与保养

（1）定期检查流量分析仪进气集气管是否有杂物堵塞，发现有杂物时应及时清理。防止杂物进入流量分析仪测量室内损坏测量元件。

（2）定期清洁支柱：首先，以反方向用力松开六角头套管，移开支柱。如有需要，可用小的扳手松开支柱。一旦松开了螺纹，可把它拉出。移开或安装支柱时，不要使其弯曲。其次，用温和的清洗剂清洁支柱，并擦干，除去所有的污染物。清洁支柱时，不要用工具（如锉刀）刮上面的积碳，这样会把支柱上的金属刮掉，破坏流量的精度。如有需要，把支柱短时间浸在清洗剂中，以软化积聚物，然后用软布擦去。

（3）定期检查支柱：首先，不能弯曲支柱，否则其会变形。不要用任何工具或会令其变形的清洁方法。拆出清洁时，很容易就可以检查到其有没有损坏。用一把标尺或直尺检查支柱的长度，长度不应超过6mm。其次，应该定期检查支柱直径的损耗。尽管支柱很耐用，但其直径必须维持精度。定期的检查可确保测试时不使用有缺陷的支柱。支柱的直径必须为3.2 ± 0.15mm。用精确的卡尺测量直径。如果直径在公差范围（$3.05 \sim 3.35$mm）之外，必须更换。

（4）日常清洁：清洁流量分析仪的表面。过多的积碳会导致流量受限制或阻塞氧气的通道口。另外，支柱或压电流量传感器表面大量积碳会影响精度。清洁流量分析仪外壳移开了支柱，就可清洁流量分析仪的内部了。正确的清洁方法是用一条带有清洗液的软布，在流量分析仪内部擦。绝不能用金属刷或油漆刮刀清洁流量分析仪。

3. 废气分析仪日常使用与保养

（1）更换过滤器的过滤组件。当仪器的取样系统被汽车排气中的粉尘、油泥等污物阻塞，导致取样系统的流量大大下降时，显示屏右下角的流量标尺将会低于2格，同时流量标尺下方"流量"二字也会出现闪烁。此时，应关闭仪器电源，检查并清洗取样探头、取样管、短导管，更换前置过滤器、油水分离器的滤芯。阻塞排除后，仪器便可恢复正常工作。当滤纸式空气粉尘过滤器的滤纸被污染到难以看清楚 NH 商标时，也需更换滤纸。

（2）更换前置过滤器。将取样管和短导管从失效的前置过滤器上取下，从仪器的附件中取出新的前置过滤器，按外壳上标示的气流方向箭头连接取样管和短导管，即取样管与前置过滤器的小端连接，短导管与大端连接（如图6-22所示）。

（3）更换油水分离过滤器的滤芯。如图6-22所示，逆时针方向拧松油水分离过滤器的透明罩，卸下滤芯上下压盖，将失效的圆筒滤芯卸下，换上新滤芯。

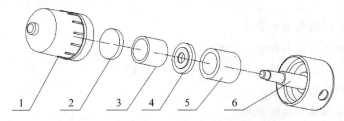

1-透明罩　2-上压盖　3-小圆筒滤芯　4-下压盖　5-大圆筒滤芯　6-底座

图6-22　油水分离器滤芯的更换

（4）更换滤纸式空气粉尘过滤器的滤纸。如图6-23所示，逆时针方向用力旋转粉尘过滤器的压盖，将其卸下，取下旧滤纸，换上新滤纸。然后拧紧压盖，务必使其不漏气。如果泄漏，可更换O型密封圈或在密封圈周围涂一些硅酮密封胶。

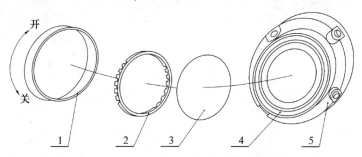

1-过滤器压盖　2-滤纸压圈　3-滤纸　4-密封圈　5-过滤器

图6-23　空气粉尘过滤器示意图

六、计量检定

1. 底盘测功机检定

底盘测功机检定参照《汽车排气污染物监测用底盘测功机校准规范》（JJF 1221-

2009）。

2. 流量分析仪检定

流量分析仪检定参照《速度式流量计检定规程》（JJG 198 - 1994）。

3. 废气分析仪检定

废气分析仪检定参照《汽车排放气体测试仪检定规程》（JJG 688 - 90）。

本章小结

本章主要介绍了机动车环保检测设备，包括废气分析仪、烟度计和工况法检测设备等。通过介绍排放检测设备的作用、种类，解析设备的结构和检测原理，介绍了相关排放污染物限值。列举典型的检测设备，介绍了设备的使用、计量检定和维护保养等。

思考题：

1. 废弃分析仪的作用和分类。

2. 废弃分析仪的结构和检测原理。

3. 废弃分析仪日常保养维护应该注意哪些事项？

4. 烟度计的作用和分类。

5. 烟度计的结构和检测原理。

6. 烟度计日常保养维护应该注意哪些事项？

7. 工况法检测分为几种？主要的作用是什么？

8. 工况法检测原理是什么？

第七章　相关设备与仪器

第一节　机动车方向盘转向力—转向角检测仪

一、机动车方向盘转向力—转向角检测仪的作用和分类

1. 方向盘转向力—转向角检测仪的作用

方向盘自由转动量，是指汽车转向轮保持直线行驶位置静止不动时，轻轻左右晃动方向盘测得的游动角度。方向盘的转向力，是指在一定行驶条件下，作用在方向盘外缘的转向力。这两个诊断参数主要用来诊断转向轴和转向系中各零件的配合状况。该配合状况直接影响到汽车的操纵稳定性和行车安全性，因此，对于在用车辆应对上述两项参数进行检测。

检验指标为方向盘的转向力（N）、方向盘的自由转动量（°）。

2. 方向盘转向力—转向角检测仪的分类

按数据的传输方式，可分为有线传输式与无线传输式两类。

二、方向盘转向力—转向角检测仪结构

方向盘转向力—转向角检测仪，是以微机为核心的智能化仪器，可测得方向盘自由行程和作用在方向盘上的转向力。该仪器由操纵盘、主机箱、连接叉和定位杆四部分组成，仪器结构如图 7－1 所示。操纵盘由螺钉固定在三爪底板上，底板经力矩传感器与连接叉相连，每个连接叉上都有一只可伸缩长度的活动卡爪，以便与被测方向盘相连

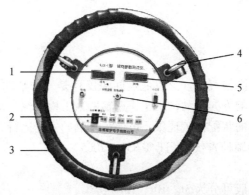

1－扭矩显示窗口　2－控制按钮　3－测试操纵盘
4－测试固定架　5－角度显示窗口　6－角度测试定位杆座
图 7－1　方向盘转向力—转向角检测仪结构图

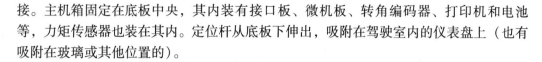

接。主机箱固定在底板中央，其内装有接口板、微机板、转角编码器、打印机和电池等，力矩传感器也装在其内。定位杆从底板下伸出，吸附在驾驶室内的仪表盘上（也有吸附在玻璃或其他位置的）。

三、方向盘转向力—转向角检测仪工作原理

当把方向盘转向力—转向角检测仪对准被测方向盘中心，调整好三只伸缩爪长度与方向盘连接牢固后，转动操纵盘，转向力通过底板、力矩传感器、连接叉传递到被测方向盘上，使方向盘转动以实现汽车转向。此时，力矩传感器将转向力矩转变成电信号，而定位杆内端连接的光电装置则将转角的变化转变成电信号。这两种电信号由微机自动完成数据采集、转角编码、运算、分析、存储、显示和打印。因此，使用该仪器既可测得方向盘的转向力，又可测得方向盘的自由转动量。

四、方向盘转向力和自由转动量不合格原因分析

方向盘自由转动量、最大转向力超标主要有以下几个方面的原因：
（1）轮胎气压不当。
（2）前轮定位不正确、前轮轴承磨损。
（3）转向系万向节磨损、悬架臂球头磨损、转向柱卡滞、滑叉磨损。
（4）转向系机械结构间隙过大。
（5）转向梯形机构松旷。

五、方向盘转向力—转向角检测仪计量校准

依据《机动车方向盘转向力—转向角检测仪校准规范》（JJF 1196 – 2008），主要校准指标为转向力、转向角的示值误差、重复性、漂移等。

第二节　悬架转向系间隙检查仪

一、作用和分类

1. 作用

汽车悬架转向系间隙检查仪（又称底盘间隙仪）是一种辅助底盘检查人员的工具，可使左、右两轮以不同的方向移动，用于快速辅助人工检查汽车车轮及悬挂系统的间隙及隐患，检查相关机件的装配松旷现象，以保证车辆的安全运行。目前，产品制造标准有《汽车悬架转向系间隙检查仪》（JT/T 633 – 2005）。

2. 分类

按轴承载质量，一般可分为 3t、10t、13t 三类。

二、基本结构

底盘间隙检查仪安装在地沟两侧，普遍采用液压方式推动滑板，用于辅助在地沟中

的检验员检查相关部位（见图7-2）。检测仪通常由手电筒、电控箱、泵站系统及左、右滑板机构组成。

1. 手电筒

由电机开关、手电开关、按钮"↑↓"、按钮"↓↑"、按钮"←→"以及按钮"→←"等组成。

2. 电控箱

内装继电器、接触器，用于控制油泵电机的运转和控制滑板的工作台面向四个方向移动。

3. 泵站系统

由电动机、齿轮泵、电磁溢流阀、压力表、电磁换向阀、油箱、油缸和油管等组成。

4. 左、右滑板机构

左、右滑板机构均由工作台面、导向机构、滑动轴承等组成。可以使滑板台面沿前、后、左、右四个方向移动。

a.底盘间隙仪安装前外形

b.底盘间隙仪安装后外形

图7-2 底盘间隙仪

三、工作原理

其工作原理为手电筒通过电控箱，将控制信号加到工作泵站，工作泵站的液压系统通过电机、油泵、电磁阀和油缸等，产生一定的工作压力，使油缸动作，从而推动左、右滑板横向或纵向运动，以带动车辆车轮的运动。通过手电筒的光线，检验员观察车辆转向系统及悬挂系统的状态。泵站与台面油管连接示意图见图7-3。

四、使用方法

（1）检查线路及油路的连接情况，确保正确无误。

（2）接通电控箱上的总电源开关，将手电筒上的电机电源开关打开，电动机顺时针转动，油泵开始工作。

（3）引车员将汽车前轮驶上工作台面中央位置。

（4）检查纵向间隙：引车员踩汽车制动踏板使前轮制动，检验员按下移动按钮"↓↑"，3至5秒后松开，然后按下移动按钮"↑↓"，3~5秒后再松开，工作台面纵

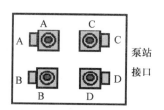

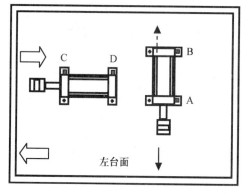

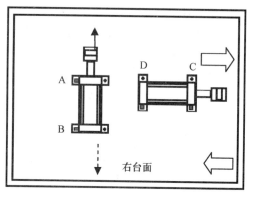

图7-3　底盘间隙仪油路连接图

向移动并回位，如此循环多次（注意：此按钮操作次数应成偶数）。

此时主要检查：

①转向节主销与转向节、前桥主销支承孔是否松旷。

②转向器横、直拉杆球头销是否松旷。

③转向器支架连接是否松动。

④钢板弹簧U型螺栓是否松动。

⑤独立悬架下摆臂铰接处是否松动和传力斜拉杆胶垫是否磨损松旷等。

（5）检查横向间隙：引车员松开汽车制动踏板，检验员按下移动按钮"←→"，3至5秒后松开，然后按下移动按钮"→←"，3至5秒后再松开，工作台面横向移动并回位，如此循环多次（注意：此按钮操作次数也应成偶数）。

此时主要检查：

①左、右轮毂轴承和主销铰接是否松旷。

②左、右钢板弹簧及销是否松旷。

③左、右悬架连接是否松动。

④悬架系统各零件有无裂纹。

（6）检查结束后，关掉手电筒电源开关，关掉电机电源开关，再关掉总电源开关，检查工作结束。

五、使用注意事项与保养

1. 使用注意事项

（1）保持滑板底部及周围清洁，防止杂物卡阻滑板。

（2）按制造商要求调整液压压力。

2. 检查保养

底盘间隙仪应定期检查与保养，推荐的检查保养内容与周期见表7-1。

表7-1 底盘间隙仪检查保养内容与周期

保养内容	保养周期	保养内容	保养周期
清洁	每天	检查油缸油管接头、阀体	3个月
检查线路物理损伤	1个月	检查各螺栓、螺母	3个月
检查电机	3个月	活动、摩擦部件加油	6个月

第三节 自由滚筒

一、自由滚筒的作用

自由滚筒是布置在速度检验台、制动检验台、测功机等设备前后，起支撑未被测试车轴的设备，避免没有被测试的驱动轴与地面产生驱动力而影响正常检测。自由滚筒能实现滚筒抱死，以便车辆出车。除此之外自由滚筒没有其他传感器或电动器件。

二、基本结构

自由滚筒由以下部分组成（见图7-4）：

（1）地脚螺栓：在浇筑地基时需要把地脚螺栓浇筑在地脚坑内，以起到固定台架的作用。

（2）制动蹄片：在出车时制动蹄片把滚筒抱死使滚筒不能滚动，以便出车。

（3）调压阀：把气压调整到启动元器件的安全气压内，避免损伤启动元件。

（4）顶丝：在二次浇筑地基之前用来调整台架的位置。

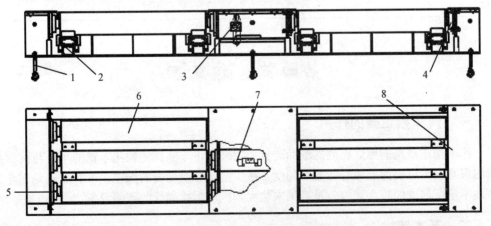

1-地脚螺栓 2-制动蹄片 3-调压阀 4-顶丝 5-滚筒轴承 6-滚筒 7-电磁阀 8-边盖板

图7-4 自由滚筒结构图

（5）滚筒轴承：支撑滚筒。

（6）滚筒：承载轮胎。

（7）电磁阀：电控切换气路方向的元件，实现控制制动蹄片抱死与松开的动作。

（8）边盖板：用于遮挡气鼓。

三、工作原理

自由滚筒上的几根滚筒用来承载轮胎来模拟路面，在测试制动、速度以及测功机所检测的几个项目时，多轴车辆被测轴以外的轴停放在自由滚筒上，各滚筒处于放松状态，可以自由滚动，以便配合项目检测。当测试结束后，滚筒会由电磁阀控制自由滚筒上的制动装置来实施制动，此时滚筒抱死，以便测试车辆出车。

四、使用与保养

1. 使用注意事项

（1）轴重大于自由滚筒额定载荷的汽车，勿驶上自由滚筒。

（2）不要在自由滚筒上进行车辆维修作业。

（3）调整气泵压力不得超过 0.6Mpa ~ 0.8Mpa，或按厂家规定调压。

2. 检查保养

自由滚筒应定期检查与保养，推荐的检查保养内容与周期见表 7 - 2。

表 7 - 2　自由滚筒检查保养内容与周期

保养内容	保养周期	保养内容	保养周期
清洁	每天	滚筒轴承座加润滑油	3 个月
检查油雾器、滤水杯	每周	检查各螺栓、螺母	3 个月
检查轴承座、滚筒	1 个月	检查滚筒运转有无异响	6 个月
检查电源线物理损伤	1 个月	活动、摩擦部件加油	6 个月
检查滚筒制动带	1 个月		

第四节　摆正器

一、汽车摆正器的作用

汽车摆正器是前照灯检测的辅助装置，用来摆正车辆，使被测车辆的车身与前照灯检测仪垂直，以确保前照灯检测准确度，减少前照灯检测时的误差，可有效避免因车身停放不正所造成的较大误差，是近年来装配到机动车检测线的新型设备。

二、基本结构

目前，常见的摆正器有滑板结构，也有多滚轴结构。滑板结构的摆正器由以下部分组成（见图7-5）：

（1）边盖板：用于遮挡台架内部机构。

（2）车轮承载板：用于承载车辆，前照灯检测时车辆停放于此。

（3）车轮拨杆：用于拨动车辆的轮胎，使车辆摆正。

（4）承载板链轮及链条：带动拨杆向两侧运动的传动机构。

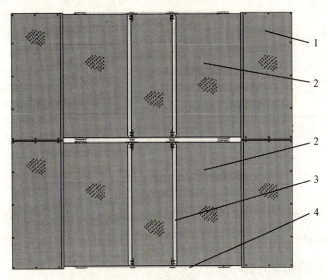

1-边盖板　2-车轮承载板　3-车轮拨杆　4-承载板链轮及链条

图7-5　摆正器结构图

三、工作原理

车辆沿行车线驶入前照灯检测工位，到达指定的检测位置停车（车头的最前端停在前照灯检测仪到位、限位光电开关之间，并且挡住到位光电开关），同时车辆的前轮和后轮已经完全停在了摆正器的前、后车轮承载板（或承载滚轴）上。此时计算机通过前照灯检测仪的到位、限位光电开关判断车辆是否已经到达检测位置，若到达检测位置则控制摆正器的拨杆由中间向两侧运动，对车辆与前照灯检测仪的相对角度进行调整，以到达车辆中心线与前照灯检测仪道轨垂直的目的。工作过程由计算机自动控制，完成角度调整后自动停止。前照灯检测完毕后，摆正器的拨杆自动回位，待提示驶离后，此工位检测结束。

注意：一旦摆正器开始工作后，车辆必须拉紧手刹并且禁止再进行前后移动；检测完前照灯后必须待计算机提示可以驶离后，才能移动车辆，否则将可能导致摆正器损坏。

四、使用与保养

1. 使用注意事项

（1）摆正器承载不允许超出其额定载荷。

（2）不可在摆正器上进行车辆维修作业。

（3）避免油水、泥沙等污渍进入摆正器内。

2. 检查保养

摆正器应定期检查与保养，推荐的检查保养内容与周期见表7-3。

表7-3 摆正器检查保养内容与周期

周期	保养部位	保养要领
6个月	拨杆机构和链条	清洁拨杆机构的各部位，检查是否存在裂痕、磨损等故障，并且在所有的转轴部位加润滑油。
	电气部分	打开当前控制箱，用压缩空气吹出里面的浮尘，检查各连接线的接线端子是否存在明显锈蚀或线路老化的情况，并更换或修复。检查线路的各处，是否存在磨损、挤压等情况导致的线路破损并修复。

第五节 其他设备

本节简单介绍机动车安全技术检验时，配合人工检验、路试检验用的其他仪器设备，包括：汽车制动操纵力计、便携式制动性能测试仪、非接触式速度计、五轮仪、透光率计。

一、汽车制动操纵力计

汽车制动操纵力计包括行车制动时测量踏板力用的踏板力计和驻车制动时测量操纵力用的手拉力计两类；按照信号传输方式，可分为有线传输与无线传输两类。计量校准规范要求操纵力计测量范围至少满足100~1000N。

1. 设备组成

仪器由踏板—手制动力计仪表、测力传感器组成，采用无线传输时还包含有无线接收器，踏板—手制动力计可测量踏板力和驻车制动操纵力值（如图7-6、7-7、7-8所示）。

图7-6 制动踏板测力传感器　　图7-7 无线接收器　　图7-8 踏板—手制动力计仪表

2. 使用方法

测力传感器与踏板—手制动力计仪表连接好，用无线通讯方式时需打开无线接收装置。测量踏板力与驻车制动装置拉力时的状态见图7-9。

a　　　　　　　　　b

图7-9　测量制动踏板力、手制动装置拉力状态

测量踏板力时，将踏板踏下，此时仪表实时显示输出瞬时踏板力值。若需以保持方式检测则按下"保持"键：仪表保持显示最大值，测试过程完毕。用无线通讯方式时按"发送"键后可将显示值通过无线传输方式传送给无线接收器。驻车制动力的测试方法与踏板力测试方法相同。

3. 计量校准规范

计量校准规范为《汽车制动操纵力计校准规范》（JJF 1169-2007）。

二、便携式制动性能测试仪

便携式制动性能测试仪可用于路试制动性能的检验，能够显示充分发出的平均减速度（MFDD）、制动协调时间、制动初速度、制动距离等数据，部分产品可当场打印测试报告，并与计算机相连接传送数据。

1. 基本结构

由加（减）速度传感器、信息处理单元、微型打印机、制动踏板触点开关等组成（见图7-10、7-11、7-12、7-13）。

图7-10　加（减）速度传感器　　　图7-11　信息处理单元

图7-12　微型打印机　　　图7-13　制动踏板触点开关

2. 工作原理

以加（减）速度传感器作为探测元件，由制动踏板触点开关提供制动起始信号，通过等时间间隔对加（减）速度以及时间的连续测量，经过微处理机的高速运算，测量输出符合《机动车运行安全技术条件》（GB 7258 – 2004）路试检验制动性能中规定的充分发出的平均减速度（MFDD）、制动协调时间，并对减速度按时间积分推算出制动初速度、制动距离等结果。

3. 计量校准规范

计量校准规范为《便携式制动性能测试仪校准规范》（JJF 1168 – 2007）。

三、非接触式速度计

非接触式速度计在机动车检测机构可用来进行速度、制动的路试测试，利用非接触式速度计可以检测的全部项目有：

滑行试验：滑行速度、滑行距离、滑行时间。

制动试验：制动初速、制动距离、制动时间、最大减速度、平均减速度、MFDD（充分发出的平均减速度）。

车速试验：试验距离、试验时间、平均速度（最高/最低稳定车速）。

加速试验：加速距离、加速时间以及换挡开始和结束的速度、距离、时间。

1. 基本结构

仪器主要由主机、速度传感器、踏板开关组成（见图 7 – 14、7 – 15、7 – 16）。

图 7 – 14　主机　　　　　图 7 – 15　速度传感器　　　　图 7 – 16　踏板开关

2. 工作原理

非接触式汽车速度计是第五轮仪的换代产品。它的主件是 SF 系列空间滤波器，这是一种特殊的传感器，可从路面上的小石块、砂粒、柏油路面的各种粒子，或轮胎印在路面上的不规则纹路中，提取特定的反斑纹（色斑、凸凹斑等）并作出空间（地面）反射信号处理。空间频率传感器将采集到的光电信号经 A/D 转换，变成数字量送入车速仪，通过公式计算出车速 V，并作外部显示。脉冲时钟产生时标信号，由车速和时间可计算出行驶距离。

3. 计量校准规范

计量校准规范为《非接触式汽车速度计校准规范》（JJF 1193 – 2008）。

四、五轮仪

五轮仪能够检测的项目有：

滑行试验：滑行初速、滑行距离、滑行时间。

制动试验：制动初速、制动距离、制动时间、最大减速度、平均减速度、MFDD（充分发出的平均减速度）。

车速试验：试验距离、试验时间、平均车速（最低稳定车速、最高稳定车速）。

加速试验：加速距离、加速时间、加速末速以及换挡开始和结束时的速度、距离、时间。

在机动车检测机构主要用于车速和制动的路试检验。

1. 基本结构

仪器主要由测试轮、踏板开关和主机组成（见图7-17、7-18）。

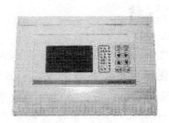

图7-17 主机　　　　　　　　图7-18 测试轮

2. 工作原理

使用时，测试轮安装在被测车辆后方（如图7-19所示）。在测试轮上安装有速度传感器，速度传感器给主机输出速度脉冲信号，主机计算和分析速度信号后，可实时显示车速，并计算得出其他检测结果。

图7-19 五轮仪安装状态

五、汽车用透光率计

汽车用透光率计主要用于测量汽车玻璃以及透明、半透明物体的透光率。在机动车检验机构，用来测量机动车门、窗挡风玻璃的透光率。

1. 基本结构

主要由检测器、仪表、通讯线等组成。见图7-20。

2. 检测原理

当接通电源时，检测器光源端作为光源，光源发出的光通过透镜转换成平行光（平行光不因距离改变而减弱），平行光通过被测玻璃后进入接收检测端，通过接收检测端的透镜使之成为"聚焦光"集中在硅光电池上，最后转化成电信号传送到显示仪表中进行处理及显示。

图7-20 透光率计

3. 计量校准规范

计量校准规范为《汽车用透光率计校准规范》（JJF 1225-2009）。

本章小结

本章介绍了机动车方向盘转向力—转向角检测仪、汽车悬架转向系间隙检查仪、自由滚筒、汽车摆正器、汽车制动操纵力计、便携式制动性能测试仪、非接触式速度仪、五轮仪、汽车用透光率计的作用、结构、原理，以及部分设备的计量校准要求和不合格原因分析。重点需了解各检测设备、仪器的作用和结构，掌握各检测设备、仪器的原理、检测结果分析、使用、保养以及计量检定要求。

思考题：

1. 机动车方向盘转向力—转向角检测仪的主要测试功能是哪两项？

2. 机动车方向盘转向力、自由转动量超标的主要原因是什么？

3. 简述汽车悬架转向系间隙检查仪的工作原理。

4. 简述汽车摆正器的作用。

5. 在行车制动路试时，采用便携式制动性能测试仪直接测量的指标主要是哪三个？

第八章　检测站计算机联网系统

第一节　概　述

一、概述

汽车检测站计算机联网系统由控制硬件和测控软件两大部分组成，它和检测设备紧密结合完成车辆性能参数的检测任务。其中测控软件具有登记待检车辆的车辆信息、控制各检测设备的运行、监控整个检测流程、打印检测结果报告单等功能。

1. 国内外发展概况

早在 20 世纪 60 年代，就出现了将各独立的检测项目连接而成的早期安全性能测控系统。伴随着计算机技术、电子技术和自动化的发展，出现了集检测控制自动化、数据处理自动化为一体的全自动的测控系统。其测控技术逐渐趋于成热。例如，日本弥荣株式会社研制的 820 型计算机控制车检系统，除了检测过程的自动化控制之外，同时还可完成检测数据处理、车辆档案管理、开送修车单据、修车工时计算、维修费用结算、财务票据管理等多项功能。

从 1980 年起，相继建成了一批固定或流动的汽车性能检测系统。这一时期的测控系统的技术特点是以单板机、单片机技术的应用为主，检测过程已实现自动化控制。进入 20 世纪 90 年代后，随着工业控制计算机应用的普及，测控系统得到了进一步的发展，构成集散式控制方式。这一时期的测控系统在完善检测过程自动化的基础上，初步具备了一定的信息管理功能。

20 世纪 90 年代中后期，随着工业 PC 计算机性能价格比的进一步提高，出现了全面应用工业 PC 机，采用分布式控制方式的高性能、高稳定性的新一代测控系统。

2. 今后的发展方向

20 世纪 90 年代以来，随着现代电子技术、通信技术和网络技术的飞速发展，系统的测控功能和信息管理功能将得到进一步的增强，突出表现在以下几个方面。

（1）向通用化方向发展。现有的机动车安全性能测控系统的设计大多缺乏对系统通用性的考虑。系统的设计经常因检测对象、安装方式、检测流程、检测设备等因素的变化而改变，从而给汽车性能测控系统的设计、生产、调试、维护、升级带来了诸多不便，成为限制其进一步发展的瓶颈。随着计算机软件技术、现代电子技术的高速发展，具有良好的通用性、扩充性的新一代机动车安全性能通用测控系统必将消除这一瓶颈，极大地促进测控系统的发展。

（2）向网络化方向发展。随着通信技术和网络技术的飞速发展，应用 Internet 和 Intranet 技术以及基于 WEB 的数据及视频资料查询和上传等功能在新一代测控系统的应用，具有自动化管理、远程维护、远程智能查验、远程智能审核、已成为新的发展方向。

（3）向智能化方向发展。智能化发展有两个特点，首先，以计算机为核心的单机仪表的智能化程度将得到进一步的提高和完善。系统的精度、可靠性、易用程度也都将有进一步的提高。其次，伴随部分机动车检测机构建站规模的扩大，与一站多线模式相匹配的智能调度系统得到广泛应用。

（4）向软硬件综合容错方向发展。随着应用水平的不断提高，用户对系统的数据安全性、运行可靠性有了更高的要求。如何在不大幅增加硬件投资的情况下，综合运用软硬件技术建立必要的容错体系已成为当前亟待解决的一个课题。

二、联网系统主要功能

1. 检测设备调度控制、数据采集、过程指示功能

对检测设备发送控制指令，可对数据自动采集、显示、传输。检测过程中，在工位上通过 LED 点阵屏等对检测员进行操作引导。

2. 车辆信息和检测结果管理功能

可对车辆信息、检测结果进行查询、统计、打印等处理，并可向上级主管机关传送数据。

3. 检测标准查询、设定功能

可对系统使用的检测标准进行查阅或根据新发布的标准对原标准进行更新。

4. 软件标定功能

对系统的模拟量、数字量输入通道进行软件标定。

5. 设备自检功能

对系统的部分硬件进行检查。

6. 数据库自动维护和修复功能

可以对系统的数据库自动进行备份、整理、修复。系统提供不同权限的账号，分别用于日常工作和系统维护。

三、联网系统的结构

汽车检测站联网系统的任务是数据采集、处理、判断、实时控制、数据处理，一般由以下几部分组成。

1. 主控机

主控机是全系统的指挥中心、调度中心，一般由 PC 类工业计算机担任。

主控机的任务是收集数据，并根据有关标准判断是否合格，然后显示、打印，并将数据存储，同时主控机还要根据报检机申报的数据和光电开关的信号决定检测过程，指挥各工位的运行和单机实验台动作。检测数据的打印一般也由主控机完成。

2. 服务器

对于较复杂的网络结构的联网系统或需要管理两条以上检测线的联网系统，需要设置专用的网络服务器对系统进行管理。

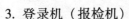

3. 登录机（报检机）

主要用来输入被检车辆的主要参数和申报将要检测的类型，在一些检测系统中，报检机还作为当地车辆的技术档案数据库使用；只要输入车辆牌照号码，就能调出该车主要参数。

4. 进检选择机

对于登录不在检测线入口的远程报检系统，由于登录和办理有关申验手续要在离检测线有一定距离的营业厅进行，登录顺序可能不会和进检测线的次序相同，选择机的作用就是确定已登录的车辆进线的先后顺序。

5. 工位机

工位机一般由工业控制计算机、网卡、接口板、信号调制板、输入输出板、驱动板和继电器板等组成。其主要作用是负责整个工位的检测、控制、驾驶员引导以及和主控机的通信。

6. 单机仪表

单机仪表除了采集显示单机检测设备结果外，还应该担负向上位机传输数据的作用，单机仪表可以单独使用，但有的检测线工位机和单机仪表是一体的。

7. 附属设备

为了完成检测系统的数据传输和自动控制功能，自动型检测线还有一些附属设备，主要有以下几种。

（1）LED 电子显示屏。分吊装式和立柱式两种，指示引车员和工作人员的操作，显示检测数据和结果。

（2）红外光电开关。由红外发光体和接受体及继电开关或电子开关组成，当汽车通过时，红外开关发生变化，把开关量信号传至工位机，通知工位机车辆到位情况。

（3）摄像机和监视器。通过电视监视系统可以观察全场或车辆各部位的情况，便于操作人员工作。

（4）供电系统。供电质量是关系到检测系统是否能稳定工作的重要一环。供电原则是：动力、照明、仪表和计算机必须分别供电，并注意各相负载要均衡，要根据设备不同的要求，采用不同的稳压方式。

四、联网系统的技术要求

对于汽车检测自动联网系统而言，其所要求完成的性能有以下几个方面的内容。

1. 可靠性

检测的数据要求保证准确、公正、可靠。要有手段避免人为更改或设定检测数据和结果，要特别注意单台试验设备采集处理数据的准确性，从机械设备到主控机应构成一个完整的系统。汽车检测系统在汽车审验期间不容许停机维修，必须保证高可靠性，从而达到比较高的运行效率。

2. 实时性

要求及时响应控制对象各种参数的变化，抓住时机进行控制，由于各种设备与多种事件均请求执行相应的任务，因此要求具备完善的中断系统，保证及时地中断响应。

3. 适应性

检测现场干扰大，供电系统常有波动，有些现场还有震动、腐蚀、尘埃、强光等，系统必须能适应比较恶劣的环境，特别是现场控制级的机器，对温度变化的适应范围要宽，能防尘和防腐蚀。

4. 系统配套性

联网系统包括各种类型的过程 I/O 通道，如模拟量、开关量、脉冲量、频率量的实时采集处理、控制，为了方便操作和管理，设有人机接口设备。

5. 控制软件支持功能强

操作系统采用实时操作系统，为了提高可靠性，应具备在线及离线的诊断软件。

6. 系统通信能力

为了构成分层分级式管理联网系统或集散型联网系统，要求系统中的单机智能仪表或工控机具有较强的通信能力，从而将各部分有机地连接起来，构成高性能的大规模联网系统。

五、联网系统的可靠性

汽车检测站联网系统完成用户提出的功能要求及其硬件、软件的研制是不困难的，往往是可靠性过不了关。有的应用系统功能很好，但由于工作不可靠，经常出问题，而出了问题后对一般用户来说，维修又很困难。于是，一个性能很好的微机处理应用系统就被闲置起来，造成很大的损失。因此，系统除完成功能要求外，可靠性是人们最关注的问题，必须很好地保证。

不能设想一个微处理机应用系统永远不出问题。必须采取一定的措施，使系统尽可能少出问题。而且，在出现问题后，能够以最快的速度使系统恢复正常工作。系统的可靠性问题是一个很重要的课题，它既包括理论问题又包括工程实践问题。这里主要介绍一些工程上提高可靠性的方法。

1. 可靠性的基本概念

为了分析评价及提高系统的可靠性，必须清楚可靠性的指标以及这些指标的相互关系。系统故障的出现是随机的，必须用统计规律去描述它，平均无故障时间就是可靠性的最重要指标。维修系统时，难易程度不一样，花费的时间有长有短，也需要用统计的方法来描述维修时间。实践证明，如果每次维修系统所用的时间越少，则平均维修时间也就越少，系统正常工作时间也就越长。因此，对于一个成熟的联网系统，要充分考虑系统的保养维修情形，使之在故障发生后能迅速发现并排除故障，这也是提高系统可靠性的一个重要方面。

2. 利用软件抗干扰

对于整个联网系统而言，可以借助于软件提高系统的可靠性，减少维修时间。系统的自检与诊断、超时检测、软件陷阱、断电保护及编码运行无不与软件密切相关，其功能实现都要在软件的支持下才能完成。例如，采用数字滤波可以去掉干扰信号，提高系统的可靠输入。

使用中断处理子程序对于故障采用声光报警，提高系统运行的安全性。同样，采用

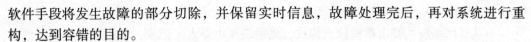

软件手段将发生故障的部分切除，并保留实时信息，故障处理完后，再对系统进行重构，达到容错的目的。

3. 利用硬件抗扰

对于元器件要保证其工作在规定条件之下，从而降低它们的失效率。为了保证整个系统局部发生故障时也能够正常工作，可以在系统里设置一些备用部件，一旦故障发生就启动备份部件投入工作。此外，采用模块化、通用化设计便于故障查询和更换，尤其是在硬件设计时，在关键点加上 LED 指示灯和测试点更好。

4. 其他措施

在汽车检测系统中，电噪声是产生元器件失效或数据传输处理失误，从而影响系统可靠性最常见和最主要的因素。为此，必须考虑到供电干扰、强电干扰、接地干扰、辐射干扰等方面的因素。对于供电系统抗干扰，最好单独供电，辅助供电线的路径不要通过强电设备以防干扰，做到不停电供电（UPS）。同时要抑制干扰源产生干扰，传输线路中采用隔离放大的方法来抑制干扰。对于接地系统的干扰，主要采用联网系统常用的单点接地、并联接地和光电隔离等措施。采用带屏蔽的信号线传输信号可以有效降低辐射干扰，不要在电源电路、控制电路之间使用公用线，也不要在模拟电路与数字电路之间采用公用的地线，以免串扰，同时要考虑共模干扰。

总的说来，一个成熟的联网系统必须综合考虑很多因素。设计之前要充分考虑各种因素，如系统运行的经济性、系统方案设计的可行性，同时施工时必须具有良好的安装工艺、正确的使用与维修手段。就自动联网系统的使用环境而言，必须有尽可能好的湿度、温度、环境清洁度、供电系统和接地系统，以满足自动联网系统可靠、稳定运行。做好日常计算机的维护工作，把日常故障消灭在萌芽状态，使机器寿命延长。对于机器的具体结构、所用元器件及其性能，诊断检查程序的功能及其使用方法都应熟悉，为随机性故障的排除打好基础。对于智能仪表的维护要从以下几个方面考虑：

（1）注意仪表使用时周围的环境、温度、湿度、灰尘都应满足前面所提到的条件，做好通风、防尘等措施。

（2）仪表的供电电源应在额定电压值的 5% 范围内，且要注意交流滤波。

（3）仪表的控制和信号输入线不宜过长，必须要长线连接的，要注意采用耦合防静电过压及光电隔离等技术。

（4）严格防止高电压串入仪表内的信号输入线和控制线内。

（5）电源开关不宜频繁开启。

（6）禁用有机物质和湿布擦洗仪表内部元件板。

（7）要定时用毛刷、吸尘器等清除机箱内部灰尘。

（8）要经常检查传感器的工作状态，观察是否有位移、积尘、受潮现象并及时排除，不要人为破坏传感器正常的工作状态。

六、联网系统的分类

汽车检测站联网系统按发展进程可分为如下三种：

1. 手动方式

早期联网系统主要由单机仪表构成，测量结果也是人工记录，为完成测量所需要的简单控制，如举升台的升降和制动台电机的启停也由单机仪表上的按键手动操作完成。其特点是：

（1）控制线路简单，操作方便。

（2）需要较多的操作人员。

（3）检测结果不仅取决于单机仪表的精度，而且与操作员的熟练程度和人为因素有关。

（4）由于全部是人工操作，需要时间长，检测效率低。

（5）无报检机、主控机、工位机、引导系统等，因此成本低廉。

2. 半自动方式

为了解决报表的打印、检测车辆的数据统计等问题，在 PC 计算机出现的初期采用半自动控制方式。联网系统设有主控机和报检机，主控机和报检机采用网络通讯，主控机和单机仪表采用 RS232 串行通讯以接收现场采集数据，各工位没有自动诱导装置。其特点是数据的记录是自动完成的，所有数据都存储在主控机中，便于报表的打印、车辆数据的统计和查询等。

3. 全自动控制方式

全自动控制方式现是汽车检测联网系统的主流产品。按控制方式可分为如下三种：

（1）集中式。集中式控制方式是由主控计算机直接负责整个检测系统中的设备控制、数据采集和处理、检测结果评价、控制、打印等全部功能。该方式具有结构简单易行、成本低的优点；其缺点是信号微弱，传输距离较远，传输质量较难保证；对主控机的依赖过大，一旦主控机发生故障，整个系统都要瘫痪。主控软件编写复杂，调试、维护困难。集中式联网系统特别适合在检测场地较小、设备较为集中的单工位或双工位上应用。

（2）分布式。采用这种控制方式的系统一般可以分为负责现场控制的下位机部分和负责监控管理的上位机部分。其中，上位机部分用来完成对各工位的监督控制和通讯管理。下位机部分由位于各工位的计算机及外围电路组成，主要完成各工位的测控任务。这种控制方式具有结构清晰、模块化强、信号处理简单、可靠性高的优点，是当前的一种主流控制方式。

在分布式控制方式中，对于工位机的实现一般可分为单片机和工业 PC 两大类。在 20 世纪 80 年代，单片机由于具有成本低的优势被广泛应用。进入 20 世纪 90 年代后，一方面随着工业 PC 及其应用板卡的逐渐普及，成本得以大幅度降低；另一方面随着应用水平的不断提高，对于人机界面、智能控制、远程管理等功能，单片机已难以胜任。

（3）分级分散式。分级分散式联网系统一般分为三级。第一级为现场控制级，由分布在各工作现场的智能仪表完成，执行简单的任务，主要完成数据的采集、显示与通信。第二级为监督级，它主要由工业控制计算机和接口板组成，其主要任务是对各工作现场的智能仪表进行监督控制、通信管理，并与第一级采用速度较低的低速通道联络。第三级为管理级，完成较为复杂的工作，负责管理、生产指挥、调度。第二级与第三级之间，采用高速数据联络。集散式联网系统采用了分布控制、单机显示、多级管理、数据通信的措施，从而有效地防止了由于主控机故障引起整个系统停止运行的事故。在主控制机发生故障时，可由单机显示打印，而分布于现场级的智能仪表靠近检测设备尽可能避免干扰信号串入，对单片机监督级系统之间的信号传输采用数据通讯，有效地避免了单机显示和主控机打印数据不一致的问题。由于各个控制机任务单一，对于设备校正、维护很方便。

第二节　联网系统标准及要求

计算机联网检测系统的开发和购置首先要依据 GB 7258 – 2004、GB 21861 – 2008、GB/T 2765 – 2011 等相关标准，设置相应的检测项目，设计符合标准要求的检测方法，并根据标准对检测数据进行评价，出具检测报告单。

汽车检测计算机联网系统必须满足下列功能要求：

1. 检测调度功能

（1）联网系统应能使检测站内检车通道对按照任何车辆次序和检测次序到达的已登录车辆进行调度并完成应检项目的检测。

（2）应具有把受检车辆调度到检车通道任意检测单元、任意项目检测的能力。

（3）在采用流水式调度模式的检车通道上不应出现检测单元之间的逆向引车移动。

（4）应具有调度受检车辆接受检测单元内任意项目、任意次数检测的能力。

（5）检测单元上一个受控设备出现故障时，联网系统应能使该受控设备承担的检测项目在本次检测中取消，剩余项目应仍能作为一个整体继续进行自动检测。

2. 项目测试功能

联网系统具有输出该检测单元引车员引导信号，完成数据采集、处理、量值变换和判定的能力：

（1）能够操纵受控设备进入测试工况，通过引导指示器指示操作员完成必要的辅助操作。

（2）根据有关标准、规程的要求完成检测数据的采样。

（3）采样过程应涵盖测量对象有效状态的全过程。

（4）采样数据须经过量值变换，以有关标准、规程规定的计量单位表示。

（5）应能实时给出检测数据和进行指标数据的计算和修约。

（6）应能根据有关标准实时完成受检车辆项目的合格性判定。

（7）对于系统自动采集的数据，联网系统不应提供人工键入和修改的功能。

（8）经过软硬件滤波后，有关检测项目的过程曲线应平滑而不失真。

（9）外观人工检查和底盘人工检查项目的输入：外观人工检查和底盘人工检查的项目设定应能按需要进行调整。

3. 数据存储

（1）在受检汽车受检时，联网系统应实时记录检测数据。

（2）在完成一辆受检车辆的全部测试后，联网系统应立即将该受检车辆完备的检测数据和判定结果存入数据库。

4. 系统标定

（1）应具备对各受控设备测量值进行标定的界面。

（2）标定界面应能显示受控设备各模拟输入通道的零点、AD 值和标定值；当通讯协议支持时，系统校准界面应能实时显示数字通讯传输的量的示值。

（3）系统或受控设备的检定按照相关标准执行。

（4）不应给检测站提供不受监管地自行采用纯软件方式进行标定的功能。

5. 数据库

（1）数据库设计应自动强制数据一致性。

（2）数据库管理系统 DBMS 应支持 SQL 和 ODBC 两种工业标准。

（3）数据库管理系统 DBMS 应支持 TB 级数据容量。

（4）数据库应具有 C2 级安全性。

（5）数据库应具有企业级可靠性。

第三节　联网系统的组成

机动车检测自动联网系统是在一系列计算机软硬件平台上，通过专门开发相关的控制软件来实现机动车检测设备动作的控制和性能参数数据的采集、存储、分析、统计等一系列任务，是计算机自动控制与联网技术在机动车检测领域的综合应用。一般的联网系统都包括相应的硬件设备和软件平台。

一、联网系统硬件设备

联网系统常用的硬件设备包括以下几种：

1. 计算机

计算机一般选用工业控制计算机用于设备控制，通用技术机用于数据统计等应用；也有的系统选用通用计算机或者单片机等进行设备控制。

工业计算机有抗干扰、环境适应能力强等诸多优点，检测车间当中电磁干扰强烈，灰尘等较严重，因此，工业控制计算机就成为机动车检测控制自动化的首选控制设备。一般的工业控制计算机都是由底板、主板、扩展模块等部分组成。

2. 专用的采集、控制板卡

工业信号有很多种，大部分都是模拟量信号，为了实现计算机的自动化控制，必须配备专门的信号处理装置。大体可分为：数字量 I/O 控制、模拟量控制、串口通信等。为了实现这些信号的转换就要使用特定的外围设备。

3. 数字量 I/O 控制

开关信号只有两种状态，有效或者无效。计算机也是刚好能够识别这些信号，但是计算机的电平值跟各种设备的电平值存在差异。例如，某型号传感器的有效状态下电压是 12V，无效状态下电压是 5.8V，这时候计算机就不能识别，因此必须配备电压转换等装置，为了便于工程使用一般都把 I/O 做在一块接口板上。

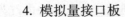

4. 模拟量接口板

大部分的模拟量传感器的信号电压不会很高，低电压变化不能被计算机有效识别，为了能更精确地识别模拟量信号，需要对模拟信号进行放大处理。为了屏蔽电磁等各种干扰因素，一般采用差动放大的技术，并在电路板上设计有防过载、防逆流等保护措施。考虑到工程安装便捷，通常会在一块板卡上设计多路模拟量放大信号。经过分析统计，4 路模拟量信号使用得最多，一般就设计 4 路的接口板。除了具备各种保护措施外，每一路的信号放大、过滤都是独立的，并有放大倍数调整、基础电压调整等各种功能，是模拟量接口板当中比较有代表性的产品。

模拟量输出则与上面的处理过程相反，是将计算机输出的数字信号经过处理，转换为外围设备需要的参数的模拟量。

5. 串行口接口板

大量的智能设备都是采用串行口通信。串行口有接线方便、通信距离较远、抗干扰能力较强等各种优点，因此，在工业现场控制中串口通讯也是一种重要的通讯模式。常用的串行模式有 RS232、RS485 等，当前，采用 USB 接口的设备也开始出现了。

6. 计算机 AD/DA 控制模块

模拟量信号经过处理进入计算机后，计算机不能直接识别，必须通过 AD 转换。同样计算机也不能直接输出模拟量控制信号，必须经过 DA 转换，把数字量变成模拟量。因此，还必须有一块具备 AD、DA 功能的接口板。

7. 其他电路板

如供电用的板卡等。

8. 专用的电气控制系统

电机等大功率设备是自动化控制必不可少的器件。要实现这种设备的控制必须进行科学的设计。例如，不能让电机同时启动，防止电流过大对电网造成过载等。同时控制高电压的电器设备也需要一定的转换部件。

采用了嵌入式计算机技术，对电机运转的监控更实时更有效。通过控制板卡输出控制信号，再经过电压转换设备就可以控制高电压的电机等设备运转了。

9. 专用的网络通信系统

联网系统是建立在检测局域网上的。因此，构建局域网的设备就是我们必需的网络通信设备。如果需要连接无线设备，还需要无线路由器等设备，如果需要连接光纤，还需要光纤接入设备。另外，如果检测站联网系统还需要与行业主管部门进行资源共享，则需要通过 VPN 虚拟专线技术或者互联网，把检测站局域网和主管部门专用网连接起来。

10. 附属设备

（1）引导指示系统——LED 显示屏或大屏幕彩色电视。检测线的引导指示系统通常有 LED 显示屏幕、彩色电视机两种，主要用于指导引车员进行相关操作，显示检测数据及结果，同时兼做广告标语发送。现在计算机联网系统中常用不同管径（如 φ5）的高亮度点阵块组成的 LED 显示屏，可分为单排或双排两种，可显示 24×24 或 32×32 点阵的汉字。

（2）光电开关。检测线的光电开关主要用于判别车辆是否到位。光电开关由红外发射头、红外接收头及继电开关或电子控制机组成。

（3）遥控发射/接收器。遥控发射/接收器常用于车速表检测时给工位机发出采样信号及其他到位信息。

（4）交流净化稳压电源。交流净化稳压电源主要对计算机联网系统现场的电源进行稳压控制，确保检测设备正常工作，是检测线的必备设备之一。

二、联网系统软件平台

联网系统的软件平台是整套系统的控制核心，也是人机交互的窗口，在整个系统当中占有重要地位。软件系统设计的成功与否决定了整个系统的性能甚至成败。

软件平台基本由下面几个部分组成：

1. 操作系统

Windows 2000 操作系统是在 Windows NT 的基础上开发的新系统，具备较高实时特性和良好网络兼容等，同时该系统具有强大的开发控制接口和友好的操作界面，因此大多选用 Windows 2000 作为工位控制操作系统平台。

在服务端选择专业的 Windows 2003 服务器版本，以满足与多个工作机的联网通信能力和运行高容量的数据库系统。

2. 网络通信系统

系统各相关部分之间的通讯方式，采用基于国际标准的 TCP /IP 协议为基础的协议族。需要相关的设备联网系统支持 TCP/IP 协议，以实现各个设备和工位机的互连互通。

3. 数据库管理系统

Windows 平台下最广泛的数据库管理系统是 SQL Server 2000 版本，近年来有 SQL Server 2008 等推出，但是应用最广泛的还是 SQL Server 2000 的版本。该版本有灵活的使用方式及稳定、良好的性能，是中小型应用的理想选择。另外还可以选择 Oracle 等数据库系统。

4. 专用的数据采集与设备联网系统

每种检测设备的控制方式不同，需要有专门的控制软件来对应，用该软件模块实现设备的控制、数据的采集、结果分析回传等操作。

5. 专用的人机交互系统

人机交互系统是操作人员跟联网系统进行交互的接口。这部分软件设计的好坏直接决定了用户的使用体验和操作方便，良好的设计可以大大减少因误解而造成的错误操作和系统维护。

第四节　全自动控制联网系统

一、汽车检测集中式联网系统

集中式联网系统，是指以单个计算机为核心，利用计算机的软硬件平台构筑联网系统，将各输入输出通道、过程 I/O 设备和现场手控设备与计算机连接起来，完成各种信号处理（如人机界面显示、预警、数据采集、传输、过程控制、统计报表等）。集中式联网系统从计算机的 CPU 到存储器、外部设备、过程 I/O 等所有部分都是通过计算机总线实现连接的。

具体到检测线上，就是所有信号的处理（如模拟量信号的采集传输、开关量的输入输出、与其他外围设备的通讯以及检测流程的指挥调度）全部由一台中心控制计算机（又称主控机）直接完成，不需要通过中间环节，所有的接口全部与主控计算机相连。

集中式联网系统用一台主控机完成整个系统的数据采集、处理判断、控制、打印等主要任务。其系统结构简单、造价低，安装、调试、维修方便，但由于整个系统的集成度高，主控机任务繁多，设计人员在控制和管理软件上的精力投入相对来说较大，软件的稳定性要求较高，主控计算机的性能要求也较高。

1. 系统结构

集中式联网系统由主控机、登录机、配备外围设备构成（如图 8 - 1 所示）。主控机通过 A/D 采集板采集模拟量信号，通过 I/O 板实现对外部设备的控制和开关量信号的采集，通过数字通信串口实现与外部通信设备的信号传递，通过网络适配器与其他计算机连接。

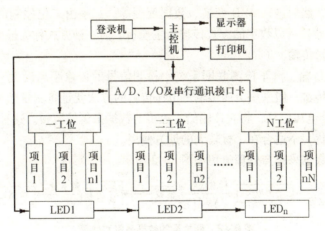

图 8 - 1 集中式联网系统的结构

2. 系统组成

汽车检测计算机联网系统的任务是数据采集、处理、判断、实时控制、数据管理等。一般由主控机、登录机、接口控制箱（控制柜）、工位单机仪表以及附属设备等组成。

（1）主控机。主控机的任务是收集数据，并根据有关标准判断是否合格，然后显示、打印，并将数据储存，同时主控机还要根据单机申报的数据和光电开关的信号决定检测过程，指挥各工位的引导屏显示和单机试验台动作。检测数据的打印一般由主控机完成，检测数据记录单是记录检测数据和对车辆技术状况判定的最后文件，由检测站和车辆管理部门认定后正式生效。

（2）登录机。主要用来输入被检车辆的主要参数和申报将要检测的项目，并将这些内容传输到主控机，主控机将根据这些参数来设置主控程序和判断标准。

（3）控制箱（控制柜）。一是负责管理单机仪表的数据传输，二是对主控机的输入和输出控制信号进行缓冲和隔离驱动。

（4）单机仪表。单机仪表除了采集显示单机检测设备结果外，还有向上位机传输数据的作用。数据传输有模拟传输和数字通讯两种方法。

（5）附属设备。

① 工位引导屏。分吊装式和立柱式两种，由 LED 引导屏来指示引车员和工作人员的操作。

② 红外光电开关。由红外发光体和接受体及继电开关组成，当汽车通过时，开关信号发生变化。把开关量信号传至主控机，通知主控机车辆到位情况。

③ 摄像机和监视器。通过电视监视系统可以观察全场或车辆各部位的情况，便于操作人员工作。

④ 对讲机。便于操作人员互相联系。

3. 工作原理

联网系统中单机设备检测的数据传输到主控机有两种方法：一是将放大的测量信号直接送至主控机，然后进行 A/D 变换、数据处理等；二是由工位控制的微机（智能仪表）对检测信号处理后以数字的方式传输给主控机。前一种方式称为模拟量传输，后一种方式称为数字量传输。

（1）模拟量传输。汽车检测联网系统中检测信号的传输距离较大，一般有几十米的范围。模拟量传输一般采用电压传输。电压传输的方法就是将测量信号放大为 0 ~ 5V 或 0 ~ 10V 的标准电压信号，将它传输给主控机的数据采集扩展板。这种方法简单易行，但很容易受到干扰，不适合在干扰较大的地方使用。

模拟信号的数据采集与处理流程如图 8 - 2 所示。

图 8 - 2　模拟量的数据采集和处理

（2）数字量传输。由于采用模拟量传输与数据处理无法解决检测设备单机仪表与计算机显示不一致问题，所以检测设备的生产厂家开发了带有数字通讯接口的检测设备，数字通讯接口标准主要有 RS - 232C、RS - 485、RS - 422 等方式。

串行通信接口标准 RS - 232C 是美国电子工业联合会（EIA）制定的串行通信接口标准。标准规定，对于不同的信号线，采用不同的信号电平。对于数据线而言，采用负逻辑。5 ~ 25V 之间的正电压代表逻辑"0"；- 5 ~ - 25V 之间的负电压代表逻辑"1"。对于控制线而言，采用正逻辑 5 ~ 25V 之间正电压代表逻辑"1"；- 5 ~ - 25V 之间的负电压代表逻辑"0"。在串行通信接口中，数据是以串行方式传输的。在标准中，逻辑"1"信号电平称为标志状态（Mark Condition）。逻辑"0"信号电平称为空格状态（Space Condition）。传输字符开始时，总是首先发送起始位。起始位以后，连续传输十位 ASCII 数据代码，数据按顺序由最低有效位（LSB）到最高有效位（MSB）发送，在数据传输线上每一位都保持一定时间间隔。紧跟着数据位的是奇偶校验位，这一位用于差错校验。传输的最后一位是停止位。这一位不携带信息，但它通知接收器准备接收下一个字符。停止位可以是 1 位、1/2 位或 2 位。

常见的 RS-232C 通讯口有 9 针和 25 针两种定义：

9 针定义：2 脚——（Rx）接受数据；3 脚——（Tx）发送数据；5 脚——信号地。

25 针定义：3 脚——（Rx）接受数据；2 脚——（Tx）发送数据；7 脚——信号地。

二、汽车检测分布式联网系统

分布式联网系统是一种以多处理器及数据通信技术为基础的计算机联网系统，是目前在工业控制方面应用广泛的一种控制模式。分布式联网系统吸取了仪表控制和计算机直接控制的优点并克服了它们的缺点，实现了集中的管理和逻辑的分散，是一种比较理想的体系结构。

分布式联网系统将检测任务按工位布局（或某种逻辑结构）划分成模块分发给各工位控制计算机分散完成，各工位控制计算机可以各自独立且同步进行工作。

分布式联网系统，其数据处理、动作控制均由下位机完成，主控计算机的作用在于调度下位机和管理检测数据等。下位机对现场控制设备，如单片机等进行监督控制和管理通信。在硬件方面的投入较集中控制方式要大得多，而控制管理系统软件的编写复杂程度较小。

1. 系统总体结构

（1）网络拓扑结构。采用如图 8-3 所示的星型网络拓扑结构。整个测控系统分为两级：直接过程控制级和集中监控级。直接过程控制级以高性能工控机为工作从站，分布在各个检测工位或不同的检测车间中，完成各现场信号的检测、处理、控制与数据存储、转换、管理等任务；集中监控级以高性能服务器作为主站，完成检测节拍及流程控制、数据交换与管理、报表的打印与统计等任务。两级之间的通信则通过基于 TCP/IP 局域网实现。这种方式完全实现资源共享、分散处理和过程控制与管理的一体化；系统结构清晰，便于实现各子功能的模块化，从而使该系统具有很好的可扩展性。在这种方式中，各功能模块及系统应用软件的编程变得相对简单，有效地缩短了系统的开发周

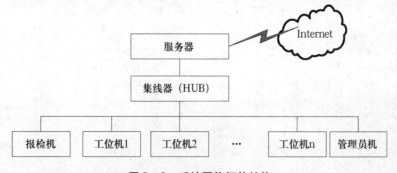

图 8-3　系统网络拓扑结构

期，同时，也便于软硬件维护，特别是由于现场直接过程控制级与集中监控级之间采用了基于 TCP/IP 协议来实现网络数据交换，从而使各工位检测流程及节拍控制变得非常容易，可以很好地解决检测项目多、检测时间不统一及检测车间分散的问题，甚至可以有效地解决在汽车安全性能全自动检测中无法解决的各工位间无序检测的问题。

（2）系统结构及工作原理。系统总体结构原理如图 8-4 所示。系统由检测报检机、主控机（服务器）、网络集线器、工位机、LED 点阵显示屏、信号采集单元、检测控制单元及信号处理系统等组成。分布式联网系统以 Windows 2000 组成局域网，符合 C2 级安全标准。各工位机运行于 Windows 2000 操作平台，可并入网络运行，也可单机运行。报检机完成报检车辆信息（如车牌号、底盘号、发动机号等数据）的录入和检测方式的设置（如单机方式或联网方式，典型检测或抽项检测）；工位机 1 完成速度表校验、车辆排放检测；工位机 2 完成轮重检测和制动性能检测；工位机 3 完成外观、底盘检测

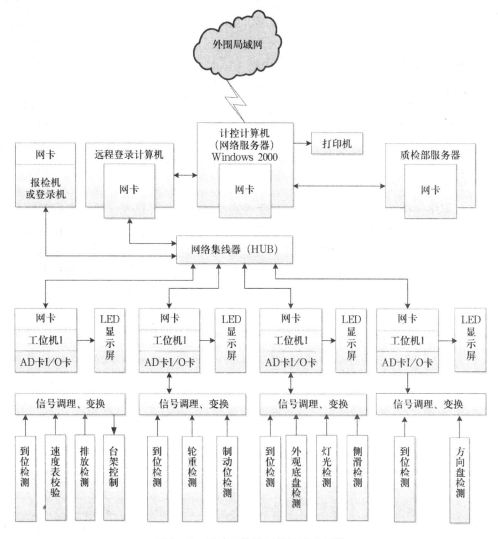

图 8-4　系统网络控制结构原理框图

项目的录入、前照灯检测、侧滑量检测等。服务器除了保障各计算机之间的安全通信之外，还完成对报检机、各工位机传送来的各种数据和信息进行综合分析、判断、存储、列表、显示及文档打印等工作。同时还能监视和控制各工位的工作状态。服务器还预留有对外 Internet 联网接口，为网络远程维护打下基础。

　　在上述控制结构中，各个工位机所完成的底层检测与控制功能可以根据实际工艺布局的需要进行互换或调整，各工位机的数量也可以根据实际检测节拍控制及同时检测车辆数量的要求进行增减。例如，在工位检测中可以增加方向盘转向力测试工位机，通过网线将该工位机接入网络交换机相应端口，并配备相应的检测应用软件即可完成。

　　2. 系统控制流程

　　检测顺序如图 8－5 所示，当车辆在登录室完成报检工作后，报检机提示各工位机进入准备状态，车辆在行驶过程中将触发各个工位放置的红外光电开关或接近开关，各工位机根据光电开关或接近开关的触发信号来判断车辆在检测线中的位置，在此期间各工位机将按照内置程序顺序向大型显示屏发送驾驶员提示信息，提示驾驶员执行各种操作；启动各种检测设备和执行机构（如电机、气阀等）；采集各项目数据，并对检测数据进行实时处理、保存、显示，同时给出评价。当该工位各项目检测结束时，显示屏将提示驾驶员"该工位检测完毕，请进入下一工位"。各工位机将检测数据保存在每辆车对应的共享数据文件中，以便服务器来读取。

登录室 → 外观 → 尾气、车速 → 轮重制动 → 灯光、侧滑 → 主控室

图 8－5　系统检测流程

　　各个工位机在服务器的监控下，可以同时进行多辆车的检测工作，即每个工位可以同时有一辆车在进行该工位项目的检测，检测数据随车辆信息存放于本地硬盘中。例如，某辆车全部或部分项目检测完毕需打印报表时，服务器就到各工位机上读取该车的全部检测结果数据，汇总成一张或多张检测报表后送到打印机上打印。由此可见，如果检测站为了提高检测效率，可以将部分工位检测项目分别布置到多个检测车间，各检测车间之间可实行无序检测，从而将大大缩短每辆车的平均检测时间。当然在同一个检测车间内的各工位之间也可以由软件控制实现无序检测，但由于车间宽度所限，同一车间内各工位间的无序检测是没有意义的。

　　3. 网络系统的硬件配置

　　检测站采用了基于客户机/服务器模式（C/S）的局域网，用一个集线器将所有的工作站与服务器连接起来，并通过调制解调器与广域网连接，实现与上级交通管理部门的信息中心网相连。系统的网络硬件主要有：网络服务器、网络工作站、网络适配器、通信电缆以及集线器和调制解调器。下面就检测站局域网中的各硬件组成作简单介绍。

　　（1）网络服务器。网络服务器（以下简称服务器）是为网络提供资源（包括硬件、软件）并对这些资源进行管理的计算机，它是网络的"心脏"。因此，服务器的速度必须足够快，功能必须强大，服务器一般由高性能微机来承担。

（2）网络工作站。网络工作站（以下简称工作站）可从服务器中取出程序和数据，并进行有关应用程序的运行，它是网络的"四肢"。工作站可由普通微机来承担。

（3）网络适配器。网络适配器也称为网络接口或网卡或 NIC，是一种外设卡，它一面插于计算机主板的扩展槽中，另一面则与网络线缆连接。只有通过网卡，计算机才能与网络进行通信。服务器、工作站都应装有网卡。

（4）通信电缆。汽车检测站网络系统中常用的通信电缆有双绞线和同轴电缆两种。

①双绞线。双绞线是计算机网络布线工程中最常用的一种传输介质。它由两根具有不同颜色绝缘保护层的铜导线组成。把两根绝缘的铜导线按一定密度互相绞在一起，可降低信号干扰的程度，每一根导线在传输中辐射的电波会被另一根导线上发出的电波抵消。与其他传输介质相比，双绞线在传输距离、信道宽度和数据传输速度等方面均受到一定限制，但价格较为低廉。双绞线有非屏蔽双绞线和屏蔽双绞线两种类型（如图 8 - 6 所示）。

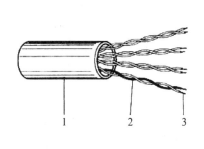 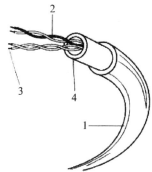

a.非屏蔽双绞线（UTP）电缆　　　　b.屏蔽双绞线（STP）电缆

1－塑料外套　2－用颜色标志的绝缘层　3－铜导线　4－保护层

图 8－6　双绞线电缆

②同轴电缆。同轴电缆有两种导体共享同一根中心轴。在电缆的中心有一根铜线贯穿于整条电缆，这根铜线的外部包裹着由塑料制成的绝缘层，在其外包裹着金属丝网、金属箔，如图 8 - 7 所示。金属网的作用是防止内部电线受电磁干扰。通常可将这层丝网叫做屏蔽层。

（5）集线器（HUB）（或交换机）。以集线器（或交换机）为中心，各站点通过集线器（或交换机）相互连接，这种连接的优点在于当网络上某条线或某站点出现故障时，不会影响网络中其他站点的工作。集线器分有源和无源两种，但目前使用最多的是有源集线器。

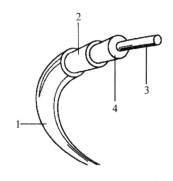

1－外套　2－外部导体（保护层）
3－中心导体　4－绝缘体

图 8－7　同轴电缆

（6）调制解调器（Modem）。调制解调器是调制器和解调器的简称。调制解调器使计算机能方便地与电话网相连，实现局域网与局域网中计算机的远程通信，从而构成广域网。这一功能是通过调制器将数字信号转换为能够在电话网上传输的音频信号，而在接收端又经过解调器将音频信号转变成原来的数字信号而实现的。这个过程被称为调制和解调，这也是调制解调器的名字由来。随着网络技术的发展，接入广域网的手段也很多，如 ADSL、光纤、DDN 数据专线等。

4. 网络布线方法

检测线联网主要采用双绞线连接成星型网络，两台电脑联网不需要使用集线器，三台或三台以上电脑联网时必须使用集线器。为保障通讯质量，联网使用屏蔽超 5 类双绞线（可达 100 兆/秒的传输率）。使用双绞线联网时单段不能超过 100 米，超过 100 米时可通过集线器串接方式加以延长，但串接的集线器最多为 4 个。每段双绞线两端可用一个 RJ－45 连接头，使用专用的工具压制。双绞线内共有 4 对相互绞着的绝缘铜线，常规的为绿/白和绿、橙/白和橙、蓝/白和蓝、棕/白和棕。一定要成对使用，才能保证信号的传输质量。具体使用时，1、2 为一对线；3、6 为一对线；4、5 为一对线；7、8 为一对线。双绞线的做法有两种国际标准，分别是 EIA/TIA568A（详见表 8－1）和 EIA/TIA568B（见表 8－2）。

所谓"绿/白"线就是白线上涂有绿点或绿色条纹，"橙/白"线就是白线上涂有橙点或橙色条纹，依此类推。

表 8－1　EIA/TIA568A 协议定义

引脚顺序	连接信号	线对顺序
1	T_X+（传输）	绿/白
2	T_X-（传输）	绿
3	R_X+（接收）	橙/白
4	保留	蓝
5	保留	蓝/白
6	R_X-（接收）	橙
7	保留	棕/白
8	保留	棕

表 8－2　EIA/TIA568B 协议定义

引脚顺序	连接信号	线对顺序
1	T_X+（传输）	橙/白
2	T_X-（传输）	橙
3	R_X+（接收）	绿/白
4	保留	蓝

引脚顺序	连接信号	线对顺序
5	保留	蓝/白
6	$R_X -$ （接收）	绿
7	保留	棕/白
8	保留	棕

直通线的压制方法是两端水晶头均采用 EIA/TIA568A 标准。

交叉线的压制方法为一端水晶头采用 EIA/TIA568A 标准，另一端水晶头采用 EIA/TIA568B 标准。

局域网连接时，根据电脑的多少，使用的是 HUB 还是交换机（也叫开关式 HUB）来决定双绞线的压制方法：

（1）只有两台电脑采用交叉线连接；有两台以上电脑时则应使用 HUB（或交换机）连接。

（2）网络中只有 HUB（无交换机）时采用直通线。

（3）A 级站或计算机较多的检测站使用交换机联网，使用直通线连接。

第五节　联网系统功能

一、检测站计算机联网系统基本要求

检测站计算机联网系统必须满足国家相关法律法规及标准的要求，检测项目和方法用符合机动车安全、环保技术检验国家标准的规定，检验项目判断合格标准应符合《机动车运行安全技术条件》（GB 7258 - 2004）、《点燃式发动机汽车排气污染物排放限值及测量方法》（GB 18285 - 2005）、《车用压燃式发动机和压燃式发动机汽车排气烟度排放限值及测量方法》（GB 3847 - 2005）等国家标准要求。

整个计算机联网检测系数应具有高稳定性和高可靠性，功能完整，具备良好的可扩展性和灵活性，操纵、标定及维护简便，联网检测系统的设计及布局应充分考虑人性化因素，界面友好，布局美观，有效使用寿命长。

联网检测系统应能全面真实地反映所有检验项目，具有机动车登录、规定检测项目、参数的自动检测、检测结果数据的自动传输、自动生成符合标准要求的检测报告、检测数据自动存档、生成统计报表等功能。

计算机联网检测系数不得改变联网检测设备的测试原理、分辨力、测量结果数据的有效位数和检测结果数据；同时，联网检测系统应能进行数据管理，提供权限管理及数据安全性管理，具有检测数据查询、分析及统计功能，能对异常数据自动预警，但不得具有修改任何检测数据的功能。

计算机联网检测系数应当设置检测标准、系统参数等数据修改的访问权限，防止随

意更改检验报告。

计算机联网检测系数的标定通道应当与实际检测通道一致，不得具有自行采用纯软件方式进行标定的功能。

计算机联网检测系数还应具备与上级主管部门或相关业务部门联网的功能，以方便相关职能部门进行业务监管。

二、检测站计算机联网系统功能

检测站计算机联网系统是先进的电子技术、仪表技术、计算机技术、网络技术与检测设备的集成，是一种以现场总线作为底层网络，通过网络集成而构成的自动联网系统，按照公开、规范的通讯协议在检测设备与计算机之间实现数据传输和信息的交换，从而实现控制和管理一体化的综合自动控制管理系统。

通俗地说，检测站计算机联网系统功能就是按照相关国家标准的规定，利用计算机与检测线上的环保检测和称重、制动、速度、烟度、灯光、声级等安全检测设备相连接，将各工位设备的信号经过调理与采集形成数字信号，并自动传输到主机上进行存储，并使检测设备按照设定的程序完成工作，根据检测结果形成完整的检测报告，同时能提供数据的查询分析及统计功能，从而实现机动车检测的自动化管理及与上级主管部门及相关业务部门的信息共享。

按照检测流程，检测站计算机联网系统具有如下功能：信息登录功能、线外检验结果录入功能、调度功能、项目测控功能、主控功能、路试结果录入功能、数据分析及管理功能、故障自诊断功能、设备标定功能、现场监控功能等。

各部分功能介绍如下：

1. 登录功能

登录功能由登录子系统负责完成，主要是受检车辆相关信息的注册，为检测提供必要的参数。登录子系统是检测站计算机联网系统的入口。

需要登录的信息包括：车辆基本信息（号牌种类、号牌号码、车辆识别代号/车架号、发动机号/排量、车辆类型、车辆品牌、车辆型号、出厂日期等）、车主基本信息（车主名称、联系地址、联系电话等）、受检信息（初/复检、检验类别、受检项目、引车员等）以及必要的车辆参数信息（如燃料种类、最大总质量、整备质量、气缸数、变速箱类型、发动机额定功率/转速、排气管数量、驱动类型、前照灯远光是否可调、是否独立悬挂、是否三元催化、是否闭环电喷、是否涡轮增压、最大设计车速、最大设计载客数量等）。

登录子系统应具有信息存储功能。当车辆再次登录时，应能从数据库中自动调出相应参数，从而节省登录时间，减少登录工作量，避免人为重复录入产生录入错误。复检车辆在登录时系统应能自动根据上次检测结果判别需复检项目，也可由人工确定复检项目。

登录子系统具有联网接口，当与主管部门联网后，可以从主管部门提取车辆的相关基本信息与参数信息，此时登录子系统应具有参数自动比对及问题车辆报警功能，即能依据录入的号牌种类/号码、车辆识别/车架号、发动机号等信息自动与有关信息库进行比对，从而确定该车是否存在被盗抢、违法、保费等控制信息。

2. 线外检验结果录入功能

线外检验工位主要对受检车辆进行外观检查和底盘动态检查，联网监测系统应具有将车辆的外观检查和底盘动态检验项目全部录入的功能，并能自动判别关键项是否合格，同时还应能记载查验员/引车员的信息。

3. 调度功能

车辆登录完成后，既有调度子系统对已登录车辆进行调度，实现登录与上线检测的顺序无关性，即"无序登录、有序调度"。同时检测线的上线调度功能应具有把受检车辆按任意次序调度到检测线任意工位、任意项目检测的能力，当线上某工位或某设备出现故障时，调度系统应能避开或取消该故障工位或设备进行下一项目的正常检测。

4. 项目测控功能

工位机上的测控子系统（模块）是检测线系统的核心单元，具有承上启下的关键作用，测控模块的主要功能是完成从输入输出开关量的判别、机械动作控制、受控设备传感器信号输出后的信号调理到数据采集等监测过程的测量控制功能，能按照要求对机动车的车速表、尾气排放、烟度、前照灯、喇叭声级、侧滑、轴重、制动、底盘等项目进行检测控制，引导指示引车员进行辅助操作，并对检测结果进行实时判定。

测控模块的主要工作流程为：

（1）按照检测工位顺序及检测项目，启动响应设备进入测试状态。

（2）向引导系统发出操作指示命令，指示引车员按照指示操作。

（3）识别开关量输入信号，判断车辆是否到位。

（4）启动检测程序，控制机械动作，如举升装置升降、电机启动与停止等。

（5）根据有关规定自动采集各工位设备检测数据，对模拟输入信号进行调理、A/D转换、实时传输数据信号。

注意：对自动采集的数据，联网检测系统不得提供人工键入或修改的功能。

（6）根据国家相关标准对采样数据进行量值变换，以规定的计量单位显示数据。

（7）根据 GB 7258－2004 及其他相关标准对检测数据进行结果判定。

测控模块应当采用高速功能数据采集卡，保证数据的实时性和准确性，在采样过程中，应当采用数据曲线拟合技术和数据校准技术，实现对非线性量的测量，采用动态零点跟踪、温度变化补偿等技术实现动态修正。对于模拟通道采样的信号，记录点之间间隔时间应不大于20ms，经滤波后的过程曲线应光滑不失真。同时，测控模块具有对各工位采样通道记性测试及自诊断能力，对于故障能及时进行报警指示，对于故障工位能够进行有效屏蔽，确保检测设备正常后恢复该工位的检测能力。

5. 主控功能

主控功能一般由兼作检测线服务器的主控计算机完成，通常采用高性能的计算机。

主控功能主要进行车辆检测的全线控制和调度，数据的合成与存储，通常检测报告是在主控模块中进行打印的。

主控模块的主要功能有：

（1）协调调度检测车辆。对上线检测车辆进行协调，使整个检测流程合理、快速地进行。

（2）查看检测信息。实时显示在线检测车辆的检测结果及检测进程，显示相应工位车辆在线检测信息，查看已登录且未上线检测的车辆信息。

（3）在线检测调配。对正在进行的检测流程进行管理和控制，以保障检测流程的顺利进行，对已经上线进行检测但由于某种原因需要停止检测的车辆进行强制下线，终止检测已登录而未上线检测的车辆，可以跳过在线车辆的未检项目。

（4）数据采集与存储。对于完成检测过程的车辆，自动采集并整理其全部受检资料，生成完整的检测数据及结果，将检测结果及判定结果存入数据库。

（5）生成并打印检测报告。自动生成符合 GB 18285 - 2005、GB 3847 - 2005、GB 21861 -2008 等标准的检测报告，并根据打印需求打印当次检测结果或初、复检合并数据报告，在合并报告中能反映车辆多次上线检测的最终检测结果，能根据需要在线重复打印已检车辆的检测报告。检测报告必须真实反映检测结果，对于历史数据，系统不得提供人工键入或修改的功能。

6. 路试结果录入功能

对于不能上线检测或检测结果有争议的车辆，用路试法进行检测后，需将制动距离、MFDD、协调时间、制动稳定性、路试检测员等信息录入计算机并存入数据库。

7. 数据管理

数据管理主要指对检测数据进行查询统计及完成相关系统设置。数据管理功能可在任意一台计算机上进行，但应设置相应的操作权限。

数据管理模块应具有以下功能：

（1）操作员管理。完成操作员的设置，包括新增、修改、删除、权限设置。

（2）数据清理。按指定条件清理数据库中的冗余或无效数据。

（3）代码字典维护。进行检测相关的代码字典的设置，包括号牌种类、车辆类型、检测类别、行政区划、车身颜色、外观项目、底盘项目等。代码是为方便、规范用户输入，减少汉字录入量而编制的。

（4）系统设置。进行系统使用信息的设置，包括使用单位名称、服务器的 IP 地址及端口号、检测节拍、工位屏蔽等。为了适应国家或地方标准的变更，系统应提供对检测标准进行设定的功能，但需设置相应的操作权限。

（5）数据备份。定时自动或手动完成数据库的备份工作。

（6）数据恢复。完成数据库的恢复工作。

（7）数据查询功能。输入各项组合条件，进行检测数据的模糊查询。能实时查询在检车辆的所有检测信息及数据、结果判定，保存检测数据不少于三年，同时可将历史数据另存至指定位置。

（8）数据分析与统计功能。对所有联网数据进行分析，为职能监管提供依据，以及按照检测结果分类（如按检测类别、车辆类型分类等）进行统计、打印各类统计报表。

8. 方便灵活的标定功能

联网检测系统应具备方便灵活的计量检定功能，各子系统能独立标定，标定程序主要提供各受控检测设备测量值的标定界面，并在界面上显示受控设备各模拟输入通道的零点输出、A/D值和标定值，提供校零及还原操作。

标定状态应与实际状态保持一致，确保检测数据的真实、可靠。

9. 故障自诊断及分析提示功能

联网检测系统应能够实时反映自身故障，并对发生故障的部位进行分析和提示，帮助用户排除故障。系统运行时应能自行对智能卡、光电开关、各传感器或线路等故障进行诊断提示，保障检测系统的正常运行。

（1）诊断智能卡是否正常。通过对智能卡的读写操作判定智能卡的工作是否正常，不正常时应给出相应指示。

（2）判断光电开关等输入输出通道是否正常。可通过检查光电开关加电的状态判定光电开关是否有故障，对故障进行指示。

（3）诊断各传感器或线路故障。通过检测各传感器的输出是否在合理范围内来判定传感器或线路有无故障，并对故障进行指示。

系统维护员应通过故障诊断与提示进行故障检查，对不能及时排除故障的工位或测试设备应能在系统中予以屏蔽，使整个检测流程继续进行，不致中断。待工位或测试设备恢复正常后再加入检测流程。

10. 监控功能（可选）

监控功能主要用于监控检测线各工位的实际情况以及在线车辆的检测状况、所在位置，以供车主或职能管理部门观察了解现场情况，从而提高检测的透明度，体现"公平公正"的原则。通常监控功能应能监视检测线各工位的实时工作状态，显示受检车辆的受检情况。

除上述功能外，联网监测系统还可以实现其他一些功能，如监测过程实时公布、号牌自动识别登录指纹身份识别、外检员/引车员自动分配等，具体如下：

（1）外检员/引车员自动分配。系统可以提供外检员/引车员自动分配的辅助功能，避免发生外检员/引车员内外勾结、影响检测结果的真实性的情况。

（2）检测过程实时公布。联网系统的监测过程实时公布功能一方面可以让车主参与机动车检测过程的监督，更好地保证机动车安全技术检测工作的公平、公正、公开性，另一方面可以让车主实时了解自己机动车的检测情况，充分体现为民服务的宗旨。

检测过程实时公布有两种实现方式。一种是通过在检测线特定位置按装CCD摄像头（可使用监控子系统的CCD摄像头），然后将实时视频图像通过监视器在车主休息等待处播放；另一种是通过LED大屏实时显示机动车检测实况和数据，以便车主了解检测情况。

（3）指纹身份识别。如上文所述，系统具备完整的用户权限管理功能，用户必须拥有合法的用户名和密码方可登录系统中进行相应的操作。然而，用户名和密码容易被剽窃和破解，影响整个系统的安全性。采用指纹来标志每个用户的身份和权限具有功能更高的安全性。

（4）号牌自动识别登录。机动车登录时，工作人员至少需要录入号牌号码、号牌种类和检测类别等信息，这会影响整个检测工作的效率。联网检测系统可以增加号牌自动识别登录辅助功能以提高机动车登录工作效率。当配置号牌自动识别登录辅助功能时，车主只需驾车通过指定的入口，系统就能自动识别该机动车的号牌号码、号牌种类信息，然后工作人员录入检测类别等信息就可以完成机动车检测登录，提高机动车检测登录工作效率。

第六节 检测数据管理

一、计算机联网检测系统的数据管理主要功能与目标

（1）建立具有冗余的、高速的 I/O 的磁盘存储系统，建立高性能的数据库安全访问控制。

（2）通过与上级主管部门或相关业务部门联网建立数据共享平台，提供基础的检测数据，并接受业务监督。

二、数据处理与存储

1. 数据库系统简介

数据库系统（Database System，DBS）是一个复杂的系统，它是采用了数据库技术的计算机系统，是一个实际可运行的，按照数据库方法存储、维护和向应用系统提供数据支持的系统。它是存储介质、处理对象和管理系统的集合体，由数据库、硬件支持系统、软件支持系统和数据库管理员四部分组成。

数据库管理系统（DBMS，Database Manage System）是指 DBS 中队数据进行管理的软件系统，它是 DBS 的核心。DBS 中所有与数据库打交道的操作，包括建库、查询、更新以及数据控制，都是通过 DBMS 进行的。根据数据模型，DBMS 可分为网状型、层次型、关系型和面向对象型 DBMS。DBMS 的主要目标是把数据作为可管理的资源处理。DBMS 应使数据易于被不同用户共享，应能增进数据的安全性、完整性和可用性，并提供高度的数据独立性。

计算机联网检测系统的数据库系统应当满足以下几个要求：

数据库的设计应自动强制数据的一致性。

（1）数据库管理系统 DBMS 应支持 SQL 和 ODBC 两种标准。

（2）数据库管理系统 DBMS 应支持 TB 级数据容量。

（3）数据库具有 C3 级安全性。

（4）数据库应具有企业级可靠性。

2. 存储技术简介

计算机的存储器就存在于芯片或集成块之中。数据存储器不但可以从计算机的内部或外部进行安装或访问，而且可以作为一个独立的部分被其他计算机通过网络进行远程访问。计算机存储技术分为光存储器和磁存储器系统两种。

磁盘阵列，是指将多个类型、容量、接口，甚至品牌一致的专用硬盘或普通硬盘连成一个阵列，实现以某种快速、准确和安全的方式来读写磁盘数据，从而达到提高数据

读写速度和安全性的一种手段。其最大特点是数据存取速度特别快，可提高网络数据的可用性基础容量，并将数据有选择性地分布在多个磁盘上，从而提高整个网络的数据吞吐量。

磁盘阵列所利用的技术基础是 RAID 技术。RAID 是 Redundant Array of Inexpensive Disk 的缩写，意为廉价冗余磁盘阵列。其主要包含 RAID 0 ~ RAID 7 等数个规范，它们的侧重点各不相同，常见的获得业界广泛认同的有 4 个规范，分别为 RAID 0、RAID 1、RAID 0 + 1 和 RAID 5。

三、数据的访问控制与安全管理

通过科学合理的设计数据结构充分利用数据库的功能，保证系统数据的一致性和完整性。

采用中间层实现业务逻辑，同时也封锁了数据访问层，使核心数据库对前端应用透明，增强了数据的安全性。

采用了灵活、安全的权限设置，对单一用户或用户组的使用权限严格加以限制，所有业务操作都进行日志记录，在方便业务管理的同时为系统的稳定运行提供可靠的保证。

为了数据的安全，还需要作以下操作：

1. 数据备份

为了保证数据的存储安全，防止因为意外而造成数据的丢失，数据要定时进行备份，以应对磁盘坏掉、意外删除等种种异常情况。数据的备份一般通过专业的数据库工具来实现，从而有效地降低数据备份的复杂度。

2. 数据还原

当数据出现故障需要恢复时，需要有方便快捷的方式将备份数据进行还原。数据的还原同样是通过专业的数据库工具来实现的。

3. 数据加密

为了保证数据的安全和准确真实性，不被人为刻意破坏，需要对检测数据进行适当的加密处理，数据的加密也通过专业的数据库工具来实现。

四、检测数据的综合应用

检测数据的综合应用以报表统计为主，常用的有以下几类：

1. 车类合格率统计

按照车辆的类型统计检测合格率情况。

2. 检测类合格率统计

按照检测类型统计合格率情况。

3. 检测线号检测统计

按照检测线号统计检测车辆数。

4. 引车员引车统计

按照检测类型统计引车员引车数量。

5. 引车员综合统计

按照检测项目统计引车员合格率情况。

本章小结

本章主要介绍检测站计算机联网系统的标准、要求、组成、种类、功能及数据管理。本章要求了解联网系统的发展、结构组成及种类，熟悉联网系统的标准及要求，掌握联网系统的数据管理。

思考题：

1. 检测站联网系统的主要功能是什么？
2. 检测站联网系统的结构组成是什么？
3. 检测站联网系统的技术要求是什么？
4. 检测站联网系统按发展进程如何分类？
5. 检测站联网系统必须满足的功能要求是什么？
6. 检测站联网系统的结构组成是什么？
7. 检测站联网系统的硬件组成是什么？
8. 检测站联网系统的软件平台组成是什么？
9. 检测站联网系统的主要种类有哪些？各类组成是什么？
10. 检测站联网系统的功能有哪些？
11. 项目测控功能的主要工作流程有哪些？
12. 主控模块的主要功能有哪些？
13. 数据管理模块的主要功能包括哪些？
14. 检测数据的管理包括哪些？

第九章 机动车安全技术检验项目和方法

第一节 检验内容与流程

一、检验类别

（1）注册登记检验：机动车安全技术检验机构对经国家有关部门许可生产（入境），或经有关执法部门罚没、拍卖，需领取机动车牌证上道路行驶的机动车，在其申请注册登记时进行的安全技术检验。

（2）在用机动车检验：机动车安全技术检验机构对已注册登记的机动车进行的安全技术检验。

二、受检车类型

（1）根据《机动车类型、术语和定义》（GA 802 – 2008），机动车包括汽车（包括无轨电车、三轮汽车和低速货车）、有轨电车、摩托车、挂车、轮式专用机械车、上道路行驶的拖拉机和特型机动车。除特型机动车和有轨电车外，其他类型的机动车需上道路行驶时均应按规定由机动车安全技术检验机构定期进行安全技术检验。拖拉机由农机部门另行确定检验标准。

注意：

① 因轴荷或总质量或外廓尺寸超过国家标准规定，特型机动车只能申请临时行驶车号牌上路行驶。

② 有轨电车不属于传统意义上的道路车辆，只能在轨道上定线行驶。

（2）经国务院机动车产品主管部门（工业和信息化部）认定新车注册登记时免予安全技术检验的机动车型的制造企业，在对免检车型的新车进行出厂检验时，检验项目应覆盖 GB 21861 – 2008 标准规定的机动车安全技术检验项目，所有检验项目（包括否决项和建议维护项）均应合格；并且记录有检验结果的安全技术检验报告单应随《机动车整车出厂合格证》一并发放。

（3）进出口机动车检验相关管理部门可制定比 GB 21861 – 2008 标准更为严格的进口机动车检验要求，如将部分建议维护项变更为否决项，或增加其他检验项目要求等，以更好地从机动车进口环节把住安全技术管理关。

有关机动车安全技术检验机构对临时入境机动车进行安全技术检验时，可以根据实际情况适当豁免 VIN 编码规则、打刻位置等管理性条款要求及方向盘布置要求，但签发的安全技术检验报告单中应详细记录相关信息。

（4）GB 21861 – 2008 标准不适用于对事故机动车进行检验。但机动车安全技术检验

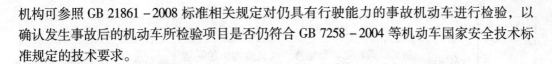

机构可参照 GB 21861 - 2008 标准相关规定对仍具有行驶能力的事故机动车进行检验，以确认发生事故后的机动车所检验项目是否仍符合 GB 7258 - 2004 等机动车国家安全技术标准规定的技术要求。

三、检验方式与检验项目

四轮及四轮以上机动车（轮式专用机械车除外）的安全技术检验的检验方式和检验项目见表 9 - 1，二、三轮机动车的安全技术检验的检验方式和检验项目见表 9 - 2。

表 9 - 1　机动车安全技术检验的检验方式和检验项目（四轮及四轮以上机动车）

检验方式		检验项目	备　注
车辆唯一性认定		(1) 号牌号码；(2) 车辆类型；(3) 品牌/型号；(4) 颜色；(5) 发动机号码；(6) 车辆识别代号（或整车出厂编号）及打刻特征；(7) 主要特征及技术参数[a]	
联网查询		查询送检机动车是否发生过交通事故及涉及尚未处理完毕的道路交通安全违法行为	
线外检验	车辆外观检查	(1) 车身外观；(2) 照明和电气信号装置；(3) 发动机舱；(4) 驾驶室（区）；(5) 发动机运转状况；(6) 客车内部；(7) 底盘件；(8) 车轮；(9) 其他	具体检查项目见 GB 21861 - 2008 附录 B 的表 B.1
	底盘动态检验	(1) 转向系；(2) 传动系；(3) 制动系；(4) 仪表和指示器	具体检验项目见 GB 21861 - 2008 附录 B 的表 B.2
线内检验	车　速[b]	车速表指示误差	仅对最高设计车速超过 40km/h 的车辆要求
	排　放[c]	(1) 点燃式发动机汽车：双怠速法测 CO、HC 的体积分数，过量空气系数 λ (2) 压燃式发动机汽车：自由加速法测排气烟度，测量排气光吸收系数（对 2001 年 10 月 1 日起生产的汽车）或滤纸式烟度值（对 2001 年 9 月 30 日及该日期以前生产的汽车） (3) 低速货车：自由加速法滤纸式烟度值	过量空气系数 λ 的测试仅对使用闭环控制电子燃油喷射系统和三元催化转化器技术的点燃式发动机汽车进行采用简易工况法进行排放测量时，检验项目另行确定
	制　动[d]（含轮重）	(1) 轮重；(2) 左、右轮最大制动力；(3) 制动力增长全过程中的左右轮制动力最大差值；(4) 制动协调时间；(5) 车轮阻滞力；(6) 驻车制动力	制动协调时间在用滚筒式制动检验台检验时不要求；车轮阻滞力仅对汽车要求
	侧　滑	转向轮横向侧滑量	前轴采用独立悬架的汽车侧滑量测试值不作评判依据
	前照灯	(1) 前照灯远光光束发光强度；(2) 前照灯远光光束照射位置（光束中心左右偏移量及上下偏移量）；(3) 前照灯近光光束照射位置（明暗截止线转角折点位置）	前照灯远光光束照射位置检验仅对远光光束能单独调整的前照灯要求
	车辆底盘	(1) 转向系；(2) 传动系；(3) 行驶系；(4) 制动系；(5) 电器线路；(6) 底盘其他部件	具体检查项目见 GB 21861 - 2008 附录 B 的表 B.3
	功　率	底盘输出功率	仅对使用年限超过 20 年的非营运乘用车要求

（续表）

检验方式	检验项目		备　注
路试检验	行车制动	制动距离和制动稳定性，或充分发出的平均减速度、制动协调时间和制动稳定性	通常只对无法上线检验的车辆及线内检验结果有质疑的车辆进行
	驻车制动	驻车制动性能	
	车　速	车速表指示误差	仅在相关管理部门有要求时对全时四驱车辆等无法上线检测车速表指示误差的车辆进行

　　a－主要特征及技术参数是指机动车已认证（登记）的结构、构造或者特征，以及国家机动车产品主管部门公告的数据（详见 GB 21861－2008 附录 A）；

　　b－对全时四驱车辆、具有牵引力控制防滑功能的车辆等无法上线检测车速表指示误差的车辆不进行，只需定性查看其车速表能否有效动作；

　　c－实行环保检验合格标志的地方，排放（排气污染物测量）不再列入安全技术检验；

　　d－轴荷超过检验设备允许承载能力的车辆、多轴无法上线的车辆不进行线内制动检验，应路试。

表 9－2　机动车安全技术检验的检验方式和检验项目（二、三轮机动车）

检验方式	检验项目		备　注
车辆唯一性认定	（1）号牌号码；（2）车辆类型；（3）品牌/型号；（4）颜色；（5）发动机号码；（6）车辆识别代号（或整车出厂编号）及打刻特征；（7）主要特征及技术参数[a]		
联网查询	查询送检机动车是否发生过交通事故及涉及尚未处理完毕的道路交通安全违法行为		
线外检验	外观检查	（1）车辆外观；（2）发动机运转状况；（3）照明和信号装置；（4）安全防护装置；（5）电器线路；（6）其他部件	具体检查项目见 GB 21861－2008 附录 C
	动态检验	（1）转向系；（2）离合器；（3）变速器；（4）传动装置；（5）制动系	具体检验项目见 GB 21861－2008 附录 C
线内检验	车　速	车速表指示误差	仅对最高设计车速大于 40km/h 的车辆要求
	排　放[b]	（1）摩托车和轻便摩托车急速法排气污染物：CO、HC 的体积分数；（2）三轮汽车自由加速法排气烟度：滤纸式烟度值	
	制　动（含轮重）	（1）轮重；（2）各轮最大制动力；（3）制动力增长全过程中左右轮制动力最大差值；（4）驻车制动力	（3）、（4）仅对三轮汽车和正三轮摩托车要求。
	轮　偏	前后轮中心平面偏差	仅对二轮机动车和边三轮摩托车主车要求

（续表）

检验方式		检验项目	备　注
线内检验	前照灯	（1）前照灯远光光束发光强度；（2）前照灯远光光束照射位置（光束中心左右偏移量及上下偏移量）；（3）前照灯近光光束照射位置（明暗截止线转角折点位置）	对装用一只前照灯的机动车只检验远光光束发光强度，远近光光束照射位置仅作功能性检查；对其他机动车，前照灯远光光束照射位置检验仅适用于远光光束能单独调整的前照灯
	下部检查	（1）车架；（2）电器线路固定；（3）相关部件	具体检查项目见 GB 21861 – 2008 附录 C
路试检验	行车制动	制动距离和制动稳定性，或充分发出的平均减速度、制动协调时间和制动稳定性。	通常只对无法上线检验或对线内检验结果有质疑的三轮机动车进行
	驻车制动	驻车制动性能	

　　a – 主要特征及技术参数是指机动车已认证（登记）的结构、构造或者特征，以及国家机动车产品主管部门公告的数据（详见 GB 21861 – 2008 附录 A）；

　　b – 实行环保检验合格标志的地方，排放（排气污染物测量）不再列入安全技术检验。

四、检验流程

　　机动车安全技术检验的检验流程见图 9 – 1，机动车安全技术检验机构可根据自身情况对图 9 – 1 所示流程适当加以调整。

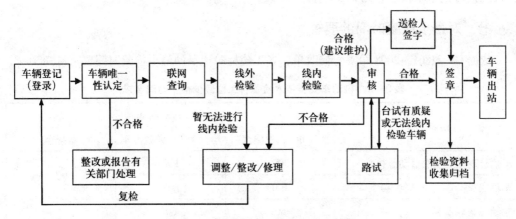

图 9 – 1　机动车安全技术检验流程图

　　建议检验机构增设预检岗位，在车辆进场后按以下内容作初步检查：

　　（1）检查车辆有无明显漏油、漏水、漏气现象。

　　（2）检查轮胎是否完好，发动机怠速是否正常，是否符合本节第五条要求。

　　（3）检查登记车辆下列基本信息，提供给注册登录员准确登录：驱动型式、悬架型式、前照灯制、前照灯远近光是否可独立调整，速度和制动能否上线检测等。

五、对送检机动车的基本要求

（1）送检机动车应清洁，无明显漏油、漏水、漏气现象，轮胎完好，轮胎气压正常且胎冠花纹中无异物，发动机怠速正常。对达不到以上基本要求的送检机动车，机动车安全技术检验机构应要求整改，符合要求后再进行安全技术检验。

（2）在用车检验时，送检人应提供送检机动车的机动车行驶证和有效的机动车交强险凭证，对不能提供以上证件、凭证的送检机动车，机动车安全技术检验机构不应予以安全技术检验。

六、线外检验不合格情形处理

1. 线外检验否决项不合格时的处理

在线外外观检验及底盘动态检验时，若出现否决项不合格的情形，检验员应继续进行其他线外检验项目的检验。不合格项不会影响仪器设备检验结果的，还应继续进行线内检验。

2. 发现其他不符合机动车国家安全技术标准情形时的处理

在线外车辆外观检查和底盘动态检验过程中，如发现有其他不符合 GB 7258 - 2004 等机动车国家安全技术标准的情形［如 2005 年 2 月 1 日起新注册登记机动车的警告性文字没有中文；汽车（三轮汽车除外）未按规定装备三角警告牌，或装备的三角警告牌未妥善放置；消防车、救护车、工程救险车和警车未装备与其功能相适应的装置，或装备的装置布局不合理、固定不可靠等］，在注册登记检验和在用车检验时检验员均应在人工检验记录单备注栏内记录不符合现象。

七、对最少检验时间的要求

依据 GB 21861 - 2008 第 1 号修改单，各工位检验项目的最少检验时间要求见表 9 - 3。

表 9 - 3　机动车安全技术检验各工位最少检验时间要求　　　　单位（s）

检验工位	最少检验时间		
	大（重）、中型汽车	小（轻）、微型汽车	摩托车
车辆外观检查及底盘动态检验	300	180	90
车辆底盘检查（下部检查）	100	60[a]	
制动（含轮重）[b]	60	60	30
前照灯	60[c]	60[c]	30
车速	20	20	15
排放	120[d,e]	120[d,e]	120

a – 对小型、微型载客汽车为 40s；

b – 使用平板式制动检验台时，最少检验时间对汽车和摩托车均为 15s；

c – 使用左右前照灯检测仪同时检测时，最少检验时间对汽车为 40s；

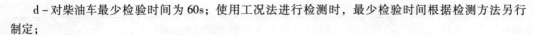

d－对柴油车最少检验时间为 60s；使用工况法进行检测时，最少检验时间根据检测方法另行制定；

e－不包括安装转速计等准备环节的时间。

第二节　唯一性确认

送检机动车应停放在指定位置，发动机停转。

车辆唯一性认定工作中的主要特征及技术参数认定宜结合车辆外观检查和底盘动态检验进行。检查时常用的设备和工具主要有：长度测量工具（钢卷尺、钢直尺等）、铅锤、照明器具及称重设备。

一、注册登记检验

1. 检验重点

对注册登记检验重点是检查车辆有无擅自改装、有无盗抢与走私嫌疑，各主要特征及技术参数、技术指标是否符合 GB 7258－2004 等机动车国家安全技术标准，是否与该车型公告的数据一致。

2. 检验项目和要求

应逐一核对送检机动车的车辆类型、品牌/型号、颜色、车辆识别代号（或整车型号和出厂编号）和发动机号码，认定机动车的主要特征和技术参数（见表 9－5）；加装肢体残疾人操纵辅助装置的，应检查操纵辅助装置铭牌标明的产品型号和产品编号，确认是否与操纵辅助装置加装合格证明记录的产品型号和产品编号一致；对货车（含三轮汽车、低速货车，下同）应测算后悬，对具有牵引功能的机动车还应测算比功率，确认是否符合 GB 7258－2004 等机动车国家安全技术标准并与国产机动车的整车出厂合格证明、进口机动车的进口凭证等证明、凭证记载及车辆产品标牌的内容一致。对货车、挂车、车长大于 6m 的客车应用量具测量相关尺寸参数，对货车、挂车还应用称重设备测量相关质量参数。同时，还应核对车辆识别代号（或整车出厂编号）的拓印膜，查验车辆识别代号（或整车出厂编号）、发动机号码有无被凿改嫌疑。

各项目具体检验要求见表 9－4、9－5。表中各项均为否决项。

表 9－4　注册登记检验唯一性认定项目和要求

编号	项目	工作要求及相关说明
1	车辆号牌	—
2	车辆类型	按 GA 802－2008 核定车辆类型
	车辆品牌/型号	核对送检机动车产品标牌上标明的车辆品牌/型号，应与相关凭证、证明一致；加装肢体残疾人操纵辅助装置的，应检查操纵辅助装置铭牌标明的产品型号和产品编号，确认是否与操纵辅助装置加装合格证明记录的产品型号和产品编号一致

（续表）

编号	项目	工作要求及相关说明
3	车身颜色	按《机动车出厂合格证》（GB/T 21085 – 2007）的7.2.9核定送检机动车的车身颜色，并确认是否与相关凭证、证明一致 **注**：由于各方对车身颜色的理解不尽一致，检验员核定的车身颜色可能与相关凭证、证明标明的车身颜色不一致；因此，通常情况下车身颜色不一致可不作为车辆唯一性认定不合格的依据，但车身颜色明显不一致的除外
4	车辆识别代号	核对送检机动车产品标牌等处标明的车辆识别代号是否与相关凭证、证明一致，编码规则及打刻要求是否符合GB 16735 – 2004和GB 7258 – 2004的4.1.3的相关规定；核对车辆识别代号拓印膜，确认有无被凿改嫌疑 **注**：汽车、摩托车及轻便摩托车、半挂车必须具有车辆识别代号，其内容和构成应符合《道路车辆 车辆识别代号（VIN）》（GB 16735 – 2004）的规定；应至少有一个车辆识别代号打刻在车架（无车架的机动车为车身主要承载且不能拆卸的部件）上，打刻位置应尽量位于前部右侧，如受结构限制也可以打刻在其他部位。车辆识别代号的字母和数字的字高不应小于7.0mm，深度不应小于0.3mm；对于摩托车及轻便摩托车，打刻的车辆识别代号的字母和数字的字高不应小于5.0mm，深度不应小于0.2mm。其他机动车应在相应位置打刻易见且易于拓印的整车型号和出厂编号，型号在前，出厂编号在后，在出厂编号的两端应打刻起止标记；打刻的整车型号和出厂编号字高为10.0mm，深度不应小于0.3mm 车辆识别代号（或整车型号和出厂编号）一经打刻不允许更改、变动。同一车辆机动车的车架（无车架的机动车为车身主要承载且不能拆卸的部件）上，不允许既打刻车辆识别代号，又打刻整车型号和出厂编号；同一辆车上标示的所有车辆识别代号内容应相同 见GA 801 – 2008的6.3及附录A的表A.1的1
5	发动机型号和出厂编号	核对送检机动车产品标牌等处标明的发动机型号，应与相关凭证、证明一致；核对发动机标识，应符合GB 7258 – 2004的4.1.4的规定；如打刻的发动机型号和出厂编号易见，确认其有无被凿改嫌疑 **注**：（1）打刻的发动机型号和出厂编号不易见时，原则上只需查看发动机易见部位上装备的能永久保持的发动机标识，但怀疑打刻的发动机型号和出厂编号与发动机标识标明的发动机型号和出厂编号不一致时除外 （2）发动机型号和出厂编号应打刻（或铸造）在气缸体上且应能永久保持，在出厂编号的两端应打刻起止标记（没有打刻起止标记的空间时可不打刻）；若打刻（或铸造）的发动机型号和出厂编号不易见，则应在发动机易见部位增加能永久保持的发动机型号和出厂编号的标示；若采用柔性标签，则其项目内容应采用蚀刻方式，使用的黏接剂应为敏感型。其中，"永久保持"是指"标志（柔性标签）被黏贴到车辆上后，在任何情况下都不可能在不损坏标牌的整体性及蚀刻的项目内容的情形下被揭下"，"发动机易见部位"是指"打开发动机罩后易于观察的发动机主要部件或覆盖件" 摩托车及轻便摩托车应在发动机的易见部位铸出商标或厂标，发动机出厂编号应打刻在曲轴易见部位，在出厂编号的两端应打刻起止标记（没有打刻起止标记的空间时可不打刻） 见GA 801 – 2008的6.4及附录A的表A.1的2

表9-5 注册登记检验唯一性认定主要特征和技术参数要求

编号	项目	工作要求及相关说明	
6-1	制造国、制造厂名称	核对送检机动车产品标牌处标明的制造国、制造厂名称,应与相关凭证、证明一致	
6-2	出厂日期	核对送检机动车产品标牌处标明的制造年月,应与相关凭证、证明标明的制造年月一致	
6-3	转向型式	核对送检机动车的转向型式,应与相关凭证、证明一致（相关凭证、证明未记载的进口机动车除外）；对转向盘转向的机动车,检查转向盘布置是否符合 GB 7258-2004 的6.1的规定	
6-4	轴数、轴距	核对送检机动车的轴数,应与相关凭证、证明一致；目视检查轴距,不应具有明显不符情形	
6-5	轮胎数、轮胎规格、轮距	核对送检机动车的轮胎数、轮胎规格,应与相关凭证、证明一致；目视检查轮距,不应具有明显不符情形	
6-6	外廓尺寸	对货车（包括专项作业车）、挂车、车长大于6m的客车,用量具测量车辆外廓尺寸,确认是否与相关凭证、证明一致且符合国家标准的相关规定；对其他车辆,目视检查车辆外廓尺寸,不应具有明显不符情形	见 GA 801-2008 附录A的 表 A.1 的11
6-7	货厢内部尺寸	对货车、挂车,用量具测量其货厢内部尺寸,确认是否与相关凭证、证明一致且符合《道路车辆外廓尺寸、轴荷及质量要求》（GB 1589-2004）的4.4.3的相关规定	尺寸参数公差允许范围为±1%
6-8	后悬	对货车,核对（必要时量具测量）后悬,计算与轴距的比例,应符合 GB 7258-2004 的4.3的规定 注：机动车的后悬均不得大于3.5m。客车及封闭式车厢（或罐体）的机动车后悬不允许超过轴距的65%；其他机动车后悬不允许超过轴距的55%。对于专用作业车和轮式专用机械车,在保证安全的情况下,其后悬可按客车后悬要求核算 对于多轴机动车,其轴距按第一轴至最后轴的距离计算（对铰接的客车按第一轴至第二轴的距离计算）,后悬从最后一轴的中心线往后计算。对于客车,后悬以车身外蒙皮尺寸计算,如后保险杠突出于后蒙皮,则以后保险杠计算,不计后尾梯	

（续表）

编号	项目	工作要求及相关说明	
6-9	总质量、整备质量、核定载质量	对货车（包括专项作业车）、挂车，用称重设备测量整备质量，应与相关凭证、证明一致；核对送检机动车的总质量、核定载质量，应与相关凭证、证明一致且符合 GB 1589-2004 及其第 1 号修改单相关规定 注：（1）对于两轴汽车，整备质量测量可以使用线内检验用轮重仪的检测数据。对空载车辆，送检机动车的整备质量约等于各轴轮重的总和与引车员体重之差 （2）对于整车装备质量超过 400kg 的三轮车辆，按照规定应纳入"汽车"管辖；但是，在现行车辆管理规定中，三轮汽车仅指原三轮农用运输车，摩托车如整备质量超过 400kg 则属于"超标"产品，不能作为"机动车"在道路上行驶。因此，三轮汽车（无论其有无驾驶室）和三轮摩托车的整备质量不应超过 400kg	整备质量公差允许范围为 ±3%，对三轮汽车和低速货车为 ±5%
6-10	核定载客人数/驾驶室载客人数	按 GB 7258-2004 的 4.5、11.8、11.9 及其第 2 号修改单核定载客人数/驾驶室载客人数（必要时用量具测量相关尺寸参数），确认是否与相关证明、凭证一致 注：对实行《公告》管理的国产机动车、货车（包括专项作业车）核定的驾驶室乘坐人数可小于《公告》和机动车整车出厂合格证标明的驾驶室乘坐人数，但载客汽车核定的乘坐人数与机动车整车出厂合格证标明的乘坐人数的数值应一致且符合《公告》管理相关规定	见 GA 801-2008 附录 A 的表 A.1 的 5
6-11	后轴钢板弹簧片数	对货车，核对后轴钢板弹簧片数，应与相关凭证、证明（或资料）一致。	
6-12	发动机排量/功率、燃料种类	核对送检机动车产品标牌处标明的发动机排量/功率，应与相关凭证、证明一致；核对送检机动车的燃料种类，应与相关凭证、证明或技术资料一致	
6-13	比功率、准牵引总质量	对具有牵引功能的机动车，计算比功率，核定准牵引总质量，应符合国家相关规定。 注：比功率：三轮汽车、低速货车及拖拉机运输机组的比功率不应小于 4.0 kW/t，除无轨电车外的其他机动车的比功率不允许小于 5.0 kW/t。比功率为发动机最大净功率（或 0.9 倍的发动机额定功率或 0.9 倍的发动机标定功率）与机动车最大允许总质量之比	见 GB 7258-2004 的 4.6
6-14	汽车安全带	核对汽车安全带配备情况，应符合 GB 7258-2004 的 12.1 及其第 2 号修改单相关规定	见 GA 801-2008 附录 A 的表 A.1 的 10

（续表）

编号	项目	工作要求及相关说明	
6 – 15	汽车行驶记录仪	核对车长大于9m的长途客车和旅游客车、道路运输爆炸品和剧毒化学品车辆是否按照规定安装了汽车行驶记录仪（应具有3C认证标志）	参考GA 801 – 2008 附录A 的 表 A.1 的 17
6 – 16	防抱制动装置（ABS）	核对总质量大于12000kg的长途客车和旅游客车、总质量大于16000kg允许挂接总质量大于10000kg的挂车的货车（包括半挂牵引车）、总质量大于10000kg的挂车、道路运输爆炸品和剧毒化学品车辆是否按照规定安装了防抱制动装置	
6 – 17	侧面及后下部防护装置	检验总质量大于3500kg的货车（半挂牵引车除外）和挂车是否按照规定安装了侧面及后下部防护装置	参考GA 801 – 2008 的 6.5 及附录A 表 A.1 的 15
6 – 18	车身反光标志	检验货车（包括三轮汽车、低速货车和载货类汽车底盘改装的专用汽车）是否按照规定粘贴了车身反光标识（应具有3C认证标识） **注**：对于按照 M 类车辆进行《公告》强制性项目检验、核定车辆类型时被核定为专用客车的专用汽车，即使是由载货类汽车底盘改装，也不强制要求粘贴车身反光标志	参考GA 801 – 2008 的 6.5 及附录A 表 A.1 的 14
6 – 19	道路运输危险货物车辆标识	检验道路运输危险货物车辆（危险化学品运输车辆）的标识是否符合相关规定	参考GA 801 – 2008 附录A 的表 A.1 的 14 和 19
6 – 20	机动车用三角警告牌	核对所有汽车（三轮汽车除外）是否按照规定配备了机动车用三角警告牌	参考GA 801 – 2008 附录A 的 表 A.1 的 9
6 – 21	灭火器	核对客车［中型（含）以上载客汽车］、道路运输危险货物车辆（危险化学品运输车）是否按照规定配备了灭火器	参考GA 801 – 2008 附录A 的 表 A.1 的 16

3. 相关技术要求说明

（1）外廓尺寸和质量参数。

①汽车、汽车列车和挂车的外廓尺寸和质量参数限值应符合 GB 1589 – 2004 的相关规定（见表9 – 6）。

表 9-6 汽车、挂车及汽车列车外廓尺寸的最大限值 单位（mm）

车辆类型				车长[1]	车宽	车高
三轮汽车[2,3]				4600	1600	2000
汽车	货车[5,6]及半挂牵引车	最高设计车速小于 70km/h 的四轮货车[4]		6000	2000	2500
		二轴	最大设计总质量 ≤3500kg	6000	2500[8]	4000
			最大设计总质量 >3500kg，且≤8000kg	7000[7]		
			最大设计总质量 >8000kg，且≤12000kg	8000[7]		
			最大设计总质量 >12000kg	9000[7]		
		三轴	最大设计总质量 ≤20000kg	11000		
			最大设计总质量 >20000kg	12000		
		四轴		12000		
	乘用车及客车	乘用车及二轴客车		12000		
		三轴客车		13700		
		单铰接客车		18000		
挂车	半挂车[10]	一轴		8600	2500[8]	4000[9]
		二轴		10000[11]		
		三轴		13000[12]		
	中置轴（旅居）挂车			8000		
	其他挂车	最大设计总质量 ≤10000kg		7000		
		最大设计总质量 >10000kg		8000		
汽车列车	铰接列车			16500[13]	2500[8,14]	4000[15]
	货车列车			20000		

1. 挂车车长为挂车最前端至最后端的距离；

2. 即原三轮农用运输车，下同；

3. 当采用方向盘转向、由传动轴传递动力、具有驾驶室且驾驶员座椅后设计有物品放置空间时，车长、车宽、车高的限值分别为 5200mm、1800mm、2200mm；

4. 指低速载货汽车，即原四轮农用运输车，下同；

5. 车长限值不适用于不以运输为目的的专用作业车；

6. 最大设计总质量不超过 26000kg 的汽车起重机的车长限值为 13000mm；

7. 当货厢与驾驶室分离且货厢为整体封闭式时，车长限值增加 1000mm；

8. 对于货厢为整体封闭式的厢式货车（且货厢与驾驶室分离）、整体封闭式厢式半挂车及整体封闭式厢式汽车列车，以及车长大于 11000mm 的客车，车宽最大限值为 2550mm；

9. 定线行驶的双层客车车高最大限值为 4200mm；

10. 运送不可拆解物体的低平板专用半挂车车宽限值 3000mm；车长限值不适用于运送不可拆解物体的低平板专用半挂车、运送车辆的专用半挂车（但与牵引车组成的列车长度需符合本标准规定）和运送单箱长度大于 12.2m（40 英尺）集装箱的框架式集装箱半挂车；

11. 对于整体封闭式厢式半挂车、集装箱半挂车，以及组成五轴汽车列车的罐式半挂车，车长最大限值为13000mm；

12. 自2008年1月1日起，在高等级公路上使用的整体封闭式厢式半挂车，车长最大限值为14600mm；

13. 运送不可拆解物体的低平板列车和运送单箱长度大于12.2m（40英尺）集装箱的框架式集装箱列车除外；自2008年1月1日起，与整体封闭式厢式半挂车组成的铰接列车在高等级公路上使用时，车长最大限值为18100mm；

14. 运送不可拆解物体的低平板挂车列车车宽限值3000mm；

15. 对于集装箱挂车列车指装备空集装箱时的高度。2007年1月1日以前，集装箱挂车列车的车高最大限值为4200mm。

②依据GB 7258 - 2004，摩托车和轻便摩托车、拖拉机运输机组的外廓尺寸限值应符合表9 - 7的规定。

表9 - 7　摩托车和轻便摩托车、拖拉机运输机组外廓尺寸限值

机动车类型		长/m	宽/m	高/m
摩托车及轻便摩托车	两轮摩托车	≤2.50	≤1.00	≤1.40
	边三轮摩托车	≤2.70	≤1.75	≤1.40
	正三轮摩托车	≤3.50	≤1.50	≤2.00
	两轮轻便摩托车	≤2.00	≤0.80	≤1.10
	三轮轻便摩托车	≤2.00	≤1.00	≤1.10
拖拉机运输机组	轮式拖拉机运输机组	≤10.00	≤2.50	≤3.00
	手扶拖拉机运输机组	≤5.00	≤1.70	≤2.20

注：对标定功率大于58kW的运输机组长度限值为12.00m，高度限值为3.50m。

③根据国家经贸委、公安部文件《关于进一步加强车辆公告管理和注册登记有关事项的通知》（国经贸产业〔2002〕768号），汽车和摩托车的尺寸参数（包括外廓尺寸、货厢内部尺寸、轴距、轮距、前悬/后悬）和质量参数（包括整备质量、额定载质量、总质量）公差允许范围为：

——尺寸参数：汽车产品（包括M类、N类和O类，不包括三轮汽车和低速货车）±1%，三轮汽车和低速货车产品±3%，摩托车产品（外廓尺寸、轴距、轮距）±3%。

——质量参数：汽车产品（包括M类、N类和O类，不包括三轮汽车和低速货车）±3%，三轮汽车和低速货车产品±5%，摩托车产品（整备质量）±10kg。

但由于车辆外廓尺寸与车辆通过性有直接的关系，并且不同外廓尺寸的车辆对机动车驾驶人的驾驶技能也有不同的要求；因此，公安机关交通管理部门确定车辆类型、判断车辆外廓尺寸是否超限的依据是车辆的实际外廓尺寸而不是车辆的标称外廓尺寸。从这个角度来说，机动车安全技术检验机构在检验时如发现车辆的实际外廓尺寸超过了车辆类型划分或机动车国家安全技术标准（GB 7258 - 2004）规定的限制，则即使实际外

廓尺寸与标称外廓尺寸的公差在允许范围内，也应认定为车辆唯一性认定不合格。

（2）总质量、整备质量、核定载质量。

①根据 GB 7258-2004 的 4.5.1，要求如下：

——机动车在空载（和满载）状态下，转向轴轴荷（或转向轮轮荷）与该车整备质量（和最大允许总质量）的比值，乘用车应不小于 30%，三轮汽车、正三轮摩托车应不小于 18%，其他机动车应不小于 20%，对于铰接列车，应在空载和满载状态下对牵引车部分进行核算；对于铰接客车，应在空载和满载状态下对前车进行核算。

——汽车或汽车列车满载（和空载）时，驱动轴轴荷应不小于汽车或汽车列车最大允许总质量（和整备质量的）的 25%。

——货车列车的挂车的最大允许装载质量应不大于货车的最大允许装载质量。

——轮式拖拉机运输机组的挂拖质量比（挂车最大允许总质量与拖拉机使用质量之比）应不大于 3。

②根据国家经贸委、公安部《关于在生产和使用环节治理整顿载货类汽车产品的通知》（国经贸产业〔2001〕808 号），拦板式货车（含低速货车）、自卸车的载质量利用系数必须符合表 9-8 所列限值的要求。

表 9-8　栏板式货车（含低速货车）、自卸车的载质量利用系数要求

GB/T 15089-2001 车辆类型		N_1		N_2		N_3
总质量 M/kg		M≤3500		3500 < M≤12000		M > 12000
整备质量 m/kg		m≤1100	m > 1100	m≤3500	m > 3500	—
载质量利用系数	栏板式货车（含栏板式低速货车）	—	≥ 0.65（不含长头轻型客货两用车）	≥0.75	≥0.85	≥1.0
	自卸车（纵向）		≥0.55	≥0.65	≥0.75	

注：1. 载质量利用系数＝最大允许装载质量（含额定成员质量）（kg）/装备质量（kg）；

　　2. 对于随车起重运输车和装有顶盖的自卸车，在计算载质量利用系数时，其起重装置质量和顶盖质量应不计入整备质量且应与最大允许装载质量相加作为计算用的最大允许装载质量。

同时，罐式汽车的总容量限制应符合下式的规定：

总容量（m$_2$）≤设计载质量（kg）/700（kg/m$_2$）×1.05

（3）载客人数及驾驶室载客人数核定。根据 GB 7258-2004 的 4.5.2—4.5.5，要求如下：

①乘用车乘坐人数核定。

——前排座位按乘客舱内部宽度（系指驾驶员两侧门窗下缘，并在车门后支柱内侧量取）不小于 1200mm 时核定 2 人，不小于 1650mm 时核定 3 人。

——除前排座位外的其他座位，按坐垫中间位置测量的乘客舱内部宽度，在能保证与前一排座位的间距不小于 650mm 且坐垫深度不小于 400mm 时，每 400mm 核定一人。

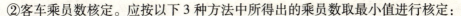

②客车乘员数核定。应按以下3种方法中所得出的乘员数取最小值进行核定：

——按乘客质量核定：应根据《客车装载质量计算方法》（GB/T 12428－2005）的规定确定允许乘坐人数。具体为按乘员质量核定的设计成员人数 N 应满足式 9－1 的要求：

$$N \leqslant \frac{M_T - M_V - n(Q + M_{W2})}{Q + M_{W1} + M_{W2}} + n \qquad (9-1)$$

式中，M_T 为最大设计总质量，M_V 为整车整备质量，n 为乘务组成员数。每位乘员的平均质量 Q、手提行李的平均质量 M_{W1} 和随身行李的平均质量 M_{W2} 应按表 9－9 计算。

表 9－9　Q、M_{W1}、M_{W2} 的计算

客车类别	城市客车	长途客车	旅游客车
Q/kg	65	65	65
M_{W1}/kg	—	3	3
M_{W2}/kg	—	10	10

注：1. M_{W2} 为推荐值。

　　2. 驾驶员、乘务员等乘务组人员不计算其手提行李质量。

——按坐垫宽和供站立乘客用的地板面积核定：坐垫宽按每 1 人不小于 400mm 核定；按站立乘客用的地板面积计算：城市公共汽车及无轨电车按每 1 人不小于 0.125m² 核定，其他城市客车按每 1 人不小于 0.15m² 核定，长途客车和旅游客车及车长不大于6m 的客车不允许核定站立人数。设立席的客车供乘客用的地板面积按 GB/T 12428－2005 确定。

——按卧铺铺位核定：卧铺客车的每个铺位核定 1 人。

③有驾驶室机动车（摩托车及轻便摩托车除外）的驾驶室乘坐人数核定。

——驾驶室内只有一排座位或双排座位的前排座位，按驾驶室内部宽度（系指驾驶室门窗下缘，并在车门后支柱内侧量取）不小于 1200mm 时核定 2 人，不小于 1650mm时核定 3 人。

——驾驶室内双排座椅的后排座椅，按坐垫中间位置测量的车身内部宽度，在能保证与前排座椅的间距不小于 650mm 且坐垫深度不小于 400mm 时，每 400mm 核定 1 人。

——对带卧铺的货车，其卧铺铺位均不核定乘坐人数。

——对有驾驶室的拖拉机运输机组和三轮汽车，除驾驶员外可再核定乘坐一名副驾驶员，但其坐垫宽度不应小于 400mm，座椅深不应小于 400mm，且座椅不应增加。拖拉机运输机组或三轮汽车的外廓尺寸不具备上述条件时，只允许乘坐驾驶员 1 人。

——货车驾驶室乘坐人数不允许超过 6 人。

④摩托车及轻便摩托车的乘坐人数核定。

——两轮摩托车除驾驶员外，有固定座位（即设有坐垫、扶手或拉带、脚蹬）的可再乘坐 1 人。

——边三轮摩托车除驾驶员外，主车和边车有固定座位的各乘坐 1 人。

——正三轮摩托车驾驶室核定乘坐驾驶员 1 人；车厢在有纵向布置（与机动车前进方向相同）的固定座椅（该固定座椅的坐垫深不应小于 400mm 且其与驾驶员座椅的间距不应小于 650mm）时，按坐垫宽度每 400mm 核定一人，但最多为 2 人；不具备上述条件时，车厢不允许乘坐人员。轻便摩托车核定乘坐驾驶员 1 人。

4. 异常情形的处理

发现送检机动车有被盗抢嫌疑［如车辆识别代号（或整车型号和出厂编号）、发动机号码有凿改、挖补、打磨痕迹或垫片、擅自另外打刻等异常情形的，或车辆识别代号（或整车型号和出厂编号）、发动机号码与相关证明、凭证记载不一致的］或非法拼装嫌疑时，此次安全技术检验终止，机动车安全技术检验机构及其检验员应详细登记该送检机动车的相关信息并立即向公安机关有关部门报告，等待有关部门核实查处。

发现送检机动车的外廓尺寸、后悬及整备质量、核载、比功率等主要特征及技术参数、技术指标不符合 GB 7258 – 2004 等机动车国家安全技术标准或与公告的数据不一致时，此次安全技术检验终止，机动车安全技术检验机构及其检验员应详细登记送检机动车的车辆类型、品牌/型号、车辆识别代号（或整车型号和出厂编号）、发动机号码、整车生产厂家、生产日期、公告批次（进口机动车除外）等信息，并尽快向所在地公安机关交通管理部门和质量技术监督部门报告。

二、在用车检验

1. 检验重点

对在用车的检验重点是确认是否与送检机动车的机动车行驶证记载的内容及其他相关资料一致，检查车辆有无擅自改装嫌疑、有无盗抢嫌疑。

2. 检验项目和要求

应逐一核对送检机动车的号牌号码、车辆类型、品牌/型号、颜色、车辆识别代号（或整车型号和出厂编号）和发动机号码，确认是否与送检机动车的机动车行驶证记载的内容及其他相关资料一致；核对车辆识别代号（或整车出厂编号）拓印膜，查验车辆识别代号（或整车型号和出厂编号）、发动机号码有无被凿改嫌疑。同时，还应检查送检机动车是否具有私自改装或擅自改变机动车已登记的结构、构造、特征的情形，必要时应用量具测量相关尺寸参数、用称重设备测量相关质量参数。加装肢体残疾人操纵辅助装置的，应检查操纵辅助装置铭牌标明的产品型号和产品编号，确认是否与操纵辅助装置加装合格证明或机动车行驶证记录的产品型号和产品编号一致。对变更车身/车架或变更发动机后的在用机动车进行安全技术检验时，还应核对车身/车架和发动机的来历凭证。

各项目具体检验要求见表 9 – 10。表中各项均为否决项。

表9-10 在用车检验唯一性认定项目和要求

编号	项目	工作要求及相关说明	
1	号牌号码、种类	目视检查送检机动车的号牌号码、种类及安装状态，号牌号码、种类应与《机动车行驶证》的记录一致，号牌安装应符合规定，号牌的汉字、字母和数字应清晰可辨，颜色应无明显色差	参考GA 801-2008的附录A的表A.1的6
2	车辆类型、品牌型号	目视检查送检机动车，确认送检机动车的车辆类型、品牌型号和车身颜色是否与《机动车行驶证》的机动车照片一致；加装肢体残疾人操纵辅助装置的，应检查操纵辅助装置铭牌标明的产品型号和产品编号，确认是否与操纵辅助装置加装合格证明或机动车行驶证记录的产品型号和产品编号一致	
3	车身颜色		
4	车辆识别代号	实车查看车辆识别代号，应与《机动车行驶证》记载的内容一致；核对车辆识别代号拓印膜，确认有无被凿改嫌疑	
5	发动机号码	实车查看发动机出厂编号，应与《机动车行驶证》记载的内容一致，确认有无被凿改嫌疑	
6	主要特征及技术参数	重点检查有无擅自改变结构、构造、特征现象： (1) 在不影响安全和识别号牌的情况下，机动车所有人允许作以下改动，并不需要办理变更登记： ——小型、微型载客汽车加装前后防撞装置 ——货运机动车加装防风罩、水箱、工具箱、备胎架等 ——增加机动车车内装饰 (2) 对变更车身/车架或变更发动机后的在用机动车，应核对车身/车架和发动机的来历凭证是否合法有效 (3) 公安部令第102号令《机动车登记规定》规定，不允许擅自改变已登记的技术参数	

3. 异常情形的处理

发现送检机动车的车辆识别代号（或整车型号和出厂编号）、发动机号码与机动车行驶证记载不一致，或者有凿改、挖补、打磨痕迹或垫片、擅自另外打刻等异常情形的，或者送检机动车有私自改装或擅自改变机动车已登记的结构、构造或者特征的情形时，此次机动车安全技术检验立即终止。送检机动车有被盗抢嫌疑时，机动车安全技术检验机构及其检验员应详细登记送检机动车的相关信息并尽快向所在地公安机关有关部门报告，等待有关部门核实查处；送检机动车有私自改装或擅自改变机动车已登记的结构、构造、特征的情形时，机动车安全技术检验机构应书面告知车主需将车辆恢复原状后才能再次进行安全技术检验，并同时将相关信息报告所在地公安机关交通管理部门和工商行政管理部门。

第三节　人工检验

一、车辆外观检查

送检机动车应停放在指定位置，发动机停转（"发动机运转状况"项目除外）。

检查时常用的设备和工具主要有：轮胎气压表、轮胎花纹深度计、透光率计、长度测量工具、手锤、铁钩及照明器具。

1. 车身外观

所有机动车均应检查的车身外观检查项目主要包括：保险杠、后视镜、下视镜、风窗玻璃、车体、（车身）漆面、货厢、安全架、车外顶行李架、外部图形和文字标志、车身广告、自行加装装置。各项目具体检查要求见表9-11。

表9-11　车身外观检验项目和要求

编号	项目	工作要求及相关说明
7 *#	保险杠	目视检查，乘用车和车长小于6 m的客车前后部应设置保险杠，货车（三轮汽车除外）应设置前保险杠；保险杠应无明显变形、损坏、松旷，必要时检验员可以通过用脚在保险杠上施加一定的力检验其受力效果（参见 GB 7258 - 2004 的 12.13）
8 **	后视镜、下视镜	目视检查，机动车（挂车除外）必须在车头前端两侧各设置一面后视镜，汽车后视镜的安装数量及位置应符合《机动车辆后视镜的性能和安装要求》（GB 15084 - 2006）的规定，车长大于6m的平头客车、无轨电车和平头载货汽车至少设置一面前下视镜，后视镜和下视镜应完好、易于调节并能有效保持其位置（参见 GB 7258 - 2004 的 12.2.1 和 12.2.2）
9 **	车窗玻璃	目视检查，所有风窗玻璃应完好，表面不得张贴有镜面反光遮阳膜；前风窗玻璃及风窗以外玻璃用于驾驶员视区部位的可见光透射比不应小于70%，校车所有车窗玻璃的可见光透射比均不应小于50%，必要时用透光率计测量（参见 GB 7258 - 2004 的 11.6.4 及第 2 号修改单）
10 **	车体（周正）、尖锐物凸出	目视检查，车身外部乘员可能触及的任何部件、构件都不应有任何可能使人致伤的尖锐凸起物；车体外缘左右对称部位高度差（在离地高1.5m内测量）应不大于40mm，必要时可以采用专用测量仪器或铅锤、长度量具作精确测量（参见 GB 7258 - 2004 的 11.4 和 4.9.2）
11 ##	车身、漆面	目视检查，车身（车厢）及其漆面应完好，没有明显的锈蚀、破损等情形（参见 GB 7258 - 2004 的 4.9.1 和 11.2）
12 **	货箱、安全架	目视检查，货箱与车架连接应牢固，栏板和底板应平整、强度能适应道路运输的实际需要，栏板铰链及栏板锁栓应齐全有效；货车货箱（自卸车、装载质量1000 kg 以下的货车除外）前部应安装比驾驶室高至少70 mm 的安全架，且安全架应完好无损（参见 GB 7258 - 2004 的 11.13 和 12.15）
	车外顶行李架	目视检查，车长大于7.5m 的客车应无车外顶行李架；车长小于等于7.5m 的客车如设置有车外顶行李架，其高度应小于等于300mm，长度应小于等于车长的1/3（参见 GB 7258 - 2004 的 11.11）

（续表）

编号	项目	工作要求及相关说明	
13 **	车身广告	目视检查，送检机动车喷涂、粘贴的标志或车身广告不应影响安全驾驶，且尺寸应适宜，不会影响车身颜色的确认；影响车身颜色的确认时，应告知送检人需到辖区公安机关交通管理部门车辆管理所办理车身颜色变更登记（参见《道路交通安全法实施条例》第13条第3款）	
	外部图形文字、标志	目视检查，车长大于6m或总质量大于4500kg的货车、挂车车身（车厢）后部应喷涂有符合规定的放大牌号［参见《道路交通安全法实施条例》第13条第1款及公共安全行业标准《中华人民共和国机动车号牌》（GA 36 - 2007）的7.3］；燃气汽车车身应按规定标注其使用的燃料类型（参见GB 7258 - 2004的4.8.4）；消防车、救护车、工程救险车和警车的车身颜色、外观制式应符合相关规定（参见GB 7258 - 2004第13章）；检查专用校车（包括专门用于接送学生上下学的非专用校车）是否按规定喷涂了统一的外观标志；检查商标（或厂标），不能擅自更换 注：地方法规对车辆外部图形文字、标志有补充规定的，还应按地方法规补充予以检查	
14 **	自行加装装置	目视检查乘用车自行加装的前后防撞装置及货运机动车自行加装的防风罩、水箱、工具箱、备胎架，不应影响安全及号牌识别（参见公安部令第102号第16条及GA 36 - 2007的7.1） 判定自行加装装置是否影响安全的原则： ——是否构成了车外凸出物 ——是否影响了本标准规定的外部照明灯具和信号装置及车身反光标志的视认性 ——是否有可能影响车辆的转向、制动性能	
15	整车3C标志	注册登记检验时，检查汽车在前风窗玻璃右上角是否粘贴有符合规定的整车3C标志并在《机动车安全技术检验记录单（人工检验部分)》的"15. 整车3C标志"栏内签注	
16 注册登记检验时的增加项 *	号牌板（架）	检查机动车是否设置有符合GB 7258 - 2004的11.16规定的号牌板（架），以确保机动车能安装GA 36 - 2007所规定的机动车号牌 机动车设置的号牌板（架）应保证安装在其机动车号牌横向水平，纵向基本垂直于地面且无任何形变和遮盖	如发现不合格情形，检验员除需在《机动车安全技术检验记录单（人工检验部分)》的栏"16. 其他注册登记检验增加项目 *"栏内标明外，还应在"备注"区内具体说明不合格情形。项目属性：注册登记检验，否决项
	商标（或厂标）	车身外表面易见部位是否至少装置有一个能永久保持的商标（或厂标）	
	后视镜、前下视镜	汽车（三轮汽车和低速货车除外）是否设置了规定数量和类型的后视镜，其他机动车是否在左右至少各设置有一面后视镜，车长大于6m的平头货车和平头客车在车前是否至少设置有一面前下视镜	
	保险杠	乘用车和车长小于6m的客车的前后部是否设置了保险杠，货车（三轮汽车除外）是否设置了前保险杠	
	安全架	货车货箱（自卸车、装载质量1000kg以下的货车除外）前部是否安装有比驾驶室高至少70mm的安全架	

注：

1. GA 36 - 2007 的 7.1 及 7.3 规定如下：

7.1 安装

（a）前号牌安装在机动车前端的中间或者偏右，后号牌安装在机动车后端的中间或者偏左，应不影响机动车安全行驶和号牌的识别；

（b）号牌安装要保证号牌无任何变形和遮盖，横向水平，纵向基本垂直于地面，纵向夹角≤15°；

（c）除临时入境车辆号牌和临时行驶车号牌外，其他机动车号牌安装时每面至少要用两个统一的压有发牌机关代号的号牌专用固封装置固定；

（d）使用号牌架辅助安装时，号牌架内侧边缘距离机动车登记编号字符边缘大于5mm；

（e）临时入境汽车号牌和临时行驶号牌应放置在前挡风玻璃右侧，临时入境摩托车号牌应随车携带。

7.3 放大号

重型、中型载货汽车及挂车的车身或者后厢后部喷涂的放大号牌的尺寸为机动车登记编号的2.5倍，应清晰、完整。

2. 编号后面一般用两个标识符"＊"和"#"表示项目属性，"＊"表示否决项，"#"表示建议维护项。第一个标识符对应注册登记检验时项目属性，第二个标识符对应在用车检验时项目属性；只有一个标识符时表明注册登记检验时项目属性，在用车不检验；无标识符时为记录项。本章各表中编号后的标识符含义均与此相同。

2. 照明和电气信号装置

照明和电气信号装置的检验以目视检查为主，但必要时检验员也可视情况使用相应的检验仪器和设备。具体检查要求参见表9-12。

表9-12　照明和电气信号装置检验项目和要求

编号	项目	工作要求及相关说明
17 — 28 ＊＊	外部灯具和信号装置	目视检查： （1）前位灯、前转向信号灯、前部危险警告信号灯、示廓灯和牵引杆挂车标志灯等前部照明和信号装置应齐全完好，前照灯的远、近光光束变换功能，近光光形应有明显的明暗截止线；前照灯擅自更换疝气灯应重点查验其光型与光束偏移量是否符合要求，如果车辆换装氙气灯后机动车外形发生了明显变化，检验员可直接判定送检机动车存在私自改装的情形，安全技术检验不合格 （2）后位灯、后转向信号灯、后部危险警告信号灯、示廓灯、制动灯、后雾灯、后牌照灯、倒车灯、后反射器应齐全完好，制动灯的发光强度应明显大于后位灯的发光强度 （3）侧转向信号灯、侧标志灯和侧反射器应齐全完好 （4）对称设置、功能相同的灯具光色和亮度应基本一致 （5）除转向信号灯、危险警告信号及消防车、救护车、工程救险车和警车安装使用的标志灯具外的其他外部灯具无闪烁的情形 （6）道路运输危险货物车辆标志应符合GA 801-2008附录A的表A.1 14和19的规定，必要时应用量具测量相关尺寸参数 （7）消防车、救护车、工程救险车和警车安装使用的标志灯具是否完好有效

（续表）

编号	项目	工作要求及相关说明
17 ~ 28 **	外部灯具和信号装置	（8）附加的灯具、反射器或附属装置不会影响 GB 7258－2004 规定安装的灯具和信号装置的性能或对其他的道路使用者造成不利影响（参见 GB 7258－2004 的 8.1、8.2.10、8.3.2、8.3.3、8.4.2） 注册登记检验时：确认外部照明和信号装置的安装数量及位置，应符合《汽车及挂车外部照明和光信号装置的安装规定》（GB 4785－2007）、《两轮摩托车及轻便摩托车照明和光信号装置的安装规定》（GB 18100－2000）及其第 1 号修改单及 GB 7258－2004 的 8.2.3、8.2.6 和 8.2.9 的规定 按以上项逐一检验，如发现缺少或位置不对，应判定相应项不合格
	标志灯具	目视检查/人工检查，警车、消防车、救护车和工程救险车安装的标志灯具应固定可靠，不得使用非固定式标志灯具；警车和消防车标志灯具光色应为红色或红、蓝色同时使用，救护车标志灯具光色应为蓝色，工程救险车标志灯具光色应为黄色（参见 GB 7258－2004 的 13.6 及 GB 13954－2009）
29 **	机动车喇叭	人工检查，机动车喇叭应具有连续发声功能，工作应可靠，必要时应用声级计测量其喇叭声级是否符合规定（参见 GB 7258－2004 的 8.5.1.1）： ——将声级计放置于距被检车前 2m、离地高 1.2m 处，传声器指向被检车驾驶员位置 ——按使用说明书要求，调整声级计网络开关到"A"级计权和快挡位置 ——在检测环境本底噪声小于 80dB（A）时，按响喇叭保持发声 3s 以上，读取检测数据，其值应为 90—115 dB（A）
30 **	车身反光标志	根据 GB 7258－2004 第 3 号修改单的规定，所有货车（包括三轮汽车、低速货车和载货类汽车底盘改装的专用汽车）均应按照规定在后部和侧面粘贴车身反光标志。后部的车身反光标志应能体现机动车后部的高度和宽度，侧面的车身反光标志长度应不小于车长的 50%，三轮汽车的侧面车身反光标志长度不应小于 1.2m，货厢长度不足车长 50% 的货车的侧面车身反光标志长度应为货厢长度。厢式货车和厢式挂车后部、侧面的车身反光标志应能体现货厢轮廓（参考 GA 801－2008 的 6.5 及附录 A 的表 A.1 中 14） 反光标志应有 3C 标志。对于有怀疑的 3C 标志，检验员可用稀释性溶剂擦拭，如出现标志退色、模糊等现象应认定该标志为假冒标志，进而判定所用的车身反光标志为不合格产品

3. 发动机舱

发动机舱部位的检验项目和要求具体见表 9－13。

表9-13 发动机舱检验项目和要求

编号	项目	工作要求及相关说明
31 ##	发动机系统机件	目视检查，发动机的空气滤清器、机油滤清器、汽油滤清器、水泵、皮带等部件应齐全；必要时，可用拇指摁压传动皮带中间检查松紧是否合适（通常情况下皮带的凹陷约为10—20mm），用手指轻轻拨动风扇检查风扇或水泵轴有无松动（参见 GB 7258-2004 的5.4） 对于变更发动机的，应注意检查发动机固定是否安全、可靠 经地方政府允许"油改汽"的车辆应重点检查燃料系统和气体燃料专用装置是否符合 GB 7258-2004 的12.7和12.8的相关规定，未经允许擅自进行"油改汽"的，判为擅自改装，不合格
32 ##	蓄电池桩头及连线	目视检查，蓄电池应固定牢靠；必要时，可用手扳蓄电池桩头及连线，应不能扳动
33 **	电器导线、各种管路	目视检查，视线可见的电器导线应完好且捆扎成束、布置整齐、固定卡紧、接头牢固并有绝缘套，穿越孔洞时应装设绝缘套管，各种管路应完好、无渗漏且固定可靠（参见 GB 7258-2004 的8.5.2）
34 **	液压制动储液器	对使用液压制动（含离合器液压传动）且未安装制动液面过低报警装置的汽车，检查储液器，应无泄漏、固定可靠，加注口应易于接近，液面应在正常标线范围内（参见 GB 7258-2004 的7.12.1）
35 注册登记检验增加项 *	发动机标志	目视检查，如气缸体上打刻（或铸出）的发动机型号和出厂编号不易见，应检查在发动机易见部位是否具有能永久保持的发动机型号和出厂编号的标志，应符合 GB 7258-2004 的4.4的要求
	产品标牌	如车辆产品标牌位于发动机舱，还应目视检查车辆产品标牌是否能永久保持及其内容是否规范、清晰耐久，应符合 GB 7258-2004 的4.2的要求

4. 驾驶室（区）

驾驶室（区）部位主要检验项目包括门锁及门铰链、驾驶员座椅、汽车安全带、（风窗玻璃）驾驶员视区、刮水器、洗涤器、汽车行驶记录仪和折翻式驾驶室固定等。

检验员进入驾驶室检查，记录里程表读数在《机动车安全技术检验记录单（人工检验部分）》相应位置，并按表9-14要求检查。

表9-14 驾驶室（区）检验项目和要求

编号	项目	工作要求及相关说明
36 ##	门锁、门铰链	目视检查，门锁、门铰链应齐全；必要时实际操作，门锁应锁止可靠，在车内、外均能正常开关车门，门铰链应连接牢固，运转灵活（参见 GB 7258-2004 的11.6.1）
37 **	驾驶员座椅	检验员坐在驾驶员座椅上，前后推动座椅，检查座椅固定可靠性及前后位置应能调整（参见 GB 7258-2004 的11.7）
38 **	汽车安全带	人工检查，驾驶员座椅汽车安全带应伸缩自如，锁装有效；2005年8月1日起出厂的座位数不大于5的乘用车及2006年2月1日起出厂的座位数大于5的乘用车的所有座椅（第三排及第三排以后的可折叠座椅除外）均应按规定配置汽车安全带（参见 GB 7258-2004 的12.1）

（续表）

编号	项目	工作要求及相关说明
39 **	驾驶员视区	前风窗玻璃及风窗以外玻璃用于驾驶员视区部位的可见光透射比是否不小于70%（必要时用透光率计检查可见光透射比）。风窗以外玻璃驾驶人视区部位是指驾驶员驾驶时用于观察后视镜的部位。参见"车身外观检查"的"风窗玻璃"部分
40 ** 41 ##	刮水器洗涤器	目视检查，刮水器、洗涤器应齐全；必要时开启刮水器、洗涤器，工作应正常（参见 GB 7258－2004 的 12.3）
42 **	汽车行驶记录仪	人工检查，2005 年 2 月 1 日起新注册登记的车长大于 9m 的长途客车和旅游客车应安装有汽车行驶记录仪；对长途客车和旅游客车、道路运输危险货物车辆、半挂牵引车、总质量不小于 12000kg 的货车，其安装的汽车行驶记录仪（如有）应固定，连接应安全、可靠，开机后应能正常显示（参见 GB 7258－2004 的 8.5.5 和 GB/T 19056－2003） 注册登记检验时，车长大于 9m 的长途客车和旅游客车应安装符合规定的汽车行驶记录仪；2006 年 12 月 1 日起新出厂的，安装有汽车行驶记录仪的长途客车和旅游客车、道路运输危险货物车辆、半挂牵引车、总质量不小于 12000kg 的货车，其行驶记录仪主机外壳的易见部位应加施有符合规定的 3C 标志
43 **	折翻式驾驶室固定、安全带	人工检查，折翻式驾驶室固定、锁止应可靠（GB 7258－2004 的 11.2）安全带有效
注册登记检验增加项 *	44	各种仪表	车辆应按照 GB 7258－2004 的 8.5.3 的规定装备各种仪表
	45	操纵件、指示器及信号装置的图形标志	汽车（三轮汽车和装用单缸柴油机的低速货车除外）应按《汽车操纵件、指示器及信号装置的标志》（GB 4094－1999）规定设置操纵件、指示器及信号装置的图形标志，摩托车及轻便摩托车应按《摩托车操纵件及信号装置的图形符号》（GB 15365－1994）规定设置操纵件、指示器及信号装置的图形标志，三轮汽车和装用单缸柴油机的低速货车应按 GB 7258－2004 的 4.8.2 的规定设置相应的图形标志
	46	警告性文字的中文标注	有机动车的警告性文字的应有中文标注，折翻式驾驶室翻转操纵机构附近易见部位是否有提醒驾驶员如何正确使用该操纵机构的文字
	47	车辆产品标牌	车辆产品标牌［如位于驾驶室（区）］是否能永久保持及其内容是否规范、清晰耐久

5. 发动机运转状况

发动机运转状况的检验要求见表 9－15，均采用人工定性检查，宜与底盘动态检验合并进行。

表9-15　发动机运转状况检验项目和要求

编号	项目	工作要求及相关说明
48 ＊＊	启动	检查发动机，应能正常启动
49 ##	急速、仪表、电源充电	启动发动机，检查急速运转、电源充电状况，各仪表及指示器工作应正常
50 ##	加速踏板控制	检查发动机急加速过程中及在较高转速时急松油门能否回至急速状态，是否有"回火"、"放炮"等异常状况
51 ##	漏水、油、气/水温、油压	检查是否有漏水、漏油、漏气现象，水温、油压指示应正常
52 ＊＊	关电熄火/柴油车停机装置	检查点火开关关闭后发动机能否迅速熄火；对柴油车还应检查停机装置是否灵活、有效

6. 客车内部

客车内部主要检验项目包括座椅/卧铺布置、车厢灯和门灯、地板和车内行李架、灭火器、安全出口、汽车安全带等，具体检查要求见表9-16。

表9-16　客车内部检验项目和要求

编号	项目	工作要求及相关说明
53 ＊＊	座椅/卧铺布置	目视检查，座椅扶手和卧铺护栏应安装牢固，长途客车和旅游客车的乘员座椅、校车的儿童座位应纵向布置（与机动车前进方向相同），幼儿校车、小学生校车的侧窗下边缘距其下方座椅上表面的高度应不小于250mm，否则应加装防护装置（参见GB 7258-2004的11.8及其第2号修改单）
54 ##	扶手和卧铺护栏	在用车检验时，客车座椅/卧铺的数量应与机动车行驶证记载内容一致。注册登记检验时，检查座椅间距，应符合GB 7258-2004的11.8及GB 7258-2004第2号修改单的规定；检查卧铺布置，应符合GB 7258-2004的11.9的规定；必要时，用量具测量
55 ##	车厢灯、门灯	目视检查，车厢灯、门灯应完好；必要时开启车厢灯、门灯，应能正常工作（参见GB 7258-2004的8.3.9）
56 ##	地板和车内行李架	目视检查，客车车身及地板应密合，客车车内行李架应安装牢固、能防止安放在车内行李架上的物件跌落（参见GB 7258-2004的11.8和11.11）
57 ＊＊	灭火器、安全出口标志、安全手锤、安全门	灭火器要求参见"车辆唯一性认定"的"灭火器"部分 目视检查，长途客车和旅游客车安全出口处标注的"安全出口"字样应完好，车内应按规定装备了用于击碎安全出口玻璃的专用手锤，安全门应锁止可靠（必要时应打开、关闭安全门检查），安全通道应畅通（参见GB 7258-2004的12.6.5、12.6.4.2、12.6.3.4和12.6.3.3）

（续表）

编号	项目	工作要求及相关说明
58＊＊	汽车安全带	参见"车辆唯一性认定"的"汽车安全带"部分
59—60 注册登记检验增加项＊	安全出口的数量、位置和尺寸	注册登记检验时，应核对客车安全出口的数量、位置和大小及客车安全通道宽度、乘客通道的宽度和高度应符合 GB 7258－2004 的 12.6 和 11.10，GB 13094－2007《客车结构安全要求》，GB 18896－2003《轻型客车结构安全要求》的规定；必要时，应用量具测量或用符合规定的通道测量装置测试
	安全通道	

检验时注意：

（1）座椅间距应在通过（单人）座椅中心线的垂直平面内，在坐垫上表面最高点所处平面与地板上方 620mm 高度范围内水平测量。测量时，座椅坐垫和靠背均不应被压陷；驾驶员座椅应处于滑轨中间位置（可取最前和最后两个位置测量值的平均值），其他可调节座椅的前后位置可根据需要调整以使相关座椅的座间距均能满足要求；可调式座椅的靠背角度及座椅其他调整量应处于制造厂规定的正常使用位置，如图 9－2 所示，H 为同向座椅间距、K 为对向座椅间距，I 为座椅上表面最高值。

（2）按照 GB 7258－2004 的 11.8 的规定，乘用车和客车的乘员座椅应合理分布。但从近年来安全技术检验的实际情况来看，客车（主要是《公告》中乘客数为区间值的客车）乘员座椅集中布置在车厢内前部或后部的情形较为多见，其目的是便于将客车当做货车使用，实现在城市道路白天货车禁行时段和路段运送货物。安检机构及检验员在实际检验过程对此应予以关注，杜绝具有此类情形的客车通过安全技术检验。

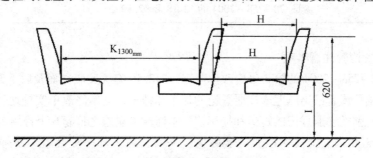

图 9－2 座椅间距测量位置

7. 底盘件

车体下部重要部件主要检验项目包括燃料箱及燃料箱盖、挡泥板/牵引钩、蓄电池和蓄电池架、贮气筒排污阀、钢板弹簧、侧面及后下部防护装置等。检查方法以人工检查为主，视情况使用专用手锤等工具，必要时还应用量具测量相关数值，如后下部防护装置离地高度等。各项目具体检查要求见表 9－17。

表 9 – 17　底盘件检验项目和要求

编号	项目	工作要求及相关说明
61 ＊＊	燃料箱、 燃料箱盖	目视检查，燃料箱盖应关闭可靠，无用户私自加装燃料箱情形。用专用手锤敲打燃料箱及燃料管路，燃料箱及燃料管路应固定可靠（参见 GB 7258 – 2004 的 12.7.1、12.7.2 和 12.7.5）
62 ##	挡泥板/ 牵引钩	目视检查，送检机动车的挡泥板、牵引钩应齐全、完好（参见 GB 7258 – 2004 的 11.15）
	蓄电池、 蓄电池架	目视检查，对将蓄电池安装于车体侧下部的载货汽车或客车，蓄电池应安装牢固、可靠，（视线可见范围内的）导线应无绝缘皮破损等现象
63 ##	贮气筒排污阀	目视检查，确认气制动的汽车贮气筒的排污阀是否经常使用；必要时开启并关闭排污阀，工作应正常（参见 GB 7258 – 2004 的 7.11.3）
64 ＊＊	钢板弹簧	目视检查，钢板弹簧应无裂纹和断片现象（必要时用专用手锤敲打），弹簧形式、片数应符合产品使用说明书和登记资料的规定（参见 GB 7258 – 2004 的 9.6）
65 ＊＊	侧面及后下部 防护装置	见"车辆唯一性认定"的"侧面及后下部防护装置"部分 总质量大于 3500kg 的在用货车和挂车应当按要求安装侧后部防护装置 注册登记检验时，应重点检查货车和挂车的侧面防护装置的下缘离地高度、防护范围和前缘形式及后下部防护装置的离地高度、宽度、横截面宽度是否符合相关规定（必要时应用量具测量相关尺寸参数），检查后下部防护装置的强度是否具有明显不足的情形
66 ##	牵引连接装置	目视检查，汽车列车的牵引车与被牵引车的连接装置应连接牢固且装有防止车辆行驶中脱开的安全装置，货车列车的货车和挂车之间应有侧面防护装置（参见 GB 7258 – 2004 的 12.18 和 12.19.3）

防护装置检验注意事项：

（1）GB 7258 – 2004 的第 3 号修改单规定："12.19 有关安装侧面及后下部防护装置的要求，对新出厂或者已出厂但未注册登记的货车和挂车，自本修改单实施之日起实施；对本修改单实施前已注册登记的货车和挂车，自本修改单实施之日起 6 个月后实施。"

（2）从近年来安全技术检验的实际情况来看，后下部防护装置本身强度不足及加装的后下部防护装置与车身未能有效牢固连接的情形较为多见，从而使得后下部防护装置在真正发生事故时并不能取得预期的效果。安检机构及其检验员应有针对性地加强检验（特别是对没有三角支架的后下部防护装置），对于检验员用脚蹬时后下部防护装置晃动的应统一判定为不合格，以最大限度地避免装备有不符合规定的侧面及后下部防护装置的货车和挂车通过安全技术检验。

（3）根据《汽车和挂车侧面防护要求》（GB 11567.1 – 2001），侧面防护装置的前缘和后缘应处在最靠近它的轮胎周向切面之后（前）300mm 的范围之内（对于全挂车其侧面防护装置的前缘可处于 500mm 的范围之内；对于半挂车，前缘与支腿中心横截面距离小于等于 250mm 即可；对于长头或多排座载货汽车，前缘向前延伸进入到驾驶室区域且与驾驶室后壁板件的间隙小于等于 100mm 时即可）；侧面防护装置的下缘任何一点的离地高度应不大于550mm，上缘与地面的距离应不小于950mm或与其上部的车辆构件［该构件是指与切于轮胎外侧表面（不包括轮胎接触地面胀出的部分）的铅垂平面交割或接触的零部件］不超过350mm；侧面防护装置应具有一定的刚度且不会因震动而松动；侧面防护装置的前缘位于开阔空间时，其前缘应具有一个连续的、贯穿其整个高度的垂直构件，该垂直构件的外侧面应向内弯曲、前端面应向后弯曲。

（4）根据《汽车和挂车后下部防护要求》（GB 11567.2 - 2001），后下部防护装置应固定可靠，不会因车辆正常行驶而松动，其任一端的最外缘与这一侧车辆后轴（若车辆有两个以上的后轴应以最长的后轴计）车轮最外端的横向水平距离应不大于100mm；后下部防护装置整个宽度上的下边缘离地高度对于后下部防护装置状态可调整的车辆应不大于450mm，对于后下部防护装置状态不可调整的车辆则应不大于550mm；后下部防护装置的横向构件的端部不得弯向车辆后方，尖锐部分不得朝后，横向构件的截面高度应不小于100mm（注：对格构式圆钢结构的后下部防护装置，截面高度为横向布置圆钢的直径之和），其端部应为圆角状，端头圆角半径应不小于2.5mm；后下部防护装置应具有足够的强度并尽可能位于车辆后部［应保证在按照要求进行实验后，后下部防护装置变形后装置的后部与车辆最后端（在测量时处于空载状态下车辆上与地面的垂直距离大于3m的部分除外）的纵向水平距离不能超过400mm］。

8. 车轮

车轮部分的检验要求，以目视检查为主，必要时应使用轮胎花纹深度计、轮胎气压表等工具。各项目具体检查要求见表9 - 18。

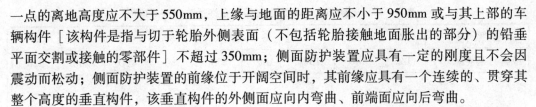

表9 - 18　车轮检验项目和要求

编号	项目	工作要求及相关说明
67 ＊＊	轮胎规格、型号	目视检查，同轴两侧车轮装用轮胎的型号、规格和花纹应一致，轮胎的型号和速度级别应符合出厂规定（与最高设计车速相适应）（参见 GB 7258 - 2004 的9.1.4和9.1.6） 轮胎的速度级别用英文字母表示（见表9 - 19）
68 ＊＊	轮胎完好情况	目视检查，乘用车轮胎的胎面磨损标志不应可见；乘用车、摩托车及轻便摩托车和挂车轮胎胎冠花纹深度不允许小于1.6mm，其他机动车转向轮胎胎冠花纹深度不允许小于3.2mm，其余轮胎胎冠花纹深度不允许小于1.6mm，必要时应用轮胎花纹深度计检验；轮胎不应有影响使用的缺损、异常磨损和变形，胎面和胎壁不应有长度超过25mm或深度足以暴露出帘布层的破裂和割伤，必要时用量具测量（参见 GB 7258 - 2004 的9.1.1、9.1.2和9.1.3）
	轮胎气压	人工检查，轮胎气压应符合规定（必要时用轮胎气压表测量），否则应调整到规定气压后再进行其他项目的检验
69 ＊＊	轮胎螺栓、半轴螺栓	目视检查，轮胎螺栓螺母和轮胎半轴螺栓螺母应完整齐全、紧固可靠（参见 GB 7258 - 2004 的9.5）
70 注册登记检验增项 ＊	备胎标志	对于备胎规格与其他轮胎不同的乘用车，检验员应目视检查在备胎附近明显位置（或其他适当位置）是否装置有能永久保持的、提醒驾驶员正确使用备胎的标志，标志的相关提示内容应有中文（参见 GB 7258 - 2004 的9.1.8）

表9-19 轮胎英文字母标志与轮胎允许最高时速对应表

速度代号	M	N	P	Q	R	S	T	U	H
最高时速（km/h）	130	140	150	160	170	180	190	200	210

二、底盘动态检验

起步并行驶一段距离，检验转向系、传动系、制动系。底盘动态检验可结合其他检验方式进行。

1. 转向系

检查动态检验转向系，应符合表9-20的要求。

表9-20 转向系动态检验项目和要求

编号	项目	工作要求及相关说明
72 **	自由转动量	车辆静止状态下（发动机应运转），检验员转动方向盘，方向盘转动应灵活且无阻滞现象，定性判断方向盘自由转动量是否符合 GB 7258-2004 的 6.4 的规定、方向盘转动力是否符合 GB 7258-2004 的 6.8 的规定，必要时应用方向盘转向力—转向角检测仪定量测量
73 **	转向沉重	
74 ##	自由回正、直线行驶能力	车辆运动状态下，在试验道路上直线行驶时不应有跑偏现象；检验员转动方向盘一定角度并轻扶，方向盘应能自动回正

检验过程有关说明：

（1）方向盘最大自由转动量，是指在静止状态下检验员向左转动方向盘至转向轮开始动作的瞬间作为起点，然后检验员向右转动方向盘至转向轮开始动作的瞬间作为止点，起点和止点形成的转角。

（2）检验时使用的方向盘转向力—转向角检测仪应符合《机动车方向盘转向力—转向角检测仪校准规范》（现行有效版本为 JJF 1196-2008）规定的技术要求。

（3）当车辆以一定的角度转向时，如果车辆的轨迹是偏向圆圈外侧，我们称为不足转向；如果车辆是偏往圆圈内侧，我们称为过度转向；如果车辆旋转的轨迹是一个正圆，我们称为中性转向。根据 GB 7258-2004 的 6.5，汽车（三轮汽车除外）应具有适度的不足转向特性，自动回正能力正是不足转向特性的体现。

（4）机动车方向盘的最大自由转动量不允许大于：

——最高设计车速不小于 100km/h 的机动车，20°；

——三轮汽车，45°；

——其他机动车，30°。

2. 传动系

在车辆行驶过程中检查传动系，应符合表9-21的要求。

表9－21　传动系动态检验项目和要求

编号	项目	工作要求及相关说明
75##	离合器	离合器接合是否平稳，应无异响、打滑、抖动、沉重、分离不彻底等现象
76##	变速器	变速器倒挡能否锁止，换挡应正常，无异响
77##	传动轴/链	传动轴/链无异响、抖动
78##	驱动桥	驱动桥的主减速器和差速器应无异响

3. 制动系

在车辆行驶和制动过程中检查制动系，应符合表9－22的要求。

表9－22　制动系动态检验项目和要求

编号	项目	工作要求及相关说明
79##	点制动跑偏	车辆起步并以20km/h左右的低速正直行驶，双手轻扶方向盘，踏下制动踏板并随即松开，检查车辆有无跑偏现象并初步掌握车辆制动协调时间、释放时间（必要时采用便携式制动性能测试仪或五轮仪等）
80**	低气压报警装置	在动态检验结束时，踩下、放松制动踏板若干次，使制动气压下降至起步气压（未标起步气压者，按400kPa计），检查低气压报警装置是否报警
81##	弹簧储能制动器	对装用弹簧储能制动器的车辆，报警后起步行驶，检查在低气压时弹簧储能制动器自锁装置功能是否有效
82* 注册登记检验增项	防抱死制动装置	启动车辆，对于2005年2月1日起新注册登记的装备有防抱死制动装置的长途客车和旅游客车、货车、半挂牵引车和挂车，检查防抱死制动装置自检功能，应正常

有关说明：

（1）液压制动系达到规定的制动效能时，踏板行程不得超过全行程的3/4；制动器装有自动调整间隙装置的踏板行程，不得超过全程的4/5。

（2）采用气压制动的机动车，当气压升至600kPa且不使用制动的情况下，停止空气压缩机3min后，其气压的降低值应不大于10kPa；气压在600kPa时，将制动踏板踏到底3min，单车气压不得下降20kPa，列车气压降低值不得超过30kPa；发动机停机后，连续5次全制动，气压不应低于起步气压（一般为400kPa）；发动机在75%的标定功率转速下，4min（汽车列车为6min，城市铰接公共汽车和无轨电车为8min）内气压表的指示气压应从零开始升至起步气压（未标起步气压者，按400kPa计）。

（3）检验车辆防抱制动装置自检功能时，以下两项要求应同时满足才视为正常：

——点火开关打开，防抱死制动装置通电后，立即对系统的零部件进行自检。在这个测试中，单独的零件和阀被测试，阀的工作声音（咔啦、咔啦、咔啦……）能够听到。不同的ABS系统和不同的制造商阀的测试顺序和持续时间可能不同。

——点火开关打开，防抱死制动装置通电后，ABS 警告灯点亮几秒钟，然后在系统成功自检确认没有故障后，警告灯自行熄灭。

4. 仪表和指示器

底盘动态检验过程中，检查仪表和指示器，应符合表 9-23 的要求。

表 9-23　驾驶区仪表和指示器动态检验项目和要求

编号	项目	工作要求及相关说明
83 **	仪表和指示器	检验员在底盘动态检验过程中注意观察车辆配备的各种仪表和指示器，应工作正常

三、车辆底盘检查

1. 检验准备

车辆停放在地沟上方的指定位置，发动机停止运转。

检查底盘各部件时应使用专用手锤，配合必要的其他工具仪器进行。

2. 转向系检查

由驾驶室操作人员配合来回转动方向盘（宜配合使用汽车悬架转向系间隙检查仪），检查转向系应符合表 9-24 的要求。

表 9-24　转向系底盘检验项目和要求

编号	项目	工作要求及相关说明
84 **	转向器固定	检查转向器固定情况，重点检查转向机及固定支架、轴、万向节、转向机及横直拉杆、球头、开口销、转向摇臂、轴、螺帽、转向主销、套、轴承、转向角限位、转向助力装置、渗漏情况
85 **	转向各部件	转向机各部件（重点为转向节球形支承部件）紧固、锁止、限位情况，横、直拉杆应无拼焊情况。在转动方向盘的情况下，转向过程中应无干涉或摩擦痕迹/现象

3. 传动系检查

检查传动系，应符合表 9-25 的要求。

表 9-25　传动系底盘检验项目和要求

编号	项目	工作要求及相关说明
86 **	变速器支架	检查变速器及分动器支架连接是否可靠。变速器、分动器及其支架是传动系核心部件，其连接、固定情况直接影响运行安全。用专用手锤勾动变速器及分动器支架，应无松动现象；变速器、差速器应无严重漏油现象（必要时用秒表记录在一分钟内漏出的油量）
87 **	分动器支架	
88 **	传动各部件	检查传动各部件连接是否可靠，传动轴、万向节、中间轴承凸缘连接应无松脱，安装应正确；驱动桥外壳、中间轴承及支架应无裂纹及松旷等影响运行安全的情形；检查有无漏油现象

4. 行驶系检查

检查行驶系，应符合表9－26的要求。

表9－26 行驶系底盘检验项目和要求

编号	项目	工作要求及相关说明
89＊＊	钢板吊耳	检查钢板吊耳及销，应无松旷
90＊＊	吊耳销	
91##	中心螺栓	检查中心螺栓、U形螺栓，应紧固
92##	U形螺栓	
93＊＊	车桥移位	检查有无车桥移位现象（必要时用卷尺测量左、右侧轴距差值）
94##	车架纵梁	检查车架纵梁、横梁有无变形、损伤，铆钉、螺栓有无缺少或松动
95##	车架横梁	
96##	悬架杆系	检查车桥与悬架之间的拉杆和导杆有无松旷和移位，检查减震器有无漏油

有关说明：

车桥明显移位时可直接判定不合格，有质疑时可按照《营运车辆综合性能要求和检验方法》（GB 18565－2001）要求定量判定：左右轴距差不得大于轴距的1.5/1000。测量方法是采用20m钢卷尺，分别在汽车左右两边测量轴间距离，测得的左右轴间距离相减的差值绝对值即为轴距差。测量时应注意轴心的确定。

5. 制动系检查

检查制动系，应符合表9－27的要求。

表9－27 制动系底盘检验项目和要求

编号	项目	工作要求及相关说明
97＊＊	制动系部件、结构改动	检查制动系部件有无擅自改动，应不影响行车安全 在制动管路中延伸出其他附属装置的控制器等应注意检查，如经常在山区行驶的货运车辆，一般附加有制动器降温装置，当汽车下长坡时，打开开关，让水箱里的降温水通过管道淋到制动鼓上，以防制动鼓温度过高造成制动热衰退，影响制动效果。目前国家没有相应的标准对此类装置的技术条件加以限定，许多车辆的降温管过长、离地高度小于前轴或后桥壳；这样，在汽车行驶中就容易被地面障碍物突然刮断或拉脱，驾驶员在不知情的情况下使用降温装置极有可能造成行车事故。因此，对经常在山区道路行驶的货运车辆应重点检查是否具有此类改装情形，不应影响行车安全
98＊＊	制动主缸、轮缸、制动管路漏气、漏油	检查制动分泵、总泵、制动管路，应无漏气、漏油现象
99＊＊	制动软管老化	检查制动软管，应无老化开裂、磨损等异常现象
100＊＊	制动管路固定	检查制动系管路与其他部件，应无摩擦和固定松动现象

6. 电器线路检查

检查电器导线，应符合表9-28的要求。

表9-28　电气线路底盘检验项目和要求

编号	项目	工作要求及相关说明
101 **	电气线路检查	检查电器导线，应布置整齐、捆扎成束、固定卡紧，线路应无破损现象；检查接头，应牢固并有绝缘套，在导线穿越孔洞时应装设绝缘套管

7. 底盘其他部件检查

检查底盘其他部件，应符合表9-29的要求。

表9-29　底盘其他部件检验项目和要求

编号	项目	工作要求及相关说明
102 **	发动机固定	检查发动机的固定，应可靠
103 **	排气管、消声器	检查排气管、消声器，应完好，固定应可靠；排气管口不应指向车身右侧
104 **	燃料管路	检查燃料箱、燃料管路，应固定可靠；燃料管路与其他部件应无碰擦，软管应无明显老化现象 燃料箱的加油口和通气口不允许对着排气管的开口方向，且应距排气管的出气口端300mm以上，否则应设置有效的隔热装置。燃料箱的加油口和通气口应距裸露的电气接头及外部可能产生火花的电气开关200mm以上。车长大于6m的客车的燃料箱的加油口和通气口应距排气管的任一部位300mm以上

四、二、三轮机动车人工检验

考虑到二轮机动车的结构相对简单，外观检验可以和下部检查结合进行；三轮机动车的下部检验拟在地沟上方进行。人工检验项目和要求见表9-30、9-31、9-32。

表9-30　二、三轮机动车外观检查项目和要求

项目	编号	内容	工作要求及相关说明
外观	7 **	后视镜	检查左、右后视镜，应齐全有效
	8 **	风窗玻璃※	对于有驾驶室的三轮机动车，检查风窗玻璃，应完好，刮水器工作正常
	9 **	刮水器※	
	10 ##	货厢、安全架	对无驾驶室的三轮汽车，还应检查货箱前部是否安装有高出驾驶员坐垫平面至少800mm的安全架，并确认安全架的强度，应符合相关要求
	11 ##	漆面	目视检查，车身及其漆面应完好，没有明显的锈蚀、破损等情形

（续表）

项目	编号	内容	工作要求及相关说明
仪表照明和电气信号装置	12##	仪表	（1）前位灯、前转向信号灯、前部危险警告信号灯等前部照明和信号装置应齐全完好，检查前照灯的远、近光光束变换功能，近光光形应有明显的明暗截止线 （2）后位灯、后转向信号灯、后部危险警告信号灯、制动灯、后雾灯、后牌照灯、倒车灯、后反射器应齐全完好，制动灯的发光强度应明显大于后位灯的发光强度 （3）侧转向信号灯、侧标志灯和侧反射器应齐全完好 （4）对称设置、功能相同的灯具光色和亮度应基本一致 （5）除转向信号灯、危险警告信号和警车安装使用的标志灯具外的其他外部灯具无闪烁的情形 （6）附加的灯具、反射器或附属装置不会影响 GB 7258 - 2004 规定安装的灯具和信号装置的性能或对其他的道路使用者造成不利影响（参见 GB 7258 - 2004 的 8.1、8.2.10、8.3.2、8.3.3、8.4.2）
	13 **	前照灯（远、近光）	
	14 **	转向信号灯（前、后灯）	
	15 **	后位灯、后牌照灯	
	16 **	制动灯	
	17 **	后反射器	
	18##	侧反射器	
	19 **	喇叭	人工检查，机动车喇叭应具有连续发声功能，工作应可靠，必要时应用声级计测量其喇叭声级是否符合规定（参见 GB 7258 - 2004 的 8.5.1.1）： ——按响喇叭保持发声 3s 以上，读取检测数据，其值对发动机最大净功率为 7kW 以下的摩托车及轻便摩托车为 80～112dB（A），其他车应为 90～115dB（A）
轮胎	20 **	轮胎型号规格	目视检查，同轴两侧车轮装用轮胎的型号、规格和花纹应一致，轮胎的型号和速度级别应符合出厂规定（与最高设计车速相适应）（参见 GB 7258 - 2004 的 9.1.4 和 9.1.6）
	21 **	轮胎花纹深度	目视检查，摩托车及轻便摩托车轮胎胎冠花纹深度不允许小于 1.6mm，其他机动车转向轮胎冠花纹深度不允许小于 3.2mm，其余轮胎胎冠花纹深度不允许小于 1.6mm，必要时应用轮胎花纹深度计检验；轮胎不应有影响使用的缺损、异常磨损和变形，胎面和胎壁不应有长度超过 25mm 或深度足以暴露出帘布层的破裂和割伤，必要时用量具测量（参见 GB 7258 - 2004 的 9.1.1、9.1.2 和 9.1.3）
	22 **	胎面破裂/割伤/磨损/变形	
	23 **	轮胎螺栓※	对三轮机动车，检查轮胎螺栓，应齐全、紧固
转向系行驶系	24##	前后减振器	检查前、后减振器，转向上、下联板和方向把，应无变形和裂损
	25 **	转向上、下联板	
	26 **	方向把	
安全防护装置	27##	坐垫、扶手（或拉带）、脚蹬	检查坐垫、扶手（或拉带）、脚蹬和挡泥板，应齐全、牢固可靠
	28##	挡泥板	

（续表）

项目	编号	内容	工作要求及相关说明
注册登记检验项目	29 *	仪表数量和类型	按照 GB 7258 - 2004 的 8.5.3 规定装备各种仪表
	30 *	车辆产品标牌	检查车辆产品标牌〔如位于驾驶室（区）〕，应能永久保持，其内容应规范、清晰耐久
	31	整车 3C 标志	对摩托车及轻便摩托车检查，应有 3C 标志
其他	32 * #	其他不符合规定情形	不符合现行标准和要求的其他情形
发动机运转状况	33 **	启动性能	检查发动机，应能正常启动 启动发动机，检查怠速运转、电源充电状况、各仪表及指示器，工作应正常 检查发动机急加速过程中及在较高转速时急松油门能否回至怠速状态和有无"回火"、"放炮"等异常状况
	34##	怠速	
	35##	电源充电	
	36##	仪表及指示器	
	37##	加速手把/踏板控制	
	38 **	柴油车停机装置※	对三轮柴油车，检查停机装置，应有效

注：本表中检验项内容后的"※"表示本项只针对三轮机动车检验。

表 9 - 31　二、三轮机动车动态检验项目和要求

项目	编号	内容	工作要求及相关说明
转向系	39 **	转向轮左右转角	车辆静止时，检验员左右转动方向把，检验转向轮转动是否灵活，有无发卡和松旷现象；定性检查判断转向是否过度。GB 7258 - 2004 的 6.6 条规定，向左或向右最大转角不应超过： （1）三轮机动车，45° （2）两轮摩托车、两轮轻便摩托车，48°
	40 **	方向盘最大自由转动量※	采用方向盘转向的三轮机动车，定性判断方向盘自由转动量是否符合 GB 7258 - 2004 的 6.4 的规定，必要时应用方向盘转向力—转向角检测仪定量测量，自由转动量允许不大于 45°
离合器、变速器、传动装置、油门	41##	离合器接合情况	发动摩托车起步换挡并行驶一段距离，检查离合器、变速器和传动链等，离合器操纵应无发卡、阻滞现象，离合器接合应平稳，无打滑或分离不彻底现象，变速器换挡应正常，操纵油门加速及减速应灵活，无阻滞现象，运行中传动轴/链应无异响、无明显松旷
	42##	变速器换挡	
	43##	传动轴/链及传动各部件	
	44##	油门控制	
制动	45##	制动性能	车速在 15km/h 左右时检验员实施制动，制动（手制动、脚制动、前制动和后制动）操纵应正常，无发卡现象，制动应反应正常，无迟缓现象；停车后检查，不应有漏油现象

注：本表中检验项内容后的"※"表示本项只针对三轮机动车检验。

表9-32　二、三轮机动车下部检查项目和要求

项目	编号	内容	工作要求及相关说明
车架	46##	车架	检查车架，应无明显的变形、损伤
电器线路	47**	电器线路固定	检查电器线路固定，应完好、有效
相关部件	48**	排气管	检查排气管、消声器、燃料箱及燃料管路，应完好、固定可靠
	49**	消声器	
	50**	燃料箱、燃料管路	

第四节　线内检验

依据 GB 21861-2008 标准，机动车线内用设备仪器检验项目有车速表指示误差检验、汽车前转向轮侧滑检验、摩托车轮偏检验、前照灯检验、制动性能检验、未实施环保合格标志地区的尾气排放检验、使用年限超过20年的非营运乘用车动力性检验。在线内检验各项目前，各仪器设备应完成预热、工作正常，机动车应具备以下基本条件：

—— 轮胎花纹深度应符合标准规定，调整好车辆的轮胎气压，轮胎表面完好；

—— 清除轮胎上沾有的水、油、泥和嵌入轮胎花纹沟槽内的石子等杂物；

—— 保持车身整洁，不应有漏油、漏水等现象。

一、车速表指示误差检验

1. 检验要求

（1）检验设备选择。使用滚筒式车速表检验台检验，设备应符合 GB/T 13563-2007 标准要求。摩托车检验应采用带电机拖动功能的车速表检验台。

（2）被检车辆与检验项目。

——四轮及以上机动车检测时，仅对最高设计车速超过40km/h 的车辆要求线内台试检验，对于无法在车速表检验台上检验车速表指示误差的机动车（如全时四轮驱动汽车、具有驱动防滑控制装置的汽车等），日常检验时不检验车速表指示误差，仅（结合底盘动态检验）确认车速表功能是否有效。

——二、三轮机动车检测时，摩托车及最高设计车速大于40km/h 的轻便摩托车应进行车速表指示误差检验，最高设计车速不大于40km/h 的轻便摩托车和三轮汽车不需要检验车速表指示误差。

（3）检验指标与项目属性。该项目为建议维护项。检验指标为车速表指示绝对误差，单位为 km/h。

2. 检验方法

（1）汽车检验程序。

①将车辆正直居中驶上检验台，驱动轮停放在测速滚筒上；

②降下举升器或放松滚筒锁止机构，必要时在非驱动轮前部加止动块（前轮驱动车使用驻车制动）；

③当车速表稳定指示 40km/h 时，测取实际车速，检验结束；

④升起举升器或锁止滚筒，将车辆驶出检验台。

（2）二、三轮机动车检验程序。

①将车辆被测试车轮推上车速表检验台的前、后滚筒之间；

②扶正方向把，启动夹紧装置夹紧非测试车轮，使被测车轮尽可能与滚筒呈垂直状态；

③启动电机逐渐加速，当车辆速度表稳定指示 30km/h 时，读取车速表检验台的数值，检测结束；

④关闭电机，松开车轮夹紧装置，将车辆推下车速表检验台。

（3）注意事项。

①检验时车辆前、后方及驱动轮两旁不准站立人员；

②检验结束后，检验员不可采取任何紧急制动措施使滚筒停止转动；

③对于正三轮摩托车，检验时检验方法参照汽车检验程序进行，但是在车速表指示 30km/h 时测取车速。

3. 检验标准

依据 GB 7258 - 2004，车速表指示车速 V1 与实际车速 V2 之间符合公式 9 - 2 的关系：

$$0 \leqslant V1 - V2 \leqslant （V2/10）+4 \qquad (9-2)$$

（1）四轮及以上机动车。将被测机动车的车轮驶上车速表检验台的滚筒上使之旋转，当该机动车车速表的指示值（V1）为 40km/h 时，车速表检验台速度指示仪表的指示值（V2）在 32.8~40km/h 范围内为合格。

（2）二、三轮机动车。将被测摩托车的车轮驶上车速表检验台的滚筒上使之旋转，当该摩托车车速表的指示值（V1）为 30km/h 时（GB 21861 - 2008 要求），车速表检验台速度指示仪表的指示值（V2）在 23.6~30km/h 范围内为合格。

4. 速度计算

在计量检定时，所用的标准器有转速表或速度计，速度计直接测量得到车速表检验台滚筒表面的线速度（km/h），而转速表测量得到的是滚筒转速（r/min），滚筒表面线速度与滚筒转速的换算关系如公式 9 - 3。

$$V = n \times \pi \times D \times 60 \div 1000 \div 1000 \qquad (9-3)$$

式中：V 表示滚筒表面线速度，单位为 km/h；n 表示滚筒转速，单位为 r/min；D 表示滚筒直径，单位为 mm；π 表示圆周率，取 3.14。

5. 存在的问题及应对策略

（1）手段问题。对于四轮全时驱动车辆、具有防滑功能的车辆无法测试。交通综合性能检测此类车很少，主要是安全技术检验。

具有防滑功能的车辆需用反拖电机拖动测量或给车速台加载阻力，对于四轮全时驱动车辆，测量设备需用前后车轮轴距可调的双速度台结构。目前 GB 21861 - 2008 不要求定量检验。

（2）后双桥并装驱动车。后双桥驱动车辆检验时应加一组自由滚筒。

二、排气污染物检验

1. 检验要求

（1）点燃式发动机汽车。依据 GB 18285 – 2005 的规定，采用双怠速法检验 CO（%）、HC（10^{-6}）气体浓度，对于使用闭环控制电子燃油喷射系统和三元催化转换器技术的汽车还应进行过量空气系数（λ）的测定。检验所用的仪器应至少采用四气分析仪，测量 CO、HC、CO_2、O_2 气体浓度，λ 值是通过这四种气体按 GB 18285 – 2005 标准给出的公式计算得到的值。所用尾气分析仪应符合 HJ/T 289 – 2006 标准的要求。

（2）压燃式发动机汽车。依据 GB 3847 – 2005 的规定，需按汽车出厂时间选择采用滤纸式烟度计或透射式烟度计（又称不透光烟度计）进行自由加速式测量，测量指标为滤纸式波许烟度（Rb）或光吸收系数（m^{-1}）。所用的烟度计应符合 HJ/T 395 – 2007 标准要求。

（3）低速汽车。依据低速汽车排放检验标准 GB 18322 – 2002 规定，低速汽车应选择滤纸式烟度计，进行自由加速式试验，测量指标为滤纸式波许烟度（Rb）。

（4）摩托车。依据 GB 14621 – 2011 的规定，至少选择四气分析仪，测量 CO（%）、HC（10^{-6}）在双怠速工况下的排放浓度，并记录 CO_2 值。

（5）项目属性。排放检验在未实施"环保合格标志"地区仍属安检项目，为否决项。

2. 在用汽油车双怠速尾气排放检验

（1）术语。

①怠速工况。指发动机无负载运转状态，即离合器处于接合位置、变速器处于空挡位置（对于自动变速箱的车应处于"停车"或"P"挡位）；采用化油器供油系统的车，阻风门应处于全开位置；油门踏板处于完全松开位置。

②高怠速工况。指满足上述（除最后一项）条件，用油门踏板将发动机转速稳定控制在 50% 额定转速或制造厂技术文件中规定的高怠速转速时的工况。

（2）检验方法。

①应保证被检测车辆处于制造厂规定的正常状态，发动机进气系统应装有空气滤清器，排气系统应装有排气消声器，并不得有泄漏。

②应在发动机上安装转速计、点火正时仪、冷却液和润滑油测温计等测量仪器。测量时，发动机冷却液和润滑油温度应不低于 80℃，或者达到汽车使用说明书规定的热车状态。

③高怠速测量（发动机工况循环见表 9 – 33）：

a. 从怠速状态加速至 70% 额定转速，运转 30s 后降至高怠速状态。

b. 将取样探头插入排气管中，深度不少于 400mm，并固定在排气管上。

c. 维持 15s 后，由具有平均值功能的仪器读取 30s 内的平均值，或者人工读取 30s 内的最高值和最低值，其平均值即为高怠速污染物测量结果。

d. 对于使用闭环控制电子燃油喷射系统和三元催化转化器技术的汽车，还应同时读取过量空气系数（λ）的数值。

④急速测量：发动机从高急速降至急速状态15s后，由具有平均值功能的仪器读取30s内的平均值，或者人工读取30s内的最高值和最低值，其平均值即为急速污染物测量结果。

⑤若为多排气管时，取各排气管测量结果的算术平均值作为测量结果。

⑥若车辆排气管长度小于测量深度时，应使用排气加长管。

表9-33　双急速工况循环表

0.7倍的额定转速	高急速（0.5倍的额定转速）		急速	
30s	15s	30s	15s	30s
预热	插探头——稳定	读平均值	稳定	读平均值

（3）注意事项。

①检验时，发动机急速应符合规定。

②检验结束后，抽出取样探头，待仪表指针回到零位，再检测下一辆车。

③应选择通风良好的地方检测；严禁在有油或有机溶剂的地方检测；取样探头不用时要垂直吊挂，防止因其他污染或受损而影响检测精度。

④过量空气系数（λ）指燃烧1kg燃料实际空气量与理论上所需空气量之质量比。

⑤在GB 18285-2005中规定：将轻型汽车高急速转速规定为2500±100r/min，重型车的高急速转速规定为1800±100r/min，如有特殊规定的，按照制造厂技术文件中规定的高急速转速。

在转速控制时，应尽量采用转速测量传感器来测量发动机转速，但考虑到部分车辆无法用转速传感器测量转速，为提高可操作性，GB 21861-2008标准实施指南中建议允许检验员直接观察发动机转速表来实施转速控制。

（4）检验结果判定。车辆检测得出的双急速尾气（HC、CO）检测数据中，有一项超过标准规定的排放限值，则被认为排放不合格。对于使用闭环控制电子燃油喷射系统和三元催化转化器技术的车辆，如果检测的过量空气系数（λ）超出1.00±0.03或制造厂规定的范围，则认为排放不合格。

双燃料汽车得用两种燃料分别进行检测，检测结果均达到标准限值要求后方可判定合格。

依据GB 18285-2005标准，装配点燃式发动机的车辆双急速试验排气污染物限值见表9-34、9-35。

表9-34 新生产汽车排气污染物排放限值

车 型	类 别			
	急 速		高怠速	
	CO（%）	HC（10^{-6}）	CO（%）	HC（10^{-6}）
2005年7月1日起新生产的第一类轻型汽车	0.5	100	0.3	100
2005年7月1日起新生产的第二类轻型汽车	0.8	150	0.5	150
2005年7月1日起新生产的重型汽车	1.0	200	0.7	200

表9-35 在用汽车排气污染物排放限值

车 型	类 别			
	急 速		高怠速	
	CO（%）	HC（10^{-6}）	CO（%）	HC（10^{-6}）
1995年7月1日前生产的轻型汽车	4.5	1200	3.0	900
1995年7月1日起生产的轻型汽车	4.5	900	3.0	900
2000年7月1日起生产的第一类轻型汽车[a]	0.8	150	0.3	100
2001年10月1日起生产的第二类轻型汽车	1.0	200	0.5	150
1995年7月1日前生产的重型汽车	5.0	2000	3.5	1200
1995年7月1日起生产的重型汽车	4.5	1200	3.0	900
2004年9月1日起生产的重型汽车	1.5	250	0.7	200

a. 对于2001年5月31日以前生产的5座以下（含5座）的微型面包车，执行1995年7月1日起生产的轻型汽车的排放限值。

在表9-34、9-35中，机动车的分类说明如下：

——M1类车：至少有四个车轮或有三个车轮且厂定最大总质量超过1000kg，除驾驶员座位外，乘客座位不超过8个的载客车辆。

——M2类车：至少有四个车轮或有三个车轮且厂定最大总质量超过1000kg，除驾驶员座位外，乘客座位超过8个，且厂定最大总质量不超过5000kg的载客车辆。

——N1类车：至少有四个车轮，或有三个车轮且厂定最大总质量超过1000kg，厂定最大总质量不超过3500kg的载货车辆。

——轻型汽车：指最大总质量不超过3500kg的M1类、M2类、N1类车辆。

——第一类轻型汽车：设计乘员数不超过6人（包括司机），最大总质量≤2500kg的M1类车。

——第二类轻型汽车：除第一类轻型汽车外的其他所有轻型汽车。

——重型汽车：最大总质量超过3500kg的车辆。

3. 在用柴油车滤纸式烟度计自由加速试验

（1）适用车型。依据 GB 3847－2005，对于 2001 年 10 月 1 日前生产的在用汽车，应按要求进行自由加速试验，用滤纸式烟度计测得波许烟度值（Rb）。

（2）术语。

①自由加速工况。在发动机怠速下，迅速但不猛烈地踏下油门踏板，使喷油泵供给最大油量。在发动机达到调速器允许的最大转速前，保持此位置。一旦达到最大转速，立即松开油门踏板，使发动机恢复至怠速。

②自由加速滤纸式烟度。在自由加速工况下，从发动机排气管抽取规定长度的排气柱所含的碳烟，使规定面积的清洁滤纸染黑的程度，称为自由加速滤纸式烟度。

（3）检验方法。

①受检车辆。

a. 进气系统应装有空气滤清器，排气系统应装有消声器并且不得有泄漏。

b. 柴油应符合国家标准的规定，不得另外使用燃油添加剂。

c. 测量时发动机的冷却水和润滑油温度应达到汽车使用说明书所规定的热状态。

d. 自 1995 年 7 月 1 日起新生产柴油车装用的柴油机，应保证启动加浓装置在非启动工况不再起作用。

②测量循环。

a. 测前准备。用压力为 300kPa～400kPa 的压缩空气清洗取样管路，把抽气泵置于待抽气位置，将洁白的滤纸置于待取样位置，将滤纸夹紧。

b. 循环组成。抽气泵抽气：由抽气泵开关控制，抽气动作应和自由加速工况同步。滤纸走位：每次抽气完毕后应松开滤纸夹紧机构，把烟样送至试样台。抽气泵回位：可以手动也可以自动，以准备下一次抽气。滤纸夹紧：抽气泵回位后手动或自动将滤纸夹紧。指示器读数：烟样送至试样台后由指示器读出烟度值。

c. 循环时间。应于 20s 内完成上述所规定的循环，对于手动烟度计，指示器读数的规定可以在完成下一条测量程序后一并进行。

d. 清洗管路。在按下一条测量程序完成 4 个测量循环后，用压力为 300kPa～400kPa 的压缩空气清洗取样管路。

③测量程序。

a. 安装取样探头：将取样探头固定于排气管内，插深等于 300mm，并使其中心线与排气管轴线平行。

b. 吹除积存物：自由加速工况进行三次，以清除排气系统中的积存物。

c. 测量取样：将抽气泵开关置于油门踏板上，按自由加速工况循环测量四次，取后三次读数的算术平均值，即为所测烟度值。

d. 当汽车发动机出现黑烟冒出排气管的时间和抽气泵开始抽气的时间不同步的现象时，应取最大烟度值。

（4）注意事项。

①取样管的长度和内径对检测结果有影响，不得随意更换。

②检验结束后，抽出取样探头，待仪表回零后再检测下一台车。

③取样探头不用时要吊挂，防止污染受损。

④踩油门踏板时刻与取样开始时间要协调同步，确保测得最大烟度值。

（5）排放限值。依据 GB 3847 - 2005 在用汽车的排气烟度排放控制要求，对于 2001 年 10 月 1 日前生产的在用汽车烟度排放限值见表 9 - 36。

表 9 - 36　装配压燃式发动机的车辆自由加速试验烟度排放限值

车辆类型	烟度值（Rb）
1995 年 6 月 30 日以前生产的在用车	5.0
1995 年 7 月 1 日至 2001 年 9 月 30 日生产的在用车	4.5

4. 在用柴油车不透光烟度计自由加速试验

（1）适用车型。依据 GB 3847 - 2005，对于 2001 年 10 月 1 日起生产的在用汽车，应按要求进行自由加速试验，用透射式烟度计测得排气光吸收系数 K（m^{-1}）。

（2）检验方法。

①试验条件。应保证取样探头插入深度不小于 300mm。否则排气系统应加接管，并保证接口不漏气。

②试验前不应长时间怠速，以免燃烧室温度降低或积污。

③关于取样和测量仪器的条件亦适用于本试验。

④试验采用符合国家标准的商品燃料。

（3）车辆准备。

①车辆在不进行预处理的情况下也可以进行试验。出于安全考虑，必须确保发动机处于热状态，并且机械状态良好。

②发动机应充分预热。例如，在发动机机油标尺孔位置测得的机油温度应至少为 80℃；如果温度低于 80℃，发动机也应处于正常运转温度。因车辆结构无法进行温度测量时可以通过其他方法使发动机处于正常运转温度，如通过控制发动机冷却风扇。

③采用至少三次自由加速过程或其他等效方法对排气系统进行吹拂。

（4）试验方法。

①目测检测车辆的排气系统的相关部件是否泄漏。

②发动机包括所有装有废气涡轮增压的发动机，在每个自由加速循环的起点均处于怠速状态。对重型发动机，将油门踏板放开后至少等待 10s。

③在进行自由加速测量时，必须在 1s 内，将油门踏板快速、连续地完全踩到底，使喷油泵在最短时间内供给最大油量。

④对每一个自由加速测量，在松开油门踏板前，发动机必须达到断油点转速。对带自动变速箱的车辆，则应达到制造厂申明的转速（如果没有该数据值，则应达到断油转速的 2/3）。关于这一点，在测量过程中必须进行检查。例如，通过监测发动机转速，或延长油门踏到底后与松开油门前的间隔时间，对于重型汽车，该间隔时间应至少为 2s。

⑤计算结果，取最后三次自由加速测量结果的算术平均值。在计算平均值时可以忽

略与测量均值相差很大的测量值。

（5）注意事项。

①取样管的长度和内径对检测结果有影响，不得随意更换。

②检验结束后，抽出取样探头，待仪表回零后再检测下一台车。

③取样探头不用时要吊挂，防止污染受损。

④踩油门踏板时刻与取样开始时间要协调同步，确保测得最大烟度值。

⑤在工况循环中，迅速踩油门踏板到底后约保持 2s 后再松开，间隔 10s 以上再进行下一次循环。

⑥在转速控制时，应尽量采用转速测量传感器来测量发动机转速，但考虑到部分车辆无法用转速车感器测量转速，为提高可操作性，GB 21861 - 2008 标准实施指南中建议允许检验员通过直接观察发动机转速表来实施转速控制。

（6）排放限值。依据 GB 3847 - 2005 在用汽车的排气烟度排放控制要求，对于 GB 3847 - 2005 标准实施后生产的在用汽车排气污染物值见表 9 - 37。

表 9 - 37　装配压燃式发动机的车辆自由加速试验排气可见污染物限值

车辆类型	光吸收系数（m^{-1}）
2001 年 10 月 1 日以后上牌照的在用车	2.5
2001 年 10 月 1 日以后上牌照的在用车装配废气涡轮增压器的在用车	3.0
2005 年 7 月 1 日起经型式核准车型	型式批准值 + 0.5

5. 低速汽车滤纸式烟度计自由加速试验

（1）适应车型。按 GB 3847 - 2005 第 1 条有关适用范围的规定，GB 3847 - 2005 规定的上述测量方法不适用于低速载货汽车和三轮汽车，压燃式发动机在用低速汽车及三轮汽车应按《农用运输车自由加速烟度排放限值及测量方法》（GB 18322 - 2002）规定选择滤纸式烟度计自由加速试验法。

（2）检验方法。

①受检车辆。

a. 进气系统应装有空气滤清器，排气系统应装有消声器并且不得有泄漏。

b. 应保证取样探头插入深度不小于 300mm。否则排气系统应加接管，并保证接口不漏气。

c. 测试时使用的柴油应符合 GB 252 - 1994 的规定，不得使用消烟添加剂。

d. 测量时发动机的冷却水和润滑油温度应达到车辆使用说明书所规定的热状态。

②测量前准备。

a. 用压力为 300kPa ~ 400kPa 的压缩空气清洗取样管路。

b. 抽气泵置于待抽气位置。

c. 将清洁的滤纸置于待取样位置，并将滤纸夹紧。

③循环组成。

a. 抽气泵抽气：由抽气泵开关控制，抽气动作应和自由加速工况同步。

b. 滤纸走位：每次抽气完毕后应松开滤纸夹紧机构，把烟样送至试样台。

c. 抽气泵回位：可以手动也可以自动，以准备下一次抽气。

d. 滤纸夹紧：抽气泵回位后，手动或自动将滤纸夹紧。

e. 指示器读数：烟样送至试样台后，由指示器读出烟度值。

④循环时间。应于20s内完成循环组成所规定的循环。对于手动烟度计，指示器读数可以在完成（测量程序）后一并进行。

⑤清洗管路。在按测量程序完成3个测量循环以后，用压力为300kPa~400kPa的压缩空气清洗取样管路。

⑥测量程序。

a. 检查试验发动机的最高空载转速必须达到规定值，并记录。

b. 安装取样探头：将取样探头固定于排气管内，插深等于300mm，并使其中心线与排气管轴线平行。

c. 吹除存积物：按下一条规定进行3次不测量的循环，以清除排气系统中积存的碳烟。

d. 测量取样：将抽气泵开关置于油门踏板上，柴油发动机处于怠速工况（发动机运转，离合器处于接合位置，油门踏板与手油门处于松开位置，变速器处于空挡位置），将油门踏板迅速踩到底，维持4s后松开，完成1次测量。

e. 按上一条循环连续测量三次，三次测量结果的算术平均值即为所测烟度值。

f. 当被测车辆发动机存在黑烟冒出排气管的时间与抽气泵开始抽气的时间不同步的现象时，应取最大烟度值。

（3）注意事项。

①取样管的长度和内径对检测结果有影响，不得随意更换。

②检验结束后，抽出取样探头，待仪表回零后再检下一台车。

③取样探头不用时要吊挂，防止污染受损。

④踩油门踏板时刻与取样开始时间要协调同步，确保测得最大烟度值。

⑤在工况循环中，建议迅速踩油门踏板到底后约保持4s后再松开，间隔11s以上再进行下一次循环。

（4）排放限值。依据GB 18322-2002，在用低速汽车（农用运输车）的排气烟度排放限值见表9-38。

表9-38 在用农用运输车排气烟度排放限值

实施阶段	实施日期	烟度值（Rb）	
		装用单缸柴油机	装用多缸柴油机
1	2002年7月1日前生产	6.0	4.5
2	2002年7月1日至2004年6月30日生产	5.5	4.5
3	2002年7月1日起生产	5.0	4.0
进入城镇建成区的在用农用运输车	2002年7月1日至2004年6月30日生产	4.5	
	2002年7月1日起生产	4.0	

注：1. 连续3次测量结果的算术平均值不超过上述标准对应的排放限值，则为合格。

2. 进入城镇建成区的在用农用运输车，实现限值的城镇范围由省级人民政府决定。

6. 摩托车双怠速尾气排放检验

（1）适用车型。按照国家标准《摩托车和轻便摩托车排气污染物限值及测量方法（双怠速法）》（GB 14621-2011）的规定进行检验，摩托车和轻便摩托车采用双怠速试验法检验尾气排放，对于2010年7月1日前生产的摩托车可只做怠速工况测量。

对于单一气体燃料车，仅按燃用气体燃料进行排放检测；对于两用燃料车，要求对两种燃料分别进行排放检测。

（2）试验准备。

①应保证车辆处于制造厂规定的正常状态，排气系统不得有泄漏。

②车辆按制造厂技术文件的规定进行预热。若技术文件中未规定，摩托车按GB 14622-2007、轻便摩托车按GB 18176-2007的规定工况在底盘测功机上至少运行四个循环，或在正常道路条件下至少行驶15min进行预热。应在车辆预热后10min内进行怠速和高怠速排放测量。

③在排气消声器尾部加一长600mm、内径40mm的专用密封接管，并应保证排气背压不超过1.25kPa，且不影响发动机的正常运行。

④若为多排气管时，应采用Y形接管将排气接入同一个管中测量，或分别取气，取各排气管测量结果的算术平均值作为测量结果。

（3）高怠速状态排气污染物的测量。

①发动机从怠速状态加速至70%的发动机最大净功率转速，运转10s后降至高怠速状态。

②维持高怠速工况，将取样探头插入接管，保证插入深度不少于400mm，维持15s后，由具有平均值功能的仪器读取30s内的平均值，或者人工读取30s内的最高值和最低值，其平均值即为高怠速污染物测量结果。

（4）怠速状态排气污染物的测量。发动机从高怠速降至怠速状态，维持15s后，由具有平均值功能的仪器读取30s内的平均值，或者人工读取30s内的最高值和最低值，其平均值即为怠速污染物测量结果。

（5）测量结果的记录。需记录试验时的发动机转速，以及排气中的 CO、CO_2、HC 排放的体积分数值。结果修约后的一氧化碳（CO）排放值保留一位小数，碳氢化合物（HC）保留到十位数。

（6）测量结果的修正。一氧化碳的修正浓度（$C_{CO修正}$）用一氧化碳浓度（C_{CO}）和二氧化碳浓度（C_{CO_2}）的测量值通过 9－4、9－5 公式进行修正。测量结果以修正后的数值为准。

①二冲程发动机一氧化碳的修正浓度为：

$$C_{CO修正} = C_{CO} \times \frac{10}{C_{CO} + C_{CO_2}}\% \tag{9-4}$$

②四冲程发动机一氧化碳的修正浓度为：

$$C_{CO修正} = C_{CO} \times \frac{15}{C_{CO} + C_{CO_2}}\% \tag{9-5}$$

③对于二冲程发动机，如果测量的（$C_{CO} + C_{CO_2}$）的总浓度数值不小于 10%，或对于四冲程发动机不小于 15%，则测量的一氧化碳浓度值无须根据公式 9－4 或 9－5 进行修正。

（7）注意事项。

①检验时，发动机怠速应符合规定。

②检验结束后，抽出取样探头，待仪表指针回到零位，再检测下一辆车。

③取样探头不用时要垂直吊挂，防止污染或受损而影响检测精度。

（8）排放限值。依据 GB 14621－2011，自 2011 年 10 月 1 日起，在用摩托车和轻便摩托车排气污染物排放应符合表 9－39 的规定。被检测车辆的排气污染物浓度低于或等于规定的排放限值，则判定为达标；任何一项污染物浓度超过排放限值，则判定为超标。

表 9－39 双怠速法在用摩托车排放限值

实施要求和日期	工 况			
	怠速工况		高怠速工况	
	CO（%）	HC（10^{-6}）	CO（%）	HC（10^{-6}）
2003 年 7 月 1 日前生产的摩托车和轻便摩托车（二冲程）	4.5	8000	—	—
2003 年 7 月 1 日前生产的摩托车和轻便摩托车（四冲程）	4.5	2200	—	—
2003 年 7 月 1 日起生产的摩托车和轻便摩托车（二冲程）	4.5	4500	—	—
2003 年 7 月 1 日起生产的摩托车和轻便摩托车（四冲程）	4.5	1200	—	—

（续表）

实施要求和日期	工　况			
	怠速工况		高怠速工况	
	CO（%）	HC（10^{-6}）	CO（%）	HC（10^{-6}）
2010 年 7 月 1 日起生产的两轮摩托车和两轮轻便摩托车	3.0	400	3.0	400
2011 年 7 月 1 日起生产的三轮摩托车和三轮轻便摩托车				

注：1. HC 体积分数值按正己烷当量计；

　　2. 污染物浓度为体积分数。

三、汽车转向轮横向侧滑量检验

1. 检验要求

（1）检验设备选择。选择带应力释放板的双板联动侧滑检验台，《汽车侧滑检验台》（JT/T 507 - 2004）交通行业标准推荐滑板有效测试长度为 1m。

（2）被检车辆。GB 21861 - 2008 标准要求，对四轮及以上汽车应检验前转向轮侧滑量。GB 21861 - 2008 宣贯实施指南说明，对双转向轴的机动车，原则上不需要检测转向轮横向侧滑量，也可只检测不评价。

（3）检验指标与项目属性。该项目为建议维护项。检验指标是前转向轮侧滑量，它是前左、右转向车轮侧滑量的平均值，单位为 m/km。

2. 检验方法

（1）检验前仪器及车辆准备。

①打开锁止装置，拨动滑板，仪表清零；

②车辆轮胎气压、花纹深度符合标准规定，胎面清洁。

（2）检验程序。

①车辆正直居中驶近侧滑检验台，并使转向轮处于正中位置；

②以不高于 5km/h 车速平稳通过侧滑检验台；

③读取最大示值。

（3）注意事项。

①车辆通过侧滑检验台时，不得转动转向盘。

②不得在侧滑台上制动或停车，对于后轮应尽量保持在车身正直行驶时通过。

③勿使轴荷超过检验台允许载荷的汽车驶到检验台上，以防压坏机件或压弯滑动板。

④不要在检验台上进行车辆修理保养工作。

⑤清洁时，不要将水或泥土带入试验台。应保持侧滑台滑板下部的清洁，防止锈蚀或阻滞。

3. 检验标准

依据 GB 7258 - 2004 标准，对前轴采用非独立悬架的汽车，用侧滑台（包括双板和

单板侧滑台）时侧滑量值应在 ±5m/km 之间。

对前轴采用独立悬架的汽车，GB 7258 – 2004 规定其前轮定位应符合原车规定，GB 21861 – 2008 考虑到日常检验的可操作性，安全检验时对侧滑量只检测不评判。

4. 滑板位移量与侧滑量关系

前转向轮通过侧滑台时，滑板产生横向移动，滑板向外时侧滑量为正、滑板向内时侧滑量为负。侧滑量与滑板移动量的关系如下：

（1）双板联动侧滑检验。前转向轮通过侧滑台时，左、右滑板同步横向移动，测得左、右车轮侧滑量的均值。

——对于有效测量长度为 1m 的滑板，横向移动 1mm，对应的侧滑量为 1m/km；

——对于有效测量长度为 0.5m 的滑板，横向移动 1mm，对应的侧滑量为 2m/km。

（2）单板侧滑检验台。前转向轮通过侧滑台时，在地面上行驶的车轮侧滑量通过车桥转移到驶过单滑板一侧的车轮，再迫使单滑板横向移动，测得的单滑板横向位移量对应的是左、右车轮侧滑量叠加作用的结果，应换算成左、右轮侧滑量的均值。

——对于有效测量长度为 1m 的滑板，横向移动 1mm，对应的侧滑量为 0.5m/km；

——对于有效测量长度为 0.5m 的滑板，横向移动 1mm，对应的侧滑量为 1m/km。

5. 存在的问题及应对策略

存在的问题：目前部分检测站使用双板分动式侧滑检验台，车辆刚驶上板面时由于受侧向力大的一侧板的移动量大于受侧向力小的一侧板，车头将随受侧向力大的一侧板的受力方向摆动，行车状态不稳定，测量结果重复性差、失真较大。

个别站使用单板侧滑检验台，因设备结构不同，测取的结果与双板联动侧滑检验台检验结果有差异。

应对策略：修复改造或更换检验台，尽量采用双板联动结构。

四、前照灯检验

1. 检验要求

（1）四轮及以上汽车。两灯制或四灯制前照灯，应选用带远光光强，远、近光光束照射位置测量功能的前照灯检测仪。

（2）二、三轮机动车。只要求定量检测远光光强，远、近光光束偏移仅作外观功能性检查，可选用只带远光测量功能的前照灯检测仪。

（3）检验指标与项目属性。

——检验远光发光强度（cd），为否决项。

——远、近光束位置垂直与水平偏移量（mm/10m），为建议维护项。

2. 检验方法

（1）检验前仪器及车辆准备。

①检测仪受光面应清洁；

②对手动式前照灯检测仪应检查其电池电压是否在规定范围内；

③轨道内应无杂物，使仪器移动轻便；

④前照灯应清洁。

⑤被检测轮胎气压正常。

（2）汽车前照灯检验方法。

①用自动（跟踪）式前照灯检测仪检验。

a. 车辆沿引导线居中行驶至规定的检测距离处停止，车辆的纵向轴线应与引导线平行，如不平行，车辆应重新停放，或采用车辆摆正装置进行拨正；

b. 置变速器于空挡，车辆电源处于充电状态，开启前照灯远光灯；

c. 给自动式前照灯检测仪发出启动测量的指令，仪器自动搜寻被检前照灯，并测量其远光发光强度及远光照射位置偏移值；

注：前照灯远光照射位置偏移值检验仅对远光光束能单独调整的前照灯进行；远光光束能单独调整的前照灯是指手工或通过使用专用工具能够在不影响近光光束照射角度的情况下调整远光光束照射角度的前照灯，通常情况下远近光束一体的前照灯其远光光束照射角度不能单独进行调整。

d. 被检前照灯转换为近光光束，自动式前照灯检测仪自动检测其近光光束明暗截止线转角（或中点）的照射位置偏移值；

e. 按上述两步骤完成车辆所有前照灯的检测；

f. 在对并列的前照灯（四灯制前照灯）进行检验时，应将与受检灯相邻的灯遮蔽。

②用手动式前照灯检测仪检验。由人工操作前照灯检测仪，参照上述自动式前照灯检测仪检验方法进行。

（3）摩托车前照灯检验方法。

①将车辆停止在规定的位置；

②保持前照灯正对检测仪，有夹紧装置的将车轮夹紧；

③开启前照灯检测仪进行检测，检测过程中车辆应处于充电状态（档位置于空挡，无级变速的车辆应实施制动）；

④对装用一只前照灯的机动车，记录前照灯远光光束发光强度，对装用两只或两只以上前照灯的机动车，还应记录近光光束明暗截止线转角（或中点）偏移值，对远光光束能单独调整的前照灯，则还应记录远光光束照射位置偏移值。

注：对装用一只前照灯的机动车，前照灯光束偏移位置只在外观检查时作功能性检查；将摩托车扶正，方向把正对前方，在前照灯正前方目视检查能否远近光变光，观察前照灯的照射位置应无偏上照射现象。在两只灯并列安装距离很近时，可按一灯制检测。

（4）注意事项。

①停车位置要准确，车身纵向中心线要垂直于前照灯受光面，否则主要会影响光束左右偏测量的准确性。

②初检与复检时尽量由同一检验员引车操作，驾驶员体重的变化会对光束上下偏测量的准确性和重复性造成影响，尤其对微型车影响较大。

③前照灯检测仪正在移动或将要移动时，严禁车辆通过。

④检测完毕后车辆要及时驶离，车身不得长时间挡住轨道。

3. 检验标准

依据 GB 7258 - 2004 标准要求如下：

（1）前照灯远光光束发光强度检验标准。机动车每只前照灯的远光光束发光强度应达到表9-40的要求。测试时，其电源系统应处于充电状态。

表9-40　前照灯远光光束发光强度最小值要求　　　　　单位（cd）

机动车类型	检查项目					
	新注册车			在用车		
	一灯制	两灯制	四灯制[a]	一灯制	二灯制	四灯制[a]
三轮汽车	8 000	6 000		6 000	5 000	
最高设计车速小于70km/h的汽车	–	10 000	8 000	–	8 000	6 000
其他汽车	–	18 000	15 000	–	15 000	12 000
摩托车	10 000	8 000	–	8 000	6 000	
轻便摩托车	4 000	–	–	3 000	–	–

a. 四灯制是指前照灯具有四个远光光束；采用四灯制的机动车其中两只对称的灯达到两灯制的要求时视为合格。

（2）前照灯远光光束偏移量检验标准。前照灯远光光束偏移量应符合表9-41a、9-41b的要求。

表9-41a　远光光束垂直偏移量检测标准（10m远处）

机动车类型	远光光束中心离地高度	
	下限	上限
乘用车	0.9H	1.0H
其他类型机动车	0.8H	0.95H

表9-41b　远光光束水平偏移量检测标准（10m远处）

机动车类型	远光光束水平偏移量	
	左偏限值	右偏限值
乘用车	170mm/10m	350mm/10m
其他类型机动车	350mm/10m	350mm/10m

（3）前照灯近光光束偏移量检验标准。前照灯近光光束偏移量应符合表9-42a、9-42b的要求。

表9-42a　近光光束垂直偏移量检测标准（10m远处）

机动车类型	近光光束明暗截止线转角高度	
	下限	上限
乘用车	0.7H	0.9H
其他类型机动车	0.6H	0.8H

表9-42b　近光光束水平偏移量检测标准（10m远处）

机动车类型	近光光束水平偏移量	
	左偏限值	右偏限值
各种汽车左右灯	170mm/10m	350mm/10m

4. 单位换算

（1）角度与偏移量。前照灯检测仪检测光束偏移量时，表征偏移量的计量单位有两种，一种是角度（°），另一种是10m远处的偏移量（mm/10m或cm/10m），它们之间的关系是：$1° = 175mm/10m$。

（2）灯高比与垂直偏移量。GB 7258-2004标准对光束垂直偏移量是否合格是按等高比来评价的。例如，设某灯的实测高度为H，前照灯光束垂直偏移量为U（上偏时为正，下偏时为负），则由公式9-6可计算得到灯高比c：

$$c = 1 + (U/H) \qquad (9-6)$$

也可按公式9-7反算出该灯灯高H：

$$H = U/(c-1) \qquad (9-7)$$

5. 存在的问题及应对策略

存在的问题：前照灯在测量过程中，停车是否严格平行于行车线（垂直于前照灯受光平面）、停车距离能否保证按仪器要求、引车员的体重、轮胎气压的大小、地面及前照灯检测仪导轨的水平度均影响光束垂直及水平偏移量的测定及评价结果。

应对策略：引车员尽可能使车身摆正，尽量保证停车距离，保证标准轮胎气压，尽可能同一车辆初复检由同一人引车。

五、台试制动性能检验

1. 检验要求

（1）检验设备选择。机动车制动性能的检验采用滚筒反力式制动检验台或平板制动检验台进行。采用滚筒反力式制动检验台时，制动检验台的电气系统应能分别控制左右两组滚筒停机以测得左、右车轮的最大制动力。

安检机构资格审查许可条件［国质检监（2009）521附件］只允许平板制动检验台用于小型汽车检测线，滚筒反力式制动检验台可用于大部分车型检验。

（2）检验方法选择。对于部分无法在滚筒反力式制动检验台上检测的车辆（如全时四轮驱动车辆、多轴半挂车、轮式专用机械车等），应路试检验制动性能；平板制动

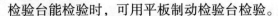

检验台能检验时，可用平板制动检验台检验。

（3）被检车辆。

①气压制动的车辆，贮气筒压力应能保证该车各轴制动力测试完毕时，气压仍不低于起步气压（未标起步气压者，按400kPa计）；

②液压制动的车辆，如线外底盘动态检验时发现踏板沉重，应将踏板力计装在制动踏板上，在制动检验时一并监测踏板力全过程数据，评价是否在限定踏板力范围内最大轴制动力能达到 GB 7258–2004 要求。

（4）检验项目。

①四轮及以上汽车：检测各轮阻滞率（％）、轴制动率（％）、左右轮制动不平衡率（％）、整车制动率（％）。可对线外底盘动态检验发现踏板沉重车辆裁定踏板力（N）是否符合要求，平板制动检验时可对线外底盘动态检验发现制动迟滞车辆检测协调时间（s）。

②边三轮摩托车、两轮摩托车和两轮轻便摩托车：只检验前、后轮制动率（％）。

③正三轮摩托车：检验前轮、后轴制动率（％），驻车制动率（％），后轴的左右轮不平衡率（％）。

④三轮汽车：检验后轴、驻车、整车的制动率（％），后轴的左右轮不平衡率（％）。

（5）项目属性。制动各指标均为否决项。

2. 滚筒反力式制动检验台检验方法

（1）滚筒反力式制动检验台应符合 GB/T13564–2005 要求。

（2）被检车辆正直居中行驶，各轴依次停放在轮重仪上，并按仪器说明书规定的时间停放，分别测出静态轮荷（轮重、制动分列式）。

（3）被检车辆正直居中行驶，将被测试车轮停放在滚筒上，变速器置于空挡。

（4）启动滚筒电机，在2s后开始采样并保持足够的采样时间（5s），测取采样过程的平均值作为阻滞力。

（5）检验员按显示屏指示在 5～8s 内（或按厂家规定的速率）将制动踏板逐渐踩到底（对气压制动车辆）或踩到制动性能检验时规定的制动踏板力，测得左、右车轮制动力增长全过程的数值及左、右车轮最大制动力，并依次测试各车轴；对驻车制动轴，操纵驻车制动操纵装置，测得驻车制动力数值。计算各车轴的制动率、左右轮制动力差百分比、整车制动率、驻车制动力百分比。

（6）制动检验时，如果被测试车轮在滚筒上抱死，但制动率未达到合格要求的，应采用（6）或（7）的方法进行检验。

（7）在车辆上增加足够的附加质量或相当于附加质量的作用力（在设备额定载荷以内，附加质量或作用力应在该轴左右车轮之间起对称作用，不计入轴荷）。为防止被检车辆在滚筒反力式制动检验台上后移，可在非测试车轮后方垫三角垫块或采取整车牵引的方法。

（8）台试检验左右轮制动力差不合格，但底盘动态检验过程中点制动时车辆无明显跑偏现象的，应换用平板制动检验台或采用路试方法检验。

3. 平板制动检验台检验方法

（1）检验员将被检车辆以 5km/h～10km/h 的速度（或制动检验台生产厂家推荐的速度）滑行，置变速器于空挡后（对自动变速器车辆可位于"D"挡），正直平稳驶上平板。

（2）当被测试车轮均驶上平板时，急踩制动，使车辆停止，测得各车轮的轮荷（对乘用车应为动态轮荷）、阻滞力、最大轮制动力等数值，计算各车轴的制动率、左右轮制动力差百分比、整车制动率等指标。

（3）重新启动车辆，待车辆驻车制动轴驶上平板时操纵驻车制动操纵装置，测得驻车制动力数值，计算驻车制动力百分比。

（4）车辆制动停止时如被测试车轮已离开平板，则此次制动测试无效，应重新测试。

（5）对制动反应迟缓的车辆，必要时应连接踏板开关信号，检验车辆制动协调时间是否符合规定。

4. 注意事项

（1）测制动时车辆尽量摆正，不得转动转向盘。

（2）用平板制动检验时，检验员应该急踩制动，每次踩制动作要尽量一致。

（3）空载检验时，气压制动系：气压表的指示气压 ≤600 kPa；液压制动系：踏板力，乘用车 ≤400N，其他机动车 ≤450N。

5. 检验标准

（1）四轮及以上机动车。依据 GB 7258－2004 标准，汽车各车轮的阻滞率应不大于 5%，行车制动性能应符合表 9－43 要求，左右车轮制动平衡应符合表 9－44 要求，驻车制动性能符合表 9－45 要求，制动协调时间应符合表 9－46 要求。

对于汽车以外的其他机动车（如轮式专用机械车），无阻滞率要求。

表 9－43　行车制动性能标准

机动车类型	制动力总和与整车重量的百分比（%）		轴制动力与轴荷[a] 的百分比（%）	
	空载	满载	前轴	后轴
乘用车、总质量不大于 3500kg 的货车	≥60	≥50	≥60[b]	≥20[b]
其他汽车、汽车列车	≥60	≥50	≥60[b]	—
三轮汽车	≥45		—	≥60[b]
摩托车	—	—	≥60	≥55
轻便摩托车	—	—	≥60	≥50

注：a. 用平板制动检验台检验乘用车时应按动态轴荷计算；

　　b. 空载和满载状态下测试应满足此要求。

表9 – 44　制动力平衡合格标准

内　容	要　求
前轴（左右轮制动力差的最大值/左右轮最大制动力中的最大值）	≤20%
后轴及其他轴（轴制动力≥60%×轴荷时，左右轮制动力差的最大值/左右轮最大制动力中的最大值）	≤24%
后轴及其他轴（轴制动力<60%×轴荷时，左右轮制动力差的最大值/该轴轴荷）	≤8%

表9 – 45　驻车制动力合格标准

机动车类型	合格标准
总质量/整备质量≥1.2	驻车制动力总和/整车重量≥20%
总质量/整备质量<1.2	驻车制动力总和/整车重量≥15%

表9 – 46　制动协调时间合格标准

机动车制动形式	协调合格时间
液压制动	0.35s
气压制动	0.60s
汽车列车、铰接客车、铰接式无轨电车	0.80s

（2）二、三轮机动车。

①二、三轮机动车的行车制动性能应符合表9 – 43要求。

②三轮机动车的后轴左右车轮制动力平衡应符合表9 – 44要求。

③三轮机动车的驻车制动应符合表9 – 45要求。

6. 制动检验指标及分析

（1）滚筒反力式制动检验台制动性能检验指标及分析。

①检验指标。GB 21861 – 2008附录D的D.1规定了计算方法，具体条文如下：

a. 车轮阻滞力百分比：测得的该轮阻滞力与该车轮所在轴（静态）轴荷之百分比。

b. 轴制动率：测得的该轴左、右车最大制动力之和与该轴（静态）轴荷之百分比。

c. 左右轮制动力差最大值百分比：以同轴左、右轮任一车轮产生抱死滑移或左、右轮两个车轮均达到最大制动力时为取值终点，取制动力增长过程中测得的同时刻左右轮制动力差最大值为左右车轮制动力差的最大值，用该值除以左、右车轮最大制动力中的大值或（静态）轴荷，得到左右轮制动力差最大值百分比。

d. 整车制动率：测得的各轮最大制动力之和与该车各轴（静态）轴荷之和之百分比。

e. 驻车制动力百分比：测得的驻车制动力与该车各轴（静态）轴荷之和之百分比。

②检验指标分析。

a. 制动过程举例见图9 – 3。松开车辆制动器，启动制动电机并带动车轮转动2s后

到达 t_0 时刻开始采样，并保持足够的采样时间（一般为 5 s）到达 t_1 时刻，分别测得从 $t_0 \sim t_1$ 时间内的左、右轮平均阻滞力；各轮车轮阻滞力与该车轮所在轴（静态）轴荷之百分比即为该车轮阻滞率。

检验员按显示屏指示，从 t_1 时刻开始踩下制动踏板，到 t_2 时刻克服踏板自由行程后制动力上升直至最高点后趋于稳定，到 t_7 时刻松开制动器，至制动完全释放，完成整个制动过程。在制动过程中，t_3 为轴制动力达到规定值（前轴制动因素 60%）75% 的协调时间取值终止时刻（$t_1 \sim t_3$ 的时间即为协调时间），t_4 为制动过程中左右制动力差达到最大的时刻，t_5 为右制动力达到最大的时刻，t_6 为左制动力达到最大的时刻。

在实际检测过程中，为防止制动力达到最大后制动台滚筒继续旋转致使剥伤轮胎，左右滚筒应分别在到达 t_6、t_5 时刻后自动停机。可以采用不同的停机方式，但要保证能测取左右最大制动力。

b. 轴制动率：轴最大制动力为 t_6、t_5 时刻左右制动力之和，轴制动率为轴最大制动力与该轴（静态）轴荷之百分比。

c. 轴不平衡率：从踩制动 t_1 时刻开始到同轴左、右轮任一车轮产生抱死滑移达到最大制动力的 t_5 时刻为取值区间，测取的制动力增长过程中同时刻左右轮制动力差最大值（t_4 时刻）为左右轮制动力差的最大值，用该值除以左、右车轮最大制动力中的大值或静态轴荷（除前轴外的其他轴制动力小于该轴轴荷的 60% 时），得到左右轮制动力差最大值百分比即为该轴不平衡率。

若左、右轮滑移率均不能达到停机控制要求的滑移率设置值，则在左、右轮两个车轮均达到最大制动力时为轴不平衡率计算取值终点。

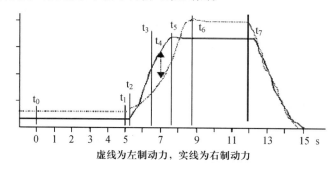

虚线为左制动力，实线为右制动力

图 9 - 3　制动过程举例

（2）平板式制动检验台制动性能检验指标及分析。

①检验指标。GB 21861 - 2008 附录 D 的 D.2 规定了计算方法，具体条文如下：

a. 轴制动率：测得的该轴左、右轮最大制动力之和与该轴轴荷之百分比，对乘用车轴荷取左、右轮制动力最大时刻所分别对应的左、右轮荷之和，对其他机动车轴荷取该轴静态轴荷。

b. 左右轮制动力差最大值百分比、整车制动率、驻车制动力百分比等指标的计算见附录 D 的 D.1。

②检验指标分析。

a. 平板制动检验是一个动态过程，制动过程数据变化很快，对前轴左、右轮制动力达到最大时各轮对应轮重也基本是最大值，但制动力与对应轮重最大时刻不是严格一致；对后轴左右轮制动力达到最大时各轮对应轮重在最小值附近（见图9-4、9-5）。

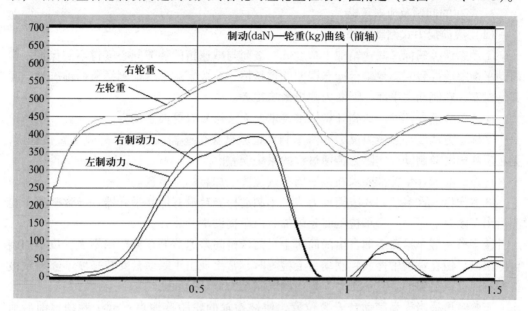

图9-4　前轴制动曲线

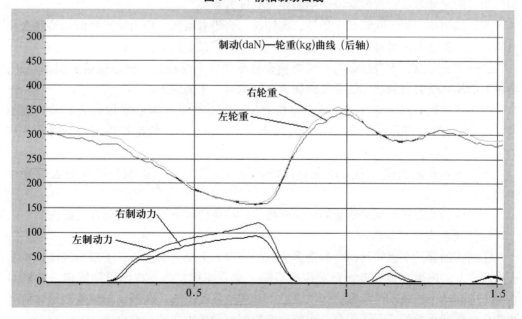

图9-5　后轴制动曲线

b. 对乘用车，计算轴制动率时轴荷取动态轴荷计算，明确取左、右轮制动力最大时刻所分别对应的左、右轮荷之和为动态轮荷。计算时，整车动态轮荷为各轴动态轮荷之和。

对乘用车计算驻车制动率、整车制动率、制动不平衡率均按静态轴荷计算。

c. 制动不平衡率计算区间：从踩制动开始到同轴左、右轮任一车轮达到最大制动力的时刻为取值区间。

7. 存在的问题及应对策略

（1）滚筒反力式制动检验台。

①动态误差超标。减速箱加工精度低，滚筒与减速箱的装配同心度得不到保证，滚筒动平衡差等导致制动检验台动态误差严重超标，直接影响车辆检测结果的准确性。尤其是对左、右制动力平衡、阻滞力测量影响很大。

应调整修复各部件，达到计量标准要求，无法修复时更换制动台。

②标定方法。许多滚筒反力式汽车制动检验台在传感器或变速箱外壳上直接标定，无法反映出滚筒制动台实际力传递过程的系统误差。

应按产品和计量标准要求在主滚筒等效位置上加装标定装置。

③方便性。许多欧制式滚筒反力式汽车制动检验台没有加装举升器，导致微型车检测后出车困难。用于微型车检测时建议加装出车辅助举升装置。

④多桥并装车检测。加自由滚筒对于目前带桥间差速器的车辆作用不大，可不加装自由滚筒。但在被检轴停放到制动台上检测时，常出现由于制动台安装高度不够导致被检轴不能提供足够的垂直正压力，致使测取制动力偏小的问题。

安装时可适当提高制动台安装位置，使被检轴的轮胎接地点不低于制动台前后地面，抬高的尺寸与制动台前后滚筒中心距及高度差有关。

⑤轮胎损伤问题。欧制式大滚筒、高转速、高附着系数的反力式滚筒制动检验台测试能力大，易在测试时对车轮表面造成损伤，应注意以下问题：

——预检车轮，不合格车轮要求更换合格车轮后上线检测。轮胎质量是根本问题，质量差的轮胎受力后胎面无法承受路面紧急制动时产生的应力。

——停机控制时刻要合理，过早停机有助于保护轮胎，但会导致最大制动力测不到；晚停机有助于测取最大制动力，但可能会损伤轮胎。一般选择停机时刻滑移率在 20% ~30% 之间。

——滚筒表面擦洗：不要用硬物擦洗，避免擦除砂粒间的胶，使滚筒表面变得锋利。

——检验员在踩死制动踏板后应及时松开，避免停机不及时对轮胎造成损伤。

（2）平板式制动检验台。

①结构问题。平板式制动台制造多为双层结构，上层为承重板，下层为底座，承重板由底座上的四个（或更多）称重传感器向上垂直支撑，另外在两层间固定一个测量水平方向制动力的制动传感器。如果设计不合理或强度不够，在制动与轴重测量时两者往往会出现严重的相互干涉现象，影响动态数据测量的重复性与准确性。

选用结构合理的设备，尽量减小制动与轴重测量时相互干涉。

②阻滞力问题。因滚筒制动检验台测量阻滞力时车辆为静止状态，车轮在纯滚动状态下测试，检验台可直接测量车轮在滚筒表面出现的滚动阻力作为阻滞力。而平板制动

检验台由于结构和检测方法的原因在检测时无法直接、准确地测取阻滞力。例如，引车员在踩制动踏板时有早有晚，采样和分析系统不能准确定位阻滞力的采样时段；又如，车辆在检验时为动态检验，阻滞力、对板面的冲击力等多种因素综合表现在测试板面上，故无法清晰分辨阻滞力。所以，平板制动检验台与滚筒制动检验台测取的阻滞力值不一致。

（3）制动路试。对无法台试车辆及对台试不合格有质疑的车辆应采用路试裁决。

应注意，台试制动检验仅仅是一种模拟检测，尚无法与路试等效，台试检验结果只是与路试有相关性，但其检验结果无法准确反映路面制动时的实际情况，在对台试检验结果有质疑时应路试裁决，软件留有路试数据录入功能。

（4）前轴。目前 GB 7258 – 2004 对前后轴的制动性能要求不一致，但未明确哪些轴是前轴。GB 7258 – 2004 修订后的报批稿规定（供参考，以正式发布稿为准）：

对于单车，车辆质心之前的轴为前轴，其他为后轴。前双转向轴均为前轴。

对于挂车，所有车轴均按后轴评价。

（5）驻车制动。目前很多检验机构检验驻车制动时，只检验一个驻车轴，致使驻车制动力不合格。

应注意，多轴车常见有多个车轴有驻车制动，应将有驻车制动作用的各轴均进行驻车制动测试，各轴驻车制动力之和才是整车的驻车制动力。

六、摩托车轮偏检验

1. 检验要求

（1）检验设备选择。选择摩托车轮偏检测仪检测。

（2）被检车型。两轮摩托车、两轮轻便摩托车、偏三轮摩托车。

（3）检验指标与项目属性。该项目为否决项。检验指标为前后轮中心平面偏移量，单位为 mm。

2. 检验方法

（1）试验前仪器及车辆准备。

①打开锁止装置，拨动轮偏台前轮夹紧装置，仪表清零。

②车辆轮胎气压、花纹深度符合标准规定，胎面清洁。

（2）检测程序。

①将被检摩托车推行至轮偏检测仪，并使前、后轮分别处于相应的前、后夹紧装置的中间位置；

②使摩托车处于直线行驶的状态，轻扶方向把，启动车轮夹紧装置；

③测取前、后轮偏移量数值（mm）；

④测试结束后，松开前、后轮夹紧装置，把被检车推下轮偏检测仪。

（3）注意事项。

①车辆应正直停放在轮偏仪的前后夹紧器中间。

②检测轮偏时，不得转动或移动方向把。

③勿使轴荷超过检测仪器允许载荷的车辆行驶到检验台上，以防压坏机件或压弯滑

动板。

④不要在检验台上进行车辆修理保养工作。

⑤应保持轮偏检测仪滑板下部的清洁，防止锈蚀或阻滞。

3. 检验标准

依据 GB 7258 – 2004，两轮摩托车、两轮轻便摩托车、边三轮两轮摩托车，主车前后轮中心平面允许偏差应不大于10mm。

第五节　路试检验

路试检验包括路试行车制动性能检验、路试驻车制动性能检验和车速表路试检验，其中路试行车制动性能检验最为关键。

一、行车制动性能检验

1. 检验要求

（1）路试道路。制动路试检验应在纵向坡不大于1%、轮胎与地面间的附着系数不小于0.7的硬实、清洁、干燥的水泥或沥青路面上进行。建议路试道路长度不小于100m，宽度不小于6m。制动稳定性检验的试车道的宽度应符合表9 – 47、9 – 48 的相应规定。

表9 – 47　路试检验制动距离及制动稳定性要求

机动车类型	制动初速度/（km/h）	满载检验制动距离要求/m	空载检验制动距离要求/m	试验通道宽度/m
三轮汽车	20	≤5.0		2.5
乘用车	50	≤20.0	≤19.0	2.5
总质量不大于3500kg 的低速货车	30	≤9.0	≤8.0	2.5
其他总质量不大于3500kg 的汽车	50	≤22.0	≤21.0	2.5
其他汽车、汽车列车	30	≤10.0	≤9.0	3.0

表9 – 48　路试检验充分发出的平均减速度及制动稳定性要求

机动车类型	制动初速度/（km/h）	满载检验充分发出的平均减速度/（m/s²）	空载检验充分发出的平均减速度/（m/s²）	试验通道宽度/m
三轮汽车	20	≥3.8		2.5
乘用车	50	≥5.9	≥6.2	2.5
总质量不大于3500kg 的低速货车	30	≥5.2	≥5.6	2.5
其他总质量不大于3500kg 的汽车	50	≥5.4	≥5.8	2.5
其他汽车、汽车列车	30	≥5.0	≥5.4	3.0

（2）路试设备。可采用以下设备进行路试检验：

①便携式制动性能测试仪。检验制动平均减速度 MFDD（m/s^2）、协调时间（s）、制动稳定性。

②非接触式速度仪或第五轮仪。检验制动距离（m）、制动稳定性。

（3）被检车辆。

①无法上制动检验台检验的车辆。如全时四驱车辆、多轴车辆、轮式工程机械车、最大轴重超过设备额定载荷车辆等。

②经台架检验后对其制动性能有质疑的车辆，如：

——底盘动态检验制动反应迟滞，应路试检验协调时间；

——底盘动态检验制动踏板沉重，对液压制动的车辆应安装踏板力计，检查达到规定制动效能时的制动踏板力是否符合标准；

——台试检验时车轮抱死，但整车制动率不合格，应路试检验整车制动距离或制动平均减速；

——底盘动态检验不跑偏，但台试检验不合格，路试检验制动各指标。

③摩托车以台试检验为准，不要求路试。

（4）项目属性。路试检验各指标为否决项。

2. 使用非接触式速度仪进行测试

（1）试验步骤。

①将前进方向位移传感器安装到车身上，调整到规定的离地高度，与主机连接。

②将该仪器车速显示器安装在驾驶员便于观察的位置。

③将制动触点开关安装在制动踏板上，与主机连接。

④操作仪器，选择制动测试的模式并进入测试状态。

⑤被检车辆起步，沿试车道的中线加速行驶至略高于规定的制动初速度后，置变速器于空档，滑行到规定初速度时，急踩制动，使车辆停止，读取速度仪测得的车辆的制动初速度和制动距离，并检查车辆有无驶出试验通道边线。

（2）注意事项。若试验时的制动初速度与规定的制动初速度偏离超过 ±2km/h，此次试验结果无效，应重新试验。若制动初速度偏差不大于 ±2km/h，则应按公式 9-8 对测得的制动距离进行校正：

$$S_0 = (V_0/Ve)2 \cdot Se \qquad (9-8)$$

式中：S_0 表示规定制动初速度时的制动距离，单位为 m；V_0 表示规定的制动初速度，单位为 km/h；Ve 表示实际试验时制动初速度，单位为 km/h；Se 表示实际试验测得的制动距离，单位为 m。

（3）合格要求。机动车在规定的制动初速度下的制动距离和制动稳定性要求应符合表 9-47 的规定。对空载检验的制动距离有质疑时，可用表中规定的满载检验制动距离要求进行。

3. 使用第五轮仪进行测试

（1）试验步骤。

①将第五轮仪的测试车轮通过支架安装到车身上，调整对地压力，将信号线与主机

连接。

②对测试车轮的圆周长度进行测量后，将标定系统设置到主机上。

③将制动触点开关安装在制动踏板上，与主机连接。

④操作仪器，选择制动测试的模式并进入测试状态，然后参照非接触式速度仪测试的方式进行测试，得出车辆制动距离，并检查车辆有无驶出车道边线。

（2）合格要求。合格要求同使用非接触式速度仪进行测试（见表9-47）。

4. 使用便携式制动性能测试仪进行测试

（1）试验步骤。

①将制动触点开关安装在制动踏板上，与主机连接。

②安装好加速度传感器，并调整至水平位置，与主机连接。

③设置好车牌号码、车型等参数，操作仪器进入制动测试状态。

④被检车辆起步，沿试车道的中线加速行驶至规定的制动初速度后，置变速器于空挡，急踩制动，使车辆停止，测量出充分发出的平均减速度（MFDD）和制动协调时间。

⑤将测试结果打印输出，或用无线方式传送到检测线计算机系统，并检查车辆有无驶出试验通道边线。

（2）注意事项。对于已在制动检验台上检验过的车辆，制动力平衡及前轴制动率符合要求，但整车制动率未达到合格要求时，用便携式制动性能测试仪检测，对于乘用车及其他总质量不大于4500kg的汽车的制动初速度应不低于30km/h，对于其他汽车、汽车列车及无轨电车，制动初速度应不低于20km/h，急踩制动，只测取MFDD及制动协调时间，不再评价制动稳定性。

（3）合格要求。汽车、汽车列车在规定的初速度下急踩制动时充分发出的平均减速度及制动稳定性要求应符合表9-48规定，且制动协调时间对液压制动的汽车不应大于0.35s，对气压制动的汽车不应大于0.6s，对汽车列车、铰接客车和铰接式无轨电车不应大于0.8s。对空载检验的充分发出的平均减速度有质疑时，可用表中规定的满载检验充分发出的平均减速度进行。

充分发出的平均减速度MFDD计算见公式9-9。

$$MFDD = \frac{V_b^2 - V_e^2}{25.92(S_e - S_b)} \tag{9-9}$$

式中：MFDD表示充分发出的平均减速度，单位为m/s²；V_0表示试验车制动初速度，单位为km/h；V_b表示0.8V_0，试验车速，单位为km/h；V_e表示0.1V_0，试验车速，单位为km/h；S_b表示试验车速为V_0到V_b之间车辆行驶的距离，单位为m；S_e表示试验车速为V_0到V_e之间车辆行驶的距离，单位为m。

制动协调时间：是指在急踩制动时，从脚接触制动踏板（或手触制动手柄）时起至机动车减速度（或制动力）达到表9-48规定的机动车充分发出的平均减速度（或GB 7258-2004规定的制动力）的75%时所需时间。

二、驻车制动性能检验

1. 检验要求

（1）路试坡道。应当具备坡度分别为 15% 和 20% 的驻车坡道各一个，坡道的长度应当比承检车型的最大轴距长 1m，宽度应当比承检车型的最大宽度宽 1m，坡道路面附着系数应当不小于 0.7。摩托车检验不要求。

驻车坡道坡度的计算。例如，水平方向的长度 10m，坡道最高点离地 2m，则坡度为 20%。

（2）被检车辆。对无法台试的车辆与对线内检验结果有质疑车辆进行驻车坡道试验。

2. 试验方法

将车辆驶上坡度为 20%（总质量为整备质量的 1.2 倍以下的车辆为 15%）的坡道上，正反两个方向试验，保持固定不动时间不少于 5min，检验车辆的驻车制动是否符合要求。

在规定的测试状态下，机动车使用驻车制动装置能停在坡度值更大且附着力符合要求的试验坡道上时，应视为达到了驻车制动性能检验的要求。

有单位已研制出在平地上用牵引测力方法检验驻车性能的装置，有待列入法规使用。

三、车速表路试检验

对无法在车速表检验台上检验的车辆，可采用非接触式速度仪或第五轮仪进行路试检验，以非接触式速度仪或第五轮仪的车速显示作为标准值同被检车辆的车速表进行对比。

非接触式速度仪和第五轮仪的使用方法同路试行车制动性能测试。

第六节　检验结果审核与评价

一、检验结果审核和检验报告处置

（1）全自动检测线各检测设备的检验数据应通过计算机网络自动传输、存储及判断，车辆外观检查、底盘动态检验、车辆底盘检查、路试等工位的检验员应根据车辆出厂日期和注册登记日期按照 GB 7258-2004 等机动车国家安全技术标准确认检验结果是否符合要求。车辆外观检查、底盘动态检验、车辆底盘检查等工位的不合格项目及路试、线内仪器设备检验项目的检验数据和检验结果应打印在《机动车安全技术检验报告》上。

（2）授权签字人对检验数据应认真分析，根据检验类型（注册登记检验、在用车检验等）对检验结果逐项确认并签注整车检验评判结论，评判结论分为合格、合格（建议维护）、不合格三类：

①送检机动车所有检验项目的检验结果均合格的，评判结论为合格。

②送检机动车检验项目中，所有否决项的检验结果均合格，检验结果为不合格的建议维护项小于等于6项的，评判结论为合格（建议维护）。

③送检机动车检验项目中，有任一否决项的检验结果不合格，或检验结论为不合格的建议维护项多于6项的，评判结果为不合格。

（3）项目数对人工检验项目按 GB 21861-2008 附录 E、附录 G 编号计算，一个编号对应的项目包括多项检查内容时，有任一项检查内容不合格则该项目不合格；对仪器设备检验项目，建议维护项按4项计算，分别为：前照灯远光偏移、前照灯近光偏移、车速表指示误差、转向轮横向侧滑量。

（4）发现异常情况，机动车安全技术检验机构应及时分析处理，发现误判或对检验结果有质疑时应重新检验。

（5）检验报告评判结论为"合格（建议维护）"时，送检人应在《机动车安全技术检验报告》上签字。机动车所有人应及时调修建议维护项目。

二、检验报告签发与资料收存

（1）机动车安全技术检验完毕后，机动车安全技术检验机构应签发《机动车安全技术检验报告》，并将安全技术检验的相关数据及图像传送给公安机关交通管理部门等相关部门。

（2）机动车安全技术检验机构应妥善保管人工检验记录单（含车辆识别代号拓印膜）和《机动车安全技术检验报告》副本（纸质或电子档案）等资料，保存期限应不少于2年。

本章小结

本章讲述了检验内容与流程、唯一性确认、人工检验、线内检验、路试检验、检验结果的审核与评价的内容。

各岗位检验人员需要掌握检验内容与流程及检验结果的审核与评价。外检人员重点掌握唯一性认定、人工检验的检验项目和方法；引车员重点掌握线内检验的项目、方法和注意事项；路试检验员需掌握路试的方法和操作注意事项；没有实施环保标志，需要安全技术检验检测尾气排放的地区，相关检验员需熟练掌握本章介绍的排气污染物检验方法，了解使用注意事项。

本章理解难点有车速检验的速度计算、滑板位移量与侧滑量关系、前照灯灯高比的概念、制动评判结果的分析与计算。

思考题：

1. 当机动车车速表的指示值（V_1）为40km/h时，车速表检验台速度指示仪表的指示值 V_2 的合格范围为多少？

2. 在双怠速排放检测中，什么是高怠速？

3. 在双怠速排放检验时将取样探头插入排气管中，深度应不小于多少？

4. 在双怠速排放检验时什么是"λ"值？

5. 在柴油车不透光烟度计自由加速试验中，应保证取样探头插入深度不小于多少？

6. 对于非独立悬架的汽车，其前轮侧滑量应在什么范围内为合格？

7. 前照灯检测仪的光轴角变化 1° 相当于变化每 10m 多少 mm？。

8. 前照灯检测时，什么是四灯制？

9. 在使用平板制动检验乘用车时，对什么指标计算时按动态轴荷计算？

10. 在后轴制动率不小于 60% 时，乘用车后轴制动不平衡率（左右轮制动力差的最大值/左右轮最大制动力中的大值）应不大于多少？

11. 驾驶员视区部位的玻璃可见光透射比不应小于多少？

12. 车长不小于 10m 的货车和总质量大于 3500kg 的挂车都应在侧面设置车身反光标志，车身反光标志的长度不应小于车长的多少？

13. 车辆外观检查中，车体（周正）是指车体外缘左右对称部位高度差（在离地高 1.5m 内测量）应不大于多少 mm？

14. 轮胎不应有影响使用的缺损、异常磨损和变形，胎面和胎壁不应有长度超过多少 mm 的破裂和割伤？

15. 在路试驻车制动性能时，对总质量为整备质量的 1.2 倍以下的车辆，路试应在什么坡度的坡道上进行？

16. 在用便携式制动性能测试仪以初速度 V_0 进行制动路试时，制动减速度 MFDD 是何速度范围内的平均减速度？

17. 送检机动车检验中，在所有否决项的检验结果合格时，建议维护项不合格不超过多少项的，评判结果为合格建议维护？

附表 9-1：

汽车安全技术人工检验记录单

号牌号码（编号）：　　　　　　车辆类型：　　　　　　里程表读数：　　km

车辆出厂日期：　年 月 日　　初次登记日期：　年 月 日　　检验日期：　年 月 日

方式	检验项目	检验内容	判定	方式	检验项目	检验内容	判定
车辆外观检查	车辆唯一性认定	1. 车辆号牌		车辆外观检查	驾驶室（区）	39. 风窗玻璃驾驶员视区部位 *	
		2. 车辆类型、品牌/型号				40. 刮水器 *	
		3. 车身颜色				41. 洗涤器	
		4. VIN（整车出厂编号）				42. 汽车行驶记录仪 *	
		5. 发动机号码				43. 驾驶室固定、残疾人操纵辅助装置 *	
		6. 主要特征及技术参数				44. 仪表数量和类型 *	
	车身外观	7. 保险杠				45. 操纵件、指示器及信号装置的图形标志 *	
		8. 后视镜 */下视镜 *				46. 警告性文字的中文标注 *	
		9. 车窗玻璃 *				47. 车辆产品标牌 *	
		10. 车体周正、尖锐突出物 *			发动机运转状况	48. 启动	
		11. 漆面				49. 怠速、仪表、电源充电	
		12. 货箱/安全架/车外顶行李架 *				50. 加速踏板控制	
		13. 车身广告与文字标志、标志 *				51. 漏水、油、气/水温、油压	
		14. 自行加装装置 *				52. 关电熄火/柴油车停机装置 *	
		15. 整车3C标志			客车内部	53. 座椅/卧铺数量，座椅间距 *	
		16. 其他注册登记检验增加项目 *				54. 扶手和卧铺护栏	
	照明和电气信号装置 *	17. 前位灯/后位灯、侧标志灯				55. 车厢灯、门灯	
		18. 后牌照灯				56. 客车地板、车内行李架	
		19. 示廓灯/挂车标志灯				57. 灭火器、安全出口标志、安全手锤、安全门 *	
		20. 转向信号灯（前、后、侧）、危险警告信号灯				58. 安全带 *	
		21. 前照灯（远光、近光）				59. 安全出口的数量、位置和尺寸 *	
		22. 制动灯				60. 乘客通道，通往安全门的通道 *	
		23. 后反射器、侧反射器			底盘件	61. 燃料箱、燃料箱盖 *	
		24. 后雾灯				62. 挡泥板/牵引钩、蓄电池、蓄电池架	
		25. 倒车灯				63. 贮气筒排污阀	
		26. 道路运输危险货物车辆标志				64. 钢板弹簧 *	
		27. 特种车辆标志灯具				65. 侧面及后下部防护装置 *	
		28. 附加灯具、反射器或附属装置				66. 牵引连接装置	
		29. 喇叭			轮胎	67. 轮胎型号/规格/速度级别 *	
		30. 车身反光标志				68. 胎冠花纹深度、胎面 *	
	发动机舱	31. 发动机各系统机件				69. 轮胎螺栓、半轴螺栓 *	
		32. 蓄电池桩头及连线				70. 备胎标志 *	
		33. 电器导线、各种管路 *			其他	71. 其他不符合规定的情形	
		34. 液压制动储液器液面 *					
	驾驶室（区）	35. 发动机标志					
		36. 门锁及门铰链					
		37. 驾驶员座椅 *					
		38. 安全带 *					

汽车安全技术人工检验记录单（续）

号牌号码（编号）：　　　　　车辆类型：　　　　　里程表读数：　　km

车辆出厂日期：　年　月　日　初次登记日期：　年　月　日　检验日期：　年　月　日

方式	检验项目	检验内容	判定	方式	检验项目	检验内容	判定
底盘动态检验	转向系	72. 方向盘最大自由转动量 *		车辆底盘	行驶系	89. 钢板吊耳 *	
		73. 转向沉重 *				90. 吊耳销 *	
		74. 自动回正、直线行驶能力				91. 中心螺栓	
	传动系	75. 离合器				92. U 型螺栓	
		76. 变速器				93. 车桥移位 *	
		77. 传动轴/链				94. 车架纵梁	
		78. 驱动桥				95. 车架横梁	
	制动系	79. 点制动跑偏（20km/h）				96. 悬架杆系	
		80. 低气压报警装置 *			制动系 *	97. 制动系部件、结构改动	
		81. 弹簧储能制动器				98. 制动主缸、轮缸、制动管路漏气、漏油	
		82. 防抱制动装置 *				99. 制动软管老化	
	驾驶区	83. 仪表和指示器 *				100. 制动管路固定	
车辆底盘	转向系 *	84. 转向器固定			电器线路	101. 电器线路检查 *	
		85. 转向各部件			底盘其他部件 *	102. 发动机固定	
	传动系 *	86. 变速器支架				103. 排气管、消声器	
		87. 分动器支架				104. 燃料管路	
		88. 传动各部件					

检验方式	不合格项	检验员签字
车辆外观检查		
底盘动态检验		
车辆底盘检查		

备　注
（VIN 拓印膜粘贴区）

注：判定栏中 √ 为合格；数字为相应不合格项。带 * 项为否决项，否决项不合格，车辆检验为不合格。

附表9-2：

汽车安全技术检验报告（正面）

代号：×××　检验日期：×××××××　检验流水号：×××　资格许可证号：×××电话：××××××

号牌（自编）号		所　有　人							
号牌种类		车辆类型				品牌/型号			
VIN（出厂编号）		发动机号				燃料类别			
驱动型式		驻车轴				转向轴悬架形式			
前照灯制		前照灯远光光束能否单独调整							
初次登记日期		出厂年月				里程表读数			
检验类别		检验项目			登录员		引车员		

代号	台试检测项目		轮（轴）荷（kg）		最大制动力（10N）		过程差最大差值点（10N）		制动率（%）	不平衡率（%）	阻滞率（%）		项目判定	单项次数
			左	右	左	右	左	右			左	右		
B制动*	制动	一轴												
		二轴												
		三轴												
		四轴												
		驻车												
		整车												
	动态轮荷（左/右）(kg)		1轴 /		2轴 /		3轴 /			4轴 /				

代号	前照灯	项目	远光发光强度*（cd）	远光偏移		近光偏移		灯中心高（mm）
				垂直（mm/10m）	水平（mm/10m）	垂直（mm/10m）	水平（mm/10m）	
H	前照灯	左外灯						
		左内灯						
		右内灯						
		右外灯						

代号	排放*	高怠速	CO(%)	HC(10⁻⁶)	λ	怠速	CO(%)	HC(10⁻⁶)
X	排放*	排气烟度	1)	2)	3)	平均值		

S	车速表						km/h
A	侧滑						m/km

路试制动性能*			路试检验员		
人工检验项目		不合格否决项（打编号）	不合格建议维护项（打编号）		检验员
1	车辆外观检查				
2	底盘动态检验				
3	车辆底盘检查				

检验结论		批准人	整车判定/总检次数	
备注		送检人（签字）	单位盖章	××××××××检测站

重要提示：《道路交通安全法》规定，上道路行驶的机动车未放置有效检验合格标志的，公安机关交通管理部门将扣留机动车并处以罚款。检验合格后请及时到公安机关交通管理部门办理相关手续并领取检验合格标志，有不合格建议维护项时请及时调修车辆。

汽车安全技术检验报告（反面）

说明：

（1）报告中带"＊"项为否决项，否决项不合格，车辆检验不合格。

（2）报告中项目判定栏及单项不合格指标后所用标记含义为：

　　O：合格；

　　×：不合格；

　　—：未检；

　　※：车轮抱死。

（3）人工检验项目各栏中，标注为"无"则表示无不合格项。

（4）柴油车排放测试方式及单位由微机打入空格中［光吸收系数（m^{-1}）或烟度（Rb）］。

（5）路试制动性能中 按选择的如下路试检测项目打印项目名称（单位）、数据：

制动初速度，制动距离（m），制动稳定性；

制动初速度，MFDD（m/s^2），协调时间（s），制动稳定性。

（6）制动动态轮荷仅在使用平板制动检验台检测乘用车时需打印。

（7）单项次数栏打印本检验周期内单项检测的次数（含初复检），以便明确该数据是第几次检测结果。

（8）总检次数栏打印本检验周期内该车总上线检测的次数（含初复检）。

附表9－3：

二、三轮机动车安全技术人工检验记录单

号牌号码（编号）：　　　　　车辆类型：　　　　　里程表读数：　　km

车辆出厂日期：　年　月　日　　初次登记日期：　年　月　日　　检验日期：　年　月　日

方式	检验项目	检验内容	判定	方式	检验项目	检验内容	判定
外观检查	车辆唯一性认定*	1. 号牌及安装		外观检查	发动机运转状况	33、起动性能*	
		2. 车辆类型、品牌/型号				34、怠速	
		3. 车身颜色				35、电源充电	
		4. VIN（整车出厂编号）				36、仪表及指示器	
		5. 发动机号				37、加速手把/踏板控制	
		6. 主要特征及技术参数				38、柴油车停机装置※*	
	外观	7. 后视镜*		动态检验	转向系	39、转向轮左右转角*	
		8. 风窗玻璃※*				40、方向盘最大自由转动量※*	
		9. 刮水器※*			离合器变速器传动装置油门	41、离合器接合情况	
		10. 货厢、安全架※				42、变速器换档	
		11. 漆面				43、传动轴/链及传动各部件	
	仪表照明和电气信号装置	12. 仪表				44、油门控制	
		13. 前照灯（远、近光）*			制动	45、制动性能	
		14. 转向信号灯（前、后）*		下部检查	车架	46、车架	
		15. 后位灯*、后牌照灯*			电器线路	47、电器线路固定*	
		16. 制动灯*			相关部件	48、排气管*	
		17. 后反射器*				49、消声器*	
		18. 侧反射器				50、燃料箱、燃料管路*	
		19. 喇叭*		检验方式		不合格项	检验员
	轮胎*	20. 轮胎型号规格		外观检查			
		21. 轮胎花纹深度					
		22. 胎面破裂/割伤/磨损/变形		动态检验			
		23. 轮胎螺栓※					
	转向系行驶系	24. 前后减振器		下部检查			
		25. 转向上、下联板*					
		26. 方向把*		备注			
	安全防护装置	27. 座垫、扶手（或拉带）、脚蹬					
		28. 挡泥板					
	注册登记检验项目	29. 仪表数量和类型*					
		30. 车辆产品标牌*					
		31. 整车3C标志					
	其他	32. 其他不符合规定情形					

（VIN拓印膜粘贴区）

标记说明：1. ※为三轮机动车检验项目，带＊项为否决项。

2. 判定栏中√为合格；数字为相应不合格项编号。

附表 9－4：

二、三轮机动车安全技术检验报告

代号：×××检验日期：×××××检验流水号：×××资格许可证号：×××电话：×××

号牌（自编）号		所 有 人		品牌/型号	
号 牌 种 类		车 辆 类 型			
VIN（出厂编号）		发 动 机 号		燃 料 种 类	
前 照 灯 制		前照灯远光光束能否单独调整			
初 次 登 记 日 期		出 厂 年 月		里 程 表 读 数	
检 验 类 别		检 测 项 目		登 录 员	

代号	项目		台 试 检 测 数 据						引车员			
			质 量（kg）		制动力（10N）		过程差最大差值点（10N）		制动率（%）	不平衡率（%）	项目判定	单项次数
			左	右	左	右	左	右				
B 制 动 *	前 轮											
	后轮（轴）											
	驻 车											
	整 车											
H 前 照 灯	项 目		远光发光强度*（cd）	远光偏移			近光偏移				灯中心高（mm）	
				垂直（mm/10m）	水平（mm/10m）		垂直（mm/10m）	水平（mm/10m）				
	左（单）灯											
	右 灯											
X 排 放 *	摩托车/轻便摩托车		CO:			%	HC:			10⁻⁶		
	三轮汽车		1)	Rb	2)		Rb	3)	Rb	平均	Rb	
S	车 速 表									km/h		
A	轮 偏 *									mm		

路 试 制 动 性 能 *			检验员	

人工检验项目		不合格否决项（打编号）	不合格建议维护项（打编号）	检验员
1	外观检查			
2	动态检验			
3	下部检查			

检验结论		批准人		整车判定/总检次数	
备注		送检人（签字）		单位盖章	×××××××检测站

标记说明：＊：否决项；O：合格；×：不合格（项目判定栏及单项不合格指标后）；一：未检；
※：车轮抱死。

重要提示：《道路交通安全法》规定，上道路行驶的机动车未放置有效检验合格标志的，公安机关交通管理部门将扣留机动车并处以罚款。检验合格后请及时到公安机关交通管理部门办理相关手续并领取检验合格标志，有不合格建议维护项时请及时调修车辆。

第三篇　检测管理

第十章　机动车安全技术检验相关法律法规和标准

机动车安全技术检验，是根据《中华人民共和国道路交通安全法》及实施条例规定，按照国家机动车安全技术标准规范要求，对上路行驶的机动车进行检验检测的活动。本章从国家法律法规、管理办法和相关标准三个层面介绍与机动车安全技术检验相关的内容。

第一节　机动车安全技术检验相关法律法规

一、《中华人民共和国道路交通安全法》及其实施条例

《中华人民共和国道路交通安全法》（以下简称《道路交通安全法》）是我国第一部针对道路交通安全相关的法律，经2003年10月全国人大常委会审议通过，自2004年5月1日起施行。2007年12月全国人大又对其进行了修改并于2008年5月1日起施行。《道路交通安全法》的颁布实施，对规范车辆和行人、道路、交通事故、法律责任等都作出了规定。其中对机动车安全技术检验工作中的初次检验、免检、定期检验、检验管理及收费都作了明确的规定，对机动车安全技术检验工作影响重大。其中，涉及机动车安全技术检验的有三条：

第10条规定："准予登记的机动车应当符合机动车国家安全技术标准。申请机动车登记时，应当接受对该机动车的安全技术检验。但是，经国家机动车产品主管部门依据国家安全技术标准认定的企业生产的机动车型，该车型的新车在出厂时经检验符合机动车国家安全技术标准，获得检验合格证的，免予安全技术检验。"

第13条规定："对登记后上道路行驶的机动车，应当依照法律、行政法规的规定，根据车辆用途、载客载货数量、使用年限等不同情况，定期进行安全技术检验。对提供机动车行驶证和机动车第三者责任强制保险单的，机动车安全技术检验机构应当予以检验，任何单位不得附加其他条件。对符合机动车国家安全技术标准的，公安机关交通管理部门应当发给检验合格标志。对机动车的安全技术检验实行社会化。具体办法由国务院规定。机动车的安全技术检验实行社会化的地方，任何单位不得要求机动车到指定的场所进行检验。公安机关交通管理部门、机动车安全技术检验机构不得要求机动车到指定的场所进行维修、保养。机动车安全技术检验机构对机动车检验收取费用，应当严格执行国务院价格主管部门核定的收费标准。"

第94条规定："机动车安全技术检验机构实施机动车安全技术检验超过国务院价格主管部门核定的收费标准收取费用的，退还多收取的费用，并由价格主管部门依照《中

华人民共和国价格法》的有关规定给予处罚。机动车安全技术检验机构不按照机动车国家安全技术标准进行检验，出具虚假检验结果的，由公安机关交通管理部门处所收检验费用五倍以上十倍以下罚款，并依法撤销其检验资格；构成犯罪的，依法追究刑事责任。"

"对机动车的安全技术检验实行社会化"是这一部分的核心内容。检验机构社会化打破了多年来机动车安全技术检验机构由政府设置、接受公安机关委托开展机动车安全检验活动的模式，将以前检验机构接受委托开展机动车检验活动不承担法律责任变为得到资格许可开展机动车检验活动同时承担法律责任，检验机构的法律地位发生了变化。适应了社会主义市场经济体制的需要。按照机动车安全技术检验实行社会化的要求，任何单位和个人都可以申请办理机动车安全技术检验机构，但必须符合国家的相关规定，通过质量技术监督部门的资格许可和资质认定（计量认证），方可开展机动车安全技术检验活动。在《道路交通安全法》实施前，车辆安全检验实际上是公安交通管理机关的行政行为，《道路交通安全法》实施后，检验机构成为具备法人资格、独立承担法律责任、具有第三方公正性、向社会出具检验数据的机构。

检验机构不得出具虚假检验报告。对于检验机构不按照检验标准检验车辆，或放松检验标准，将会受到检验费用五倍以上十倍以下的罚款并依法撤销其检验资格。构成犯罪的，依法追究刑事责任。机动车安全技术检验机构还必须按照物价部门批准的收费标准收取检验费用。如果收费超过收费标准，将会被物价部门处罚。

《中华人民共和国道路交通安全法实施条例》（以下简称《道路交通安全法实施条例》）2004年5月1日起实施。涉及机动车安全技术检验的有三条：

第15条规定："机动车安全技术检验由机动车安全技术检验机构实施。机动车安全技术检验机构应当按照国家机动车安全技术检验标准对机动车进行检验，对检验结果承担法律责任。质量技术监督部门负责对机动车安全技术检验机构实行资格管理和计量认证管理，对机动车安全技术检验设备进行检定，对执行国家机动车安全技术检验标准的情况进行监督。机动车安全技术检验项目由国务院公安部门会同国务院质量技术监督部门规定。"

第16条规定："机动车应当从注册登记之日起，按照下列期限进行安全技术检验：（一）营运载客汽车5年以内每年检验1次；超过5年的，每6个月检验1次；（二）载货汽车和大型、中型非营运载客汽车10年内每年检验1次；超过10年的，每6个月检验1次；（三）小型、微型非营运载客汽车6年以内每2年检验1次；超过6年的，每年检验1次；超过15年的，每6个月检验1次；（四）摩托车4年以内每2年检验1次；超过4年的，每年检验1次；（五）拖拉机和其他机动车每年检验1次。营运机动车在规定检验期限内经安全技术检验合格的，不再重复进行安全技术检验。"

第17条规定："已注册登记的机动车进行安全技术检验时，机动车行驶证记载的登记内容与该机动车的有关情况不符，或者未按照规定提供机动车第三者责任强制保险凭证的，不予通过检验。"

这三条中主要是第15条，其第一次明确了机动车安全技术检验机构要对检验结果承担法律责任。检验机构社会化后，要求检验机构具备法人地位，也就是可以独立承担

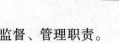

法律责任。这一条还明确了质量技术监督部门对安全技术检验机构的监督、管理职责。明确了质量技术监督部门对机动车安全技术检验机构的四项重要管理职能，分别是资格管理、监督管理、计量认证和计量检定。

二、其他法律

除《道路交通安全法》以外，与机动车安全技术检验相关的法律还有《中华人民共和国计量法》及其实施细则、《中华人民共和国大气污染防治法》和《中华人民共和国环境噪声污染防治法》等。按照《中华人民共和国计量法》及其实施细则的要求，机动车安全技术检验机构作为向社会提供公正数据的质量检验机构，必须进行实验室资质认定，即计量认证。按照《中华人民共和国大气污染防治法》和《中华人民共和国环境噪声污染防治法》的要求，承担对机动车检验的机动车安全技术检验机构应对机动车的污染及喇叭噪声等进行检验。

三、质检总局规范性文件

为贯彻执行《道路交通安全法》及实施条例，国家质检总局于 2006 年 2 月发布《机动车安全技术检验机构管理规定》（国家质检总局第 87 号令），并于 2006 年 5 月 1 日起施行。同时配套发布了六个规范性文件：

（1）《机动车安全技术检验机构资格许可办理程序》（国质检监〔2006〕378 号）

（2）《机动车安全技术检验机构常规检验资格许可评审员管理办法》（国质检监〔2006〕380 号）

（3）《机动车安全技术检验机构常规检验资格许可技术条件》（国质检监〔2006〕379 号）

（4）《机动车安全技术检验机构监督管理规范》（国质检监〔2006〕369 号）

（5）《机动车安全技术检验机构检验资格许可证书管理规范》（国质检监〔2006〕369 号）

（6）《机动车安全技术检验机构设置规划管理规定》（国质检监〔2007〕127 号）

2009 年 8 月，国家质检总局在 2006 年发布的总局第 87 号令《机动车安全技术检验机构管理规定》基础上，结合各地区实际情况和施行几年来遇到的问题，于 2009 年 10 月发布了总局第 121 号令《机动车安全技术检验机构监督管理办法》，于 2009 年 12 月 1 日起施行。同时以国质检监〔2009〕521 号文件的形式配发了新的五个规范性文件：

（1）《机动车安全技术检验机构资格许可办理程序》；

（2）《机动车安全技术检验机构资格许可技术条件》；

（3）《机动车安全技术检验机构资格许可评审员管理办法》；

（4）《机动车安全技术检验机构检验资格许可证书和检验专用章管理规范》；

（5）《机动车安全技术检验机构监督管理规范》。

《机动车安全技术检验机构资格许可技术条件》是对机动车安全技术检验机构进行检验资格许可时参照的重要依据。该技术条件从检验机构的法人资格、依法经营、人员、法律法规、行政规章、技术标准和管理制度、检测仪器设备、信息联网设施、总体布局、检验厂房等十个方面对检验机构提出具体要求。我们将在"机动车安全技术检验机构的建设与管理"一章中结合《机动车安全技术检验机构资格许可技术条件》的要求，结合具体情况进行讨论。

根据《道路交通安全法实施条例》的规定，2005年1月，国家质检总局、公安部、国家认监委发布《关于加强机动车安全技术检验机构管理有关工作的通知》，将机动车安全技术检验机构资格管理及监督管理工作由公安机关交通管理部门向质检部门移交。从此，全国质量技术监督部门承担起了对机动车安全技术检验机构的全面管理职责。2011年4月，三部委又发布了《关于进一步加强机动车安全技术检验机构资格许可和监管工作的通知》，从以下六个方面提出加强对机动车安全技术检验机构资格许可和监督管理工作：

（1）全力加快推进计量认证和资格许可工作；

（2）全面开展普查专项行动；

（3）强化对安检机构检验行为的监督；

（4）维护机动车检验工作秩序；

（5）严格规范计量检定收费管理；

（6）从严查处机动车检验工作中的违法违纪行为。

第二节　机动车安全技术检验机构监督管理办法

2009年12月1日开始施行国家质检总局《机动车安全技术检验机构监督管理办法》。该办法对检验机构的资格许可、行为规范、监督管理和法律责任等都作出了明确的规定。在《机动车安全技术检验机构监督管理办法》及配套的五个文件中，《机动车安全技术检验机构监督管理办法》又是这些文件的重点。与2006年5月1日施行的国家质检总局第87号令《机动车安全技术检验机构管理规定》相比，取消了"特殊检验"的规定和对安检机构设置规划的规定，下放了对检验机构设置的审批权限，将原国家对安检机构实行"检验资格许可制度"变更为国家对安检机构实行"资格管理和计量认证管理"，对检验人员、工作场地、厂房、行车跑道等不再作具体要求。可以看出，国家质检总局第121号令《机动车安全技术检验机构监督管理办法》与第87号令《机动车安全技术检验机构管理规定》相比发生了不小的变化。主要变化如下：

一、减少了总局的审批程序

第87号令规定新建检验机构由省局制定规划，总局批准。在市场经济条件下检验机构的生存和发展应该由市场来调节，因此规定，各级质量技术监督部门负责实施本行政区域内安检机构资格许可申请的受理、审查、决定和发证，把检验机构的规划、许可的权利下放到各省级质量技术监督部门。

二、删除了特殊检验的内容

在87号令中规定对肇事、报废、改装车辆检验属于特殊检验，但因对三种车辆的检验复杂，总局也没有收到特殊检验的申请，所以删除了"特殊检验"的内容。

三、检验机构的计量认证和检验资格许可一并办理

取消了将计量认证作为检验资格许可的前置条件。虽然计量认证和资格许可都属于质量技术监督部门管理，但计量认证属于计量部门管理，资格许可属于监督部门管理。计量认证和检验资格一并办理，可以解决两部门工作相互交叉的问题，方便了广大检验机构。

四、增加了相关的处罚内容

在法律责任部分，增加了相关的处罚内容。对安检机构出现的 6 种情况提出 6 种处罚措施。

五、对检验人员、工作场地、厂房、行车跑道等不再作具体要求

由于检验机构的情况千变万化，新的第 121 号令对检验人员、工作场地、厂房、行车跑道等不再作具体要求，但必须满足机动车安全技术检验工作的需要。

具体变化见附表 10－1《机动车安全技术检验机构管理规定》修改内容对照表。

第三节　机动车安全技术检验相关标准

我国与机动车安全技术检验相关的国家标准有许多，有的在修改中，有的正在报批过程中。目前，涉及机动车安全技术检验的相关标准按标准性质可分为规定检验项目、检验方法、检验限值的方法类标准，规定产品制造结构、工艺、精度、可靠性、安全性、耐久性等内容产品标准，规定定期计量检定与校准指标、精度、方法的计量标准。同时，项目方法类的主要标准 GB 7258－2004、GB 21861－2008 又引用了大量的相关专项技术标准。

主要相关法规及标准目录见下文。

一、方法标准

我国与机动车安全技术检验相关的国家标准最重要的是《机动车运行安全技术条件》（GB 7258－2004）和《机动车安全技术检验项目和方法》（GB 21861－2008）。这两项国家标准是机动车安全技术检验工作最基本的国家强制性标准。《机动车运行安全技术条件》（GB 7258－2004）是机动车新车注册登记时和在用车进行安全技术检验时检验结果是否合格的评判依据，而《机动车安全技术检验项目和方法》（GB 21861－2008）是规定检验机构应该按照《机动车运行安全技术条件》要求，按照什么步骤、采用何种方法进行检验，检验结果如何分析、计算、评价、存储、打印等，规范了具体操作过程。所以，这两项标准是我国机动车安全检验工作中最基本的标准。

汽车排放检测依据的主要标准是《点燃式发动机汽车排气污染物排放限值及测量方法（双怠速法及简易工况法）》（GB 18285－2005），《车用压燃式发动机和压燃式发动

机汽车排气烟度排放限值及测量方法》（GB 3847 - 2005）。GB 18285 - 2005 规定了点燃式发动机汽车的双怠速测量方法及评价标准限值、ASM 稳态工况法、VMAS 简易瞬态工况法、IM195 瞬态工况测量方法。GB 3847 - 2005 规定了压燃式发动机汽车排气烟度排放限值及测量方法。

二、产品标准

目前，机动车检测设备的国家产品标准仅有三项：《滚筒反力式汽车制动检验台》（GB/T 13564 - 2005）、《滚筒式汽车车速表检验台》（GB/T 13563 - 2007）、《积分平均声级计》（GB/T 17181 - 1997）。其余多数产品有行业标准，如公安行业标准（GA）、交通行业标准（JT）、环保行业标准（HJ）等。设备制造商依据国家、行业或企业自身制定并经当地技术监督部门备案的企业标准进行制造。

三、计量标准

按照《中华人民共和国计量法》的要求，机动车检测用计量设备应进行定期检定或校准。计量标准有计量检定规程或计量校准规范，由计量部门牵头组织修订和起草，是计量部门对检验机构所用计量设备进行定期检定和校准的技术依据，也是机动车安全技术检验机构对设备进行自检的重要依据。目前，安检机构所用的制动性能检验台、车速表检验台、侧滑检验台、轴（轮）重检验台、轮偏检测仪、前照灯检测仪、排放检测仪器，以及外检、路试等相关计量设备均有相应的检定规程或校准规范。

四、标准制修订动态

《机动车运行安全技术条件》（GB 7258 - 2004）经过几年施行已经到了需要修改的时候，有关部门已经组织有关人员对标准进行了修订并形成报批稿。不久，新的《机动车运行安全技术条件》将开始在全国施行。同时，为使 GB 21861 - 2008 标准的内容与即将新发布的 GB 7258 要求相适应，近期也将启动 GB 21861 - 2008 的修订。

为规范机动车安全技术检验的业务办理、检验过程控制、检验过程监控、系统管理等功能要求，统一联网数据接口，由公安部交通管理科学研究所组织起草了国家标准《机动车安全技术检验业务信息系统及联网规范》，目前已经报批。

机动车安全技术检验机构的建设要求目前是依据国质检〔2009〕521 号通知中的《机动车安全技术检验机构资格许可技术条件》来实施的，尚无国家标准。全国机动车运行安全技术检测设备标准化委员会已承接了国家标委会下达的《机动车安全检测站》国家标准的制定任务，届时机动车安全技术检验机构的建设要求将上升到国家标准层面。

五、《机动车安全技术检验机构管理规定》修改内容对照

《机动车安全技术检验机构管理规定》修改内容见表 10 - 1。

附表 10 – 1　《机动车安全技术检验机构管理规定》修改内容对照表

条款	总局第 121 号令	条款	总局第 87 号令	理解说明
	《机动车安全技术检验机构监督管理办法》		《机动车安全技术检验机构管理规定》	将原"管理规定"改为"监督管理办法"
	第一章　总则		第一章　总则	
一	为了加强对机动车安全技术检验机构的监督管理，根据《中华人民共和国行政许可法》、《中华人民共和国道路交通安全法》及其实施条例、《中华人民共和国计量法》及其实施细则等有关法律法规，制定本办法	一	为了加强对机动车安全技术检验机构的管理，规范机动车安全技术检验活动，根据《中华人民共和国道路交通安全法》及其实施条例、《中华人民共和国行政许可法》、《中华人民共和国产品质量法》、《中华人民共和国计量法》及其实施细则等有关法律法规规定，制定本规定	取消了将《中华人民共和国产品质量法》作为依据
二	机动车安全技术检验机构（以下简称"安检机构"）开展机动车安全技术检验以及对安检机构实施监督管理应当遵守本办法 本办法所称机动车安全技术检验，是指根据《中华人民共和国道路交通安全法》及其实施条例规定，按照机动车国家安全技术标准等要求，对上道路行驶的机动车进行检验检测的活动，包括机动车注册登记时的初次安全技术检验和登记后的定期安全技术检验 本办法所称安检机构，是指在中华人民共和国境内，根据《中华人民共和国道路交通安全法》及其实施条例的规定，按照机动车国家安全技术标准等要求，对上道路行驶的机动车进行检验，并向社会出具公正数据的检验机构	二	机动车安全技术检验机构（以下简称"安检机构"）开展机动车安全技术检验以及对安检机构实施监督管理应当遵守本规定 本规定所称机动车安全技术检验，是指根据《中华人民共和国道路交通安全法》及其实施条例规定，按照国家机动车安全技术标准和规程等技术规范要求，对上路行驶的机动车进行检验检测的活动 本规定所称安检机构，是指在中华人民共和国境内，依法接受委托，从事机动车安全技术检验，并向社会出具公正数据的技术机构	增加了机动车安全技术检验"包括机动车注册登记时的初次安全技术检验和登记后的定期安全技术检验"的内容 增加了对安检机构的定义，"是指在中华人民共和国境内，根据《中华人民共和国道路交通安全法》及其实施条例的规定，按照机动车国家安全技术标准等要求……" 去掉了安检机构需要"依法接受委托"，将原安检机构定义为向社会出具公正数据的"技术机构"改为"检验机构"

（续表）

条款	总局第 121 号令	条款	总局第 87 号令	理解说明
三	国家质量监督检验检疫总局（以下简称"国家质检总局"）对全国安检机构实施统一监督管理 各省级质量技术监督部门负责本行政区域内安检机构的监督管理工作。市县级质量技术监督部门在各自的职权范围内负责本行政区域内安检机构的监督管理工作	三	国家质量监督检验检疫总局（以下简称国家质检总局）对全国安检机构实施统一监督管理 各省级质量技术监督部门负责组织本行政区域内安检机构的监督管理工作。市县级质量技术监督部门在各自的职责范围内负责本行政区域内安检机构的监督管理工作	无变化
四	各级质量技术监督部门应当遵循科学、公正、廉洁、高效的原则，依法对安检机构实施监督管理	四	各级质量技术监督部门应当遵循科学、公正、廉洁、高效的原则，依法对安检机构实施监督管理	无变化
五	安检机构应当严格依据国家有关法律法规规定，按照机动车国家安全技术标准和有关规定对机动车实施检验，并对检验结果负责	五	安检机构应当严格依据国家有关法律法规规定，按照规定的检验项目以及检验标准和规程等技术规范对机动车实施检验，并对检验结果负责	将安检机构应当严格依据国家有关法律法规规定，"按照规定的检验项目以及检验标准和规程等技术规范对机动车实施检验"变更为"按照机动车国家安全技术标准和有关规定对机动车实施检验……"
	第二章　安检机构资格许可		第二章　安检机构设置规划和资格管理	取消了机构设置相关规定，将资格管理变更为资格许可
六	安检机构的设置，应当遵循统筹规划、合理布局、方便检测的原则	六	安检机构的设置，应当遵循统筹规划、合理布局、方便检测、数量控制的原则 各省级质量技术监督部门应当结合本行政区域内机动车安全技术检验工作的需要，提出本行政区域的安检机构数量、规模等设置规划，报国家质检总局批准后执行；设置规划未经国家质检总局批准，不得设置安检机构	取消了安检机构设置，应当遵循"数量控制"的原则 取消"各省级质量技术监督部门应当结合本行政区域内机动车安全技术检验工作的需要，提出本行政区域的安检机构数量、规模等设置规划，报国家质检总局批准后执行。设置规划未经国家质检总局批准，不得设置安检机构"的规定

（续表）

条款	总局第 121 号令	条款	总局第 87 号令	理解说明
七	国家对安检机构实行资格管理和计量认证管理 安检机构应当依照国家有关法律法规的规定，取得计量认证、检验资格许可后，方可在批准的检验范围内承担机动车安全技术检验 省级质量技术监督部门负责实施本行政区域内安检机构资格许可申请的受理、审查、决定和发证	七	国家对安检机构实施检验资格许可制度。检验资格分为常规检验资格和特殊检验资格。取得常规检验资格的安检机构可以承担申请机动车注册登记时的初次检验和定期检验；取得特殊检验资格的安检机构可以承担肇事、改装和报废等机动车的特殊检验	变化：将原国家对安检机构"实施检验资格许可制度"改为"实行资格管理和计量认证管理" 取消"检验资格分为常规检验资格和特殊检验资格。取得常规检验资格的安检机构可以承担申请机动车注册登记时的初次检验和定期检验；取得特殊检验资格的安检机构可以承担肇事、改装和报废等机动车的特殊检验"的规定 增加规定"省级质量技术监督部门负责实施本行政区域内安检机构资格许可申请的受理、审查、决定和发证"
		八	安检机构必须依照国家有关法律法规和本规定的规定，经省级以上质量技术监督部门资格考核，取得安检机构检验资格许可证书，方可在许可的范围内从事相关机动车安全技术检验活动 未取得安检机构检验资格许可证书的，不得从事机动车安全技术检验活动	此条款在总局第 121 号令第 7 条中体现
八	安检机构的计量认证管理依照计量有关法律法规的规定执行			新增
九	安检机构的计量认证、检验资格许可的申请及其受理、现场审查、发证应当一并办理			新增

（续表）

条款	总局第 121 号令	条款	总局第 87 号令	理解说明
十	申请取得安检机构检验资格许可。应当具备以下基本条件： （一）具有法人资格 （二）具有满足机动车安全技术检验工作需要的，并经省级质量技术监督部门考核合格的从事机动车安全技术检验工作的技术人员 （三）有完善的工作管理制度，有齐全的机动车安全技术检验标准等技术规范文件资料 （四）具有申请检测车辆类型和项目所需的机动车安全技术检验的设备及其校准设备 （五）机动车安全技术检验设备应当通过合法有效的型式认定，在用计量器具应当依法经质量技术监督部门授权的计量技术机构计量检定合格或校准，并在检定或校准有效期内 （六）具有满足机动车安全技术检验的设施、工作场所和工作环境 （七）其他应当具备的条件	九	申请取得安检机构检验资格许可，应当具备以下基本条件： （一）具有法人资格 （二）经省级以上质量技术监督部门计量认证，取得计量认证证书，并在认证合格有效期内 （三）有 12 名以上具有相应机动车安全技术检验业务知识，并经省级以上质量技术监督部门考核合格的从事机动车安全技术检验工作的技术人员 （四）有严格完备的工作管理制度，有完整的机动车安全技术检验标准和规程等技术规范文件资料 （五）机动车安全技术检验设备已通过合法有效的型式认定，在用计量器具经质量技术监督部门授权的计量技术机构计量检定合格，并在检定有效期内 （六）具备与质量技术监督部门和有关部门信息联网的设施 （七）有相应的停车场地、行车跑道和检验制动器的驻坡台，进、出、停车场地标志标线明显，出入口视线良好，不影响公共交通 （八）检验厂房宽敞、明亮、防雨，通风照明设备完好，消防安全设备齐全，检测线布置合理，便于流水作业 （九）拥有申报所承担的检测车辆类型和项目所需的侧滑、灯光、轴重、制动、排放、噪声、速度等必要的能够满足机动车安全技术检验的设备及其校准设备 申请取得安检机构特殊检验资格许可，除具备前款规定条件外，还应当具备与从事特殊检验相适应的 2 名以上高级技术人员和必要设备等条件	变化： 1. 第九条已要求计量认证和资格许可同时申请、办理，所以取消将计量认证作为前置条件 2. 对从事机动车安全技术检验工作的技术人员数量不作要求，但必须满足机动车安全技术检验工作需要 3. 与质量技术监督部门和有关部门信息联网不作要求 4. 对工作场地、厂房、行车跑道等不作具体要求，但应满足机动车安全技术检验需要 5. 设备除满足第（四）、（五）条要求外，不再具体分类 取消了"申请取得安检机构特殊检验资格许可，除具备前款规定条件外，还应当具备与从事特殊检验相适应的 2 名以上高级技术人员和必要设备等条件"的规定

（续表）

条款	总局第 121 号令	条款	总局第 87 号令	理解说明
		十	安检机构的常规检验资格由安检机构所在地省级质量技术监督部门实施许可申请的受理、审查和决定；安检机构的特殊检验资格由安检机构所在地省级质量技术监督部门实施许可申请的受理，由国家质检总局实施许可申请的审查和决定	取消了"安检机构的特殊检验资格由安检机构所在地省级质量技术监督部门实施许可申请的受理，由国家质检总局实施许可申请的审查和决定"的规定。其他内容在第 11 条中体现
十一	申请安检机构检验资格许可，应当向所在地省级质量技术监督部门提交以下申请材料： （一）申请书 （二）法人证明及复印件 （三）检验人员考核合格证书及复印件 （四）计量器具检定或校准证书及复印件 （五）检测线配置明细以及检测、校准设备清单 （六）地理位置、场地及厂房平面图，相应的所有权或合法使用权证明及复印件 （七）其他有关合法证明材料	十一	申请安检机构检验资格许可，应当向所在地省级质量技术监督部门提交以下申请材料： （一）申请书 （二）申请人法人证明 （三）计量认证证书 （四）安检人员考核合格证明及复印件 （五）计量器具检定证书及复印件 （六）检测线配置明细以及检测设备清单 （七）检测用厂房及地理位置、场地平面图，相应所有权或合法使用权证明及复印件 （八）其他有关证明材料	取消了提供计量认证证书的规定 增加了提交计量器具检定"或校准"证书及复印件的规定
十二	省级质量技术监督部门接到申请后，应当按照《中华人民共和国行政许可法》关于许可受理的规定，根据申请不同情况，分别做出处理	十二	省级质量技术监督部门接到申请后，应当按照《中华人民共和国行政许可法》关于许可受理的规定，根据申请不同情况，分别作出处理 对应当由国家质检总局实施审查和决定的申请，省级质量技术监督部门受理后，应当在 5 个工作日内将全部申请材料送国家质检总局	取消了"对应当由国家质检总局实施审查和决定的申请，省级质量技术监督部门受理后，应当在 5 个工作日内将全部申请材料送国家质检总局"的规定
十三	省级质量技术监督部门在受理申请后，应当及时组织审查人员对申请人进行审查，审查包括资料审查和现场核查 审查人员应当具备相应的专业知识和实践工作经验	十三	国家质检总局和省级质量技术监督部门在受理申请后，应当按照职责分工及时组织有关人员对申请人进行审查，审查包括资料审查和实地考察	变化：由于取消了特殊检验，所以国家质检总局不再受理申请 将实地考察改为现场核查 增加了"审查人员应当具备相应的专业知识和实践工作经验"的规定

339

（续表）

条款	总局第 121 号令	条款	总局第 87 号令	理解说明
十四	省级质量技术监督部门对申请人进行审查后，应当根据《中华人民共和国行政许可法》关于许可审查和决定的程序、期限等规定，作出是否批准检验资格许可的决定	十四	国家质检总局和省级质量技术监督部门对申请人进行审查后，应当按照职责分工，根据《中华人民共和国行政许可法》关于许可审查和决定的程序、期限等规定，作出是否批准检验资格的决定	变化：由于取消了特殊检验，所以国家质检总局不再进行审查，改由省级质量技术监督部门对申请人进行审查
十五	省级质量技术监督部门应当及时向获得检验资格许可的申请人颁发安检机构检验资格许可证书和检验专用印章 安检机构检验资格许可证书的样式、编号规则和检验专用印章的样式，由国家质检总局统一规定	十五	对批准安检机构常规检验资格的，由省级质量技术监督部门为申请人颁发安检机构检验资格证书和检验专用印章；对批准安检机构特殊检验资格的，由国家质检总局为申请人颁发安检机构检验资格证书和检验专用印章 安检机构常规检验和特殊检验资格证书的编号、式样、印制，由国家质检总局统一管理	取消了"对批准安检机构特殊检验资格的，由国家质检总局为申请人颁发安检机构检验资格证书和检验专用印章"的规定 取消了"特殊检验资格证书的编号、式样、印刷，由国家质检总局统一管理"的规定
十六	安检机构检验资格许可证书有效期为 3 年 安检机构检验资格有效期期满，继续从事机动车安全技术检验活动的，应当于期满前 3 个月向所在地省级质量技术监督部门重新提出申请；安检机构迁址、改建或增加检测线的应当及时向省级质量技术监督部门提出申请；申请的受理、审查和决定按照本规定执行	十六	安检机构检验资格证书有效期为 3 年 安检机构检验资格有效期期满，继续从事机动车安全技术检验活动的，应当于期满前 3 个月内向省级质量技术监督部门重新提出申请；申请的受理、审查和决定按照本规定执行	增加了"安检机构迁址、改建或增加检测线的应当及时向省级质量技术监督部门提出申请；申请的受理、审查和决定按照本规定执行"的规定
	第三章　安检机构行为规范		第三章　安检机构行为规范	
十七	安检机构应当遵循独立、客观、公正、诚信的原则开展机动车安全技术检验活动	十七	安检机构应当在许可的检验资格范围内，依法接受委托，严格按照检验标准和规程等技术规范开展机动车安全技术检验，并及时向委托人出具检测结果，不得伪造检测数据	变化：将对检验机构的具体要求变更为"遵循独立、客观、公正、诚信的原则"。具体内容在后面的条款中体现

（续表）

条款	总局第 121 号令	条款	总局第 87 号令	理解说明
十八	安检机构应当保持信息系统通畅，及时向质量技术监督部门提供机动车安全技术检验信息	十八	安检机构应当保持与质量技术监督部门和有关部门电子监管信息系统联网通畅，提供机动车安全技术检验信息准确、及时、可靠	变化：对安检机构信息联网只作原则性规定
十九	安检机构应当保证在用设备正常完好，在用计量器具依法进行计量检定或校准，并按照质量技术监督部门的要求定期参加检验能力比对试验	十九	安检机构应当确保在用设备正常完好，在用计量器具依法进行计量检定；并按照质量技术监督部门的要求定期参加检验能力比对试验	增加了用计量器具依法进行计量检定"或校对"的规定
二十	安检机构应当建立健全各项规章制度和机动车安全技术检验档案，按照国家有关规定对检验结果和有关技术资料进行保存，有保密要求的，应当遵守保密规定	二十	安检机构应当建立健全各项规章制度；建立健全机动车安全技术检验档案，按照国家有关规定对检验结果和有关技术资料进行保存，有保密要求的，应当遵守保密规定	无变化
二十一	安检机构应当加强机动车安全技术检验人员培训和内部管理，不断提高检验服务水平	二十一	安检机构应当加强机动车安全技术检验人员培训和内部管理，不断提高检验服务水平	无变化
二十二	安检机构应当接受质量技术监督部门的监督检查和管理，每年 1 月底之前向所在地质量技术监督部门提交上年度工作报告 年度工作报告内容应当包括： （一）安检机构基本情况 （二）机动车年检验车型及其数量等机动车安全技术检验业务开展情况 （三）在用检测设备的变更情况和计量器具检定或校准情况 （四）检验人员培训、考核及变更情况 （五）投诉、异议处理情况 （六）其他应当报告的事项	二十二	安检机构应当接受质量技术监督部门的监督检查和管理，每年 12 月底之前向质量技术监督部门提交年度工作报告 年度工作报告内容应当包括： （一）法人注册等有关基本情况 （二）机动车安全技术检验业务开展情况以及收费情况 （三）在用设备的使用情况和计量器具检定情况 （四）检验人员考核情况 （五）其他遵纪守法情况	变化：将每年 12 月份提交年度工作报告改为次年 1 月底之前提交 不再报告收费情况，收费是否合法由价格管理部门管理。但要报告检验车型及数量等业务开展情况 增加了报告设备变更和计量器具校准情况 增加了报告检验人员培训及变更情况 增加了报告投诉、异议处理情况和其他应当报告的事项

（续表）

条款	总局第 121 号令	条款	总局第 87 号令	理解说明
二十三	安检机构在机动车安全技术检验活动中发现普遍性质量安全问题的，应当及时向质量技术监督部门等有关部门报告	二十三	安检机构在机动车安全技术检验活动中发现普遍性质量安全问题的，应当在 5 个工作日内向质量技术监督部门等有关部门报告	取消了"发现普遍性质量问题应在 5 个工作日内报告"的规定。应及时报告但不再规定具体时间
		二十四	安检机构按照国家有关规定收取检验费用	取消
		二十五	安检机构独立接受委托，开展机动车安全技术检验活动，不受任何第三方影响	取消，此条款已在第 17 条中体现
二十四	安检机构如需停止机动车安全技术检验工作 3 个月以上的，应当报省级质量技术监督部门备案，上交检验资格许可证书和检验专用印章，并于停业前 1 个月向社会公告 安检机构停止机动车安全技术检验工作 1 年以上的，由省级质量技术监督部门注销安检机构检验资格			新增
二十五	安检机构不得有下列行为： （一）涂改、倒卖、出租、出借检验资格许可证书 （二）超出批准的检验范围开展机动车安全技术检验 （三）不按照机动车国家安全技术标准进行检验 （四）未经检验即出具检验报告等出具虚假检验结果的行为 （五）要求机动车到指定的场所进行维修、保养 （六）使用未经省级质量技术监督部门考核或考核不合格的人员从事检验工作 （七）无正当理由推诿或拒绝处理用户的投诉或异议 （八）其他违法行为			新增

（续表）

条款	总局第 121 号令	条款	总局第 87 号令	理解说明
	第四章　监督管理		第四章　监督管理	
二十六	各级质量技术监督部门应当在各自的职责范围内，对本行政区域内安检机构及其工作情况组织监督检查 监督检查可以采取以下方式进行： （一）查阅原始检验记录、检验报告 （二）现场检查机动车安全技术检验过程 （三）检验能力比对试验 （四）审核年度工作报告 （五）听取有关方面对安检机构机动车安全技术检验工作的评价 （六）调查处理投诉案件 （七）联网监察或者其他能够反映安检机构工作质量的监督检查方式	二十六	各级质量技术监督部门应当在各自的职责范围内加强对辖区内安检机构及其工作情况的监督检查 监督检查可以采取以下方式进行： （一）联网监察 （二）查阅原始检验记录、调取检验报告 （三）检验能力比对试验 （四）审核年度工作报告 （五）听取当地公安交通管理部门、检验委托人以及社会对安检机构机动车安全技术检验工作的评价 （六）调查处理投诉案件	变化：将联网监察改为联网监察或者其他能够反映安检机构工作质量的监督检查方式 增加了现场检查机动车安全技术检验过程 将听取"当地公安交通管理部门、检验委托人以及社会对安检机构机动车安全技术检验工作的评价"改为"听取有关方面对安检机构机动车安全技术检验工作的评价" 调查处理投诉案件在总局第121号令第29条中具体说明
二十七	各级质量技术监督部门在进行监督检查时，应当记录监督检查的情况和处理结果，由监督检查人员签字后归档	二十七	各级质量技术监督部门对在安检机构监督检查工作中发现的问题，应当及时依法进行处理；对发现的重大问题，应当及时向上级质量技术监督部门汇报	增加了"监督检查时发现的问题，应当记录检查情况和处理结果，并由监督检查人员签字后归档"的规定
二十八	县级以上地方质量技术监督部门对在安检机构监督检查中发现的问题，应当依法进行处理。对发现的重大问题，应当及时向上级质量技术监督部门汇报，并将情况通报公安机关交通管理等相关部门			增加了"对发现的重大问题，应将情况通报公安机关交通管理等相关部门"的规定
二十九	各级质量技术监督部门应当建立投诉举报制度，接受投诉举报的质量技术监督部门应当及时核实、处理	二十八	机动车安全技术检验委托人可以就安检机构行为规范以及检测活动中存在的问题，向安检机构查询；也可以向质量技术监督部门投诉，接受投诉的质量技术监督部门应当负责处理	增加了建立投诉举报制度

（续表）

条款	总局第 121 号令	条款	总局第 87 号令	理解说明
三十	各级质量技术监督在监督检查或者受理投诉举报时，发现安检机构不按照机动车国家安全技术标准开展机动车安全技术检验，出具虚假检验结果的，应当及时移交公安机关交通管理部门			新增
	第五章　法律责任		第五章　法律责任	
		二十九	安检机构在机动车安全技术检验活动中，给受检车辆委托人或者所有人造成损失的，应当依法承担赔偿责任	取消
三十一	未取得检验资格许可证书擅自开展机动车安全技术检验的，由县级以上地方质量技术监督部门予以警告，并处 3 万元以下罚款。安检机构超出批准的检验范围开展机动车安全技术检验的，由县级以上地方质量技术监督部门责令改正，处 3 万元以下罚款；情节严重的，由省级质量技术监督部门撤销安检机构检验资格	三十	安检机构未取得检验资格证书擅自开展机动车安全技术检验业务的，由县级以上质量技术监督部门依法予以取缔，处以 2 万元以上 3 万元以下罚款；超范围开展机动车安全技术检验业务的，由县级以上质量技术监督部门责令改正，处以 3 万元以下罚款；情节严重的，由发证部门撤销安检机构检验资格	变化：将安检机构未取得检验资格许可证书擅自开展机动车安全技术检验业务的，由县级以上地方质量技术监督部门"依法予以取缔，处以 2 万元以上 3 万元以下罚款"变更为："予以警告，并处 3 万元以下罚款。"
三十二	有下列情况之一的，构成犯罪的，依法追究刑事责任；构成有关法律法规规定的违法行为的，依法予以行政处罚；未构成有关法律法规规定的违法行为的，由县级以上地方质量技术监督部门予以警告，并处 3 万元以下罚款；情节严重的，由省级质量技术监督部门依法撤销安检机构检验资格： （一）涂改、倒卖、出租、出借检验资格证书的 （二）未按照规定参加检验能力比对试验的 （三）未按照国家有关规定对检验结果和有关技术资料进行保存，逾期未改的 （四）未经省级质量技术监督	三十一	安检机构未按照规定提交年度工作报告，未按照规定参加比对试验，拒不接受监督检查和管理的，由县级以上质量技术监督部门予以警告，并处 3 万元以下罚款；情节严重的，由发证部门撤销安检机构资格	变化：提出对检验机构不按照行为规范开展机动车安全检验活动（五个方面）的处罚措施 将以前对检验机构不按照行为规范开展机动车安全检验活动予以警告，并处以 3 万元以下罚款；情节严重的，由发证部门撤销安检机构资格变更为："构成犯罪的，依法追究刑事责任；构成有关法律法规规定的违法行为的，依法予以行政处罚；未构成有关法律法规规定的违法行为的，由县级以上地方质量技术监督部门予以警告，并处 3 万元以下罚款；情节严重的，由省级质量技

（续表）

条款	总局第 121 号令	条款	总局第 87 号令	理解说明
	部门批准，擅自迁址、改建或增加检测线开展机动车安全技术检验的 （五）拒不接受监督检查和管理的			术监督部门依法撤销安检机构检验资格"
三十三	安检机构使用未经考核或者考核不合格的人员从事机动车安全技术检验工作的，由县级以上地方质量技术监督部门予以警告，并处安检机构 5 千元以上 1 万元以下罚款；情节严重的，由省级质量技术监督部门依法撤销安检机构检验资格	三十二	安检机构聘用未经考核或者考核不合格的人员从事机动车安全技术检验工作的，由县级以上质量技术监督部门予以警告，并处安检机构 5 千元以上 1 万元以下罚款；情节严重的，由发证部门撤销安检机构检验资格	无变化
		三十三	安检机构在用计量器具未经计量检定，超过检定周期未检定，或者经检定不合格继续使用的，由县级以上质量技术监督部门依据《中华人民共和国计量法》有关规定予以处罚	取消
三十四	有下列情况之一的，由县级以上地方质量技术监督部门责令改正，逾期不改正的，处以 1 万元以下罚款： （一）未按照规定提交年度工作报告或检验信息的 （二）要求机动车到指定的场所进行维修、保养的 （三）推诿或拒绝处理用户的投诉或异议的			新增
三十五	安检机构停止机动车安全技术检验工作 3 个月以上，未报省级质量技术监督部门备案的，或未上交检验资格证书、检验专用印章的，或停止机动车安全技术检验未向社会公告的，由县级以上地方质量技术监督部门责令改正，并处 1 万元以上 3 万元以下罚款			新增

（续表）

条款	总局第 121 号令	条款	总局第 87 号令	理解说明
三十六	安检机构不按照机动车国家安全技术标准开展机动车安全技术检验，未经检验即出具检验报告等出具虚假检验结果的，由有关部门依法予以处罚	三十四	安检机构不按照检验标准和规程开展机动车安全技术检验，出具虚假检验结果，伪造检测数据的，由县级以上质量技术监督部门依照《中华人民共和国产品质量法》有关规定予以处罚	取消了以《中华人民共和国产品质量法》作为处罚依据
三十七	从事机动车安全技术检验工作的人员在检验活动中接受贿赂，以职谋私的，由省级质量技术监督部门依法撤销其考核合格资质；情节严重的，移送有关部门追究责任	三十五	从事机动车安全技术检验工作的人员在检验活动中接受贿赂，以职谋私的，由省级以上质量技术监督部门撤销其合格考核；情节严重的，移送有关部门追究责任	无变化
三十八	质量技术监督部门的工作人员在安检机构监督检查活动中滥用职权、玩忽职守、徇私舞弊的，依法给予行政处分；构成犯罪的，依法追究刑事责任	三十六	质量技术监督工作人员在安检机构监督管理活动中滥用职权、玩忽职守、徇私舞弊的，依法给予行政处分；构成犯罪的，依法追究刑事责任	无变化
	第六章　附则		第六章　附则	
三十九	承担进出口机动车安全技术检验的机构的监督管理，按照《中华人民共和国进出口商品检验法》及其实施条例的有关规定执行	三十七	承担进出口机动车安全技术检验的机构的监督管理，按照《中华人民共和国进出口商品检验法》及其实施条例的有关规定执行	无变化
四十	军用及特殊管理的机动车安全技术检验，按照有关规定执行	三十八	军用及特殊管理的机动车安全技术检验，按照有关规定执行	无变化
四十一	本办法由国家质检总局负责解释	三十九	本规定由国家质检总局负责解释	无变化
四十二	本办法自 2009 年 12 月 1 日起施行。2006 年 2 月 27 日国家质检总局发布的《机动车安全技术检验机构管理规定》同时废止	四十	本规定自二〇〇六年五月一日起施行	总局第 121 号令开始施行，总局第 87 号令同时废止

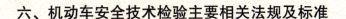

六、机动车安全技术检验主要相关法规及标准

与机动车安全技术检验有关的法规及标准主要包括：法规文件、方法标准、产品标准、计量标准、引用标准及其他相关标准。

1. 法规文件

（1）《中华人民共和国道路交通安全法》；

（2）《中华人民共和国道路交通安全法实施条例》；

（3）《计量器具型式批准管理目录》；

（4）《机动车登记规定》；

（5）《机动车安全技术检验机构监督管理办法》；

（6）国质检监〔2009〕521号通知：

· 《机动车安全技术检验机构监督管理规范》；

· 《机动车安全技术检验机构检验资格许可办理程序》；

· 《机动车安全技术检验机构检验资格许可技术条件》；

· 《机动车安全技术检验机构检验资格许可审查员管理规定》；

· 《机动车安全技术检验机构检验资格许可证书和检验专用章管理规范》；

（7）《关于进一步加强机动车安全技术检验机构和机动车安全技术检验工作监管的通知》；

（8）《关于印发〈交警系统推进社会管理创新工作〉的通知》；

（9）《关于印发〈交警系统落实社会管理创新九项措施任务分解〉的通知》。

2. 方法标准

（1）安全检测。

GB 7258－2004　《机动车运行安全技术条件》及第1、2、3号修改单；

GB 21861－2008　《机动车安全技术检验项目和方法》及第1号修改单。

（2）排放检测。

GB 18285－2005　《点燃式发动机汽车排气污染物排放限值及测量方法（双怠速法及简易工况法）》；

GB 3847－2005　《车用压燃式发动机和压燃式发动机汽车排气烟度排放限值及测量方法》；

GB 14621－2011　《摩托车和轻便摩托车排气污染物排放限值及测量方法（双怠速法）》；

GB 19758－2005　《摩托车和轻便摩托车排气烟度排放限值及测量方法》；

GB 18322－2002　《农用运输车自由加速烟度排放限值及测量方法》；

HJ/T 240－2005　《确定点燃式发动机在用汽车简易工况法排汽污染物排放限值的原则和方法》；

HJ/T 241－2005　《确定压燃式发动机在用汽车加载减速法排气烟度排放限值的原则和方法》。

3. 产品标准

（1）安全检测。

JT/T 507－2004　《汽车侧滑检验台》；

JT/T 508－2004　《机动车前照灯检测仪》；

GB/T 13564－2005　《滚筒反力式汽车制动检验台》；

GB/T 13563－2007　《滚筒式汽车车速表检验台》；

JT/T 633－2005　《汽车悬架转向系间隙检查仪》；

GA/T 485　《便携式制动性能测试仪》；

GB/T 17181－1997　《积分平均声级计》；

JT/T 445－2008　《汽车底盘测功机》。

（2）排放检测。

JT/T 386－2004　《汽车排气分析仪》；

JT/T 506－2004　《不透光烟度计》；

HJ/T 289－2006　《汽油车双怠速法排气污染物测量设备技术要求》；

HJ/T 291－2006　《汽油车稳态工况法排气污染物测量设备技术要求》；

HJ/T 290－2006　《汽油车简易瞬态工况法排气污染物测量设备技术要求》；

HJ/T 292－2006　《柴油车加载减速工况法排气烟度测量设备技术要求》；

HJ/T 395－2007　《压燃式发动机汽车自由加速法排气烟度测量设备技术要求》；

HJ/T 396－2007　《点燃式发动机汽车瞬态工况法排气污染物测量设备技术要求》。

4. 计量标准

（1）安全检测。

JJG 745－2002　《机动车前照灯检测仪检定规程》；

JJG 1014－2006　《机动车检测专用轴（轮）重仪检定规程》；

JJG 906－2009　《滚筒反力式制动检验台检定规程》；

JJG 908－2009　《滑板式汽车侧滑检验台检定规程》；

JJG 909－2009　《滚筒式汽车车速表检验台检定规程》；

JJG 1020－2007　《平板式制动检验台检定规程》；

JJF 1169－2007　《汽车制动操纵力计校准规范》；

JJG 188－2002　《声级计检定规程》；

JJG 910－1996　《摩托车轮偏检测仪》；

JJF 1196－2008　《机动车方向盘转向力—转向角检测仪校准规范》；

JJF 1168－2007　《便携式制动性能测试仪校准规范》；

JJF 1193－2008　《非接触式汽车速度计校准规范》；

JJG 144－2007　《标准测力仪检定规程》；

JJF 1225－2009　《汽车用透光率计校准规范》；

JJG 653－2003　《测功装置》。

（2）排放检测。

JJG 847－1993　《滤纸式烟度计检定规程》；

JJG 976 - 2010　《透射式烟度计检定规程》；

JJG 688 - 2007　《汽车排放气体测试仪检定规程》；

JJF 1221 - 2009　《汽车排气污染物检测用底盘测功机校准规范》；

JJF 1227 - 2009　《汽油车稳态加载污染物排放检测系统校准规范》。

5. GB 7258、GB 21861、GB 18565 引用标准

GB 1589 - 2004　《道路车辆外廓尺寸、轴荷及质量限值》及第 1 号修改单；

GB 4785 - 2007　《汽车及挂车外部照明和信号装置的安装规定》；

GB 11567.1 - 2001　《汽车和挂车侧面防护要求》；

GB 11567.2 - 2001　《汽车和挂车后下部防护要求》；

GB 15084 - 2006　《机动车辆后视镜的性能和安装要求》；

GB 16735 - 2004　《道路车辆车辆识别代号（VIN）》；

GB 18100 - 2000　《两轮摩托车及轻便摩托车照明和光信号装置的安装规定》及第 1 号修改单；

GB 13094 - 2007　《客车结构安全要求》；

GB 18986 - 2003　《轻型客车结构安全要求》；

GB/T 21085 - 2007　《机动车出厂合格证》；

GB/T 16887　《卧铺客车技术条件》；

GB/T 3181　《漆膜颜色标准》；

GB 4094　《汽车操纵件、指示器及信号装置的标志》；

GB 4599 - 1994　《汽车前照灯配光性能》；

GB 5948 - 1998　《摩托车白炽丝光源前照灯配光性能》；

GB 8108　《车用电子警报器》；

GB 8410　《汽车内饰材料的燃烧特性》；

GB 9656　《汽车安全玻璃》；

GB 10395.1　《农林拖拉机和机械安全技术要求　第一部分：总则》；

GB 10396　《农林拖拉机和机械、草坪和园艺动力机械　安全标志和危险图形　总则》；

GB/T 11381 - 1989　《客车顶部静载试验方法》；

GB/T 12428　《客车装载质量计算方法》；

GB 13057　《客车座椅及其车辆固定件的强度》；

GB 13392　《道路运输危险货物车辆标志》；

GB/T 13594　《机动车和挂车防抱制动性能和试验方法》；

GB 13954　《特种车辆标志灯具》；

GB 15365　《摩托车操纵件、指示器及信号装置的图形符号》；

GB 17352　《摩托车和轻便摩托车后视镜的性能和安装要求》；

GB/T 17676　《天然气汽车和液化石油气汽车标志》；

GB/T 18411　《道路车辆产品标牌》；

GB/T 18697　《声学　汽车车内噪声测量方法》；

GB/T 19056 《汽车行驶记录仪》；

GB/T 15089 - 2001 《机动车辆及挂车的分类》；

GB/T 21055 - 2007 《肢体残疾人驾驶汽车的操纵辅助装置》；

GB 19151 《机动车用三角警告牌》；

GB 19152 《轻便摩托车前照灯配光性能》；

GA 36 - 2007 《中华人民共和国机动车号牌》；

GA 37 - 2008 《中华人民共和国机动车行驶证》；

GA 801 - 2008 《机动车查验工作规程》；

GA 802 - 2008 《机动车类型 术语和定义》；

GA 406 《车身反光标识》；

QC/T 659 - 2000 《汽车空调（HFC - 134a）用标识》。

6. 其他

GB/T 11798.1 - 2001 《滑板式汽车侧滑检验台检定技术条件》；

GB/T 11798.2 - 2001 《滚筒反力式汽车制动台检验台检定技术条件》；

GB/T 11798.3 - 2001 《汽油车排气分析仪检定技术条件》；

GB/T 11798.4 - 2001 《滚筒式车速表检验台检定技术条件》；

GB/T 11798.5 - 2001 《滤纸式烟度计检定技术条件》；

GB/T 11798.6 - 2001 《对称光前照灯检测仪检定技术条件》；

GB/T 11798.7 - 2001 《轴（轮）重仪检定技术条件》；

GB/T 11798.8 - 2001 《摩托车轮偏仪检定技术条件》；

GB/T 11798.9 - 2001 《平板式制动试验台检定技术条件》；

GB/T 27025 - 2008 《检测和校准实验室能力的通用要求》。

本章小结

  本章介绍了与机动车安全技术检验相关的法律、法规和国家质检总局规范性文件，介绍了相关方法标准、产品标准和计量标准及有关标准的修订情况。对《中华人民共和国道路交通安全法》及实施条例中有关车辆安全技术检验的内容作了介绍，对国家质检总局发布的《机动车安全技术检验机构监督管理办法》（总局第121号令）与《机动车安全技术检验机构管理规定》（总局第87号令）的变化逐条进行了梳理并作了理解说明。

思考题：

1. 《中华人民共和国道路交通安全法》是什么时间开始施行的？

2. 准予登记的机动车应当符合什么标准？

3. 机动车安全技术检验机构应当按照国家机动车安全技术检验标准对机动车进行检验，对检验结果承担什么责任？

4. 质量技术监督部门对机动车安全技术检验机构有哪几项管理职能？

5. 国家质检总局于 2009 年 10 月发布的总局第 121 号令全称是什么？

6. 目前最重要的国家机动车安全技术检验标准是 GB 7258 – 2004 和 GB 21861 – 2008，这两项国家标准的全称分别是什么？

7. 按照《中华人民共和国计量法》的要求，有国家计量检定规程的，计量检定必须执行什么规程？

8. 国家质检总局第 121 号令与原第 87 号令相比，取消了安检机构必须具备的什么条件？

9. 国家质检总局第 121 号令与原第 87 号令相比，将原安检机构定义为向社会出具公正数据的技术机构改为什么机构？

10. 国家质检总局第 121 号令与原第 87 号令相比，将原国家对安检机构实施检验资格许可制度改为实行什么样的管理。

11. 国家质检总局第 121 号令规定，各级质量技术监督部门负责实施本行政区域内安检机构资格许可的哪些程序？

12. 国家质检总局第 121 号令规定，安检机构的计量认证、检验资格许可的受理、现场审核、发证应当如何办理？

13. 国家质检总局第 121 号令与原第 87 号令相比，安检机构提交年度工作报告的时间由原来的 12 月份改为什么时间？

第十一章 机动车安全技术检验机构的建设与管理

根据《中华人民共和国道路交通安全法》及实施条例的规定，机动车安全技术检验由机动车安全技术检验机构负责实施。按照《机动车安全技术检验机构监督管理办法》（总局第121号令）的规定，各省级质量技术监督部门负责本行政区域内机动车安全技术检验机构检验资格申请的受理、审查和发证。本章根据《机动车安全技术检验机构检验资格许可技术条件》（总局〔2009〕521号文件）的要求，对机动车安全技术检验机构设计、日常管理中出现的实际问题进行讨论。

第一节 机动车安全技术检验机构的设计及场地、建筑要求

一、检验机构规模

准备开办机动车安全技术检验机构，首先要预计本检验机构可以检验车辆的数量。预计检验车辆数，一方面要考虑本行政区域内在用车数量和年增长情况，考虑本行政区域已有检验机构实际检测情况，还要考虑到目前国家对检测线检测一辆汽车各工位最少检验时间要求。根据2010年4月2日国家标准委发布的《机动车安全技术检验项目和方法》（GB 21861–2008）第1号修改单要求，检测线车辆检测时间最少不得少于国家标准的要求。具体时间要求见表9–3。

现在对机动车安全技术检验机构进行规划，不仅要考虑本行政区域车辆保有量、年增长速度等与当地经济发展有关的指标，还要考虑到国家标准中检测线验车数量的限制。根据本行政区域的车辆数和增长情况及第1号修改单的要求，为避免在需要增加检测线时重复建设，检测线数量在条件允许的情况下应尽可能安排多一条至两条，或在原准备建设的基础上预留一至两条的位置，以备今后使用。

检验机构的规模还与检验机构前期投入和车辆检测收费水平有直接关系。如果检验机构设计规模较大，前期投入较多，当地车辆检测收费水平偏低，则后期收回成本周期较长。反之收回成本周期则较短。

二、检验机构内部布局

检验机构的总体布局应符合总局〔2009〕521号文件《机动车安全技术检验机构检验资格许可技术条件》第七节"总体布局"的要求。其中第二条要求的检验机构要有检测车间、试车跑道、驻车坡道、业务大厅、停车场、站内道路、办公区、微机房等设

施都不得缺少。

1. 建筑

检验机构建筑主要包括安全检测车间、尾气排放检测车间、业务大厅和办公用房等。对检测车间的具体要求，在总局〔2009〕521号文件《机动车安全技术检验机构检验资格许可技术条件》第八节"检验厂房"中已经有比较详细的规定。下面对检验机构的建筑部分进行具体分析：

（1）检测车间。检测车间除具备"技术条件"中13条要求外，还有需要提出的问题。首先检测车间地面高度应高于路面，避免下雨积水进入车间。检测车间的通风要保证汽车尾气可以顺利排出车间，必要时可以采取强制通风的办法解决车间空气污染问题。考虑到汽车尾气比重大，一般漂浮在地面，所以强制通风装置应安装在距车间地面1m以下的位置。在总局发布的技术条件中虽然没有对检测车间的高度、长度、宽度及进出大门的尺寸提出具体要求，但要求检测车间应具备连续检测车辆的条件。按照《道路车辆外廓尺寸、轴荷及质量限值》（GB 1589 – 2004）的规定，货车及半挂牵引车最长12m，二轴客车为12m，三轴客车为13.7m，绞接客车为18m。汽车、挂车及汽车列车车宽的最大限值为2.5m。如果按照检测线设计三个检验工位可以同时进行检测，检测车间的长度起码要可以同时停放三辆汽车，它们还要有一定的安全距离。加上检测车间两端还要建计算机机房等配套设施，所以检测车间长度（如果要检验大型车辆）一般要有50～60m。具体情况还要根据具体区域和资格许可检验车型的规定而定。

检测车间一条检测线的宽度按照车辆宽度最大2.5m计算，检测设备宽度应在3m以上，加上两侧各1m的安全距离，检测线的宽度应在5～8m为宜。由于技术条件要求检测车间内部要有1m宽的安全通道，检测车间两侧还要建设计算机机房等配套设施，两条检测线之间要有电缆沟，检查地沟要有上下台阶的通道等，这些在检测车间设计中都要充分考虑到。检测线的高度按照《道路车辆外廓尺寸、轴荷及质量限值》（GB 1589 – 2004）的规定，最高为4m，车间高度最低应在5～6m。大门的高度和宽度应参考GB 1589 – 2004中对车辆高度和宽度的要求设计，并留有一定的安全距离。

检测车间的底盘检查工位是非常重要的检查工位。在国家标准《机动车安全技术检验项目和方法》（GB 21861 – 2008）104项人工检查项目中，车辆底盘检查有21项内容，其中16项为否决项，可见底盘检查非常重要。底盘检查地沟要有一定的长度（可以检查到车辆的前后桥及底盘）、宽度（检查人员可以在里面活动）、高度（检查人员可以在下面站立进行检查，必要时可以安装升降装置）。条件允许可以设计底盘检查人员休息室。检查地沟照明要均匀布置，保证检查车下任何部件都清晰可见。如果仅在地沟的两头安装照明灯具，则车辆中间部分就无法在检查时看到。鉴于汽车尾气比重大，检查地沟尾气较多，要安装必要的通风装置，保护检查人员的身体健康。但通风装置如何安装才能保证地沟里的汽车尾气可以及时排出，新鲜空气补充到地沟，还要认真研究实施方案，仅靠一个电扇解决不了根本问题。检查地沟在建设时就预留与计算机系统连接的线路，并有独立的申报系统，发现底盘检查21项内容中不符合项可以及时申报，并在机动车安全技术检验记录单（人工检验部分）中予以标注。在建设时如果不预留与计算机系统连接的线路，等以后再拉线，检查地沟就显得非常凌乱。如果检查地沟与计算机系统根本没有通信线路，也没有检查后必要的输入设备，则可以判定不符合要求。

（2）业务大厅。业务大厅在技术条件中有窗口分工明确、室内宽敞明亮、设公示栏3项要求。在实际工作中应尽可能设计有足够的活动空间。例如，窗口需要设多少个窗口要根据业务量来决定，但授权签字人、信息录入、检字发放、收费等窗口应该分开。如有单独的尾气检验也要与安全检验分开，总之，要以分工明确、满足需要为原则。建议不设计为类似银行封闭固定窗口的模式，而设计为开放通体式窗口模式。可以根据业务量的大小开放不同数量的窗口，既方便群众，又避免今后重复建设。如果没有专门的群众休息区，业务大厅还要兼有休息的功能。必要的桌椅、饮水设备应该具备。在条件允许的情况下，大厅在设计时尽量要足够宽大，以满足工作的需要。

大厅的公示栏要求明亮、醒目，让群众一眼就可以看到。鉴于总局文件中对需要公示的项目要求较多，建议多安排几处公示栏的位置，便于公示各种手续规定，如检验车辆注意事项、车辆年检时间、保险查验规定等。收费项目和标准是要公示经当地政府物价部门批准的检验收费项目和收费标准。公示栏中各岗位职责是指在大厅工作人员，如主任检验员、查验人员的岗位职责，监督橱窗是指检验人员的岗位和工号及相片，从最高管理者、检验车间负责人、授权签字人，到一般检验人员都要公示。

检验流程图是根据《机动车安全技术检验项目和方法》（GB 21861－2008）中图1所示，并结合本地检验工作的实际情况绘制的。需要注意的是，检验流程图要符合本行政区域或者本检验单位的实际车辆检测情况，车辆自进场登记开始到车辆检验完毕出场对检验程序的描绘才是检验流程图的基本内容。实际中发现有的检验流程与本检验机构的实际检验活动不符，或是照抄其他单位的流程，或是本单位的检验流程已经发生了变化但流程图还没有更改。需要说明的是，检验流程图应悬挂在醒目的位置，便于验车群众了解验车流程，如同在公交车站乘客要靠站牌去了解乘车路线一样。有的检验机构将检验流程图做得很小，又不悬挂在群众可以看到的地方，这样的检验流程图就形同虚设。检验流程图既可以悬挂在业务大厅，也可以放在大厅附近群众经常路过的地方，总之以方便群众为原则。检验流程图要随着本检验机构的检验流程变化而变化，使群众可以时刻了解检验机构的实际检验流程，方便群众。

（3）试车跑道。试车跑道虽然在技术条件中没有具体要求，但要满足现行国家机动车安全技术检验标准。根据国家标准 GB 21861－2008 的要求，对"已在制动台上检验过制动力平衡及前轴制动率符合要求，但整车制动率不符合要求的车辆，用便携式制动性能测试仪进行检测，对于乘用车及总质量不大于4500kg的汽车制动初速度应不低于30km/h，其他汽车不应低于20km/h，急踩制动后测取 MFDD 及制动协调时间"。要完成这样的测试，试车跑道的宽度不应小于6m，长度应满足路试的需要。在 GB 7258－2004 中要求对乘用车等小型车辆的试验通道宽度为 2.5m，其他车辆的试验通道宽度为3m。试车跑道应画有中线，被测车辆要求按照中线行驶。试车跑道应设计在检测车间附近，保证不合格的车辆可以就近进行路试，并保证不被其他车辆占用。如果有的试车跑道本身就与停车场混用或作为待检车辆停车场，则该试车跑道就是形同虚设，没有实际意义。

（4）驻车坡道。驻车坡道在《机动车安全技术检验项目和方法》（GB 21861 - 2008）和《机动车安全技术检验机构检验资格许可技术条件》中都有规定。GB 21861 - 2008 中要求，将"车辆驶上坡度为 20%（总质量为整备质量 1.2 倍以下的车辆为 15%），附着系数不小于 0.7 的坡道上，按正反两个方向保持固定不动，其时间不少于 5min，检验车辆驻车制动是否符合要求"。对于 20% 的坡道，一般要求宽度比车辆宽度（2.5m）宽 1m，底边长 10m，坡道一边高度 2m 就符合 20% 坡道对大型车辆的要求。在两条坡道中间再设计 0.6 ~ 0.8m 的通道以供人员通过，便于人员对底盘进行检查。需要注意的是，标准中要求的 20% 不是 20°。20° 是指地面与坡道之间的夹角，而 20% 坡道是指坡道一侧高度与底边长度之比，不是坡道斜边长度与高度之比。

驻车坡道设计的底边不到 10m 长行不行？这要看检验机构资格许可中允许检验车辆的类型。如只检验小型汽车，即 B1、C1、C2、C3，就可以适当缩短驻车坡道的长度。但坡道的底边长度（不是坡道斜边长度）与高度之比必须满足 20% 的要求，即 2m :10m；1m:5m；1.5m:7.5m。如果检验机构需要建设 15% 和 20% 的驻车坡道的话，条件允许，可以建设成两侧分别是 15% 和 20% 的坡道（见图 11 - 1），中间有一个平台，车辆可以直接通过，不必再倒车。坡道宽度要求比车辆宽度宽 1m，中间留工作人员可以通过的空间，可以利用这个平台做汽车修理，检查使用。还可以分别建设。总之，应因地制宜，但要符合规范性文件的要求。

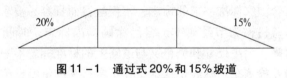

图 11 - 1　通过式 20% 和 15% 坡道

2. 布局

检验机构的内部布局，除要有安全技术检测线外，由于环保部门的要求，还需要预留出检验工况检测线的位置。两项检测的距离应尽可能短，避免车辆在场内检测过程中移动距离较长。同时还要考虑在安全、尾气两检测车间入口处设置各自的停车场地，停放待检车辆。在两检测车间出口处，设置停车场地，停放等待办理手续的车辆。安全、尾气两检测车间的出、入口要可以保证车辆的转弯半径。在转弯半径较小地方可以设计为小型车检测线，在转弯半径较大地方设计为大型车检测线。保证车辆可以进出检测车间不与其他车辆和人员发生干涉，排除交通事故的隐患。在检测车间的出入口，要有明显的标志表示此处为车辆的出口或入口。出入口处要有禁止行人横穿的围挡和警示标志，防止因行人横穿而司机在出入口视线不清发生交通事故。

检测车间由于工作状况特殊，噪声和环境污染比较严重，一般应安排为独立的车间，不要与其他建筑并列建设。检测车间由于长期有车辆进出，对消防安全不能掉以轻心。检测车间要安装消防设施，如放置消防水枪或灭火器。消防水枪或灭火器必须经常检查，灭火器要求指示仪表指针在绿区为合格。灭火器还必须在有效期内，超过有效期的灭火器必须更换。

由于简易工况尾气检测线检测车辆时间较长，安全检测线与简易工况尾气检测线的条数以 1:2 的比例为易。安全检测线与简易工况尾气检测线无论如何排布，均应该采用通过式的设计方式，这样既可以提高受检车辆在车间的通过能力，又便于空气流通，减少车间内的尾气浓度。由于尾气检验只有单台设备，所以尾气车间纵向距离较短，而安检车间由于检测设备较多且纵向排布，所以安检车间与尾气检测车间一般都呈 90°排布。考虑到检测车间的噪声及空气污染等因素，办公区及业务大厅应尽可能远离检测车间。

3. 场内道路及停车场

场内及周边道路应宽阔、通畅，并保证道路视线良好。需要注意的是，场区内的道路不能交叉。例如，车辆进场、登记、尾气检验、安检待检、安全检验、合格办理手续出场或不合格出场修理等程序都不能使得车辆在场内无序循环。必要时应在场区安放隔离带，保证车辆的循序通行。

场内停车场要按照功能划分为尾气待检停车区、安检待检停车区和检验完毕待办手续停车区等多个停车区域，保证在车辆较多时也不发生混乱局面，使检验机构内部的车辆通行秩序井然。如果众多车辆都停放在一个区域，无论大小，既不方便验车群众，也不可能做到各行其道，容易造成混乱。由于各检验机构的情况千变万化、各不相同，无法在教材中进行详细规划，但需要将要点说明清楚。

保证场内道路宽阔、通畅，保证检测车间各检测线车辆各行其道，就需要在场内和检测车间内刻画标志、标线。场内标志主要有导向、禁令、限速等，应尽可能选择与国家公路上一致的、符合国家标准要求的标志，不仅醒目而且容易被车主辨认，也便于大家共同遵守。有的检验机构为节约成本，自己涂画场内标志，时间一长，会退色、变形，许多都变得不清晰，大小尺寸和颜色又与道路上的标准标志不一致，使得标志失去了应有的作用。场内及检测车间标线是保证车辆正常行驶的重要设施。要保证场内道路的畅通，标线不可缺少。标线要使用与道路一致的油漆，要划定道路就要横平竖直，不能歪歪扭扭。还要保证在一定时间不退色。检验机构如果人工施画就一定要保证质量。

4. 检测车间内部布局

检测车间内部布局首先要考虑当地的风向，要把污染严重的检验项目，如尾气检验和车速表检验安排在车间下风口的位置，尽可能不让尾气排放到检测车间去。车辆在进入车间检验完尾气后进行侧滑检验，然后检测车速、轴重。侧滑检验后安装称重设备，将制动检验安排在检测线中间位置。这样既可以保证在车辆检验制动前就称完车辆重量（驻车制动检验时要求驻车制动力与整车质量之比大于 20%），又可以保证在检测车辆某一轴制动时，其他车轮不压在轴重台上。保证了检验制动的数据真实。按照上述的设计思想，第一工位为尾气、侧滑、车速、轴重，第二工位为制动，第三工位为灯光，第四工位为底盘检查，最后车辆驶出检测车间。把第一工位的检验顺序安排为尾气、侧滑、车速、轴重，除尾气、车速是污染严重的检测项目需要实际在进口处外，还由于在车辆称重时要保持车辆水平位置，而车间进口一般会有一定的坡度。所以把轴重台放置在第一工位的最后一台设备，轴重台的位置要保证车辆称重时水平放置。灯光检验原来都与底盘检查放在一个工位，但灯光检验时产生的尾气对底盘检查人员危害较大，还是分别在两个工位为好。具体设计尺寸按照实际情况而定，这里不再一一叙述。

检测车间内部按照技术条件要求，要有 1m 宽的安全通道。一般应设计在车间的一侧并与检测线用隔离带隔开。电缆沟一般设计在两条检测线中间位置，便于计算机布线。电缆沟两侧要设计挂钩，便于安放电缆，避免电缆都堆放在沟中，非常混乱，不便于维护。电缆沟盖板既要安全可靠，能承受人的体重，又不能太重，否则将不便于维修电缆。有的检验机构将两条检测线之间设计为一条高于地面电缆沟槽，也可以起到电缆沟的作用。但要注意的是，高于地面电缆沟槽两侧要有安全保护措施，避免车辆在检测过程中横向移动与电缆沟槽发生碰撞。

检测车间地面由于长期有车辆通过，承载要求应满足机动车通过需要。同时地面要尽可能选择既便于清洁摩擦系数又比较高的材料。一般地面装修材料摩擦系数不高，在遇到油污后摩擦系数会大大降低，所以不建议使用。如果检测车间地面处理后摩擦系数较高（符合文件不小于0.7的要求），制动台前后（大型车线前后6m，小型车线前后3m，以制动台中心线前后测量）地面就不必再作处理。如果地面摩擦系数较低，则制动台前后应按照要求进行打磨等处理。

第二节　机动车安全技术检验机构法人资格及依法经营

一、检验机构法人资格

检验机构必须具备法人资格是根据《道路交通安全法》中关于"机动车安全技术检验机构实行社会化"的要求而制定的。如果检验机构不实行社会化，检验机构就不需要具备法人资格，就还要回到以前委托检验的道路上去。而机动车安全技术检验的行为主体将变为委托机关，实际就是政府。检验机构实行社会化后，检验机构成为独立法人，独立承担法律责任。将责任落实到每一个检验机构，这与我国实行的社会主义市场经济体制是一致的。所以，对检验机构要求具有独立法人资格是完全必要的。我国法人资格分为企业法人、事业法人和社团法人三大类。任何一类法人都具备建立机动车安全技术检验机构的资格。只有具备法人资格，才能独立承担法律责任，才能对检验机构所出具的检验报告承担法律责任。实践工作中许多检验机构由于历史原因与原单位无法脱钩，而原单位因属于政府部门又无法注册公司，造成质量技术监督部门迟迟无法对检验机构实行资格许可。解决这些问题的根本是要充分理解国家《道路交通安全法》的实质，理解检验机构社会化是历史发展的必然。应抓紧按照《公司法》的规定，对原有检验机构实行股份制改造，尽快满足检验机构要求具有独立法人资格的要求，得到质量技术监督部门的资格许可，正常开展机动车安全技术检验活动。

二、依法经营

按照技术条件的要求，安检机构应该遵守法律法规、依法经营。经营范围应涵盖机动车安全技术检验。需要说明的是，经营范围应涵盖机动车安全技术检验应该在营业执照中体现，营业执照应该在正常年检有效期内，营业执照与检验机构的实际开展车辆检验场地的地址应一致，法人代表应与实际情况相符。凡上述情况与实际情况不一致的，应到当地工商管理部门进行变更。否则不符合技术条件的要求。

第三节　机动车安全技术检验机构人员配备及要求

一、检验人员配备要求

在《机动车安全技术检验机构检验资格许可技术条件》中，国家质检总局对机动车安全技术检验机构中人员配备有明确的要求。与 2006 年发布的《机动车安全技术检验机构常规检验资格许可技术条件》相比，取消了检验人员数量的具体要求，但必须满足检验工作的需要。放宽了对技术负责人、质量负责人和授权签字人任职条件的限制（增加了可以是技师以上技术等级的规定）。

在技术条件中，对机动车安全技术检验机构的人员组成有详细的规定，包括：机构负责人、技术负责人、质量负责人、报告授权签字人、引车员、外观检验员、底盘检验员、登录员、设备维护人员和网络维护人员。上述人员除检验机构负责人外，都必须经过省级质量技术监督部门考核合格，持证上岗。但考核周期及上岗证、考核题目等没有全国统一规定，由各省自行制定。

1. 机构负责人

检验机构负责人在计量认证时称为最高管理者，实际上是总经理或场长，是安检机构的第一责任人，但不一定是企业的法人代表。作为安检机构的第一责任人，机构负责人要熟悉机动车检验业务，了解与机动车安全检验相关的法律法规和标准。作为检验机构的负责人，除抓日常管理工作外，还要对检验工作流程有了解，知道车辆检验程序。法律法规方面要了解《道路交通安全法》及配套的规范性文件，检验标准方面要了解 GB 7258 - 2004、GB 21861 - 2008 等相关的国家标准等。

2. 技术负责人、质量负责人、报告授权签字人

对上述三部分人员的要求有 5 项，对他们的要求较高是由于他们是检验机构中重要的技术岗位人员。需要说明的是，技术负责人、质量负责人、报告授权签字人可以兼任，但技术负责人、质量负责人不得一人兼职，不得由非本检验机构的人员兼职。

技术负责人是检验机构的技术主管，对检验工作应该非常熟悉，对与机动车安全技术检验相关的法律、法规及国家机动车安全技术检验标准及技术规范非常了解。

质量负责人是检验机构质量管理体系的主要负责人，在质量管理体系的建立与运行，质量管理手册的编写与执行，试验室内审和管理评审，期间核查和计量认证评审等方面负主要责任。

报告授权签字人是指批准机动车安全技术检验报告的人员，与原来所称谓的"总检师"或"主任检验员"不是一个概念。有的检验机构认为有主任检验员资格就是报告授权签字人是不正确的。报告授权签字人必须是主任检验员，主任检验员不一定是报告授权签字人。主要区别在于，主任检验员是在考上岗证时区别于一般检验人员的检验技术负责人员。如果没有通过资格许可和计量认证授权，则无权批准机动车安全技术检验报告。而报告授权签字人是主任检验员中通过资格许可和计量认证考评，并在计量认证

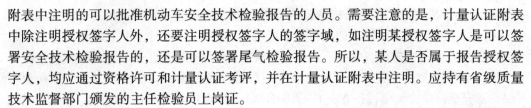

附表中注明的可以批准机动车安全技术检验报告的人员。需要注意的是，计量认证附表中除注明授权签字人外，还要注明授权签字人的签字域，如注明某授权签字人是可以签署安全技术检验报告的，还是可以签署尾气检验报告。所以，某人是否属于报告授权签字人，均应通过资格许可和计量认证考评，并在计量认证附表中注明。应持有省级质量技术监督部门颁发的主任检验员上岗证。

需要说明的问题是，在计量认证和资格许可评审时，授权签字人和主任检验员虽然由一人承担，但由于分属不同部门管理，不仅称谓不同，而且任职条件、考核要求也不同，给两个评审都带来困难。为此，国家质检总局、公安部、国家认监委于 2011 年 4 月发布《关于进一步加强机动车安全技术检验机构资格许可和监管工作的通知》，对此作出明确规定。在计量认证和资格许可工作中，对安检人员的考核要求统一按照《机动车安全技术检验机构检验资格许可技术条件》执行。按照文件的要求，在计量认证和资格许可评审时，授权签字人和主任检验员应统一称为授权签字人并按照授权签字人的任职条件进行考核，按照授权签字人发证。原主任检验员应通过计量认证评审考核，成为授权签字人。没有通过计量认证评审考核的主任检验员，不能成为授权签字人。应在考核发证时按照检验员办理。

报告授权签字人是机动车安全技术检验报告的最终批准人，对检验报告负有直接责任。报告授权签字除对法律、法规及国家机动车安全技术检验标准及技术规范了解外，还要求对检验流程、检验项目和方法等很熟悉。对检验报告及报告中反映出来的问题做到及时发现，及时解决。对检测设备的工作环境及工作原理清楚并且可以提出解决问题的办法。

对技术负责人、质量负责人、报告授权签字人的要求在技术条件中已经明确，但由于各地的情况不同，人员的水平也各不相同。对上述三部分人员的培训要抓紧，考核要从严。无论是资格许可还是计量认证，这三部分人员都要求在现场评审时进行考核。技术负责人侧重于解决技术问题能力；质量负责人侧重于对质量管理体系的理解和执行能力；授权签字人重点是检验报告审批以及及时解决出现的问题。

在技术条件中还对这三部分人员提出如下要求：

（1）熟悉相关的法律法规、标准和安检业务。对与机动车安全技术检验相关的法律法规和标准应熟悉并掌握。特别需要提示的是与检验工作关系密切的国家质检总局发布的第 121 号令和配套的五个规范性文件，两个重要的检验标准和修改单，与检测设备相关的 JJG、JJF 检定规程、规范等文件都属于需要熟悉并掌握的范围。安检业务是每天都面临的工作，更是要求熟悉掌握。安检业务包括检验项目、检验方法、检验流程等。

（2）具有机动车相关专业的大专以上学历或者中级以上工程技术职称（含）或者技师以上技术等级。与国家质检总局第 379 号文件相比，任职条件放宽到具备技师以上技术等级也可以担任。需要说明的是，有的同志还不符合"有机动车相关专业大专以上学历"的要求。原因是许多技术人员已经在检验机构工作数年，但其大专以上学历与机动车检验无关，如法律、财务等专业学历。这部分同志既然选择了检验行业，就要抓紧时间学习一个与机动车相关的专业，满足国家对技术人员任职条件的要求。

（3）熟悉机动车的理论与构造，熟悉各检验工位业务、流程及相关专业知识。对上述三种人员提出熟悉机动车的理论与构造是应该的。如果一个主任检验员不清楚什么是独立悬挂、什么是非独立悬挂，那他就不清楚什么车型需要进行转向轮横向侧滑量检验判定，什么车型不需要进行转向轮横向侧滑量检验判定。对在检验工作中如何执行《机动车安全技术检验项目和方法》（GB 21861－2008）就无法作出解释。如果对机动车的理论与构造不熟悉，就无法解释制动检测不合格的原因及提出解决问题的办法，无法指导车主对车辆进行正常的维护和修理。

（4）有3年以上机动车检验的工作经历。许多检验机构的主要技术负责人都是在机动车安全技术检验行业内工作多年的同志。但对于新建检验机构应注意，需要由有经验的同志来负责这方面的工作。

（5）熟悉安检机构资格许可技术条件要求。实际工作中发现有的人员对技术条件不熟悉，有的甚至不了解。技术条件是以国家规范性文件的形式发布的，是指导检验机构开展检验工作的重要文件。但不少检验机构的技术、质量负责人和授权签字人还不清楚有这样一个技术条件的文件。技术条件中对检验人员的要求、对检测设备的要求、对检验设备重新进行标定的要求及对设备检定周期表内容的要求等，都是主要技术人员所必须掌握的，应引起注意。

3. 一般检验人员

通常把引车员、外观检验员、底盘检验员、登录员称为一般检验人员。

在技术条件中对检验人员的要求有6条：

（1）了解机动车性能、构造及使用的一般知识。对机动车的性能、构造要有了解，如车辆由几大部分组成，各起什么作用等。对汽车的使用要有所了解，可以解释在汽车使用过程中出现的一般问题。

（2）熟悉检测仪器设备的结构及性能，熟练掌握检测设备仪器的操作规程。熟悉检测仪器设备的结构及性能是要求检验人员对设备的构造有所了解。例如，制动检验台的基本构造要清楚，第三滚筒起什么作用，如果被测车轮在滚筒上抱死而制动率未达到要求应该怎么办。对这些问题应该能够解释清楚。

（3）了解机动车安全技术检验相关标准，掌握检验项目的技术标准及本机构的检验工作流程。了解机动车安全技术检验相关标准不是要求必须熟悉，而且要有所了解。例如，驻车制动，什么车型驻车制动力要求大于整车质量的20%，什么车型驻车制动力要求大于整车质量的15%。本单位的检验工作流程应该熟悉掌握。

（4）掌握计算机操作技能，登录员应当熟练使用、管理计算机。计算机操作人员应该掌握计算机操作技能，能够熟练操作计算机，录入相关车辆信息，掌握计算机开关机的顺序及有关管理方面的基础知识。

（5）引车员应当持有与检测车型相对应的有效机动车驾驶证。需要说明的是，对引车员要求持有与检测车型相对应的有效驾驶证。例如，在资格许可时批准可以检验大型车辆，则需要有持有大型车辆驾驶资格（A1、A2）的引车员。强调持有有效驾驶证是指驾驶证在有效期内，不得失效。需要换证的要及时换证。

（6）外观检验员和底盘检验员还应当熟悉相应的机动车性能、构造及有关使用的相关知识。外观检验员和底盘检验员在检验工作中责任重大。应当熟悉相应的机动车性能、构造等知识。

在《机动车安全技术检验项目和方法》（GB 21861－2008）中，人工检验部分有104项，其中79项是否决项。除底盘动态检验12项外，其余92项都是外观检验员和底盘检验员的检查范围。而在92项中，外观检查有71项，底盘检查有21项。无论是外观检验、底盘检验还是底盘动态检验，每一个岗位的检验人员要知道自己负责检查的内容是什么，自己检查了没有，检查的结果如何。检验结果是否签注在机动车安全技术检验记录单（人工检验部分）上了，要认真检查一下。例如，外观检查，在唯一性认定部分，对车辆的VIN号码核对了没有，还是看看风挡玻璃下面的VIN号码就算通过了，还是连看都没有看？有的检验员甚至连自己检查的车辆VIN号码在什么地方都不知道，有的车辆已经检验完毕了，但VIN码上的油污都没有擦。底盘检查的项目中转向系统、变速器、传动轴等是否松旷，车辆是否有漏气、漏油（如刹车油泄漏）情况也要检查。

4. 设备维护和网络维护人员

由于网络在计算机系统中的应用，新增加了网络维护人员。鉴于检验机构检测设备多，设备维护人员应设专职。但网络维护人员可以由其他检验人员兼任。对设备维护人员，应了解检测设备的使用、保养、日常检定、机动车检测设备检定规程等基本知识，保证按时完成对设备进行保养、校准、标定、送检等工作，保证检测设备始终处于检定规程要求的范围内。网络维护人员应具备计算机网络的基础知识，并可以定期对计算机网络进行维护和管理，保证网络的通畅。

除技术条件所要求的人员外，检验机构还需要配备其他辅助人员，其数量和要求由检验机构本着节约的原则自行配备，辅助人员不在技术条件要求范围之内。

二、检验人员教育培训

目前存在的问题是检验机构的人员素质较低，无法满足检验工作的实际需要。检测设备再精确也要有人来使用，检验人员素质有待大幅度提高。由于种种原因，检验机构的人员素质问题已经到了非解决不可的时候了。没有高素质人才保证，就不可能提高检验工作的质量和检验机构的公信力。《机动车安全技术检验项目和方法》中有104项属于人工检验的范围，许多安全隐患都存在于人工检验的项目中。在实际工作中我们发现，有的检验机构的技术人员素质低，与国家规定的对检验人员的要求相去甚远。有的技术负责人无法解释出现的技术问题，质量负责人对质量管理体系都不了解，这样的检验机构如何为社会提供真实有效的检验报告呢？目前，应该从检验机构的技术负责人、质量负责人、授权签字人开始，对他们进行系统的培训，带动整个行业人员素质的提高。所以，检验机构应该从人员入场开始，就对他们进行法律法规、职业道德、技术业务等方面的培训，各级质量技术监督部门也应该定期对检验机构的主要业务、技术负责人和检验人员进行培训，经培训考核合格后才能发给本年度的检验资格上岗证，在机动车安全技术检验行业形成重学习、抓技术的良好风气。

目前存在的问题还包括由于检验人员数量众多，省级质量技术监督部门对检验人员一般是重考核而轻培训。对许多检验人员，特别是刚刚进入机动车检验行业的人员，对

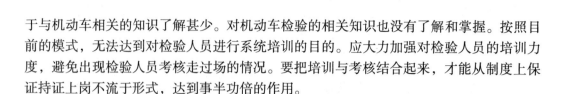

于与机动车相关的知识了解甚少。对机动车检验的相关知识也没有了解和掌握。按照目前的模式，无法达到对检验人员进行系统培训的目的。应大力加强对检验人员的培训力度，避免出现检验人员考核走过场的情况。要把培训与考核结合起来，才能从制度上保证持证上岗不流于形式，达到事半功倍的作用。

三、检验人员技术档案管理

机构负责人、技术负责人、质量负责人、报告授权签字人、引车员、外观检验员、底盘检验员、登录员、设备维护人员和网络维护人员都属于检验人员。所有检验人员都要建立技术档案。技术档案与人事档案不同，是记录检验人员技术资料的文档。各机动车安全技术检验机构都必须建立检验人员技术档案。技术档案包括：检验人员的学历证明和职称证明复印件、参加各种技术培训的培训证书复印件、省级质量技术监督部门颁发的上岗证、有效期内的引车员驾驶证复印件、在检验机构参加培训考试试卷及考核成绩等与检验工作相关的技术材料。对检验人员的技术考试每年应该进行 1~2 次，考试试卷和成绩应在本人技术档案中记录在案。

检验人员技术档案管理要按照每人一袋的原则，按照检验工种排序分类保管。技术档案要定期进行更新和检查，把新材料，如培训考核材料及时放入档案袋中，把过期的驾驶证复印件更新为新换发的驾驶证复印件等，保证检验人员技术档案符合人员的实际情况。实际工作中发现有的检验机构对人员技术档案管理松懈，许多人员档案陈旧，不按照规定进行更新。有的人员早已不在检验机构了，技术档案还保存着等情况时有发生，应引起检验机构的注意。

第四节　法律法规、行政规章、技术标准和管理制度文件的建立与保管

建立和完善法律法规、行政规章、技术标准和管理制度文件对机动车安全技术检验机构非常重要。检验机构无论是新建还是日常管理，上述文件都是必不可少的，应引起检验机构的注意。

一、法律法规文件

检测机构需要留存、掌握本章第一节提及的所有法律法规文件。

二、技术标准

除两个重要的国家机动车安全技术检验标准，即《机动车运行安全技术条件》（GB 7258－2004）和《机动车安全技术检验项目和方法》（GB 21861－2008）外，还要注意 GB 7258－2004 的三个修改单和 GB 21861－2008 第 1 号修改单。与环保检测相关的标准应与实际检验工作一致。已经实行简易工况检验的地区，应具备相应的国家标准或地方标准。例如，北京市尾气检验实行的是《在用柴油车加载减速排放限值及测量方法》（DB11/121－2010）和《在用汽油车稳态加载污染物排放限值及测量方法》（DB11/122－

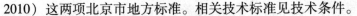

2010）这两项北京市地方标准。相关技术标准见技术条件。

技术标准的时效性应引起注意。GB 21861－2008 第 1 号修改单在 2010 年 4 月 2 日以国标委工—函〔2010〕6 号文件的形式发布并执行，但有的检验机构很长时间还不清楚有第 1 号修改单，可见许多检验机构没有做到国家质检总局"及时收集有效版本并采用"这一要求。技术标准的时效性表现在对国家技术标准的修订或更新高度关注。检验机构应当及时关注新的国家标准或标准修改单。在新的国家标准发布后和标准修改单发布后，应当及时组织检验人员进行宣贯，并按照新的国家标准和标准修改单对本检验机构的检验程序或执行的标准进行修改。如果技术负责人和授权签字人都不清楚标准已经修改，依然用已经过期或失效的检验标准检测车辆，那就是没有按照检验标准开展机动车安全技术检验工作。

三、管理制度

技术条件要求的九项管理制度是检验机构必须制定的管理制度。在实际工作中，检验机构对于这些管理制度显得比较陌生，不清楚这些制度与质量管理程序文件中的相关程序是什么关系以及如何建立这些制度。九项管理制度属于检验机构日常管理中经常遇到的，是有实际意义的。九项管理制度与相关的质量管理程序文件可以一致，但应独立成章，成为一册管理制度汇编。分别叙述如下：

1. 安检机构专业技术人员和管理人员岗位职责

安检机构专业技术人员和管理人员是指安检机构中的管理人员和检验人员，与检验工作无关的人员不在上述范围。岗位职责应按照职务顺序排序、按照各不同岗位分别编写。主要有检验机构负责人、技术负责人、质量负责人、报告授权签字人、引车员、外观检验员、底盘检验员、登录员、设备维护员、网络维护员等。岗位职责是指每一个岗位需要做的工作或需要担负的责任，逐条列出。但应注意的是，要符合本单位的实际情况，应该做到的必须有体现，体现出来的必须能够完成。否则制定岗位职责就失去了实际意义。

要注意岗位职责应该是本单位的最新版本，检验机构的人员和职务发生了变化，但几年前的岗位职责还在使用，明显与事实不符。有的岗位已经撤销了，有的岗位与其他岗位合并了，就不要再出现该岗位职责了。岗位职责要符合本检验机构的实际情况，不要照搬别人的东西。有时发现几个检验机构的岗位职责都一模一样，但各单位的情况又不一样，明显是相互抄袭的。不同岗位职责要与营业大厅内明示的岗位职责相一致。不能管理制度中的岗位职责是一套，而营业大厅内明示的岗位职责是另一套，两套岗位职责应该一致。营业大厅内的岗位职责应出自管理制度汇编。

2. 安检机构专业技术人员和管理人员培训、考核制度

提高安检机构专业技术人员和管理人员的素质，关键在于培训、考核制度的建立和实施。检验机构负责人应安排时间对检验人员进行培训和考核。培训要有培训大纲，提出培训计划和实施方案，有培训内容和主要负责人，如准备培训什么工种，用什么培训教材，由谁负责培训等。考核要有准备考核的题目范围和时间、参加考核人员等。例如，对管理人员和技术人员的培训内容就不一样，对报告授权签字人和一般检验员的培训考核内容也不一样，应区别列出。培训、考核的时间间隔周期也是制度的内容之一，

技术人员和管理人员多长时间进行一次培训、考核，要有一个规定，要有所说明。培训的内容要不断更新，如现在有的培训计划中还有对《机动车安全检验项目和方法》（GA 468 - 2004）的培训内容，显然是没有对原来的培训计划进行更新和修改。

3. 安检机构专业技术人员和管理人员行为规范

行为规范是对人员或机构行为的规定或约束。这里所要求的行为规范是对技术人员和管理人员宏观的行为要求或行为准则，不是对管理岗位和技术岗位具体工作的要求，如技术人员和管理人员如何具备良好的职业道德、工作责任心等。职业道德又表现在爱岗敬业、忠于职守等方面，如在检验工作中如何廉洁自律，不接受任何商业贿赂，保证检验结果的真实、客观、公正。在工作中如何按照国家机动车安全技术检验标准进行车辆检验，如何保证检验设备正常完好工作，遵守各项规章制度和各岗位责任制等。

4. 检测仪器设备（含标准物质）的采购、验收、使用、保管、报废等程序或制度

这个制度是针对检测仪器设备（含标准物质）而制定的，要有针对性。主要包括：

（1）设备采购：设备采购的原因，为什么需要采购，是新增还是更新。要提出采购报告的依据，是否货比三家进行比较。最后进行采购计划的批准。

（2）设备验收：设备验收要有专人负责，要履行验收手续。除设备完好外，设备合格证书、使用说明书、计量仪器的检定证书、安装及电器原理图等应齐全。

（3）设备使用、保管：设备使用、保管一般由设备管理员负责。设备在使用过程中要有维修计划及故障记录。原则上维修及故障记录应与设备档案一并保管。设备保管要有记录，以备查验。

（4）设备报废：设备在什么情况下允许报废要有明确的规定。报废要有相应的程序，要有设备报废计划，要有报废设备申请的提出人和监督人、批准人签字，保证设备或仪器在合理的情况下报废更新。

标准物质主要是指标准气体，标准气体是有时效性的。保管要有一定的条件。在制定本程序时要注意。

5. 检验事故分析报告程序或者制度

检验事故是在检验过程中发生的事故。所谓事故应该是属于比较严重的或影响较大的事件，不同于一般性的问题。对发生检验事故应该如何处理，按照什么程序处理都属于本程序或制度需要规定的内容。要明确检验机构内部如何报告、外部如何报告；出现检验事故的原因是什么，受检车辆损坏是由于引车员操作不当，还是操作规程本身就没有具体的明确要求；车辆检验某个工位出现问题，是哪一级检验程序出现了问题，还是管理工作中出现了漏洞，如何解决并且避免类似事件的发生；检验事故出现后的补救措施是什么等。检验事故分析报告由谁负责组织，要报告给哪一级领导及上级管理机关也要有明确的规定。

6. 检验记录、检验报告等技术文件和资料档案的修改、保存、销毁等程序或者制度及保密制度

检验记录是机动车安全技术检验机构生产的"产品"，是检验机构最重要的技术文件，是车辆检验后留存在检验机构的重要依据。检验记录或检验报告是否真实、有效、客观、公正，是评判检验机构检验工作质量的重要依据。检验记录（含检验报告、外观

检验单及查验记录等）不得随意修改，需要修改也要按照谁修改、谁签章的原则，按照规定，检验记录不得空格，要按照规定填写。

检验记录要专人负责保存。保存的时间要按照有关部门的要求执行但要在本规定中体现。为保证检验报告真实有效，原则上不得外借。必须借阅检验记录要有批准程序，一般非经最高管理者批准不得借出。在得到最高管理者批准后，应该保证谁借阅、谁签字、谁登记、谁对所查阅的检验记录负责。需要说明的是，检验报告在车辆的检验周期内必须严格保管制度，出现问题可以进行查验。如果随意借出，检验数据特别是人工检验记录易被更改，出现问题将很难取证、对证，找不到责任人。所以检验报告的保存及借阅必须有相应的程序保证。

检验记录一般在一个车辆检验周期后即失去保管的意义，可以按照规定程序得到相关领导批准后进行销毁，但销毁要按程序，如销毁记录的时间周期、销毁检验记录的执行人和批准人、销毁记录的地点要求等。被批准销毁的检验记录不得随意出售给废品回收单位，更不能出售给个人，应该由专人负责现场监督运送到造纸厂销毁，绝对不得将检验记录随意处理，流入社会。个人和单位的信息被泄露是要承担法律责任的，需要引起检验机构的注意。

需要保密的文件和材料，应按照有关保密文件的要求采取保密措施。这里所指需要保密的文件和材料，对检验机构而言，主要指上级下发的有保密级别或需要保密的文件，用户（车主）的个人资料及检验信息都属于保密的范畴。对于这些资料的保管、借阅要有一定的制度或程序。在什么情况下可以借阅、什么人可以借阅、批准人的权限、借阅时间、归还时间等都要有规定。对需要保密的资料或文件如果出现问题，检验机构应当承担责任。

7. 检测车间管理制度

检测车间包括安全技术检验车间和尾气检验车间都要有相应的管理制度保证。检测车间管理制度要针对用电量大、设备多、工作时间检验车辆多的特点制定。例如，用电保证及下班检查，检测时产生的尾气处理，检测时如何保证检验车辆和人员的安全，无关人员不得进入检测车间，对检验人员的要求等都属于检测车间管理制度的范围。

8. 普遍性质量安全问题的分析报告制度

普遍性质量安全问题是指发生在检验工作过程中带有普遍性的质量安全问题。检测数据严重失真造成检验车辆大部分不合格或车辆检验全部合格，都属于出现了普遍性质量安全问题。要分析出现普遍性质量安全问题的原因，是属于设备没有按时自标造成设备零点漂移还是计算机系统出现问题，并提出分析报告。分析报告由谁负责组织编写，要报告给哪一级领导及上级管理机关也要有明确的规定。

9. 安检机构年度报告制度。

安检机构年度报告内容在《机动车安全技术检验机构监督管理办法》第三章中有明确规定。需要说明的是，办法中对年度报告的六条要求是基本要求，检验机构应尽可能详细地对上一年的检验工作进行总结和汇报。年度工作报告特别强调要对一年来检验机构的基本情况进行报告。检验机构向当地质量技术监督部门提交的年度工作报告的时间已经从以前的 12 月份改为次年的 1 月底前，目的是可以将一年来的检验情况进行总结和报告。有的检验机构还在报告制度中规定提交报告的时间为 12 月份，说明没有学习上述办法，对原年度报告制度也没有进行修订。

技术条件要求检验机构建立安全技术检验档案。安全技术检验档案包括检测设备档案、检验人员技术档案等技术文件。安全技术检验档案要安排专人管理，专人负责，建立技术档案的管理程序。重要的是要有专人负责。实际工作中发现许多检验机构对技术档案的管理不认真，有的检验机构将技术档案与人事档案混在一起，档案材料无法区分。有的将技术档案随意摆放，无专人负责。这里需要强调的是人的重要性。技术档案，顾名思义，即是与技术相关的档案材料，与人事档案没有关系。应该要求有专门人员具体负责管理，建立相应的管理制度或程序，保证技术档案材料保管的严肃性。安全技术档案包括检测设备档案、检验人员技术档案要随时更新，不能早已报废的设备也在设备档案中，新更新的设备却找不到；技术人员早已离职但还在人员档案中，但新来的员工却找不到。

四、检验结果管理

检验结果的管理实际就是检验报告的管理。要按照检验记录、检验报告等技术文件和资料档案的修改、保存、销毁等程序或者制度及保密制度的要求，加强对检验报告的管理。在技术条件中还明确要求检验记录中关于路试及复检记录也应包括在检验记录中，以使检验结果可追溯。

在实际工作中我们发现，对复检记录还是比较认真进行记录的，但对于路试记录许多检验机构都记录不完整。按照《机动车安全技术检验项目和方法》（GB 21861 – 2008）的要求，路试记录应体现在检验结果记录单上，检验记录也应有相应的位置打印路试记录。但实际工作中许多检验记录单上都没有打印路试记录。有的只有路试合格的记录而没有路试数据记录，还有的有记录但没有检验车辆号码记录，不清楚路试记录是哪辆车的，还有的有路试记录但没有路试人员的签章，不知道路试人员是谁，还有的检验机构的检验记录与路试记录分别保管，非常不利于查找。总之，对车辆检验记录和路试记录保存不规范，就没有做到检验结果可追溯。

按照《机动车安全技术检验项目和方法》（GB 21861 – 2008）的要求，路试结果应打印在《机动车安全技术检验报告》上，并由路试检验员签章。如果做不到将路试结果打印在检验记录单上，也应该将在便携式制动性能测试仪上打印的测试 MFDD 的记录粘贴在《机动车安全技术检验报告》上，由负责路试的检验员签章。这样才可以保证检验结果可追溯。

第五节 机动车安全技术检验机构设备要求及技术文件管理

一、检测设备

按照技术条件的要求，检验机构需要配备的检测设备，应按照技术条件附件 3 和附件 4 的要求选择。其中不同受检车型对应的检测线要求见技术条件附件 3，不同车型检测对应的检测设备要求见技术条件附件 4。需要说明的是，在国家标准《机动车安全技术检验项目和方法》（GB 21861－2008）颁布后，喇叭声级检测已经移出检测车间，只有当检验过程中检验人员认为有必要时才对喇叭声级进行检测。所以，检测线只有尾气（如果有简易工况检验则移出安全检测车间）、车速、轴（轮）重、制动、灯光、底盘检查六个检测工位。

在技术条件中，对检测设备提出了十项要求。检验机构在选购检测设备时，应认真查阅所选购的检测设备是否符合技术条件的要求。除此以外，还要注意，检测设备是要为检验机构服务多年的，所以要选择设备制造水平较高、售后服务及时、口碑好的设备生产厂家的产品。同时检测设备又是计量产品，有的产品需要通过合法有效的型式认证。检测设备的生产要符合相关的产品标准，如《滚筒反力式汽车制动检验台》（GB/T 13564－2005）、《滚筒式汽车车速表检验台》（GB/T 13563－2007）等。

由于汽车检验设备更新换代较快，新的设备制造标准也在不断更新。选购的检测设备应及时查阅相关的设备制造标准并检查所采购的设备是否符合新颁布的检测设备制造标准和机动车安全技术检验标准的要求，避免出现采购的设备已经落后，不符合新的制造标准以及国家机动车安全技术检验标准的局面。

需要说明的是，目前国家质检总局明确要求汽车检测必须使用固定式检测线，即不得使用移动式检测线，但摩托车检测可以使用移动式检测线。

检测设备应采用二次仪表并具有数字接口，能够进行联网控制。这里所说二次仪表是每台检测设备所对应的二次仪表，可以独立显示该设备的检测数据，所显示的检测数据应与计算机（或 LED 点阵牌）显示的检测数据一致。

二、计算机联网

检测线计算机应该实现联网，可以进行各工位自动检测、打印检验报告。计算机网络传输应该保证检测数据的真实。需要说明的是，计算机联网国家标准《机动车安全技术检验业务信息系统及联网规范》已经形成报批稿，等待批准。规范对检测项目的流程、数据的采集方式、检测项目中各部分检测数据采集顺序、检验工位的区分等都将作出具体规定，便于计算机联网单位执行和监督检查检验结果。

三、设备检定

1. 设备检定及管理

检测设备应该由经过授权的计量检定机构进行检定或校准，取得检定证书或校准证书，并在有效期内。但经校准的设备是否可以在检验机构使用，需要技术负责人根据设备校准证书和国家标准及计量检定规程的要求，作出可以使用的批准文件方可使用。检测设备除包括固定在检测线上的设备外，还有部分便携式设备，如便携式制动性能测试仪、声级计等需及时送检，取得检定证书或校准证书，并在有效期内。设备检定经常发生的问题有，由于设备检定每个省只有一个计量检定单位负责，而一个单位要面对全省几十家检验机构，时间安排与各检验机构检测设备实际需要检定的时间不一致，造成超出设备检定期，但没有进行检定。计量检定单位应该编制好全省检验机构的检定时间表，应保证在设备检定有效期内必须对设备进行检定，保证检测设备在有效期内运行。还有的检验机构的设备检定已经结束，但检定证书迟迟不能发到检验机构。这种情况下，省级计量检定单位应该出具证明材料，证明该检验机构的设备已经通过检定。

技术条件要求对设备在特殊情况下必须重新进行检定或校准，并列出了四种情况。重新进行检定或校准，是指由省级计量检定机构实施的检定，并出具检定或校准证书。需要说明的是在什么情况下需要进行重新检定，总的来说就是只要影响设备检测结果，如移位及更换传感器就必须进行重新检定。但如果没有影响设备检测结果，如对设备进行维修的部位与设备检测结果没有关系就不需要进行重新标定。

另外，对设备进行期间核查发现问题也必须进行重新检定。按照《实验室资质认定评审准则》的要求，期间核查在两次设备检定之间起码进行一次，即在设备检定后半年就应该进行期间核查。期间核查并非针对所有检测设备，而是那些使用频次高的设备。期间核查的目的是防止检验机构使用不符合标准和规范的设备。在检验机构使用的检测设备中，检测车间所使用的检测设备都属于频次高的设备，都应该按照仪器设备期间核查程序的要求进行期间核查。仪器设备期间核查程序是计量认证程序文件中要求的，所以应该具备这个程序。在期间核查中发现设备出现异常情况也应该重新进行检定或校准。

2. 设备检定周期表

检定周期表的内容包括：仪器设备的名称、编号、检定周期、检定单位、最近检定日期和送检负责人。检定周期表是最近检定后制作的检定周期表，标明上面所有的内容，但不是本次检定之前的周期表也不是历年的设备检定周期表。另外设备检定周期表的内容应按照技术条件要求的项目去做，不要自行减少项目。另外，检定周期表中所列的设备都是需要进行计量检定和校准的设备，不是所有设备都必须列入设备检定周期表，这点需要引起大家的注意。

3. 设备标志

按照要求设备的标志为绿色（合格）、黄色（准用）和红色（停用）共三种。

（1）合格标志（绿色）：经计量检定或校准合格，符合检测或校准技术规范规定使用要求。

（2）准用标志（黄色）：仪器设备存在部分缺陷，但在限定范围内可以使用。

（3）停用标志（红色）：仪器设备目前不能使用，但经过重新检定或校准就可以使用。需要说明的是，停用的设备不是实验室的废品，而是经过修复重新检定或校准就可以使用的设备。已经根本无法使用的设备和仪器属于废品，也不应保存在实验室内。

四、检测设备技术文件管理

设备档案是设备管理的核心内容，必须引起注意。设备档案包括设备仪器合格证书、使用说明书、检定证书、校准或测试报告、安装基础图、电器原理图、故障及维修记录等。按照要求，每一台设备要有一份设备档案，要求按照设备类型分袋放置，不得混装在一起，既不便于保管，也不便于查找。设备故障及维修记录是设备进行维护、保养、修理的记录和凭证，必须按照时间顺序进行记录，不得漏记或错记。每一台设备的故障及维修记录都要放在这台设备的档案袋中，便于管理及查阅。

本章小结

本章根据国家质检总局《机动车安全技术检验机构检验资格许可技术条件》的要求，结合检验工作的实际情况，从检验机构的场地、法人资格、人员要求、管理制度、设备要求五个方面，对检验机构开展机动车安全技术检验活动需要具备的条件进行了详细的介绍。检验机构的场地及建筑要求主要包括机构内部布局和检测车间布局，对检测车间、业务大厅、试车跑道和驻车坡道的要求作了解释；介绍了检验机构法人资格如何确定；检验机构人员配备方面主要介绍机构如何配备人员才能既满足总局要求，又符合实际工作需要的问题；技术性文件管理部分对总局要求的九项管理制度进行了详细的介绍；设备要求部分对与设备管理相关的问题，如设备检定及设备检定周期表作了介绍。

思考题：

1. 检验机构开展机动车安全技术检验活动，必须具备什么资格？

2. 《机动车安全技术检验项目和方法》（GB 21861 – 2008）第 1 号修改单是什么时间的发布的？

3. 按照《机动车安全技术检验项目和方法》（GB 21861 – 2008）第 1 号修改单的要求，机动车安全技术检验（小型车）各工位最少检验时间为多少？

4. 按照《道路车辆外廓尺寸、轴荷及质量限值》（GB 1589 – 2004）的规定，汽车、挂车及汽车列车车宽的最大限值是多少？

5. 如果检测线设计三个检验工位可以同时检验，说明检测车间的长度起码要满足可以有几辆汽车同时进行检验？

6. 检测车间的底盘检查工位是非常重要的检查工位。在国家标准 GB 21861 – 2008 有关人工检验的 104 项检查项目中，车辆底盘检查有多少项？

7. 用便携式制动性能测试仪进行车辆制动性能测试，对于乘用车及总质量不大于4500kg 的汽车制动初速度应不低于 30km/h，急踩制动后测取 MFDD 及制动协调时间。要完成这样的测试，试车跑道的宽度应不小于多少米？

8. 车辆驶上坡度为 20%、附着系数不小于 0.7 的坡道上，按正反两个方向保持固定不动，其时间不少于 5min，检验车辆驻车制动是否符合要求。总质量为整备质量 1.5 倍以下的车辆的驻车坡道的坡度是多少？

9. 20% 的坡道是如何描述的？

10. 业务大厅的公示栏要明亮、醒目，还要设置什么？

11. 在检测车间的出入口，还需要设置什么？

12. 检测车间要安装消防设施，如放置消防水枪或灭火器。消防水枪或灭火器必须经常检查，灭火器要求指示仪表指针在什么区域为合格？

13. 安全检测线与简易工况尾气检测线无论如何排布，均应该采用什么样的设计方式，既可以提高受检车辆在车间的通过能力，又便于空气流通？

    14. 检测车间内部按照技术条件要求，要有多宽的安全通道？

    15. 制动台前后多长距离地面附着系数不得小于0.7？

    16. 检验机构负责人在计量认证时称为什么？

    17. 技术负责人、质量负责人、报告授权签字人可以兼任，但哪两个职位不得一人兼职？

    18. 谁是机动车安全技术检验报告的最终批准人？

    19. 一般检验人员要了解机动车安全技术检验相关标准，除需要掌握检验项目的技术标准外，还需要掌握什么？

    20. 引车员的机动车驾驶证的准驾车型应当与什么车型相对应？

    21. 在车辆唯一性认定时，除对车辆号牌、发动机号进行核查外还需要对什么进行核查？

    22. 国家质检总局发布的《机动车安全技术检验机构监督管理办法》的同时，还发布的另外几个规范性文件是什么？

    23. 技术条件要求检验机构必须要制定的基本管理制度有几项？

    24. 按要求每年的什么时间安检机构需向所在地质量技术监督部门提交上年度工作报告？

    25. 如何做到检验结果可追溯？

    26. 检测设备应该按期经授权的计量检定机构进行检定或校准，取得什么证书？

    27. 设备的标志为几种颜色，各表示什么意义？

第十二章　机动车安全技术检验
机构资格许可

2009 年 12 月 1 日，《机动车安全技术检验机构监督管理办法》开始实施。其中第 7 条规定，国家对安检机构实行资格管理和计量认证管理。对安检机构实行资格许可制度已经成为质量技术监督部门对安检机构实施管理的重要手段。

第一节　资格许可申请

申请机动车安全技术检验机构的申请人，首先要按照《机动车安全技术检验机构检验资格许可办理程序》的要求，提供以下材料：

（1）《机动车安全技术检验机构检验资格许可申请书》。

（2）法人证明及复印件。

（3）检验人员考核合格证书及复印件。

（4）计量器具检定或者校准证书及复印件。

（5）地理位置、场地及厂房平面图，相应的所有权或者合法使用权证明及复印件。

（6）其他有关证明材料。

下面就需要准备的材料逐项进行介绍。

一、《机动车安全技术检验机构检验资格许可申请书》

申请书需要检验机构填写的有五部分内容：

1. 检验机构的基本情况

其中检验机构住所和检验机构地址一般情况下应该是一致的。但有的情况下就不一致，如检验机构的办公地点与检验机构不在一个地方就需要分别填写。

检验机构除法定代表人和联系人外，还要有技术负责人、质量负责人和报告授权签字人。技术负责人负责解决机构的技术问题，而质量负责人负责机构质量体系的运行，报告授权签字人负责检验报告的最终审批。需要注意的是，上述三种技术人员都要求有三年以上检验机构的工作经历，有大专以上机动车相关专业毕业或中级以上技术职称或技师以上技术等级。

检验技术人员总数是指考取省级检验人员上岗证的人员总数，而从业人员是指检验机构的所有人员，包括后勤人员、办公室人员和财务人员等。

成立日期和经营期限应该以营业执照为准，还没有办理营业执照的可以不填。但需要说明的是，检验机构社会化后，企业法人、事业法人和社团法人都可以申请开办检验机构，但在营业执照经营范围一栏中要求必须有开展机动车安全技术检验的描述。否则不得申请检验机构。

2. 申请检验车型的基本情况

按照国家质检总局的要求，摩托车可以使用移动式检测线，而汽车检验不得使用移动式检测线。

申请检验车型的基本情况要求填写检测线的条数，可以根据检验机构的实际需要配置。需要说明的是，大型车检测线对应的是 A1、A3、B2、A2 车型，小型车检测线对应的是 B1、C1、C2、C3 车型，两轮摩托车检测线对应的是 E、F 车型，三轮摩托车检测线对应的是 C4、D 车型。安检机构一般都需要将自己安检范围尽可能扩大，但需要注意的是，自己的检验场地能否满足检验工作的需要。例如，申请检验 A1、A3、B2、A2 车型，首先要考虑到检验场所的面积是否足够开展这类车辆的检验，检测车间的出入口能否满足这类车辆的正常通过。如果不能满足需要，则不必申请此类车辆的检验资格。以 A1 大型载客汽车为例，长、宽、高分别是 12m、2.5m 和 4m，检验这样的车辆除检测车间要满足需要外，检测车间的出入口也要足够宽阔，否则无法保证大型车辆的通过。必要时可以用车辆实际检验一下，看是否可以满足要求。

申报两轮、三轮摩托车检测线要考虑本地区两轮、三轮摩托车的实际保有量。有的地区，如北京，两轮摩托车早已不发牌照，保有量也不大，本地区的其他检验机构已经有两轮摩托车检测线，就可以不再考虑新增。三轮摩托车检测线可以检验三轮摩托车和三轮汽车，但目前三轮摩托车已很少见，三轮汽车保有量低，三轮摩托车检测线是否还需要新建值得商榷。总之，要按照当地的实际情况考虑新建检测线。

检验机构检测线的条数除老、少、边、穷，经济不发达地区外，都不应该只设立一条检测线，建议建两条以上，大、小型检测线各一条为妥。主要考虑到检测线是由许多设备组成并且依靠计算机进行联网，有一台设备出现问题或计算机系统出问题整条检测线将不能工作，也就意味着检验机构就要停业，影响机动车安全技术检验工作的正常开展。如果有两条检测线，如果一条出现故障，另一条还可以开展工作，不影响机动车安全技术检验工作的正常开展。检验机构在申请检测线条数时还要考虑 GB 21861－2008 第 1 号修改单已经限制了车辆检验的最短时间，也就限制了一条检测线的检测车辆数。条件允许应尽量多安排检测线的条数。

3. 机构主要负责人和检验技术人员情况

机构主要负责人和检验技术人员要符合技术条件对人员的要求，按照机构负责人、技术负责人、质量负责人、报告授权签字人、检验人员、设备维护人员、网络维护人员的顺序填写。对上述人员的要求在技术条件中已经讲得很清楚，应按照要求进行检验人员的配备。技术负责人、质量负责人不得一人兼任，技术负责人、质量负责人、报告授权签字人都应有在检验机构三年以上工作经验，应该在岗、在职，不得由非检验机构的人员兼职。对于检验机构是否可以招聘已经退休的工程技术人员做技术负责人或授权签字人，原则上不允许。但如果本地区确有困难，招聘的已经退休的工程技术人员也必须做到在岗工作，而不能在检验机构只挂名不上班。

4. 主要检验仪器、设备和相关校准设备清单

此项主要是要列出检验设备还包括附属的其他路试设备清单。需要说明的是，其他

路试设备要按照总局的要求配置，不得缺少并经过检定或校准。

5. 检测线检验工位和仪器、设备布置图

实际就是检测线设备和检验工位的布局图，按实际情况绘制。核查人员应该对图纸进行现场检查与核对。

二、法人证明材料

按照要求提供。

三、检验人员考核合格证书

应该提供考核合格证书复印件和学历、职称证书复印件。对安检机构的技术负责人、质量负责人、报告授权签字人的学历、职称证书，检验机构应该认真审查并对所提供的这部分主要人员的资料负责。其他检验人员的学历证明也应复印一并上缴。

四、计量器具检定或校准证书

计量器具检定或校准证书及复印件应该保证在检定或校准有效期内，检定或校准证书上的单位名称应与检验机构的名称相一致。

五、地理位置、场地及厂房平面图，相应的所有权或者合法使用权证明

提供检验机构使用面积范围内的地理位置、场地和厂房平面图。土地属检验机构自己的，要提供所有权证明。土地属于租赁的，要提供双方的租赁协议，租赁时间一般不得低于三年。需要说明的是，检验机构的场地和厂房面积虽然没有具体规定，但必须满足车辆检验的实际需要，必须有独立的检验区域和办公区域、办事大厅、停车场地、试车跑道、驻车坡道等设施。应有独立的院落或围墙以保证车辆检验过程中车辆和人员的安全。有的检验机构建设在居民区中，附近就是餐厅等服务设施，也没有任何围挡，不符合检验机构开展机动车技术检验的需要。上述要求在技术条件中有明确规定，这里不再复述。

第二节　资格许可受理

质量技术监督部门在收到申请人送交的申请文件后，首先要按照总局提出的"统筹规划、合理布局、方便检测"的原则，对申请进行审查。如所申请的检验机构在本地区的规划范围内，就可以受理申办申请。总局提出的"十二字原则"是资格许可的首要条件，其他的必须通过计量认证等要求是附属条件。总局取消以前对检验机构位置和验车数量的要求不是不需要规划了，而是各地要按照自己的实际情况做到统筹规划、合理布局，使检验机构布局更加合理，使检验机构的数量与本行政区域机动车保有量的增长相一致。检验机构社会化不是完全市场化，因为检验机构所执行的是国家强制性机动车安全技术检验，检验收费也是由政府批准的，都是带有强制性的，所以社会化不是市场化。不是市场化就必须要有规划，这与在市场经济条件下单纯进行产品生产、销售是完

全不同的两回事。所以，质量技术监督部门对检验机构提出的申请首先要进行本行政区域内的规划审查。

安检机构的规划设置，应该由质量技术监督部门根据本省的实际情况提出，与公安交通管理部门协商后联合发布，在本行政区域内施行。设置规划一般每三到五年制定一次。规划应以各地级市为单位，首先由各地级市质量技术监督部门提出并与同级公安交通部门会商，达成一致意见报省级质量技术监督部门和同级公安交通管理部门，由两单位共同发布并遵照执行。对在制定规划的过程中，如果发现有的地市检验机构数量和检测线数量已经超过机动车保有量时，该地市的检验机构应该停止审批。按照公安部的统计，全国机动车保有量参检率大约为50%左右，如果一个地区的机动车保有量为10万辆，则参检的机动车大概为5万~6万辆。如果该地区有两家机构，四条检测线已经资格许可的话，检验能力就已经饱和，再新批准检验机构就会使本地区检验能力过剩，加剧检验机构无序竞争。

对申请的安检机构，还要事先征求公安机关交通管理部门的意见。公安机关交通管理部门负有对机动车安全技术检验机构的管理职责，对出具虚假检验报告、弄虚作假的单位有权撤销其检验资格。同时，公安机关交通管理部门还要求检验机构与交管部门进行计算机联网。所以，检验机构设立时必须事先征求公安机关交通管理部门的意见。对符合本地区检验机构设置规划的申请单位，按照《机动车安全技术检验机构检验资格许可办理程序》的要求，由省级质量技术监督部门进行申请的受理。

第三节　资料审查

按照《机动车安全技术检验机构检验资格许可办理程序》的要求，对符合本地区检验机构设置规划的申请单位，首先要由质量技术监督部门进行资料审查。对申请人提出的申请，资料审查主要查看检验机构的土地使用情况是否属实，检验场地是否适合检验工作的需要，检验机构的周边道路是否通畅，检验机构所在地是否封闭并与其他单位相隔离。保证检验工作的正常开展。

办理检验机构首先要确保土地使用性质真实、可靠。建委要出具检验机构土地使用权证明材料，标注本检验机构四周范围、实际占地面积并附图。要保证检验机构可以在一个独立的区域开展检验活动，不受其他单位的干扰。如检验机构与其他单位相邻，就要求进行隔离。与道路相邻就要求有一定的安全距离。检验机构的实际占地面积是否适应检验工作的需要也是需要注意的问题。目前，国家对检验机构的占地面积没有具体要求，但必须适应和满足开展检验工作的需要。在《机动车安全技术检验机构检验资格许可技术条件》第七节"总体布局"中，要求检验机构周边道路宽阔，交通顺畅、便捷，进出道路视线良好。检验机构还要按照环保的要求，远离居民区和商业网点等。在质量技术监督部门进行资料审查时，可以从资料中看出是否符合总局的要求。可以要求检验机构提供由建委批准的标注本检验机构四周范围及附图的说明。这样就可以看出检验机构的周边交通情况。对提供的材料不能清晰地看出本机构的实际占地情况和周边情况，或者周边情况清晰但属于申请单位自行绘制未经建设部门批准的，应认定不符合要求需予以改正。

总体布局中还要求检验机构场地满足检验工作的需要，有检测车间、试车跑道、驻车坡道、业务大厅、停车场、站内道路、办公区、计算机房等设施。在资料审查时要查看检验机构是否有这些设施。包括检验机构的复评审，也要查看上述设施有无变化，看这些设施是否还存在并在工作。以上部分可以从检验机构提供的平面图及检测线检验工位和仪器、设备布置图中清楚看到。平面图是指检验机构场区平面图，可以看出检验机构内部的设施，如检测车间、试车跑道、驻车坡道、业务大厅等是否符合技术条件的要求。检测线检验工位和仪器、设备布置图可以看到检测线内部各工位检测设备、检查地沟的排布和计算机房的布局，检测设备是否符合 GB 21861－2008 标准要求的设备数量，需要进行 CMC 型式认证的设备是否具有 CMC 认证证书。对于不符合技术条件要求的，应该按照要求进行整改。

质量技术监督部门在资料审查时可以请省内专家参与，把发现的问题在派专家进行现场核查前就提出，要求申请单位进行整改。申请单位整改后资料符合要求再由质量技术监督部门下发现场评审通知书，派专家进行现场核查。

第四节　专家评审要点

按照《机动车安全技术检验机构检验资格许可办理程序》的要求，省级质量技术监督部门对申请人的资料进行审查后，要对申请人的现场检验能力和管理状况进行核查。由省级委派 2 名以上的评审员完成现场核查任务。评审员应该深刻领会总局文件要求。评审员特别是评审组长应该原则性强，不徇私情。必要时可以对本区域的评审员实行回避制度，保证评审的公正性。检查人员要按照总局的要求，对申请人的检验能力和管理状况进行全面的审查，为省级质量技术监督部门最终是否发放资格许可提供可靠的依据。如果评审人员自己就认为技术条件中的某些条款在本地区可有可无或本地区不适用，自作主张对技术条件进行简化，那现场审查就属于走过场，评审也就失去了实际意义。以上问题应引起各省级质量技术监督部门的注意。

要加强对评审人员的管理，严格评审人员的准入。要按照总局《机动车安全技术检验机构检验资格许可审查员管理规定》的要求，强化每年一次对评审人员的年度考核。对检查中发现存在问题的评审员，应按照管理规定的要求处理。本行政区域的资格评审，可以在符合国家质检总局要求的前提下，由省级质量技术监督部门制定本省统一的资格评审实施细则，由评审员遵照执行。这样才能维护国家质检总局《机动车安全技术检验机构检验资格许可技术条件》和《机动车安全技术检验机构检验资格许可办理程序》等国家规范性文件的严肃性。

专家评审是检验机构是否正常开展检验业务的关键，复评审是检验机构是否可以持续开展检验业务的关键，也是质量技术监督部门是否授予该单位检验资质的主要依据。对质量技术监督部门已经受理的申请，专家评审要严格按照总局提出的八项要求进行。现场审查报告由法人资格、依法经营、人员、法律法规行政规章技术标准管理制度、检测仪器设备、信息联网设施、总体布局、检验厂房八个方面内容组成。同时，现场查验也是必不可少的内容。

检验资格评审每三年进行一次。除评审外监督检查一般都由当地质量技术监督部门负责。为增加监督检查的力度，有的省质量技术监督部门要求除日常监督检查外，每年组织一次有专家参加的监督检查。专家由省局派遣，检查结果对省局负责。还有的省局每年组织一次对检验机构的检查，发现问题及时进行整改。检查记录既可以使用《机动车安全技术检验机构检验资格许可技术条件现场核查记录表》，也可以使用本省自己编制的检查记录表。以上这些先进管理经验值得学习和借鉴。

《机动车安全技术检验机构检验资格许可技术条件现场核查记录表》见本章附录。

一、法人资格

法人资格方面主要检查的是机构所具有的法人资格，事业、社团和企业三种法人资格都可以。

二、依法经营

要求营业范围必须涵盖机动车安全技术检验。如果没有涵盖这项业务，需要到当地工商部门重新办理营业执照，否则不得通过核查。

三、人员

在对人员的要求中有三项具体要求。检验机构应当配备机构负责人（总经理或场长、站长）、技术负责人（主管技术工作）、质量负责人（质量管理体系主管）、报告授权签字人（检验报告的最终批准人），还应该有引车员、外观检验员、底盘检验员、登录员、设备管理人员、网络管理人员等。上述人员应通过省级质检部门的培训考核，持证上岗。

对人员的要求主要技术人员有5条，一般检验人员有6条。在审查时对机构负责人、技术负责人、质量负责人和报告授权签字人要逐一见面并进行面试，对审查人员提出技术、管理体系、国家检验标准等方面的问题要求进行解答。查看这部分人员掌握检验标准和检验业务的能力。对他们的学历、技术职称等要逐一进行检查，对有疑问的人员进行询问，保证符合总局对主要技术人员要求的任职条件。对不符合任职条件（如学历条件不够、检验工作不满三年或基本不了解检验工作）的人员不得通过审查，保证审查的严肃性。面试合格的人员名单要填写在核查记录中，表示已经通过。对一般检验人员要挑选部分人员（一般各岗位都要有人参加）进行面试，考核他们掌握检测技术和实际操作的能力，将面试通过的人员名单填写在记录单中。

检验人员的数量要能够满足检验工作的需要，起码各检验岗位的工作人员都要配备齐全。有的单位外观检验员和底盘检验员为同一人，设备管理员和网络维护员为同一人，技术负责人和质量负责人为同一人就明显不合格。所有检验人员均不得同时在两个检验机构任职，上岗证书应是本检验机构的，不是本机构的证书无效。

人员档案要求检验人员要逐一建立档案，包括人员登记表，培训考核成绩及考核试卷，技术等级证书和学历、技术职称证书复印件，引车员的驾驶证复印件等。存在的问题是有的机构将所用的人员档案放在一起无法查找，也有的无培训记录，说明对人员档案不够重视。

四、法律法规、行政规章、技术标准和管理制度

法律法规、行政规章有 5 项内容，都是检验机构日常检验需要准备的。检查中发现许多检验机构不了解与国家质检总局第 121 号令配套的 5 个规范性文件，特别是对与检验机构工作关系密切的《机动车安全技术检验机构资格许可技术条件》不熟悉，说明许多检验机构没有准备相配套的文件，也就不清楚如何工作才能满足总局文件的要求。

两个主要的技术标准 GB 7258 - 2004 和 GB 21861 - 2008 应该具备，但有的检验机构修改单不全，有的检验机构甚至不知道 GB 21861 - 2008 在 2010 年 4 月份就已经发布了第 1 号修改单，说明他们没有关注国家标准的现行有效性。技术条件中附件 1 和附件 2 的相关标准也要求具备。

管理制度要求检验机构具有九项制度。这九项制度已经在第十二章中详细介绍过，这里不再复述。

检验报告的存放、保管也要严格，特别是目前要求检验报告既可以是电子的，也可以是纸质的，但无论哪种保存方式都必须做到检验结果可追溯。所谓可追溯，就是要随时可以还原当时的检验结果。有的检验报告无任何批准人、送检人、检验人员的记载，抽取的检验报告都是数据，不知道检验人员的姓名，今后出现问题如何查找？电子文档也应该有各检验人员的姓名，以备查验。此问题应引起检验机构的注意。检验报告要有复检或路试记录，没有复检或路试记录车辆就判定合格是没有依据的，也不会被核查人员认可。复检或路试记录既可以录入计算机打印在检验报告中，也可以将复检或路试结果粘贴在检验报告上，由检验人员签章。只要保证检验结果可追溯即可。

五、检测仪器设备

技术条件对仪器设备的要求有十条。汽车线应该是固定式的，摩托车既可以是固定式也可以是流动式的。核查人员按照申请人提出的设备配置，核查检测设备是属于大型车线还是小型车线。一般 10t 及以上吨位的为大车线，6t 及以下吨位的为小车线。设备的配置要符合《机动车安全技术检验项目和方法》的要求。特别需要指出的是，检验方法中对建议维护项目的检查是要求进行检查但不定义为否决项，并不是不需要进行检查了，如车速、侧滑、喇叭声级、大灯远近光照射位置等都必须按照要求配备设备进行检验并出具检测数据。设备的配置见技术条件附件 3 和附件 4。需要说明的是，有的检验机构新建检测线就使用老旧检测设备，需要核查人员对设备能否继续使用作出判断，如是否通过 CMC 型式认证，是否符合现行国家检验标准要求，设备检定是否合格，不符合上述要求的坚决不准使用。还有的检验机构对附件 4 中第 13 项以后的便携式设备不够重视，有的长期不检定或在核查时借其他检验机构的设备对付核查，这样就不符合技术条件的要求，也不便于今后开展检验活动。要求检验机构配置的设备必须配置齐全。以上情况应该引起检验机构和核查人员的重视。

检测设备的二次仪表是核对检测设备准确与否，检验数据与计算机系统显示是否一

致的重要工具。检测设备的二次仪表可以在不进行计算机联网的情况下保证检测设备的独立运行，独立显示检测数据。检验机构以工位机代替二次仪表或根本不设置二次仪表的情况非常普遍。对于存在上述情况的检验机构应该进行系统改造，增加二次仪表或完善二次仪表的功能，使二次仪表发挥应有的作用。新建检验机构必须按照技术条件的要求，设立名副其实可以发挥作用、有数据通信接口的二次仪表。

检测设备需要通过型式认定的要求有认定证书。要有生产厂家铭牌，实行计算机联网。核查人员要根据二次仪表显示的数据与计算机网络数据进行现场比对，两条检测线之间也可以进行数据比对。两组数据一致说明检测数据准确。否则应查找出现问题的原因，进行分析得出结论。检测设备应通过检定，校准设备应有技术负责人批准使用的批准文件。

设备检定周期表在第十二章中已介绍，这里不再复述。

设备档案要求每一台设备建立一份档案，不要将所有设备档案都混装在一起。设备档案包括设备合格证书、使用说明书、检定或校准证书的复印件、安装及原理图、故障及维修记录。需要说明的是，许多检验机构的设备档案没有故障及维修记录，或者找不到维护保养记录，说明有的机构对设备维护保养不重视或没有填写记录。有的设备早就安装，但相应的图纸却不知去向，也说明设备档案管理存在问题。

六、设备联网

应该核查检验机构的检测数据与上传的数据是否一致，保证检测数据的真实性。实际检验数据是一样，但送到车管所的数据却是另一样，说明检验机构对数据进行了修正。可以将实际检验报告与服务器中调取的报告进行比对，检测数据应该完全一致。

七、总体布局

总体布局有两项要求，首先要求检验机构周边道路宽阔，交通顺畅便捷。核查人员要亲自体会一下检验机构的周边道路是否宽阔，交通是否顺畅便捷。检验机构内部要有自己的循环道路，便于车辆行驶。站内道路与车间出入口、与公共道路都不能交叉，保证车辆的行驶安全。车间长度和宽度及出入口尺寸要求丈量并填写在核查记录上面。

检验场地要满足检验工作的需要。如果申请人申请A类车辆检验，核查人员要查看A类车辆能否在机构内行驶，能否在车间内通过，进出是否有障碍。

检验机构需要配置的建筑、停车场地等设施要满足检测工作的需要。但目前发现有的检验机构长期与其他单位（如车管所、驾校等）共用同一区域，检测秩序混乱，检验车辆与办事车辆混杂，检验车辆的车主与办事人员混杂，影响了检验工作的正常开展。应要求检验机构在现有条件下将检验机构与其他单位隔离开，保证工作的正常开展。如果检验机构与道路边上的餐馆、商店之间都没有任何围栏，检测车间出口直接对着公共道路，任何人都可以随意进入检测线，这样的检验机构对车辆和人员的安全都极为不利，应该予以纠正。

检验机构试车跑道要满足使用要求，有一定的长度和宽度，试车跑道要有标志和标线。试车跑道不在检验机构内部的，要有使用证明并且距离检验机构较近，便于试车。

试车跑道必须独立设置，与停车场地不得交叉，停车场地不得妨碍车辆试车，驻车坡道也不要妨碍车辆停放，保证车辆的停放和试车的安全。试车跑道的长度和宽度，驻车坡道的长、宽、高等数值应实际丈量并在现场核查记录中记载，上报质量技术监督部门。

场内要有自己的停车场地，保证车辆的停放。没有停车场地或停车场地在检验机构外面距检验机构较远等都不符合要求。有的检验机构等候检验的车辆或检验完毕等待办事的车辆就停放在道路上，非常不安全，容易发生交通事故，属于不合格。业务大厅的要求及检测流程图按照要求进行核查。

八、检验厂房

现在对检验厂房没有具体要求，但要满足检验工作的要求。如何才能满足要求，主要看申请检验车辆的类型。对检测车间的内部尺寸、检测车间出入口的尺寸不要求，但需要记录在案，如实向质检部门报告。核查人员要依据申请检验车辆的类型，分别对检测车间及出入口进行丈量。判断符合申请检验车型检验要求即可。如核查人员认为检测车间及出入口尺寸有误，受检车辆无法通过，可以采取用车辆实际通过的办法进行检验。

检查地沟要有一定的高度，要有必要的通信、照明、通风设施，保证检查人员可以正常开展工作。有的检查地沟检查人员在地沟无法站立，无法进行底盘检查，属于不合格。检查地沟中堆满杂物，人都无法行走，这样的地沟也属于不合格。

制动台前后大车线 6 米、小车线前后 3 米要求进行路面处理，保证摩擦系数不小于 0.7。

九、实际操作

除上述八项核查内容外，核查人员应实际查看检验机构车辆检测情况，应检查车辆人工检验部分。由检验人员实际检查车辆外观，填写外观检查记录单。引车员要进行底盘动态检查并填写记录，按照检验标准的要求进行逐项检测，底盘检验员按照要求对车辆底盘进行检查，出具检验报告并由报告授权签字人签字批准。每一条检测线同样要求做两遍。有两条检测线的检验机构，应做两条检测线的检验数据比对试验，检查两条检测线检测数据的一致性。通过实际操作的检查，可以查看检验人员实际操作水平和对国家检验标准和操作规程的掌握程度，查看检测设备的实际运行情况和检测数据的真实性。所以，查看检验人员现场实际操作和现场查验检验报告是资格许可不可缺少的程序。

核查人员按照要求出具《现场核查报告》，对不符合项目出具《不符合项目汇总表》。对《现场核查报告》结论为不合格的，申请人应在规定时间内整改完毕并向质量技术监督部门提交《不符合项目纠正报告》，检验机构进行整改后由核查人员进行复查并填写《现场核查补充报告》，复查合格后上报质量技术监督部门。

本章小结

　　本章介绍了检验机构提出申请资格许可前的准备工作、质量技术监督部门对检验机构申请的受理，特别提出对检验机构申请要依据区域规划的原则进行审查。保证检验机构的设立既满足检验工作的需要，又符合检验机构有序、健康发展。检验机构申请应征求公安机关交通管理部门的意见。结合检验机构的实际情况对检验机构的资料审核需要注意的问题和专家评审的要点进行了总结，介绍了各地监督检查的先进经验，希望对检验机构资格许可工作的开展有所帮助。

思考题：

1. 国家质检总局提出的检验机构设立的原则是什么？

2. 质量技术监督部门对检验机构提出的申请首先应该进行什么审查？

3. 检验机构资格许可专家评审所依据的八项具体要求是什么？

4. 现场核查除国家质检总局要求的八项内容外为什么还要检查实际操作？

附录　机动车安全技术检验机构检验资格许可技术条件现场核查记录表

受核查机构名称：_____

序号	资格许可技术条件核查要求	核查结果
一	法人资格	
	安检机构应当依法设立，具有法人资格，并承担相应的法律责任	
二	依法经营	
	安检机构应当遵守国家的法律法规，依法经营。其企业的经营范围、事业法人和社团法人的业务范围应涵盖机动车安全技术检验	
三	人员	
	安检机构应当具有与其从事检验、设备维护检查活动相适应的管理人员和专业技术人员	
（一）	安检机构应设有机构负责人、技术负责人、质量负责人、报告授权签字人，同时还应设有引车员、外观检验员、底盘检验员、登录员等检验人员以及设备维护人员、网络维护人员	
（二）	安检机构的技术负责人、质量负责人、报告授权签字人、检验人员、设备维护人员、网络维护人员等检验技术人员，应当经省级质量技术监督部门考核合格，持证上岗	
（三）	安检机构上述岗位人员应当具备以下条件：	
1	机构负责人，应当熟悉机动车检验业务，了解与安检相关的法律法规和标准	
2	技术负责人、质量负责人、报告授权签字人，应当具备以下条件： （1）熟悉相关的法律法规、标准和安检业务 （2）具有机动车相关专业的大专以上学历，或者中级以上（含）工程技术职称或者技师以上（含）技术等级 （3）熟悉机动车的理论与构造，熟悉各检验工位业务、流程及相关专业知识 （4）有3年以上的机动车检验的工作经历 （5）熟悉安检机构资格许可技术条件	

（续表）

序号	资格许可技术条件核查要求	核查结果
3	检验人员，应当具备以下条件： （1）了解机动车性能、构造及有关使用的一般知识 （2）熟悉检测仪器设备的结构及性能，熟练掌握检测仪器设备的操作规程 （3）了解机动车安全技术相关标准，掌握检验项目的技术标准及本机构的检验工艺流程 （4）掌握计算机操作技能，登录员应当熟练使用、管理计算机 （5）引车员应当持有与检测车型相对应的有效机动车驾驶证 （6）外观检查员和底盘检查员还应当熟悉相应的机动车性能、构造及有关使用的专业知识	
4	设备维护人员，应当具备以下条件： （1）掌握机动车构造和原理的一般知识 （2）掌握检测仪器设备的性能和使用要求，具备检测仪器设备管理知识，能对检测仪器设备进行维护、保养、校准	
5	网络维护人员，应当具备以下条件： （1）应当具备计算机及其网络维护、管理、维修等相关知识 （2）可以由其他检验技术人员兼任	
四	法律法规、行政规章、技术标准和管理制度	
（一）	安检机构应当具有下列法律法规和行政规章： （1）《中华人民共和国道路交通安全法》及其实施条例 （2）《中华人民共和国产品质量法》 （3）《中华人民共和国计量法》及其实施细则 （4）《中华人民共和国标准化法》 （5）《机动车安全技术检验机构监督管理办法》	
（二）	技术标准	
1	安检机构应当具有下列必备标准： （1）《机动车运行安全技术条件》及其相应的修改单 （2）《机动车安全技术检验项目和方法》	
2	安检机构应当具有与车辆安全、环保有关的相关标准（见技术条件附件1）	
3	安检机构应当具有的检测设备技术标准（见技术条件附件2）	

（续表）

序号	资格许可技术条件核查要求	核查结果
4	安检机构应当关注机动车安全标准的现行有效性，及时收集有效版本并采用	
（三）	管理制度	
1	安检机构应当制定下列制度： （1）安检机构专业技术人员和管理人员的岗位职责 （2）安检机构专业技术人员和管理人员的培训、考核制度 （3）安检机构专业技术人员和管理人员的行为规范 （4）检测仪器设备（含标准物质）的采购、验收、使用、保管、报废等程序或者制度 （5）检验事故分析报告程序或者制度 （6）检验记录、检验报告等技术文件和资料档案的修改、保存、销毁等程序或者制度及保密制度 （7）检测车间管理制度 （8）普遍性质量安全问题的分析报告制度 （9）安检机构年度报告制度	
2	安检机构应当建立机动车安全技术检验档案，按照国家有关规定对有关技术资料进行保存，有保密要求的，应当遵守保密规定	
（四）	检验结果的管理	
1	检验记录和检验报告应当签字齐全、完整	
2	复检或者路试记录、报告也要作为检验结果一并保存，确保检验结果可追溯	
五	检测仪器设备	
	安检机构应当具备正确进行检验活动所需要的检测仪器设备，汽车主要检测仪器设备应当采用固定式，摩托车检验可以采用移动式。固定式的检测仪器设备通常组成检测线	
（一）	根据检验车型的不同，检测线一般可分为大型车辆检测线、小型车辆检测线及摩托车检测线。安检机构配置的检测仪器设备应当满足按照《机动车安全技术检验项目和方法》中所规定的项目开展检验的要求 不同车型检验应当具备的检测线要求见技术条件附件3 不同车型检测仪器设备、设施的配置见技术条件附件4	

（续表）

序号	资格许可技术条件核查要求	核查结果
（二）	检测仪器设备应结构先进、可靠，采用数字式二次仪表并具有数据通信接口，能够进行联网控制	
（三）	检测仪器设备要通过合法有效的型式认定	
（四）	检测仪器设备上应当有清晰的产品铭牌等标志	
（五）	检测线检测仪器设备应当采用计算机联网，实现自动检测、打印报告。计算机联网检测控制系统不得改变联网检测仪器设备的测试原理、分辨率、测量结果数据的有效位数和检测结果数据。检测参数的采集、计算、判定应当符合有关标准规定	
（六）	在用检测设备和计量器具，应当经法定或者授权的计量检定机构周期检定、校准或者测试，并取得计量检定合格证、校准或者测试报告，并且在有效期内。校准或者测试报告经过分析确定应能够满足检验要求	
（七）	检测仪器设备在以下特殊情况下要重新进行检定、校准或者测试： （1）检测设备修理后 （2）新购设备使用前 （3）固定式检验设备移装后 （4）日常设备检查或者设备期间核查发现有异常	
（八）	应当有仪器设备的检定周期表，内容包括：仪器设备的名称、编号、检定周期、检定单位、最近检定日期、送检负责人	
（九）	检测仪器设备应当有明显、统一格式的标志。标志分"合格"、"准用"、"停用"三种，并分别以绿、黄、红三种颜色表示。标志的内容包括：仪器编号、检定结论、检定日期及下次检定日期、检定单位	
（十）	应当建立主要检测仪器设备的档案，内容包括：设备、仪器合格证书，使用说明书，检定证书，校准或者测试报告，安装基础图，电器原理图，故障及维修记录等	
六	信息联网设施	
	计算机联网检测系统应当在软硬件上具备与质量技术监督部门及相关业务部门联网的能力，实现信息共享	

（续表）

序号	资格许可技术条件核查要求	核查结果
七	总体布局	
	安检机构应当具备固定的工作场所，其工作环境应当保证检验结果的真实、准确	
（一）	安检机构周边道路宽阔，交通顺畅、便捷，进出的道路视线良好	
（二）	安检机构的场地建筑必须能够满足安检现行相关标准（如 GB 7258 – 2004、GB 21861 – 2008 等）规定的安检项目的实际需要，有用于安检的检验车间、试验车道、驻车坡道，有业务大厅、停车场、站内道路、办公区、微机房等设施	
1	试验车道长度和宽度应当满足检验工作的要求，铺设有平坦、硬实、清洁的水泥或者沥青路面，并设有规范的交通标志标线，路面附着系数应当不小于0.7	试车跑道： 长_____ m，宽_____ m
2	应当具备坡度分别为 15% 和 20% 的驻车坡道各一条，坡道的长度应当比承检车型的最大轴距长 1m，宽度应当比承检车型的最大宽度宽 1m，坡道路面附着系数应当不小于 0.7。摩托车检验不要求	驻车坡道： 20%：高_____ m， 宽____ m，长_____ m 15%：高_____ m， 宽____ m，长_____ m
3	停车场地：停车场地面积应与检测能力相适应，不得占用站外道路停车。停车场地应为水泥、沥青或者其他硬地面，能承受车辆的碾压，并在场内划分停车线和车辆行驶通道，保持进出口畅通；要设置足够的消防、安全、照明设备。如检测站内安全性能检测区和尾气排放检测区分开设置，停车场应当分别对应分开设置以避免检测车辆交叉干扰	
4	站内道路：站内道路应当为水泥或者沥青路面，并设置交通标志、标线、引导牌。道路应当视线良好、保持通畅。检测线出入口两端的道路应有一定的坡度，以保证雨水不流入检测线内；但坡度不应过大，便于车辆进出检测线。道路的转弯半径、长度应当能满足各类车辆出入的需要	
5	业务大厅应当便民，并满足以下要求： (1) 各业务窗口应当分工明确，设置标牌；其数量能满足实际办公的需要 (2) 室内应当宽敞明亮 (3) 大厅内应当设公示栏，公示各种手续规定、收费项目及标准、各岗位职责	

（续表）

序号	资格许可技术条件核查要求	核查结果
6	微机房应当符合微机房建筑的有关要求	
7	安检机构应当设置车辆检验流程图、监督橱窗等服务性设施，各设施布局应当合理	
八	检验厂房	
	为了保证安全技术检验工作的正常进行，检测车间各工位要有相应的检测面积，厂房要宽敞，保证通风、照明、排水、防雨、防火、安全防护等设施良好。	
（一）	车间内部尺寸和车间出入门尺寸应当满足连续检测相应车型的需要	车间内部尺寸 _____号检测线，_____型车检测线： 长_____m，宽_____m，高_____m _____号检测线，_____型车检测线： 长_____m，宽_____m，高_____m _____号检测线，_____型车检测线： 长_____m，宽_____m，高_____m 摩托车检测线： 长_____m，宽_____m，高_____m 检测车间出入门： _____号检测线，_____型车检测线： 宽_____m，高_____m _____号检测线，_____型车检测线： 宽_____m，高_____m _____号检测线，_____型车检测线： 宽_____m，高_____m 摩托车车间出入门： 宽_____m，高_____m
（二）	检测车间应当充分考虑车间的空气流通，必要时要设有排风装置，加快车间内的空气流动，尽量降低车间内的空气污染	
（三）	底盘检查地坑应当有一定的操作空间，照明、通风、信号装置应当齐全	
（四）	电缆沟应当便于打开检查，并注意防火、防水、防潮和防鼠。电缆沟应当覆盖好，覆盖件应当有一定的强度并能承受一定的重量	
（五）	人行通道应当设置隔离栏与检测通道隔离，宽度不小于1m	

（续表）

序号	资格许可技术条件核查要求	核查结果
（六）	消防通道和消防设施应当符合有关消防规定	
（七）	检测车间应当铺设易清除污物的硬地面（如水泥、水磨石等），地面强度应满足被检车辆的承载要求，行车路面纵向和横向坡度不大于0.1%，制动性能检测工位前后大型车辆检测线6m内、小型车辆检测线3m内的行车地面附着系数应不小于0.7（使用平板制动检验台时除外）	制动性能检测工位前后附着系数不小于0.7地面长度： __号检测线，__型车检测线：长____ m __号检测线，__型车检测线：长____ m __号检测线，__型车检测线：长____ m
（八）	微机房的安全条件应按《计算机站场地安全要求》规定的防火C类、防水B类、防雷击B类、防鼠害B类综合执行	
（九）	检测车间出入口应当设有引车道和必要的交通标志	
（十）	检测车间照明应当符合《工业企业照明设计标准》的要求	
（十一）	检测车间采光应当符合《工业企业采光设计标准》的要求	
（十二）	检测车间防火应当符合《建筑设计防火规范》的要求	
（十三）	检测车间防雷设施应当符合《建筑物防雷设计规范》的要求	
	现场核查结论	

合格判定原则：全部项目核查无不符合内容时，判定现场核查结论为合格，否则判定现场核查结论为不合格。

对现场核查结论为不合格的安检机构，可以要求在规定的期限内，进行整改纠正。整改后再复核达到合格要求的，可改判为现场核查合格，整改后再复核仍达不到合格要求的，判定为现场核查不合格。

审查组成员（签字）：

第十三章 机动车安全技术检验机构计量认证

第一节 我国资质认定活动的发展

一、计量认证的起源

20世纪80年代初期，随着我国对外开放和经济体制的改革，计划经济一统全国的局面逐渐为多种经济成分共存的新社会主义市场经济模式所取代。政府管理部门对企业产（商）品的计划、生产、分配、销售等环节的垄断逐步被供需双方的供销合同机制所取代。因此，不论是消费者、贸易当事人还是政府采购都越来越关注产品质量。同时由于各种原因，市场上出现了不少假冒伪劣产品，为此就提出了供需双方的验货检验需求。同时，政府管理部门对产（商）品的产、供、销管理职能也转为对产（商）品的质量监督管理职能，进而形成政府对检验机构的需求。于是在随后的几年中，各行业、部门，从国家到省（市、自治区）到地市县相继成立了各级产（商）品质量监督检验机构，承担政府对产（商）品的质量监督抽查及验货、仲裁任务。为了规范这些质检机构和依照其他法律法规设立的专业检测机构的工作行为，提高检测工作质量，原国家计量局借鉴国外对检验机构（检测实验室）管理的先进经验，在1985年颁布《中华人民共和国计量法》时，规定了对检测机构的考核要求。1987年发布的《中华人民共和国计量法实施细则》（以下简称为《计量法实施细则》）中，将对质检机构的考核称为计量认证。

《计量法实施细则》实施后，原国家计量局为规范计量认证工作，参照英国实验室认可机构（NAMAS）、欧共体实验室认可机构等国外认可机构对检验机构的考核标准，结合我国实际情况，制定了对检验机构计量认证的考核标准，在试点的基础上，于1987年开始对我国的检验机构实施计量认证考核。1990年，参照《检测和校准实验室能力的通用要求》（ISO/IEC GUIDE 25 – 1982），发布了我国对检验机构计量认证的考核标准——《产品质量检验机构计量认证技术考核规范》（JJG 1021 – 1990）。

二、审查认可（验收）的起源

20世纪80年代中期，作为政府产品质量监督管理部门的原国家标准局，为监督产（商）品质量，实施产（商）品质量抽查制度。在全国范围内开始设立各类国家产品质量监督检验中心。同时，国务院各部门、各省（市、自治区）、各地市县也相继设立了涉及国民经济各个领域的各类产品质量监督检验机构，对生产和流通领域的产（商）品进行质量监督检验。为了有效地对这些检验机构的工作范围、工作能力、工作质量进行监控和界定，规范检验市场秩序，1986 年国务院批准实施《国家产品质量监督检验测试中心管理试行办法》，在该办法中提出对检验机构进行审查认可的要求。对技术监督局授权的非技术监督局系统的质检机构的考核称为审查认可，对技术监督系统内的质检机构的考核称为验收。

国家技术监督局在 1990 年发布的《标准法实施条例》中，以法规的形式明确了对设立检验机构的规划、审查条款（《标准法实施条例》第 29 条），并将规划、审查工作称为审查认可（验收）。为了实施对产品质量检验机构的审查认可（验收）工作，原国家技术监督局参照 ISO/IEC GUIDE 25 – 1982，在 1990 年发布了《国家产品质量监督检验中心审查认可细则》、《产品质量监督检验所验收细则》和《产品质量监督检验站审查认可细则》。

三、计量认证和审查认可（验收）的改革

可以说，计量认证和审查认可（验收）是具有中国特色的政府对实验室的强制认可，对规范检验机构行为，整顿检验秩序，提高检验工作质量发挥了应有的作用。检验机构本身也通过持续的评审考核，逐步建立起了一套较为完善的质量体系。这些检验机构通过近 20 年的发展成长，现已成为我国质量检验体系的中坚骨干力量。由于历史的原因，计量认证和审查认可（验收）工作分别由计量部门和质量监督部门实施，就其考核内容来说基本雷同，致使检验机构要接受考核条款相近的两种考核，造成了对检验机构的重复评审。2000 年，考虑到我国加入世界贸易组织（WTO）在即，为了使我国对检验机构的考核标准与国际上实验室考核标准趋于一致，国家质量技术监督局为解决重复考核和与国际惯例接轨问题，同时又兼顾我国法律要求和具体国情，决定制定计量认证、审查认可"二合一"评审准则——《产品质量检验机构计量认证/审查认可（验收）评审准则》。当时试行的主要依据是 ISO/IEC GUIDE 25 – 1990，同时满足了《计量法》对检验机构计量认证的要求，以及满足《标准化法》对检验机构审查认可（验收）的特殊要求。同时也参照了《检测和校准实验室能力的通用要求》（ISO/IEC 17025 – 1999）。

2002 年，中国实验室国家认可委员会（CNACL）与中国国家出入境检验检疫实验室国家认可委员会（CCIBLAC）合并成立了中国实验室国家认可委员会（CNAL）。2006 年又与中国认证机构国家认可委员会合并，组建了中国合格评定国家认可委员会（CNAS）。随后于 2006 年，国家质量监督检验检疫总局发布了《实验室和检查机构资质认定管理办法》，同时发布了《实验室资质认定评审准则》。

第二节　实验室资质认定的有关法律规定及法律效力

一、计量认证的法律规定和法律效力

1. 法律依据

（1）《中华人民共和国计量法》第 22 条。

（2）《中华人民共和国计量法实施细则》第七章"产品质量检验机构的计量认证"，共 6 条。

2. 法律效力

（1）计量认证在计量法律法规体系中占有相当重要的位置，即法律、法规、部门规章中均有明确的规定和体现。

（2）"为社会提供公正数据的产品质量检验机构，必须经省级以上的人民政府计量行政部门对其计量检测、测试能力和可靠性考核合格"，是指未取得计量认证合格证书的，不得开展产品质量检验工作。表明这项工作是强制性的政府监督行为。

（3）计量认证单位在省级以上政府行政部门考核合格，才有资格为社会提供公正数据，这同计量工作的其他方面不一样，表明政府对这项工作行使的权限是严格控制的。

（4）强制要求产品质量检验机构的量值必须溯源到国家计量基准，最高等级的计量标准也应取得法定的资格，以保证国家量值的统一、准确可靠。

二、审查认可（验收）的法律规定和法律效力

1. 法律依据

（1）《中华人民共和国标准化法》第 19 条。

（2）《中华人民共和国标准化法实施条例》第 29 条。

（3）《中华人民共和国产品质量法》第 19 条、第 21 条、第 25 条、第 48 条、第 57 条、第 67 条。

2. 法律效力

（1）处理有关产品是否符合标准的争议，以规定的检验机构的检验数据为准。

（2）县级以上人民政府标准化行政主管部门可以根据需要设置检验机构，或授权其他单位的检验机构对产品是否符合标准进行检验和承担其他标准实施的监督检验任务。

（3）产品质量检验机构必须经省级以上人民政府产品质量监督部门或授权的部门对检测条件和能力进行考核后，方可承担产品质量检验工作，即未取得审查认可（验收）授权证书的，不得开展产品质量检验工作。表明这项工作是强制性的政府监督行为。

第三节 《实验室资质认定评审准则》
出台的背景及相关介绍

一、《实验室资质认定评审准则》的建立及相关规定

（1）为规范实验室和检查机构资质管理工作，提高实验室和检查机构资质认定活动的科学性和有效性，根据《中华人民共和国计量法》、《中华人民共和国标准化法》、《中华人民共和国产品质量法》、《中华人民共和国认证认可条例》等有关法律、法规的规定，国家质量监督检验检疫总局于 2006 年 2 月 21 日发布了《实验室和检查机构资质

认定管理办法》，自2006年4月1日起施行。为贯彻实施《实验室和检查机构资质认定管理办法》，确保科学、规范地实施实验室资质认定（计量认证/审查认可）评审，为实验室资质行政许可提供可靠依据，2006年7月27日印发了《实验室资质认定评审准则》（2007年1月1日起实施），取代原《产品质量检验机构计量认证/审查认可（验收）评审准则》。

（2）新的《实验室资质认定评审准则》根据《实验室和检查机构资质认定管理办法》，遵循吸纳了《检测和校准实验室能力的通用要求》（ISO/IEC17025-2005）的主要精髓，兼顾了我国政府对检测市场检测实验室监管的强制性管理要求的思路制定。

（3）新的《实验室资质认定评审准则》规定"对取得国家认监委确定的认可机构认可的实验室进行资质认定时，只对本准则特定条款进行评审。同时申请实验室认可和资质认定的，应按实验室认可准则和本准则的特定条款进行评审"。

（4）与ISO/IEC17025-2005相比较，《实验室资质认定评审准则》有19条特定条款要求。

（5）国家级实验室和检查机构的资质认定（计量认证/审查认可），由国家认监委负责实施；地方级实验室和检查机构的资质认定，由地方质检部门负责实施。

（6）资质认定证书的有效期为3年。

（7）国家认监委依法对地方质检部门及其组织的评审活动实施监督检查。

二、资质认定的定义及形式

1. 资质认定的定义

资质认定，是指国家认证认可监督管理委员会和各省、自治区、直辖市人民政府质量技术监督部门对实验室和检查机构的基本条件和能力是否符合法律、行政法规规定以及相关技术规范或者标准实施的评价和承认活动。

2. 资质认定的形式分类

（1）计量认证是指国家认监委和地方质检部门依据有关法律、行政法规的规定，对为社会提供公正数据的产品质量检验机构的计量检测、测试设备的工作性能、工作环境和人员的操作技能、保证量值统一、准确的措施及检测数据公正可靠的质量体系能力进行的考核。

（2）审查认可（授权）是指国家认监委和地方质检部门依据有关法律、行政法规的规定，对承担产品是否符合标准的检验任务和承担其他标准实施监督检验任务的检验机构的检测能力以及质量体系进行的审查。

（3）审查认可（验收）是指国家认监委和地方质检部门依据有关法律、行政法规的规定，对质量技术监督系统内依法设立的，承担产品是否符合标准的检验任务和承担其他标准实施监督检验任务的检验机构，对其检测能力以及质量体系进行的审查。

三、《实验室资质认定评审准则》的结构

1. 《实验室资质认定评审准则》共分五部分

（1）总则。

（2）参考文件。

（3）术语和定义。

（4）管理要求。

（5）技术要求。

2. 其中管理部分及技术部分共有 19 个要素、75 条、178 款

（1）管理部分包括 11 个要素、22 条。

①组织（12 条）；

②管理体系（1 条）；

③文件控制（1 条）；

④检测和/或校准分包（1 条）；

⑤服务和供应品采购（1 条）；

⑥合同评审（1 条）；

⑦申诉和投诉（1 条）；

⑧纠正措施、预防措施及改进（1 条）；

⑨记录（1 条）；

⑩内审审核（1 条）；

⑪管理评审（1 条）。

（2）技术部分包括 8 个要素、53 条。

①人员（7 条）；

②设施和环境条件（6 条）；

③检测和校准方法（7 条）；

④设备和标准物质（10 条）；

⑤量值溯源（7 条）；

⑥抽样和样品处理（7 条）；

⑦结果质量控制（2 条）；

⑧结果报告（7 条）。

3. 《实验室资质认定评审准则》共有 19 个特定条款要求

①组织（7 条）；

②检测和/或校准分包（1 条）；

③记录（1 条）；

④人员（2 条）；

⑤设施和环境条件（2 条）；

⑥检测和校准方法（2 条）；

⑦设备和标准物质（2 条）；

⑧量值溯源（1 条）；

⑨结果报告（1 条）。

四、从事哪些活动的机构应当通过资质认定

（1）为行政机关作出的行政决定提供具有证明作用的数据和结果的。

（2）为司法机关作出的裁决提供具有证明作用的数据和结果的。

（3）为仲裁机构作出的仲裁决定提供具有证明作用的数据和结果的。

（4）为社会公益活动提供具有证明作用的数据和结果的。

（5）为经济或者贸易关系人提供具有证明作用的数据和结果的。

（6）其他法定需要通过资质认定的。

五、实验室认可与资质认定的关系

（1）实验室认可依据《实验室检测和校准能力的通用要求》（GB/T 27025 或 CNAS – CL01）建立实验室管理体系，与国际通行做法完全一致，使实验室管理水平、检测/校准能力与国际接轨。实验室认可由 CNAS 负责，其运作程序同国际通行做法完全一致，与国际实验室认可合作组织（ILAC）与亚太实验室认可合作组织（IPLAC）有关成员组织签署了互认协议。目前已有亚太、欧洲、南部非洲和南美洲等地区的实验室认可机构承认 CNAS 的认可结果。因此，凡是通过 CNAS 认可的实验室，其检测报告/校准证书以及测量数据将得到国际承认。

（2）实验室认可是实验室的自愿行为。

（3）实验室认可只有国家一级，由 CNAS 负责。

（4）实验室资质认定是法律、法规规定的强制性行为，其管理模式为国家统一管理，分国家和省两级实施以满足维护国家法制的需要。

（5）资质认定体现了我们国家的主权。

第四节　质量手册编写

一、概述

质量手册是围绕质量方针和质量目标，阐述如何实现这些目标的一组相互关联或相互作用的要素。通常是一种纲领性文件，应当反映一个组织的管理体系及与《实验室资质认定评审准则》相关条款应用说明相符合的程度。

二、质量手册编写要求

（1）说明实验室总的质量方针以及管理体系中全部活动的政策。

（2）规定和描述管理体系。

（3）规定对管理体系有影响的管理人员的职责和权利。

（4）明确管理体系中的各项活动的行动准则及其具体程序。

三、质量手册编写的目的

实验室质量手册可以是作为指导内部实施质量管理的法规性文件，也可以是代表实验室作出承诺的证明性文件。编制质量手册的主要目的是：

（1）传达实验室的质量方针、程序和要求。

（2）促进管理体系的有效运行。

（3）规定改进的控制方法及促进质量保证活动的活动。

（4）环境改变时保证管理体系及其要求的连续性。

（5）为内部管理体系审核提供依据。

（6）作为有关人员的培训教材。

（7）对外展示、介绍本实验室的管理体系。

（8）是实验室的管理体系与客户或认证机构所要求的质量管理体系标准完全符合且有效的证明。

（9）作为承诺，向顾客提出保证能得到满意的产品或服务。

四、质量手册的作用

（1）作为对质量体系进行管理的依据。

（2）作为质量体系审核或评价的依据。

（3）作为质量体系存在的主要证明。

五、质量手册的编写要求

1. 质量手册详略程度

（1）质量手册的详略程度和编排格式取决于实验室规模大小和管理模式的复杂程度，应与之相适应。

（2）质量手册的详略程度应与管理体系的范围相适应，即应当与实验室申请认定的检测/校准能力，以及实现这些能力的过程相适应。

2. 质量手册的结构和格式

质量手册的结构和格式没有统一的要求，但应准确、全面、简明地阐述实验室的质量方针、质量目标和起支配作用的形成文件的程序。保证主要事项得到适当阐述和合理安排的方法之一是将质量手册的各章节与《实验室资质认定评审准则》的要素一一对应。但应指出，为了阐明管理体系并对管理体系进行评定，对手册中有意剪裁的《实验室资质认定评审准则》要素应作出解释。

六、质量手册编写的推荐结构

1. 封面

手册的封面应有手册的名称、版本号、编写人、审核人、批准人、发布日期、生效日期、受控章标志、单位名称等。人员签字手写体具有法律效力，但有的手写体很难辨认，建议档案版应同时保留正体和手写体，作为该文件签署人履行职责的依据，但在发

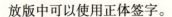

放版中可以使用正体签字。

封面范例：

受控状态：
控制编号：

SC－2012

××××××××有限公司

质量手册

第 2 版

××××年××月××日发布　　　　　　　　××××年××月××日实施

质量手册起草人：×××
审　核　人：×××
批　准　人：×××　　　　　　　　（签字）
日　期：××××年××月××日

2. 批准

实验室最高领导对手册发布的简短声明及签字。主要阐明该文件的基本内容、使用范围、性质、作用及要求。

《关于〈质量手册〉发布的通知》的范例：

关于《质量手册》发布的通知

×××公司全体人员：

　×××有限公司《质量手册》依据我国有关法律、法规和《实验室资质认定评审准则》的相关规定等文件编写，阐明了本公司的质量方针和质量目标，以及为实现质量方针和质量目标规定的内部组织结构和岗位职责，表述了本公司具有的检测服务能力，是检测工作的行为依据和规范，是对顾客保证承诺的内部纲领性管理文件。《质量手册》已经换版，现予发布，自××××年××月××日起实施。全体人员必须认真贯彻执行，确保检测工作的公正、科学和数据的准确、可靠，向顾客提供高质量的服务。

×××有限公司

总经理（签字）：

日　期：××××年××月××日

3.《质量手册修订登记表》

体系文件需要在运行的过程中不断完善和修改，用修订页的形式说明《质量手册》各部分完善和修改的状况，显示最新版本。

质量手册修订登记表范例：

《质量手册修订登记表》

序　号	章、节、条号	修订内容	批准人	批准日期

4. 目录

章节号	内　容
	批准页
	修订页
01	概述
02	质量方针与质量目标
03	术语与缩略语
04	管理要求
05	技术要求

5. 正文内容

（1）概述。

①单位简介。内容包括：

单位成立的依据、法律地位、单位的性质、历史和背景；

机构识别：工商执照、组织机构代码等；

单位主要任务；

单位场地情况；

单位的设备配备；

单位的组织结构；

单位的人员配备；

单位的技术力量；

单位的检测能力。

②公正性声明。内容包括：

接受监督和指导，欢迎提出改进意见和建议；

绝不在任何利益驱动下偏离法律法规和技术标准；

信守协议，优质服务，确保质量；

恪守第三方公正立场，保证不受内部和外部的商务、财务和其他压力的影响和干预；

作为最高管理者，本人坚守检测数据应公正、准确和可靠的原则，绝不干预业务部门及其实验室按照有关法律法规和技术标准独立开展检测活动；

检测人员将严格履行职业道德和工作人员守则，严守机密；

承担所提供数据公正的法律责任。

公正性声明范例：

公正性声明

×××有限公司为了确保检测工作的质量，充分体现检测工作的公正性、科学性，特此声明：

1. 遵守国家法律、法规，对社会各界开展机动车安全技术检验工作，履行法律义务、承担法律责任。

2. 本公司为具有独立开展机动车安全技术检验工作能力的检测机构，负责人保证管理和技术人员的工作质量不受任何内部和外部的不正当的商务、财务或其他压力的影响，确保工作的公正性。

3. 以客户为关注焦点，对需要检测的客户均提供相同的优质服务。维护客户利益，对用户提供的有关资料、数据等保证不泄露、不利用，严格为用户保守秘密。

4. 所有检测工作均由经培训考核合格的人员，严格按照有关标准、规范和本公司管理体系文件的要求进行。

5. 检测报告的结论，仅以检测数据和有关标准、规范为依据，保证检测结论的真实准确。

6. 作为最高管理者，绝不干预业务部门及其实验室按照有关法律、法规和技术标准独立开展检测活动。

7. 公司全体人员不得与其从事的检测活动以及出具的数据和结果存在利益关系；不得参与任何有损于检测判断的独立性和诚信度的活动；不得参与和检测项目或类似的竞争性项目有关系的产品设计、研制、生产、供应、安装、使用或者维护活动。

×××有限公司

总经理（签字）：

日　期：××××年××月××日

（2）质量方针、质量目标及质量承诺。质量方针是由实验室的最高管理者正式发布的该组织总的质量宗旨和方向，是实验室在质量方面未来发展的远景规划或蓝图，是实验室的追求，通常是宏观的。最高管理者是最高层指挥和控制组织的一个人或一组人。质量方针的发布通常需要一个适当的形式表达，如编制表述质量方针的文件或在质量手册中阐述。质量方针应根据自己的实际，从有利于员工的理解出发，采用十分简练的语言，如果采用口号式的表述方式，最好有必要的解释，以便于理解和实施。例如，"行为公正、方法科学、数据正确、服务便捷"、"信奉和客户建立像长城一样牢固的伙伴关系，为客户服务永远排在第一位"、"样品空间有限，科学追求无限"、"数据真实无情，服务顾客有情"等。

质量目标是组织在质量方面所追求的目的，并服务于质量方针，是质量方针的具体要求。质量目标的重要特点是具有可测量性、挑战性、可实现性。质量目标确定后既要有与质量方针使用期限相当的质量总目标（3~5年），在手册中写明，同时还要有年度目标，年度目标可在年度计划中体现。质量目标应在实验室的各部门或各个层面上分解，各部门或各层面要确保实验室总的质量目标的达成。

质量承诺是实验室管理者对良好职业行为和为客户提供检测和校准服务质量的承诺，可以以公示的形式展示。要求可实现，可考核。

质量方针与质量目标范例：

质量方针与质量目标

为满足顾客的要求，提高社会竞争力，保证本公司的可持续发展，建立并有效实施管理体系，我们制定质量方针和质量目标。质量方针是本公司质量管理的总纲，业务行为的准则，对社会的公开承诺。质量目标根据质量方针制定，是本公司对质量工作的量化要求。全公司与检测活动有关的人员必须熟悉并在各自的工作中自觉执行。

1. 质量方针

行为规范、数据准确、服务高效、客户满意。

2. 质量目标

本公司五年内的总体质量目标是：

在用计量器具的周检率为100%；

人员持证上岗率为100%；

报告的差错率不超过0.1%；

检测工作的延误率不超过0.5%；

顾客满意度大于98%；

客户提出问题处理及时率达到100%。

3. 质量目标的测量

办公室测量在用计量器具的周检率、人员持证上岗率、报告的差错率、检测工作的延误率、顾客满意度、处理问题及时率。

4. 质量承诺

全面贯彻质量管理原则，系统地建立管理体系，提高管理水平，树立公平、公正的行为道德准则，承担相应的法律责任和义务。保证检测数据的准确可靠和判定结果的正确。热情为顾客服务，维护顾客利益，提高服务质量和效率。通过实施质量方针和质量目标，应用内部审核和管理评审结果，通过纠正措施和预防措施，实现管理体系持续改进。

5. 术语和定义

标准及术语仅对本实验室有特殊含义的术语给出定义。

6.《质量手册》管理

《质量手册》管理的主要内容包括：

1. 总则

2. 职责

简要说明负责部门和人员。

3. 控制要点

- 编制
- 审批和发布形式
- 发放范围
- 发放受控
- 回收
- 借阅
- 保存
- 维护和修改
    - ◆ 质量手册的改版条件
    - ◆ 手册修订条件
    - ◆《质量手册》改版、修订后按审批程序审批后，颁布实施
    - ◆ 办公室负责将修改后的内容和《管理体系文件修改登记表》归档保存，并按原发放范围替换被修订的《质量手册》纸质文本
- 宣贯
- 质量手册持有者的责任
- 手册的管理

归口管理部门、解释部门、存档要求、复印和评审规定。

7. 质量手册的后续部分编写

质量手册的后续部分按管理部分和技术部分的各要素编写，建议各要素的描写顺序与评审准则的顺序一致。不适用的要素、条款可以不写，但要在相应的要素、条款中给出不适用的说明。同时对各要素的描述要包括以下几个方面：

- 目的范围
- 负责和参与部门
- 达到要素要求所规定的程序

- 开展活动的时机、地点及资源保证
- 支持性文件

第五节　程序文件编写

一、概述

程序文件是针对某项活动所规定的途径进行的描述，并非所有活动都要制定程序。是否制定相应的支持性程序文件有两个原则：一是当准则中明确提出要建立程序文件；二是当活动的内容复杂且涉及的部门较多，使得该项活动在质量手册中无法表示清楚。

一般而言，贯标后初次编写程序文件的工作量很大，不管是采取集中编写还是分散编写的方式，都应明确各职能部门的负责人对该部门主管的质量活动的程序文件编写负责。跨部门的质量活动程序文件，可以指定熟悉该项活动的人员编写。管理体系文件编写小组负责审核和协调，并进行标准化的审查和管理。按照质量手册管理要求，由档案资料管理员进行存档和分发，建立起完善的文件资料管理制度。

二、程序文件目录清单和编写计划

（1）编制"程序文件目录清单"。

（2）程序文件目录清单是《质量手册》的一个附录。

（3）编制"程序文件编写计划表"。

三、编写指导性文件

程序文件不仅数量多，而且参加编写的人员亦多，为使编写顺利进行，减少返工，应制定程序文件编写的针对性文件供编写人员使用。针对性文件中应就编写文件分类、编号、格式、内容要求、字体，以及起草、修改讨论、审核定稿、批准等作出规定，以便统一、协调、规范程序文件的编写。

四、程序文件的性质和内涵

（1）程序文件是管理体系文件的重要组成部分。

（2）程序文件是质量手册支持性、基础性的文件，是对管理体系要素的策划。程序文件上接质量手册，是质量手册的具体展开。程序文件也可直接作为质量手册的一部分内容，因此要求程序文件要与质量手册规定保持一致。

（3）程序文件是管理体系有效运行的必要条件和依据，是质量保证的依据之一。

（4）程序文件是实验室正式发布的文件，是管理体系活动的依据，具有法规性，必须严格执行，从而使质量管理规范化。

（5）每个程序文件都应涉及管理体系的一个逻辑上独立的部分，既可以是一个完整的管理体系要素，亦可以是几个要素相关联的一组活动。程序文件的数量，每个文件的内容、格式及外观可由实验室自行确定。一般而言，管理性程序不涉及纯技术细节，技术细节通常在其他技术性文件中规定，如作业指导书、操作细则。

（6）某些技术性较强的程序文件，如测量不确定度评定程序、检测/校准结果的质量保证控制程序，应视实验室检测/校准业务的技术含量和复杂程度确定。

（7）程序文件必须具有可操作性，应简练、明确、易懂。

五、程序文件编写流程

（1）编写人员培训。

（2）成立编写小组。

（3）制定程序文件目录清单及编写计划。

（4）完成初稿。

（5）反复讨论、修改和定稿（需要有该程序文件的执行人员代表参加讨论）。

（6）在审核前必须对该程序文件进行会签。通过审核确认程序文件的规定是否符合《实验室资质认定评审准则》要求；确认职责是否明确，工作接口是否清楚；确认程序规定是否能够有效实施，以及其他需确认的内容。

（7）批准发布。

六、程序文件版式规定

（1）版面：一般采用16开版面或A4纸，活页装订。

（2）封面。

（3）刊头。

（4）刊尾。

（5）修改控制页。

七、程序文件结构

（1）程序目的：说明程序所控制的质量活动及控制范围—为什么做该项工作。

（2）适用范围：程序所涉及的有关部门和质量活动；程序所涉及的有关人员和检测/校准项目—做什么工作。

（3）职责：规定负责该项程序的部门/人员及其职责权限—什么人做什么工作。

（4）工作程序—做何事？何人做？何时做？何地做？如何做？以及怎样对人员、仪器设备、材料（样品）、方法、测量、环境进行控制和记录，包括：

①按照质量活动的逻辑顺序写出开展该项质量活动各项细节。

②规定应做的事情，明确每一项活动的实施者。

③规定质量活动的时间。

④说明在何处实施。

⑤规定具体实施方法。

⑥所采用的物资、仪器设备，引用文件等。

⑦如何进行控制。

⑧应保留的记录。

⑨例外特殊情况的处理方式等。

（5）引用的文件和相关质量记录：

①涉及的法律、法规、技术标准、规范、规程、实验室资质认定评审准则文件等。

②涉及的相关程序文件。

③引用的作业指导书、操作规程及其他技术文件。

④涉及的其他管理文件——使用的记录、表格、报告等。

八、需要编写的程序文件

（1）保证公正性和保护客户机密及所有权的程序。

（2）文件控制和管理程序。

（3）服务和供应品的选择、购买、验收和储存等程序。

（4）评审客户要求、标书和合同的评审程序。

（5）处理客户申诉和投诉的程序。

（6）不符合工作的控制程序。

（7）预防措施控制程序（可以与纠正措施控制程序合并编写）。

（8）记录管理程序。

（9）内部审核程序。

（10）管理评审程序。

（11）人员培训程序。

（12）安全作业管理程序。

（13）环境保护程序。

（14）数据保护程序。

（15）应用不确定度的评定程序（对一般检测场该程序不适用）。

（16）允许偏离的程序（对一般检测场该程序不适用）。

（17）仪器设备维护、保养程序（可以与仪器设备管理程序合并编写）。

（18）仪器设备（参考标准和标准物质）期间核查程序。

（19）参考标准和标准物质管理程序。

（20）样品的抽取和处置管理程序。

（21）结果质量控制程序。

（22）结果报告管理程序。

（23）开展新项目管理程序。

（24）量值溯源管理程序。

（25）防止商业贿赂程序。

（26）仪器设备管理程序。

第六节　作业指导书编写

一、概述

《实验室资质认定评审准则》第5.3.1条要求：实验室如果缺少作业指导书可能影响检测和/或校准结果，实验室应制定相应的作业指导书。

作业指导书是规定质量基础性活动途径的操作性文件，其针对的对象是具体的作业活动；而程序文件描述的对象是某项系统性的质量活动。作业指导书是程序文件的细化。作业指导书也属于程序文件的范畴，只是层次较低，内容更具体。

二、作业指导书的分类

（1）方法方面：用来指导检测过程的检测细则、大纲、指南类。

（2）设备方面：设备的使用、操作规范。

（3）样品方面：样品的准备、处置和制备等。

（4）数据方面：数据处理、检测的有效位数、修约、异常值的剔除以及测量不确定度的表征规范等。

（5）质控方面：期间核查方法类、能力验证方法类。

三、作业指导书的内容

（1）作业的内容。

（2）使用的材料。

（3）使用的设备。

（4）使用的专用工艺装备。

（5）作业的质量标准和工艺标准，以及判断质量符合标准的准则。质量标准和工艺标准应通过文字、图片或标样来规定应达到的质量要求。

（6）检验方法。

（7）对关键工序应编制更详细的作业指导书。

四、作业指导书的编写

1. 内容要求

（1）作业指导书的名称及内容是什么。

（2）此项作业的目的是什么。

（3）在哪里使用该作业指导书。

（4）什么样的人使用该作业指导书。

（5）在什么时间使用该作业指导书。

（6）如何按步骤完成作业。

2. 格式要求

（1）以满足培训要求为目的，不拘一格。

（2）简单、明了，可获得唯一理解。

（3）美观、实用。

3. 编写步骤

编制作业流程图，按照作业顺序编写作业指导书。当作业指导书涉及其他过程（或工作）时，要认真处理好接口。编写工作一般由具体部门承担，同时吸纳操作人员参与起草。起草后按照程序由部门负责人批准后执行。

本章小结

本章讲述了机动车安全技术检验机构有关计量认证方面知识的要点，包括质量管理体系的建立，质量管理体系的运行。本章用大量篇幅论述了机动车安全技术检验机构如何按照《实验室资质认定评审准则》的要求建立质量管理体系。主要内容包括：我国资质认定活动的起源、发展、变迁的过程；实验室资质认定依据的有关法律、法规及其效力；《实验室资质认定评审准则》出台的背景及相关内容的介绍；《质量手册》编写目的、意义以及基本的结构要求，同时部分参考格式；《程序文件》编写的目的、意义以及基本的结构要求；《作业指导书》编写的目的、意义以及基本的结构要求。

思考题：

1. 从事哪些活动的机构应当通过资质认定？

2. 计量认证的法律依据是什么？

3. 计量认证的评审依据是什么？

4. 资质认定的形式分几类？

5. 编制质量手册的主要目的是什么？

第十四章 机动车安全技术检验机构监督管理

对机动车安全技术检验机构进行监督管理，是《中华人民共和国道路交通安全法》及其实施条例赋予质量技术监督部门的职权。但如何实施监督管理，如何解决在监督检查中遇到的问题，是质检部门需要学习的新课题。要对一个行业进行监督管理，首先应了解它、掌握它。国家质检总局已经发布了《机动车安全技术检验机构监督管理办法》和配套的5个文件，但在具体执行过程中还会遇到这样那样的问题。本章从法律依据、日常监督管理、安检机构职责、监督管理中遇到的问题等几个方面介绍与监督管理相关的问题，希望对大家的工作有所帮助。

第一节 机动车安全技术检验机构监督管理相关法律法规

一、监督管理的法律依据

根据《中华人民共和国道路交通安全法实施条例》第15条的规定，质量技术监督部门负责对机动车安全技术检验机构实行资格管理和计量认证管理，对机动车安全技术检验设备进行检定，对执行国家机动车安全技术检验标准的情况进行监督。

从上述规定可以看出，质量技术监督部门对机动车安全技术检验机构进行监督管理是有法律依据的，或者说是《中华人民共和国道路交通安全法实施条例》赋予质检部门对安检机构监督管理职权的。对一个政府管理机构赋予对机动车安全技术检验"资格管理、监督管理、计量认证、计量检定"四项管理职能，在以前多年对安检机构的管理中是从来没有过的。

二、监督管理的法规要求

根据《中华人民共和国道路交通安全法实施条例》的规定，国家质检总局发布的《机动车安全技术检验机构监督管理办法》（总局第121号令）和关于印发《机动车安全技术检验机构检验资格许可办理程序》等5个规范性文件的通知（国质检监〔2009〕521号）及配套的5个规范性文件，是质量技术监督部门做好监督管理工作的指导文件。特别是《机动车安全技术检验机构检验资格许可技术条件》和《机动车安全技术检验机构监督管理规范》是我们工作中需要重点掌握的。

《机动车安全技术检验机构检验资格许可技术条件》从8个方面提出了对机动车安全技术检验机构的建立和管理要求，是我们进行监督检查的重要依据。其中，技术条件包括：

（1）法人资格；

（2）依法经营；

（3）人员；

（4）法律法规、行政规章、技术标准和管理制度；

（5）检测仪器设备；

（6）信息联网设施；

（7）总体布局；

（8）检验厂房。

《机动车安全技术检验机构监督管理办法》对监督管理职责划分、安检机构的职责、监管方式及处理等作出了具体的规定。其包括：

（1）总则；

（2）监督管理的范围；

（3）质量技术监督部门的职责；

（4）质量技术监督部门资格管理人员的职责；

（5）安检机构的职能和守则；

（6）主要监管方式；

（7）质量技术监督部门实施监督检查的要求；

（8）监督检查结果的处理；

（9）违法行为的查处；

（10）安检机构检验资格许可的撤销和注销；

（11）其他；

（12）机动车安检机构对机动车安检许可、行政处罚的异议。

第二节　检验机构设置及日常监督管理

一、检验机构的设置

1. 提出规划并按照规划审批检验机构

质量技术监督部门在收到申请人送交的申请文件后，首先要按照总局提出的"统筹规划、合理布局、方便检测"的原则，对申请进行宏观审查。安检机构的设置规划，应该由质量技术监督部门根据本省的实际情况提出，与公安机关交通管理部门协商后联合发布，在本行政区域内施行。设置规划一般每3～5年制定一次。规划应以各地级市为单位，首先由各地级市质量技术监督部门提出并与同级公安机关交通管理部门会商，达成一致意见报省级质量技术监督部门，经与同级公安机关交通管理部门会商后，由两单位共同发布并遵照执行。审批安检机构首要的是把好市场准入的门槛，使检验机构的验车能力与本地区的机动车保有量相适应。

2. 扩大经营规模是检验机构的发展方向

检验机构日常管理首先遇到的问题是检验机构批准设置问题。按照总局第121号令的要求，检验机构设置本着"统筹规划、合理布局、方便检测"的原则，下放到省级质量技术监督部门负责。质量技术监督部门应考察本行政区域内机动车辆保有量及年增长情况，按照《机动车安全检验项目和方法》（GB 21861 – 2008）第1号修改单要求，根据平均每条检测线实际验车数量与国家标准要求的差距，批准检验机构的规模。如果车辆保有量增加，检验能力不足，可以优先鼓励原检验机构扩大检验能力，争取把现有的检验机构做大做强。北京市2005年以后没有新批准增加检验机构，目前依然维持在43家的水平。检测线数量2008年汽车检测线为95条、摩托车检测线为15条，合计110条；目前，北京市汽车检测线为102条，摩托车检测线为11条，合计为113条。尾气检验工况检测线从无到有，发展到现在共有235条检测线，其中汽油车检测线187条，轻、重型柴油车检测线各24条。北京市2010年机动车保有量为472万辆。按照目前的检验能力可以满足北京市机动车检验工作的需要。不增加检验机构，而鼓励原检验机构增加检验能力（增加检测线），既节约了土地成本、建设成本及土地资源，还节约了监督管理成本。无论对社会、对投资方和管理方都是有益无损的事情。虽然检验机构新增检测线也需要征用土地，增加检验人员，但与新建设一个检验机构相比，还是相对节约了许多方面的成本。

在原检验机构的基础上新增加检测线以提高本行政区域的车辆检验能力，可以逐步将检验企业做大做强，彻底改变目前我国机动车安全技术检验机构小而分散、无法实现规模经营的局面。企业达到一定规模，才可以实现利润。目前，越是小而全的企业，就越难以在市场经济条件下生存。检验机构也不例外，效益好的检验机构一定是在当地有相当规模的检验机构。所以，在车辆保有量不断增加的形势下，应鼓励原有检验机构扩大生产能力，把企业做大。

当然，新增检验机构还是在原有检验机构的基础上增加经营规模，主要还是考虑当地的实际情况。如果需要新增检验机构，还要考虑其他一些问题。

3. 新增检验机构设置时主要考虑的问题

（1）本行政区域机动车保有量及年增长速度。一般检测线年检1.5万辆车是企业的利润平衡点。如果一条检测线年检测能力已经不足1万辆的话，检验机构实际已经在亏本运行。再新增检验机构只能是相互竞争车源，不利于检验机构的健康、有序发展。

（2）为方便各行政区域群众验车，现有检验机构与新检验机构应保持一定的距离。

（3）对新建检验机构的周边环境、交通、电力满足检验机构建设要求。

（4）检验机构应远离居民居住区和交通密集区，避免出现空气污染、扰民和交通堵塞情况。

（5）满足检测信息网络传输需要，保证检测信息及时传输到管理机关。

（6）满足检测场地比较宽阔、占地面积较大的要求。如有条件应预留部分土地，以便于今后检验机构的发展。检验机构的实际使用面积目前没有明确的要求，但要满足对机动车进行安全技术检验的设施、工作场所和工作环境的需要。

二、检验机构的日常监督管理

对检验机构的日常监督管理按照国家质检总局《机动车安全技术检验机构监督管理办法》的要求执行。在管理规范第6节"主要监管方式"中提出了以下7种监管方式。

1. 查阅原始检验记录和检验报告

对于日常监督来讲，查阅原始检验记录和检验报告是最重要的手段之一。因为检验机构作为企业，它生产的产品就是车辆检验报告或检验记录。只有读懂检验记录单，我们才能对检验机构的检验工作进行检查。但检验报告如何进行检查，如何发现问题，是需要我们学习的。如果我们不学习，不了解检验机构的实际情况，我们只能走马观花，检查也就流于形式。查阅原始检验记录和检验报告，既要对检验报告进行全面检查，又要分不同项目分别进行检查。

GB 21861－2008 的附录包括：

汽车安全技术人工检验记录单（见附表9－1）；

汽车安全技术检验报告（见附表9－2）；

二、三轮机动车安全技术人工检验记录单（见附表9－3）；

二、三轮机动车安全技术检验报告（见附表9－4）。

（1）车辆信息核实。车辆信息要注意是否真实、有效，如 VIN 号码不够17位，明显与行驶证不一致。车辆信息与检验数据是否符合，如车辆是轿车，但检测重量明显与轿车的重量不符。通过车辆信息准确判断检测数据和结果的准确性和真实性。例如，不同的车辆进行检验但检测数据却一致，同一辆车上线几次但检验数据却相差较大等，都说明存在问题；在车辆信息中录入的是轿车信息，而在"制动检验"一栏的轴重中第一、二轴轴重却超出了轿车的实际重量，这也需要进一步检查。又如，检查多张检验报告，发现不同的轿车前后轴的重量却都一样，仔细检查原来是轴重台有故障，将人为设定的轴重数值直接录入到计算机中去了，这样的检验报告明显与车辆的实际情况严重不符。轴重台有故障应及时修复，修复后应重新申请标定，重新标定前不得使用。有的检验机构为了经济利益，还虚设了车辆的一些数据。这种情况如果我们没有及时监管检查或对车辆检验信息不核实，就无法检查出这样的问题。

（2）制动检验。制动检验是要检查车辆的制动，也就是刹车性能。怎么检查呢？我们知道，汽车前轴一般都是两个车轮，后轴对于轿车及乘用车是两个车轮，对于载货车辆大部分是四个车轮。无论每一轴安装两个还是四个车轮，但每一轴都在左右两侧车轮内安装制动器，与我们的自行车一样，起到阻止车轮前进的作用。制动器对转动的车轮施加阻力才能使车轮停止转动，这个力叫做制动力。

在车辆检测过程中，车轮制动力被制动实验台检测出来。在检测制动之前，首先要检测车辆的重量。检测车辆的重量就是称汽车前后轴的重量，两轴相加即为整车重量。这个工作由轴（轮）重仪来完成。把前轴左右两车轮的重量测量完打印在报告单上，就是报告中的一轴（左、右）重量。同理，将后轴左右车轮的重量测量完打印在报告单上，就是报告中的二轴（左、右）重量，也就是轴（轮）荷。

下面举例说明如何查看检验记录单。

例如，某车制动检测的数值如下：

项目： 制动检测	轮（轴）荷（kg）		最大制动力（10N）		制动率（%）
	左	右	左	右	
一轴（前轴）	1178	1004	894	920	84.8
二轴（后轴）	1020	906	828	819	87.3
整车	4108		3461		86.0
驻车	4108		428	419	21.0

制动力的大小是这样计算出来的：

第一轴：$(894+920)\times10/(1178+1004)\times9.8=18140/21383.6=84.8\%$；

第二轴：$(828+819)\times10/(1020+906)\times9.8=16470/18874.8=87.3\%$；

整　车：$3461\times10/4108\times9.8=34610/40258.4=86.0\%$；

驻车制动：$(428+419)\times10/4108\times9.8=8470/40258.4=21.0\%$。

制动力标准要求对乘用车前轴制动力大于或等于该轴荷重的60%；后轴制动力大于或等于该轴荷重的20%；整车制动力大于或等于整车重量（前后轴之和）的60%。在车辆制动检验时，最重要的是检查制动力的大小是否符合国家标准。上表完全符合国家标准要求，所以该车制动率合格。

另一辆汽车的制动检测数值如下：

项目： 制动检测	轮（轴）荷（kg）		最大制动力（10N）		制动率（%）
	左	右	左	右	
一轴（前轴）	892	1400	640	607	55.6
二轴（后轴）	1638	2116	1360	400	47.8
整车	6046		3007		50.8
驻车	6046		1258	718	33.3

第一轴：$(640+607)\times10/(892+1400)\times9.8=12470/22461.6=55.6\%$；

第二轴：$(1360+400)\times10/(1638+2116)\times9.8=17600/36789.2=47.8\%$；

整　车：$3007\times10/6046\times9.8=30070/59250.8=50.8\%$

驻车制动：$(1258+718)\times10/6046\times9.8=19760/59250.8=33.3\%$

这辆汽车的制动检验就不合格，而且车辆右侧重量比左侧明显大了许多，右后轮的制动力也较左后轮小了许多，可以判断这辆车的右后轮制动有问题。

请看第一辆汽车制动的差值和阻滞力：

项目： 制动检测	轮（轴）荷（kg）		过程差最大差值点（10N）		不平衡率 （%）	阻滞率（%）	
	左	右	左	右		左	右
一轴（前轴）	1178	1004	879	907	3.0	2.2	0.4
二轴（后轴）	1020	906	811	808	0.4	0.2	1.6

一轴制动力差（907 – 879）/920 = 3.0% ≤ 20%，所以合格。

二轴制动力差（811 – 808）/828 = 0.4% ≤ 24%。所以合格。

阻滞力国家标准要求各车轮阻滞力不大于该轴荷的5%。

这辆汽车的制动差值和阻滞力合格。

制动力差要求：在制动力增长全过程中同时测得的左、右轮差的最大值，与全过程中测得的该轴左右轮最大制动力中的大者之比，对前轴不大于20。对后轴在制动力不小于60%轴重时不大于24%，当后轴制动力小于60%轴重时，在制动力增长全过程中同时测得的左右制动力差的最大值不应小于该轴轴荷的8%。

我们的自行车没有制动力差，因为它前后各有一个车轮。而汽车前后都各有左右两个车轮。我们希望在汽车制动时左右两个车轮同时制动，而且制动力差小。但实际情况是，两侧车轮制动力总不一样，无论是在时间上，还是在力的大小上。所以，国标要求在制动力增长全过程中同一时刻测得两轮制动力的差值。

前一辆车的前轴制动力差为3.0%，不大于20%。后轴制动力差为0.4%，制动力差小于24%，所以前后轴制动力差都合格。

再看第二辆汽车的差值和阻滞力：

项目： 制动检测	轮（轴）荷（kg）		过程差最大差值点（10N）		不平衡率 （%）	阻滞率（%）	
	左	右	左	右		左	右
一轴（前轴）	892	1400	612	421	29.8	2.0	0.6
二轴（后轴）	1638	2116	1360	400	25.6	1.8	0.8

一轴制动力差为（612 – 421）/640 = 29.8%。前轴与最大制动力中的大者（640）比，小于24%为合格，所以该车前轴制动力差不合格。

二轴制动力差为（1360 – 400）/（1638 + 2116）= 25.6%。后轴由于制动力小于60%，所以要与后轴轴荷（1638 + 2116）比，小于8%为合格，但实际为25.57。所以该车后轴制动力差不合格。

汽车阻滞力的概念就是汽车在非制动状态下车轮转动时的阻力。国标要求阻滞力不大于该轴轴荷（左右轮重之和）的5%。这辆汽车的阻滞力合格。

车辆制动检验是在车辆检验过程中最重要的检验。在《机动车安全技术检验项目和方法》（GB 21861 – 2008）中，要求检验制动时，前后轴、整车的制动率、制动力差、阻滞力等数据必须合格，任何一项都是否决项，都必须通过检验。

（3）灯光检验。按照《机动车安全技术检验项目和方法》的规定，灯光检验只有大灯远光发光强度为否决项，其他项目为建议维护项。

请看第一辆车的前照灯检验数据：

项目	远光发光强度（cd）	远光		近光		灯高
		垂直（H）	水平（mm/10m）	垂直（H）	水平（mm/10m）	mm
左灯	22700	-18.90	右5	-30.10	右2	700
右灯	20400	-14.6	右2	-24.00	左4	690

按国标要求此车光强为合格；远近光位置为建议维护。

再请看第二辆车的前照灯检验项目：

项目	远光发光强度（cd）	远光		近光		灯高
		垂直（H）	水平（mm/10m）	垂直（H）	水平（mm/10m）	mm
左灯	3000	-29.3	左14	-48.40	左72	700
右灯	6100	-35.90	右47	-15.60	右61	690

该车远光发光强度小于15000 cd，所以远光发光强度不合格。在检验单上标注左灯近光垂直-48.40、左灯水平72、右灯水平61共三项为建议维护项。

按照国标的要求，远光发光强度在15000cd以上为合格，所以此车远光发光强度合格。远光垂直为0.9~1.0H（H为灯高），远光水平左灯为向左不超过170mm，向右不超过350mm，右灯为向左向右都不得超过350mm；近光垂直为0.7~0.9H（H为灯高），近光水平左右两灯向左不超过170mm，向右不超过350mm。因此，本车远近光位置为建议维护。

前照灯检验中主要的是发光强度。这一项为否决项。发光强度要检查的是灯的亮度够不够国家标准要求的15000cd，还要检查大灯的光强是否能集中在一个焦点上。如果灯光再亮但没有焦点，大灯仪也找不到主光轴，大灯亮度还是不够。

（4）路试制动性能检验。按照《机动车安全技术检验项目和方法》的规定，在两种情况下车辆需要路试。第一种是无法上线的车辆，主要是指全时四轮驱动（注有AWD字样）的车辆或前后驱动轴不能分离的车辆，这种车辆无法将前后两排车轮完全分开检验制动。第二种就是已经在制动台上进行了制动检验，且前后轴制动力差都合格、前轴制动力和大于前轴轴荷的60%以上，但整车制动力不合格。这样的车辆可以进行路试。乘用车的路试速度在30km/h即可。需要说明的是，对于上述两种情况，检验机构必须按照国家标准的要求对车辆进行路试检验。但对于已经进行路试的车辆，第一要检查是否符合国标的要求，第二要检查路试结果是否打印到检验记录单上或将检验记录粘贴到记录单上，以备查验。不要出现制动检验不合格，路试又没进行，或者进行了路试但只签署了合格而没有便携式制动性能检测仪打印的记录，或者有打印记录但没有检验的车牌号码证明打印记录是来自该车，或路试检验时间与车辆检验时间不一致等情况。

例如，实际使用便携式制动性能检测仪测试 MFDD、制动距离、协调时间的结果如下：

第一次：

测试时间：2010 年 9 月 19 日

车牌号：京×××××

车型：乘用车

刹车类型：液压

车况：空载

初速度：30.19km/h

制动距离：07.85m

MFDD：01.92m/s^2

协调时间：00.04s

制动时间：04.30s

最大减速度：03.12m/s^2

检测结果：制动距离：合格；MFDD：不合格；协调时间：合格

第二次：

测试时间：2010 年 9 月 19 日

车牌号：京×××××

车型：乘用车

刹车类型：液压

车况：空载

初速度：58.78km/h

制动距离：17.18m

MFDD：05.28m/s^2

协调时间：00.04s

制动时间：03.57s

最大减速度：06.49m/s^2

检测结果：制动距离：合格；MFDD：不合格；协调时间：合格

根据国家标准《机动车运行安全技术条件》（GB 7258 – 2004）的要求：

车辆在 30 km/h 时：

制动距离要求≤8.0m，MFDD 要求≥5.6 m/s^2，协调时间要求≤0.35s

车辆在 50 km/h 时：

制动距离要求≤19.0m，MFDD 要求≥6.2 m/s^2，协调时间要求≤0.35s

通过以上两个测试 MFDD、制动距离、协调时间的实例，我们可以清楚地看到车辆应该怎样做路试检验才符合国家标准的要求，才能得出符合车辆实际情况的检测数值。只有将检验合格的试验数据粘贴在检验记录单上并由检验人员签章，才能作为路试检验合格的凭证。

（5）人工检验。《机动车安全技术检验项目和方法》中规定车辆外观检查为71项，底盘动态检验为12项，车辆底盘检查为21项，共104项。检验记录单如果没有否决项和检验维护项的记录就没有问题，如果有否决项记录，应检查是否进行了修理并且进行了复检，要有复检记录，有复检员签章。对104项人工检验项目不够重视是目前普遍存在的问题，在日常检查中应引起大家的注意，不要让带"病"车辆驶出我们的检验机构，给人民的生命财产安全造成隐患。

（6）检验记录单审查。检验记录单审查时要注意，如果检验结果中有任何一项否决项都不得通过检验，即检验为不合格。在检验记录中主要检查制动检验项目和灯光检验中的远光光强检验项目。在制动检验中，制动力（制动率）、制动力差、阻滞力，包括整车制动率和驻车制动力等凡不合格就属于否决项，不得通过检验。灯光检验中远光强度检验也属于否决项，发光强度不够也不得通过检验。路试检验属于否决项，在104项人工检验项目中有79项是否决项。这在日常检查中应引起我们的注意。

除有否决项不得通过检验外，建议维护项不得多于6项，多于6项为不合格。评判结论为合格、合格（建议维护）、不合格。如果有任何一项建议维护，都必须有送检人签字，这也需要我们进行检查。检验报告必须如实打印，检验项目不得缺少。

同一辆车的检验记录和原始报告记录的数据应一致。记录数据如果相差较大应该进行分析判断，认定问题出现在哪些方面并提出解决问题的办法。

（7）检查车辆检验合格率。对检验记录单审查时还要注意车辆检验合格率的问题。由于汽车生产制造技术的提高和国家检验标准规定了不多于6项的建议维护项都可以判定合格（建议维护），车辆检验合格率应该比较高。一个检验机构如果车辆检验合格率较低，说明检验机构可能为提高经济收入有意识地使车辆检验在某一项目不合格，收取复检费或调修费后使其合格。而如果车辆检验合格率较高，则有可能检验机构人为放松检验标准来提高车辆检验合格率。两种情况都不是认真进行检验的态度。需要我们认真检查。对车辆检验合格率的问题，应该本着实事求是的原则，车辆存在问题不应放过而没有问题也不能人为地找问题。要避免人为因素的干扰，客观、公正地开展车辆检验活动。

还有一种情况是我们没有实行I/M制度（车辆定期维护与安全技术检验相结合）造成的。对检验不合格的车辆，检验机构不认真引导他们去进行维修后再上线检验，而是允许这部分车辆在不进行真正维修的前提下反复上线，检验机构则可以多次收取复检费。这种情况既反映出车辆定期维护与安全技术检验脱节，造成管理制度的缺欠和部分车辆所有人对车辆安全和人民生命财产安全的淡漠，也反映出检验机构以经济效益为重，不注意引导车辆进行正常维护保养，造成车辆反复上线。这样做既有毁设备，又耽误车主时间，还没有解决车辆存在的问题。应该规定车辆在检验不合格时，必须进行维修后再进行检验，必要时要求两次上线要有一定的时间间隔，以保证车辆可以就近进行维修或修理。目的就是要通过安全技术检验保证车辆的行驶安全，保证交通和人民财产安全。

检查车辆检验合格率，既可以从检验记录单上进行，也可以从数据库中调取计算机检验记录进行比较。从中可以发现一些规律性的东西，然后再作具体分析。

2. 现场检查机动车安全技术检验过程

（1）检验人员实际工作情况。在机动车检验活动中，人是影响检验质量最重要的因素。对检验人员实际工作的检查首先要检查检验人员是否在他自己的工作岗位上，其次是他是否完成了本岗位所要求的工作。具体要求包括：

检验机构负责人：是否在本职工作岗位上，是否对本检验机构的情况了如指掌，了解检验流程及检验方法。

技术、质量负责人：是否在本职工作岗位上，是否两个岗位由一个人负责，是否熟悉本单位的技术工作及质量管理工作。

报告授权签字人：根据《机动车安全技术检验项目和方法》的要求，是否按照车辆检验的实际情况对车辆是否合格、合格（建议维护）或不合格作出了正确的判定。出现建议维护项时是否要求送检人签字。

检验车间主任：检验车间受检车辆是否有序检验，车间有无闲杂人员，车辆检验程序是否正确，有无不按照程序检验车辆的行为。例如，制动检验时间明显不够，制动取值时间少于 5~8s 的要求；车速检验不到 40km/h 就取值。

引车员：上线前是否按照要求对车辆信息进行了核对，是否按照车辆动态检验的要求对车辆的转向、传动、制动三部分及驾驶区进行了检查，是否配合底盘检验员对车辆底盘进行了检查，是否驾驶了与准驾车型不符的车辆。

外观检验员：按照 GB 21861 - 2008 的要求，是否对车辆的外观检查项目（共 71 项）进行了检查并进行登记，特别是在车辆唯一性认定检查时，是否对车辆号牌、类型、颜色、VIN 号码及发动机号码进行了检查。

录入员：录入的车辆信息是否与行驶证信息一致，检验项目信息录入是否准确无误。

底盘检验员：底盘检验员是否在检查地沟中工作，车辆在检查地沟是否停车，检验员是否在引车员的配合下对车辆底盘进行了检查，并发送了检查信息。

设备维护和网络维护人员：对设备和网络是否及时维护并认真填写设备维护或网络维护记录，检查各台检测设备维护记录和网络维护记录。

（2）检验机构是否存在违法、违规行为。检验机构发生违法、违规行为主要有检验机构未按照资格许可的范围检验车辆，即超范围验车，使不符合国家检验标准的车辆通过检验；使用不合格设备进行检验或使用未经培训考核的人员进行操作等与技术条件不符的行为。

（3）检验工作流程的符合性。检验工作要符合本单位所示的检验流程，检验流程要能满足两点。第一，要符合国家机动车检验标准的要求。GB 21861 - 2008 已经列出了基本的检验流程，检验机构的检验流程图要符合国家标准的要求。例如，国家标准中列出在车辆检验登录后进行车辆唯一性认定，那检验机构的流程就不能没有这一项。第二，要符合本单位的实际情况。GB21861 - 2008 列出的是基本的检验流程，但如何适应本检验单位的实际情况，还要进行修订。例如，有的检验机构将车辆唯一性认定放在线外检验之后，有的放在之前，一定要符合本单位的实际情况。

（4）计量认证证书和资格许可证书是否在有效期内。检查资格许可证书所规定的

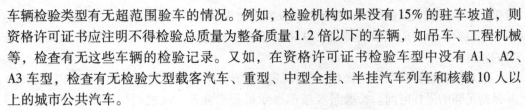

车辆检验类型有无超范围验车的情况。例如，检验机构如果没有 15% 的驻车坡道，则资格许可证书应注明不得检验总质量为整备质量 1.2 倍以下的车辆，如吊车、工程机械等，检查有无这些车辆的检验记录。又如，在资格许可证书检验车型中没有 A1、A2、A3 车型，检查有无检验大型载客汽车、重型、中型全挂、半挂汽车列车和核载 10 人以上的城市公共汽车。

检查计量认证证书要查看检验报告的授权签字人是否是计量认证证书附表中所列出的授权签字人，授权签字人授权的签字域与实际情况是否一致。

（5）检验所用的仪器、设备的准确度和有效性以及是否按期进行检定或校准。检查原始记录和检验报告是否正确、规范、保存完好。在正常的检定周期内。检查各项设备的检定或校准证书，主要是查看设备的检定或校准证书是否在有效期内，检验报告是否正确、规范、保存完好。鉴于在上文已经对检验报告进行了检查，这部分主要是检查报告的完好性，如有无涂改痕迹，涂改后有无相关人员签章。检验报告是否规范，是否符合国标的要求。

现场检查除上述的 5 项外，现场检查机动车安全技术检验过程也是非常重要的环节，这里强调的是要现场检查。第一部分查阅原始检验记录和检验报告与前面讲的 5 项检查有的可以在办公室检查，而现场检查强调的是在现场。

（6）线外检查。按照检验流程的要求，车辆检验登记后要进行唯一性认定和线外检验。线外检验（车辆外观检验）在国家标准中规定有 71 项。仅从大部分看，车辆外观检验就包括车辆唯一性认定、车身外观、照明和电器信号装置、发动机仓、驾驶室、发电机运转状况、客车内部、底盘件、轮胎和其他共 10 项内容。车辆外观检验最起码应该将车辆的各个部位查看一遍。

（7）底盘动态检查。一般底盘动态检查都由引车员负责。底盘动态检查包括对转向系、传动系、制动系和驾驶区的检查。要求检验员起步行驶一段距离，对相应的车辆部件进行检查。我们需要检查引车员对检查项目到底检查了没有。

转向系检查方向盘最大自由转动量是否符合规定，方向盘是否沉重。

传动系检查离合器是否接合平稳，有无异响；变速器是否正常，有无异响；传动系有无异响等。

制动系检查要求车辆以 20km/h 的速度急踩制动检查车辆有无跑偏的情况。气压制动的车辆要踩下并放松制动踏板，检查低压报警器是否报警。通常有的检验人员自上车后连制动都没有踩，一直就开到检验车间里去，检验完毕直接将车交到车主手里，这是不正确的。

（8）线内检验。线内检验要按照检验项目逐项进行。由于 GB 21861－2008 对车速检验只作为建议维护项处理，现实中发现有的检验机构中的检验员根本不按照操作规程去操作，而是车辆在车速台上刚起步就停车。对车速检验只作为建议维护项不是说就可以不检验或有意识将车速检验不合格，或者不再执行 GB21861－2008 中的车速表检验操作程序了。实际工作中发现有的检验员进行车速检验时，为加快检验速度，车轮刚在车速台上旋转就采集信号。如果我们检验人员对车速检验如此不负责任，由于车速表不准确而引发问题，检验机构要承担责任。检验人员认为是建议维护项就可以不按照要求检验了，其实我们所说的建议维护只是在判定时采取的方法，在检验时还是和以前的要求一样检验，而有的检验人员自己就将检验程序简化了。这是完全不符合国家标准要求的。

制动检验也要按照规定操作，要保证启动滚筒电机 2s 后开始采样（踏制动踏板）并保持足够的采样时间。检验员要按照显示屏提示在 5~8s 的时间内将制动踏板踏到底。要检查检验员是否按照这个时间段操作的，操作时间够不够，灯光检验时车辆是否停正，是否按照检验程序规定按左灯、右灯顺序进行检验。

在车辆底盘检查工位，要检查车辆停车、熄火了没有，在引车员打方向盘时底盘检验员是否检查了车下部分。按照 GB 21861−2008 第 1 号修改单的要求，车辆底盘检查对于小型汽车不得少于 60s。在实际检查中要检查是否符合国家标准的要求。车辆底盘检查有 21 项内容，要查看底盘检验员对这些检查项目都检查了没有。车下的转向系、传动系、制动系都查看了没有。实际工作中发现有的底盘检验员要不就根本没有按照规定进行检查，要不就在车辆到达底盘检验工位时用小榔头击打地沟边缘，示意已经对车辆底盘进行检查了。还有的检验员将车辆开到检验地沟，刚停车起步就走，根本没有进行底盘检查。这些都是对底盘检查不负责任的表现。

（9）检验报告审核。检验报告的审批是现场检查的重要内容。检查最终报告是否符合规定，有无漏检、漏项的问题，有无检验项目、检验员、批准人填写不规范的地方，有无其他不符合国家标准要求和总局文件要求的问题，发现问题及时纠正。实际工作中经常发现检验报告漏项漏检的现象，如路试检查没有路试记录、路试记录不完整、无送检人签章或检验机构代送检人签章等问题。

（10）设备检定和校准。检查是否在规定时间内对设备进行了检定和校准，检查检定和校准证书的有效性。需要说明的是，检验机构一般对使用的检测设备都比较重视进行检定和校准，但对于便携式检测设备普遍不够重视。所以还要注意首先检查这些设备是否存在于该检验机构，检查这些设备的编号是否与该检验机构设备档案中的设备编号一致。如果不一致说明这些设备不是该检验机构的。还要检查设备是否通过计量检定或校准。检查检定或校准证书上的送检单位名称是否与该检验机构的名称一致，送检设备名称、编号与实际使用的设备名称、编号一致。

（11）检测场内验车秩序。检验秩序包括检验机构内部验车秩序和检测场的验车秩序两部分。检验机构内部验车秩序是检查机构内部检验车辆是否规范，各检验环节是否衔接，现场检验流程与检验流程图是否一致。检测场的验车秩序是指包括车主是否按照检验流程图的示意进行车辆检验，特别是有无代办验车（车虫）的闲杂人员在检验机构冒充车辆所有人进行验车活动。有的车虫还与检验机构的内部人员相勾结，随意放宽检验标准，让本来环保检验、安全技术检验不合格的车辆流入社会，给国家和人民生命财产安全造成了重大隐患。检验机构被曝光的事件中件件都有车虫的身影，他们得到是经济利益，而损害的是检验机构的形象，是政府的公信力。在检查中如果发现有的人长期在检测场内，显得与检验人员非常熟悉，甚至在检验机构内就拉车帮助验车，都属于车虫的范畴。只要发现这样的情况，应立即与当地公安机关交通管理部门配合调查取证。确属扰乱检验机构验车秩序的应交公安机关处理。属于检验机构管理失职，造成检

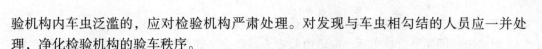

验机构内车虫泛滥的，应对检验机构严肃处理。对发现与车虫相勾结的人员应一并处理，净化检验机构的验车秩序。

3. 检验能力比对试验

检验能力比对试验是检查检验数据是否准确、检测数据是否真实有效的重要手段。目前计量检定机构对检验设备实行的年度计量检定，主要是对设备的静态标定，而对车辆进行实际检验是在动态下进行的，实际车辆检测时的数据误差与标定的国家计量检定规程中要求的误差相比要大许多，根本原因就是一个是静态误差，一个是动态误差。一个是没有人为因素影响，一个是需要人来实地进行操作。要保证检测数据的真实、有效，就应该进行检验能力比对试验。首先从单台设备开始试验。用一辆相对标准的车辆，即标车作为受检车辆采集不同检测设备的检测数据并进行分析判断，最终得出比对试验报告，作为检测数据是否真实有效的依据。但存在的问题是，车辆是由人控制的，而人的操作稍有偏差（如制动数据采集时踏板力的大小、踩踏板的时间长短等），就会对检测数据产生较大的影响，使各台检测设备的数据失去可比性。如何解决这些问题还要继续研究。目前，北京市质量技术监督局已经组织力量开展了对部分检验机构的部分检测设备进行比对试验，取得了一定的成绩。

4. 审核年度工作报告

检验机构的年度工作报告共有 6 项内容。在总局第 121 号令第 3 章中有具体规定。但在年度工作报告的 6 条内容中，质量技术监督部门需要特别对"检验机构的基本情况"加以注意，同时也要求检验机构提供的基本情况尽量详细，只要在上一年度发生变化都要报告。例如，检验场所是否发生变化，面积增加了还是减少了；试车跑道还在场内还是移到场外了，移出场多远距离；停车场是否已经变为他用；驻车坡道是否还在原地等。实际工作中发现，有的检验机构只报告车辆检验情况，但检验机构已经发生变化了也不及时报告，甚至检测场所都发生变化了也不报告。所以，对年度工作报告要认真进行检查，发现问题及时向检验机构提出，要求进行整改。在实际工作中发现有的检验机构检测线增加或减少，试车跑道移到外面去，检测场地发生变化等都没有按照要求如实上报，使得质量技术监督部门无法掌握检验机构的实际情况。以上情况需要在现场检查时与检验机构的年度工作报告进行核对。

5. 听取有关方面对安检机构机动车安全技术检验工作的评价

这里所指听取各方面的评价主要有公安机关交通管理部门的评价、车辆所有者或使用者的评价。发现问题时应及时核实并要求检验机构限期改正。

（1）听取公安机关交通管理机关的意见和建议。在对安检机构的监督检查中，听取当地公安交通管理部门的意见和建议是这方面工作的重点。听取他们对安检工作的意见时，检验工作中是否秉公执行国家机动车安全技术检验标准是重点。对公安机关交通管理部门派驻在检验机构的驻站民警更应该实地征求他们的意见。

（2）听取群众对检验工作的意见和建议。监督检查时应实地征求群众对检验机构工作的评价。听取群众对检验工作的意见和建议应在监督检查时随机进行，我们应该及时了解他们对检验工作的意见。例如，车辆检验时检验机构工作人员的态度，检验流程是否合理，对车辆检验工作是否认真，有无故意刁难群众的现象，检验人员有无吃、拿、卡、要的现象，检测场内有无车虫扰乱验车秩序等。

对提出的问题经过核实后，应该由检查人员提出书面整改意见，要求检验机构在规定的时间内进行整改，需要报告的应将整改情况向上一级质量技术监督部门报告。

6. 调查处理投诉案件

如发现有投诉案件应及时处理。投诉案件分为两类，一类是向质量技术监督部门等政府部门的投诉，另一类是向车检验机构的投诉。

（1）向质量技术监督部门等政府部门投诉。群众将对检验工作的意见反映给业务主管机关，是对质量技术监督部门的信任。同时，质检部门也会收到由其他政府部门转发来的投诉案件。在接到投诉案件后要积极与检验机构核实反映的情况，提出处理和改进意见，重大问题向上级报告。例如，群众对车辆检验数据有质疑，质检部门可以安排车辆到其他检验机构重新进行检验，并将检验数据进行比较，必要时可以请专家进行分析判断。如果确实属于原检验机构的检测数据有误，造成检测数据失真，质检部门应要求检验机构立即整改，必要时重新进行检定然后再进行车辆检验工作。

（2）向检验机构投诉。群众对检验工作的意见一般会首先反映到检验机构。检验机构应该按照对申诉和投诉的处理程序严肃处理。首先要调查投诉的真伪，认为确实存在问题应在第一时间对责任人或作业程序提出整改意见，并上报质量技术监督部门。但实际情况是，检验机构如果收到投诉后第一反应是抓紧对投诉的处理而忽视上报质检部门，造成属地质检部门无法掌握对检验机构的投诉情况。为避免这样的情况发生，在监督检查时，一定要主动询问检验机构有无投诉案件，有无群众反映意见。要求检验机构在收到投诉后即使处理了也应该及时向质检部门汇报，并向质检部门提出整改报告。

7. 联网监察

有条件的地区可以采用联网监察的方式对检验机构的实际情况进行联网监察。

第三节　安检机构的职责和守则

在《机动车安全技术检验机构监督管理规范》中，对安检机构的职责和守则分别作出了具体规定。其中安检机构的职责有11条要求，安检机构守则有9条要求，一共有20条具体要求。这20条应该是对检验机构最起码的要求。检验机构都应该认真贯彻执行。

一、安检机构的职责

安检机构的职责主要有以下方面：

（1）遵循独立、客观、公正、诚信的原则开展机动车安全技术检验活动。在这四项应该遵循的原则中，检验机构的诚信最为重要。诚信就是要诚实、守信誉。检验机构没有别的产品，检验报告是检验机构的唯一产品。检验机构必须对检验报告负责，对所检验的车辆负责，也就是对社会负责。

（2）保持信息畅通，向质量技术监督部门提供检验信息。如果监督部门需要，检验机构应当及时提供检测信息。

（3）在用设备完好，及时进行检定及校准，参加比对试验。及时进行检定及校准是目前对检验机构设备方面的要求。设备完好是指不得出现设备工作不正常或超过检定周期未进行检定或校准的情况。

（4）建立健全各项规章制度和机动车安全技术检验档案；有保密要求的，遵守保密规定。检验机构的规章制度在第十二章第四节中已经论述过。除技术条件要求的九项制度外，其他需要的规章制度由检验机构自行制定。

（5）加强对检验人员的培训和内部管理。对安检机构人员培训工作，在管理制度中应有对检验机构的技术人员和管理人员的培训和管理制度。需要说明的是，培训不是走过场，培训不是让领导看的，而是应该实实在在地培训。对不同人员要有不同的培训大纲并认真组织实施。检验机构每年都应该按照检验机构进行管理和技术人员培训考核，针对不同岗位人员制定培训大纲。做到有计划、有参加人员、有培训、有考核，使培训工作具体化。

检验机构的内部管理涉及面大，方方面面都与内部管理分不开。检验环境优美，包括检验车间、业务大厅、办公室等环境适应车辆检验工作的需要。检验机构内的环境，车辆要求各行其道，按照规定的路线行驶，车辆既要保证有顺序，还要保证车辆在场内行驶的线路不交叉，不存在发生事故的隐患。车辆停放整齐，道路平整、干燥，标志标线清晰。有条件还可以种植一些植物。有的检验机构道路不平，车辆通过后尘土飞扬，标线不清，标志退色，车辆停放乱七八糟等都属于环境不优美。

检测车间就是开展机动车安全技术检验活动的场地，与检验各种无关的材料、物品都不应放在车间内。检测车间应该窗明地亮，经常打扫环境卫生。但有的检验机构将检测车间作为存放材料的大仓库，有的甚至将车辆检查地沟作为存放物品的地方。检测车间里摆放着报废的检测设备、职工骑的摩托车，车间玻璃极不清洁，给人以非常凌乱的感觉。检验地沟长期被废旧物品占用或上面覆盖着钢板说明该检验机构长期没有按照国家检验标准规定进行车辆底盘检验，问题是很明显的。这种情况检验机构应该立即改变，质量技术监督管理机关也应该认真进行检查，类似问题应引起大家的注意。

业务大厅要求分工明确，各服务窗口要明示本窗口的服务项目，公示栏要醒目。相比来说，有的检验机构业务大厅窗口服务项目不清，公示项目粘贴在各个角落，没有固定的地方，群众不了解检验流程到处问询就显得环境不优美。

检验机构内部管理还表现在对人员和资料文件的管理上。这两部分内容的管理都在前面讲到，这里不再复述。

（6）接受质量技术监督部门的监督管理，按时提交年度工作报告。接受质量技术监督部门的监督管理，按照《安检机构年度报告制度》提交年度工作报告。

（7）发现普遍性质量安全问题，及时向质量技术监督部门报告。按照《普遍性质量安全问题分析报告制度》，发现问题及时报告。

（8）安检机构停止检验活动3个月以上应上报质量技术监督部门，上缴许可证书和专用章，并向社会公告。

（9）建立报告审批制度，对检验报告真实性和准确性负责。检验报告真实性和准确性在"检验报告审核"一节中已经讲到。

（10）有条件的检验机构可以与质量技术监督部门联网。

（11）配合质量技术监督部门的监督检查，如实提供有关情况和材料。这里需要强调的是如实提供情况和材料，在监督检查过程中，对需要的每一辆汽车的检测数据检验机构都必须如实提供。发现问题要提出解决问题的办法，而不是对发现的问题遮遮掩掩，要如实提供有关情况。

二、安检机构守则

在《机动车安全技术检验机构监督管理办法》中，安检机构守则中有9条，包括：

（1）不得涂改、倒卖、出租、出借检验资格许可证书；

（2）不得超出许可的检验范围开展机动车安全技术检验；

（3）按照国家机动车安全技术检验标准进行检验；

（4）不得出具虚假检测结果；

（5）不得要求机动车到指定场所进行维修、保养；

（6）不得使用未经省级质量技术监督部门考核合格的人员从事检验工作；

（7）不得推诿或拒绝处理用户的投诉或异议；

（8）不得在工作中以权谋私、索要或者收取礼品、礼金及其他物品，收取贿赂；

（9）不得从事其他法律法规禁止的行为。

第四节　监督检查中遇到的实际问题

按照《机动车安全技术检验机构监督管理办法》质量技术监督部门的职责划分，国家质检总局负责对全国机动车安检机构开展监督抽查，地方质检部门负责对本行政区域内安检机构进行监督检查。根据几年来对全国各省市开展的国家监督检查来看，成绩是主要的，但还存在不少的问题。主要有以下几点：

一、人员方面

检验机构的人员问题普遍存在。主要表现在技术人员匮乏，特别是高级技术人员，如技术负责人等匮乏，造成检验机构对国家检验标准和检验流程的技术问题了解不深，对有些技术问题甚至不清楚。技术方面的信息了解不清，有的不了解国家检验标准修改单的内容。检查中发现部分技术、质量负责人和报告授权签字人不符合任职条件，有的未经省级质量技术监督部门培训。一般检验人员学历条件不够或未经过省级质量技术监督部门培训。在检查的检验机构中几乎都存在检验人员，包括技术和质量负责人、报告授权签字人条件不符合要求，未经过培训或未按照规定时间培训等问题。

造成上述问题的原因是在市场经济条件下检验机构难以留住技术人员，造成检验人员流动过快。省级质量技术监督部门培训一般一年一次，但还没有到培训时间，就有人离开检验机构。人员不够就要到社会上去招聘，而新招聘来的人又没有经过培训。如此反复，人员素质下降问题明显。根本问题还是要提高他们的福利待遇，留住技术人员，使他们安心在检验机构工作。检验机构人员招聘首先要符合技术条件中对检验人员及高

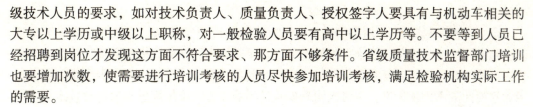

级技术人员的要求，如对技术负责人、质量负责人、授权签字人要具有与机动车相关的大专以上学历或中级以上职称，对一般检验人员要有高中以上学历等。不要等到人员已经招聘到岗位才发现这方面不符合要求、那方面不够条件。省级质量技术监督部门培训也要增加次数，使需要进行培训考核的人员尽快参加培训考核，满足检验机构实际工作的需要。

人员脱岗问题也不同程度存在。有的岗位无人操作，如几个微机一人录入，两个地沟一人职守。有的岗位人员不够，如外观检验员、引车员不够造成受检车辆排队等问题，需要我们在检查时注意。

二、设备方面

1. 固定式设备

检验设备普遍存在"小车不倒只管推"的问题。许多设备已经运行多年，但始终没有更新换代，造成许多老旧设备长期工作在检测一线。设备老化带病坚持工作现象普遍存在。在目前全国还没有统一的报废更新标准的情况下，我们应该利用国家检验标准颁布实施的有利时机，抓紧对检测设备进行必要的淘汰更新，满足新的国家检验标准需要。检验机构应该加强对检测设备的维修保养，并做好维护、保养记录，保证检测设备始终处于完好的工作状态。实际情况是有的检验机构设备维护、保养没有记录，不清楚是否按时对设备进行维护和保养。

在《机动车安全技术检验项目和方法》中已经要求对车辆称重由以前称轴重改为称轮重，原因是制动检验中要求左、右车轮可以分别停机，以配合制动台检测左、右车轮的最大制动力。左、右车轮的最大制动力要与左、右轮的重量进行比较。许多检验机构还没有对称重设备进行改造，无法满足国家标准的要求。

制动检验中要求制动台可以检验左、右两轮制动力并且可以分别停机，但许多检验机构的检测设备还无法满足国家标准中制动台左、右滚筒分别停机的要求。

制动台前后地面未按照要求进行处理的情况也不少。技术条件中要求对制动台前后地面进行处理是为了保证制动检测数据更加真实。大多数检测车间地面都考虑到美观和易于清洁，导致地面摩擦系数较低，所以要求对制动台前后地面进行处理以增大摩擦系数。处理方式既可以进行打磨，也可以粘沙等。需要说明的是，对小型车线前后 3m、大型车线前后 6m 是指以制动台中心线算起，前后各 3m 和 6m。

2. 便携式设备

除上面所说的问题以外，检验机构普遍对便携式检测设备的重视不够，有的检验机构根本就没有技术条件附件 4 中要求的设备，有的买来就放在仓库里，从来没有使用过，也不知道如何使用，更没有经过计量检定。有的检验机构还不清楚应该配备什么样的便携式检验设备或只购买其中的一两个设备，技术条件附件 4 是怎么规定的也说不清楚。这种情况应予以纠正。

还有的检验机构有便携式设备但检定证书与实际检验机构名称不符，原来是为应付检查借用了其他检验机构的设备和证书。所以既要检查设备又要检查检定证书，检定证书上的单位名称与实际检验机构必须一致，检定证书的设备名称和检定时间应真实有效。

由于便携式检验设备使用频次不高，造成大家对它们不重视。国家技术条件要求检验机构必须配置的设备、设施在附件4中已经明确提出。在检验机构资格许可时也明确要求必须按照附件4的要求进行设备和设施的配备，但有的检验机构还是出现问题，说明大家对此的不重视程度。应再次明确检验机构的设备、设施配置必须符合技术条件附件4的要求并按照国家标准的要求进行使用，开展与此项检验相关的活动。例如，按照标准，对全时四轮驱动的车辆和台式检测制动力差符合要求且前轴制动力符合要求但整车制动力不符合要求的车辆应按照路试制动性能检验的要求，对车辆进行路试检验。如果没有便携式制动性能测试仪，对上面这部分车辆如何进行路试检查，又如何测得车辆的 MFDD 数值？有的检验机构没有便携式制动性能测试仪也不进行车辆路试，这样不符合国家检验标准中对部分需要路试车辆进行路试检验的要求，人为地减少了检验项目，是不允许的。技术条件附件4中所列出的设备和设施检验机构必须具备，质量技术监督部门也应该进行检查。

三、设施方面

1. 试车跑道

检验机构的设施在技术条件"总体布局"中有明确要求，但有的检验机构还没有认真贯彻执行，试车跑道和驻车坡道问题都比较突出。对于检验大、中型车辆，试车跑道一般要求要有 80～100m 长、6m 宽才能保证车辆进行路试的需要。但实际中有的试车跑道长和宽都不能满足一辆汽车以 30km/h 的速度进行路试的需要。虽然技术条件中没有对路试跑道的长度和宽度作出具体要求，但应该满足车辆可以进行路试的要求。有的试车跑道既无标志又无标线，紧邻停车区或车流、人流密集区，行人也不知道这里是一条试车跑道，很不安全。有的试车跑道长期作为停车场使用，停满了等待检验或检验完毕等待办理手续的车辆，没有起到试车跑道的作用。有的将试车跑道设置在远离检验机构的道路上，进行路试显得非常不方便。还有的检验机构由于种种原因将试车跑道移出场外也不报告。按规定试车跑道应设置在检验机构内部，方便车辆进行路试检验。试车跑道要突出的跑道，不是一般的道路，虽然对具体长度和宽度没有具体要求，但要满足车辆不低于 30km/h 的速度进行路试的需要。要有明显的标志标线，告知大家这里是试车跑道，注意安全。在两侧要有必要的安全防护措施，保证在路试时不发生车辆与车辆、车辆与行人的碰撞事故或造成事故隐患。

2. 驻车坡道

驻车坡道问题也比较突出。许多检验机构认为驻车坡道可有可无，所以不当回事。要知道驻车坡道是驻车制动性能检验的重要工具，在《机动车运行安全技术条件》（GB 7258-2004）中就有明确要求，在国家质检总局技术文件中也有要求，各检验机构应该认真执行。驻车坡道问题以 20% 为例，讲的是 20% 而不是坡道夹角为 20°。20% 是坡道底边与一侧高的比值为 20%，即如果底边为 10m，一侧高度为 2m，则坡道是 20%，宽度不能低于车辆宽度 1 m。有的按照 20° 来做坡道，有的长度根本上不了一辆汽车，有的宽度与车辆宽度一致，车辆在坡道上非常危险。这些都不符合技术条件的要求，应该

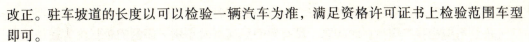

改正。驻车坡道的长度以可以检验一辆汽车为准，满足资格许可证书上检验范围车型即可。

3. 其他问题

站内道路和停车场地应该满足技术条件的要求，但如果站内道路车辆拥挤不堪，就不能做到各行其道。停车场划分不清晰等问题也比较普遍。业务大厅窗口分工不清晰，不能做到车主检验办手续时一目了然。有的没有监督橱窗，无法起到监督的作用。以上问题应引起检验机构的注意。

四、技术文件管理及检验记录管理方面

检验机构对国家法律法规和检验标准一般都准备充分。但有的检验机构无国家标准修改单。说明对国家标准的时效性认识不清。管理制度方面，普遍对技术条件中的9个管理文件或不理解，或缺少相关文件，或描述不清。有的检验机构将这9个文件与计量认证的有关程序一同编制在程序文件中，但实际上它与程序文件中要求的程序还是有一定区别，如果一定要放在一起就一定要符合技术条件的要求并且便于查找。我们建议将这9个文件单列出来，便于查找和管理。

设备检定周期表也格式很多。设备检定周期表是指在最近的检验周期内需要进行检定的设备清单，包括固定式检测设备和移动式检测设备。需要进行检定的设备还包括需要校准的设备。检定周期表统一按照《机动车安全技术检验机构检验资格许可技术条件》的要求制作。有的不按照技术条件的要求去做，造成该需要的没有，不需要的放在表中，应按照要求统一格式，便于操作。检验记录要按照要求在一个检验周期内认真进行保管，以备查验。

设备维护保养记录和设备检定周期表一样是设备管理中的重要内容。设备维护及保养记录要求对每台设备分别建立设备维护保养档案，记录该设备自使用之日起设备维护保养时间、人员及维护内容，还包括出现故障后的解决情况及自标定情况。许多检验机构对设备维护保养记录不认真填写，有的甚至一年都没有设备维护保养记录，不清楚设备一年保养没有，维修没有，说明检验机构对设备管理如此不重视。

除上面所讲到的设备资料外，检验记录是最重要的。有的检验机构的检验报告管理混乱，检验记录保管没有顺序，要找某段时间的检验记录如同大海捞针。说明检验记录的保存和管理没有按照规定执行或没有对检验记录的管理程序或制度。

五、人工检验方面

外观检查、底盘检查等人工检验方面也是检验机构普遍不重视的地方。首先检查有无外观检查人员，如果有外观检查人员确认对车辆外观到底进行检查了没有，是继续没有检查还是只是看一看就都合格。检测车间有无检查地沟，有检查地沟有无检验人员，有检验人员是否对车辆进行了认真检查。对车辆底盘检查普遍不重视在检验报告的检查时就可以发现。在车辆外观检查、底盘动态检验和车辆底盘检查这三项检查项目中，几乎所有的车辆都打了"无否决项、无建议维护项"的字样，可以说明检验机构不重视这三项检查。国家标准中列出的104项检查项目，有的车辆就存在问题，但有的检验机

构视而不见，造成这部分车辆带着安全隐患上路行驶。车辆底盘检查有的没有照明、通信设备是不少检验机构存在的问题。没有照明如何查看车辆下面的问题？没有通信设备如何将不合格项目打印到检验记录单上？对存在上述问题的检验机构应要求改造底盘检验工位的设施，要有照明的灯具，保证检验人员可以看到车辆下面的情况，有与计算机相连接的设施，保证检验结果可以直接输入到计算机。

有的检查地沟只有 1.4m 的高度，一般人在里面都站不起来。有的检查地沟中没有通信设备，检验人员在下面如何操作、如何检查呢？这样的检查地沟真是形同虚设。按照《机动车安全技术检验项目和方法》的要求，要有检验员逐项对车辆下部进行检查。有的检验机构只有检查底盘用的地沟，连底盘检验员都没有。还有的检验机构在检查地沟上面铺上一层钢板，车辆到检查地沟长驱直入，根本不停车。这样的底盘检验就等于没有做。

在技术条件中要求检查地沟有通风装置，目前基本都没有安装此项装置。要求检查地沟有通风装置，目的是保护底盘检查人员的健康，减少空气的污染。有的单位仅安置一台普通电扇，实际上解决不了问题。由于汽车废气比重较低，通风装置安装在什么部位，新鲜空气又如何进入检查地沟，如何进行新鲜空气与汽车废气的交换，这个问题还需要认真研究。

本章小结

本章根据国家质检总局发布的《机动车安全技术检验机构监督管理规范》，从法律依据、日常监督管理、安检机构职责、监督管理四个方面讨论了质量技术监督部门对安检机构实施监督管理的法律依据和具体办法。对国家质检总局要求安检机构遵循的职责和守则进行了描述，针对安检机构实际情况提出了监督检查方法，对监督检查中遇到的问题提出了监督检查的重点。在检验机构日常监督管理部分，力图从检验报告入手，从看懂检验报告开始进行介绍。除查看检验报告外，还从 11 个方面介绍了现场查验机动车安全技术检验过程的方法。

思考题：

1. 对机动车安全技术检验实行社会化，是在国家什么法律中明确规定的？

2. 《中华人民共和国道路交通安全法实施条例》赋予质量技术监督部门的四项管理职能是什么？

3. 国家质检总局发布的《机动车安全技术检验机构监督管理办法》（总局第 121 号令）和 5 个规范性文件中，对我们监督检查工作最重要的两个文件是什么？

4. 在《机动车安全技术检验机构监督管理办法》提出的 7 种监管方式中，最直接、最有效的两种监管方式是什么？

5. 在查阅原始检验记录和检验报告时，首先要核对什么信息？

6. 根据《机动车安全技术检验项目和方法》的要求，制动检验中什么检验项目属于否决项？

7. 根据《机动车安全技术检验项目和方法》的要求，灯光检验中什么检验项目属于建议维护项？

8. 国家标准要求，对乘用车制动力检测合格，前轴制动力应该大于或等于该轴轴荷的百分之几？整车制动力应该大于或等于整车质量的百分之几？

9. 按照国标的要求，乘用车（在用车）远光发光强度为多少坎特拉以上为合格？

10. 根据《机动车安全技术检验机构检验资格许可技术条件》的要求，对机动车进行路试制动性能检验时应使用什么仪器？

11. 《机动车安全技术检验项目和方法》中规定的包括车辆外观检查、底盘动态检验和车辆底盘检查等人工检验项目一共有多少项？

12. 《机动车安全技术检验项目和方法》规定，由谁对检验结果进行评判？

13. 除有否决项不得通过检验的情况外，建议维护项多于多少项，评判结果为不合格？

14. 检验报告如果有任何一项建议维护，谁必须在检验报告上签字？

15. 在车辆进行路试制动性能检验时，乘用车的路试速度是多少？

16. 举例说明符合要求的 20% 的驻车坡道底边长度、高度、宽度应各为多少米？

17. 安检机构检验资格有效期满，继续从事机动车安全技术检验活动的，应当于有效期满前多长时间向所在地省级质量技术监督部门重新提出申请？

18. 各级质量技术监督部门在监督检查或受理投诉举报时，发现安检机构不按照机动车国家安全技术标准开展机动车安全技术检验，出具虚假检验结果的，应当及时移交哪个部门处理？

19. 安检机构从事机动车安全技术检验工作的技术人员，要经过哪一级质量技术监督部门考核合格，持证上岗？

20. 底盘检查地坑应当有一定的操作空间，同时还需要什么配套装置？

第十五章　机动车安全技术检验机构职业道德

职业道德的基本含义是从事某一职业所应遵循的行为规范的总称，也是职业人应该遵守的道德规范。人员素质是人认识社会、服务社会的能力，反映在人的身体、思想和文化三个方面。而作为一个单位，其职业道德与人员素质是密不可分的。机动车安全技术检验机构的职业道德同样是靠检验机构工作人员的素质来保证的。没有高素质的检验人员就不可能造就高水准的检验机构职业道德。

第一节　检验机构职业道德

一、职业道德的基本概念

职业道德的基本含义是从事某一职业所应遵循的道德、行为规范的总称。作为机动车安全技术检验人员，就应该遵守机动车安全技术检验行业的道德、行为规范。

二、检验机构的职业道德和行为规范

检验机构的职业属性是什么？这个问题在国家质检总局第121号令中有明确的规定。其是指在中华人民共和国境内，根据《中华人民共和国道路交通安全法》及其实施条例的规定，按照机动车国家安全技术标准等要求，对上路行驶的机动车进行检验，并向社会出具公正数据的检验机构。检验机构的职业道德不能离开其所从事的职业属性。在第121号令的上述规定中，最重要的是将检验机构定义为"向社会出具公正数据的检验机构"。这是检验机构职业道德的核心。

在《机动车安全技术检验机构监督管理办法》"安检机构行为规范"一章中，对安检机构提出9条要求：

（1）检验机构应当遵循独立、客观、公正、诚信的原则开展机动车安全技术检验活动。

独立——检验活动的依据是国家相关法律法规和机动车安全技术检验标准，检验机构的活动应不受行政干预，不受任何人的干扰，独立地开展检验活动。

客观——检验活动的结果是车辆检验报告或检验记录。检验报告所反映的车辆情况应该实事求是。既不能让有问题的车辆蒙混过关，也不能把没有问题的车辆误判为存在问题。

公正——检验机构应该是独立于政府和使用者之间的第三方的公正机构，它所出具的车辆检验报告应该是具有权威性的。

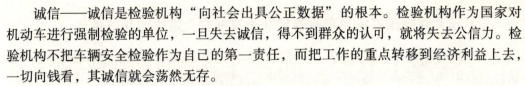

诚信——诚信是检验机构"向社会出具公正数据"的根本。检验机构作为国家对机动车进行强制检验的单位，一旦失去诚信，得不到群众的认可，就将失去公信力。检验机构不把车辆安全检验作为自己的第一责任，而把工作的重点转移到经济利益上去，一切向钱看，其诚信就会荡然无存。

（2）保持信息畅通，及时向质检部门提供车辆检验信息。安检机构与质检部门的网络应通畅，及时向质检部门提供信息。

（3）在用设备完好，计量器具经过检定或校准，参加检验性能比对试验。主要是定期对计量器具进行检定或校准。

（4）建立健全规章制度和检验技术档案，对技术资料进行保管。需要保密的，遵守保密规定。建立健全规章制度是重点工作。

（5）加强员工培训和内部管理，提高服务水平。重点是如何加强员工培训，要有具体措施和制度保证。

（6）接受质检部门的管理，按期提交年度工作报告。要按期（每年1月底前提交上一年度的工作报告）并按照年度工作报告6条内容的要求提交工作报告。

（7）发现普遍性质量安全问题，及时向质检部门报告。

（8）停业和歇业的规定。检验机构停业3个月以上的，上报省级质检部门，上缴资格许可证书和印章，并在1个月前向社会公示。检验机构停业1年以上的，省级质检部门注销其检验资格。

（9）安检机构不得出现的行为：

①涂改、倒卖、出租、出借检验资格许可证书；

②超出批准的检验范围开展机动车安全技术检验；

③不按照机动车国家安全技术标准进行检验；

④未经检验即出具检验报告等出具虚假检验结果的行为；

⑤要求机动车到指定场所进行维护保养；

⑥使用未经省级质量技术监督部门考核或考核不合格的人员从事检验工作；

⑦无正当理由推诿或拒绝处理用户的投诉或异议；

⑧其他违法行为。在安检机构不得出现的行为中，出具虚假检验报告的行为是最为严重地违反职业道德和行为规范的行为。检验机构若把经济效益摆在第一位，为争取车源或多收取检测、调修费用，出具虚假检验报告，说明检验机构对车主不负责任，对上级主管机关不负责任，对检验机构本身和员工也不负责任，这样的检验机构应该取消其检验资格，退出机动车检验市场。

按照国家质检总局、公安部、国家认监委《关于进一步加强机动车安全技术检验机构资格许可和监督管理工作的通知》的要求，各地公安机关要从严查处不按照国家标准检验、出具虚假检验结果的安检机构。对未经检验或检验不合格的机动车出具安全技术检验合格证明，擅自减少检验项目、降低检验标准，或者利用计算机软件等手段篡改、伪造检验数据和结果的，一律认定为出具虚假机动车安全技术检验结果的行为，应依法从重处罚，撤销其检验资格，抄报同级质检部门，上报上一级公安机关，并向社会公告。

三、认真执行国家机动车检验标准是良好职业道德的具体体现

《机动车运行安全技术条件》（GB 7258–2004）和《机动车安全技术检验项目和方法》（GB 21861–2008）这两项国家机动车安全技术检验标准已经颁布多年。现在需要的就是贯彻执行。按照国家标准检验车辆，出具实事求是的车辆检验报告，是我们检验机构的责任和义务，也是我们良好职业道德的体现。反之，不按照国家标准检验车辆，出具不符合车辆实际状况的检验报告，国家规定的检验项目和方法在我们手中就大大简化了，甚至在我们手中都不执行了，那就不可能出具实事求是的车辆检验报告。这也就是我们没有良好的职业道德的体现。

检验机构的职业道德不是挂在嘴上的，也不是挂在墙上让人家看的，而是要落实在我们的行动上。国家要求我们以独立、客观、公正、诚信的原则开展机动车安全技术检验活动，我们需要反思：我们的工作受到外界干扰了没有，在受到行政干预时如何处理的。在检验活动中，我们对检测的车辆状况是否客观地反映到检验报告上了，特别是车辆出现这样或那样的问题时（如人工检验项目104项中的某些项目），我们是否如实地反映了问题并记录在案了。我们在检验工作中是否做到了公正检测，检验报告是否经得起推敲和时间的考验。我们的检验工作是否遵循了诚信的原则，出具的检验报告是否遵守了诚实和信誉原则。总之要把职业道德与我们的检验工作紧密地结合起来，落实到具体工作中去。

有良好职业道德的检验机构一定是严格执行国家检验标准的机构，一定是处理好社会效益与经济效益矛盾的机构，一定是在本行政区域有诚信的机构。反之，不严格执行国家检验标准，出具虚假检验报告，一切以经济利益为重的检验机构，就是没有诚信的机构，没有前途也不会有什么发展。

四、职业道德缺失和违反行为规范是检验机构出现问题的根本原因

1. 检验人员忘记自己的责任，对工作敷衍了事

检验机构出现问题主要就是出具虚假检验报告，不实事求是地反映车辆的实际情况，检测数据造假或检验结果造假。检验人员如果忘记了自己的责任，对工作敷衍了事，得过且过，就会把职业道德抛到九霄云外。例如，检验岗位有意简化检验项目，简化检验流程，车辆明明存在问题还放行通过检验。又如，外观检验员，明明 GB 21861–2008 要求检查104项，而他连看都没看就都认定合格，这是负责任的表现吗？底盘检验员在地沟里不检查底盘，看都不看，来一辆车放行一辆，这是负责任的表现吗？最典型的案例就是重庆2007年发生的造成26人死亡的"4·23"特大交通事故，车辆检验时一侧缺少减震器被认定是造成"4·23"特大交通事故的原因之一。从以上的事件中可以看出，我们天天要求检验人员要认真检查、严格执行国家检验标准，既是对检验工作负责，也是对检验人员负责。

2. 检验机构追求经济效益第一，忽视对员工的教育培训

检验机构如果忽视对员工的教育培训，放松要求，处处以经济效益第一，就会促使员工在车辆检验时采取"多拉快跑"的态度，无形中加快验车速度，而加快速度的结

果必然是放松检验标准，人为地提高检验合格率，检验工作出现问题也理所当然。北京市被曝光的检验机构中，有的为增加验车数量，内部人员与车虫相勾结，无论车辆存在什么问题都包通过，即使车主主动提出车辆存在问题也包通过。这样的检验机构已经不是机动车检验机构了，已经变成了挣钱机器。这样的检验机构已经失去了检验的公正、客观、诚信的起码要求。检验机构现在是企业，企业应该以营利为目的，但检验机构不同于一般的企业，它的首要任务是满足国家制定的检验机构的职业属性。如果一切都以经济效益为中心，放松对员工的教育，就有意无意地促使检验人员一切向钱看，什么职业道德也全然不顾，最终害了自己，也害了企业，这样的例子举不胜举。

五、检验机构负责人是制定和执行职业道德和行为规范的第一责任人

在国家质检总局颁布的《机动车安全技术检验机构检验资格许可技术条件》中，对检验机构负责人的要求仅仅是熟悉机动车检验业务，了解与安检相关的法律法规和标准。但检验机构负责人应该是制定和执行职业道德的第一责任人。检验机构良好的职业道德与检验机构负责人密不可分。检验机构无论制定职业道德还是行为规范，都需要机构负责人亲自负责。为保持检验机构良好的职业道德，检验机构的一把手考虑问题首先要站在宏观的角度，要加强对员工的良好职业道德的教育。检验机构不是一个流水线上的生产工厂，整天面对机器设备。检验机构是一个机动车检验机构，而我们所面对的机动车五花八门，车主的情况也不相同，这里就是一个五彩缤纷的世界。所以要按时对员工进行职业道德方面的教育，进行爱岗敬业方面的教育，进行国家检验标准方面的教育培训。不要把学习培训当成浪费时间的事情，而应当看成企业管理的一种手段和方法。检验机构是严格执行检验标准，把检验工作做细致不出现问题好，还是只抓经济效益而忽视严格执行国家检验标准，出现问题在本地区失去诚信好？答案应该是明显的。在检验机构要宣传的一定是如何树立良好的职业道德和行为规范，一定是国家和地区对检验工作的新任务和新要求，一定是国家检验标准的贯彻落实。要在检验机构形成树立良好的职业道德和行为规范的风气，大家都成为执行职业道德和行为规范的模范。

第二节　检验人员素质

目前，检验人员素质问题已经到了非解决不可的时候了。检验人员素质低、新员工多、技术人员流失严重已经成为检验机构普遍存在的问题。在国家质检总局颁布的《机动车安全技术检验机构检验资格许可技术条件》中对检验机构的技术负责人、质量负责人和报告授权签字人的硬件要求除有 3 年以上检验工作经历外，只要求具备大专以上机动车相关专业学历或中级以上技术职称或技师以上技术等级。但在实际工作中发现许多检验机构的上述人员连起码的要求都不符合。除文化水平外，有的检验人员的职业道德水准不高，检验人员工作不廉洁，与场外车虫相勾结随意降低检验标准，使不合格的车辆蒙混过关的现象就是很好的说明。

目前，在检验机构普遍存在重视检测设备及计算机网络，轻视人才培养的问题。认为有计算机网络就可以防止作弊现象的发生，过分依赖检测设备。按照国家检验标准，

人工检验项目就有104项，每一项都需要有检验人员通过人工检验去完成。另外，计算机网络是人开发的，也必须由人来管理，而低素质的人员同样可以在计算机系统中作弊，将本来不合格车辆的检测数据修改为合格的检测数据通过检验。所以，我们要提高对检验人员道德水平和技术水平的培养，提高他们的综合素质。总之，拥有高素质的人才队伍是办好检验机构的根本。

一、检验机构工作人员职业道德规范

检验机构的道德规范要靠检验机构工作人员来表现。检验机构工作人员要有良好的职业道德，而良好的职业道德又体现为对检验工作的高度负责。检验人员要按照岗位责任制的要求，按照国家机动车检验标准对车辆进行检验，并出具符合车辆实际情况的检验报告。检验人员要在以下几个方面表现出应有的职业道德规范：

1. 忠于职守，爱岗敬业

检验人员首先要了解自己的工作岗位和工作要求，然后要知道自己如何去工作。检验人员既然选择了从事机动车安全技术检验工作，就要热爱自己所选择的事业，热爱自己所选择的工作，做好自己的工作。以引车员为例，在开始检验工作的时候，要检查车辆与行驶证是否相符，开始驾驶车辆时，要按照车辆动态检验的要求，对车辆的转向、传动、制动部分进行检查，对驾驶室进行检查。开始上线后，要按照规定在车速检验时在车辆到达40km/h时再采集数据，在制动检验时要在规定时间（5~8s）踏下制动踏板。在底盘检查时，要关闭发动机，打方向盘协助底盘检验员检查。每一位检验人员都应该忠于自己的职务并努力工作。

2. 严格执行检验标准

检验标准要求人工检验的有104项内容，作为外观检验员应该认真检查。在车辆唯一性认定检查时，如果连VIN号码都没有看或者没有看到就打此项合格，肯定没有严格执行检验标准。如果检查的车辆就是一辆盗抢车，而没有被发现通过了检验，一旦此车的盗抢问题被发现，外观检验员就要被追究责任。

3. 廉洁自律

廉洁自律是对检验人员道德规范最起码的要求。有的检验人员把检验工作岗位作为挣钱机器，以收到车主或车虫的小恩小惠为荣，为满足自己的私欲而放松对国家检验标准的执行。这样的检验人员没有最起码的道德标准，与国家对检验从业人员的要求相去甚远。检验人员要以工作的大局和检验标准为重，廉洁自律，不为小利益所动，做好自己的本职工作。

4. 文明礼貌

检验机构的工作性质既是一个对机动车实施检验的单位，又属于服务型窗口单位。我们做这项工作，要对国家负责、对检验机构负责，还要对车主负责。车辆无论存在什么问题，都要如实告之车主，提出解决问题的办法，引导车主按照程序进行修理、调整后再上线检验最终通过检验。在日常工作中要讲文明、讲礼貌，与车主有接触的检验人员更要注意自己的语言表达，做到文明服务、礼貌待客。

检验机构在文明礼貌方面存在的突出问题是官商作风。由于国家对机动车安全技术检验是强制性的，车辆必须到检验机构进行检验，认为来检验机构验车一定是车主有求于自己，所以对车主的态度也就显得强硬起来。把国家授予检验机构的职能作为自己对验车群众态度强硬的理由是不行的。如果将车辆定期检验变成一种垄断行为，没有引进市场竞争机制，检验机构的服务态度就会每况愈下。检验机构社会化已经把机动车检验引入了市场经济的范围内，就应该在一定的范围内允许车主自行选择认真执行国家检验标准，收费合理，服务文明礼貌的检验机构去检验自己的车辆。以北京市为例，以前按照行政区域划分检验机构，以行驶证上登记的车辆注册地址为准，按照区、县划分检验机构，改革后车主可以选择到 43 家检验机构中的任何一家进行检验。这样做大大方便了群众，又促使检验机构提高自己的服务水平。

二、质量技术监督部门高度重视

《中华人民共和国道路交通安全法实施条例》授予质量技术监督机构对安检机构实行资格管理和监督管理。而对检验人员的管理、教育、培训是监督管理工作的重要环节。检验机构如果出现问题，质量技术监督部门作为行业主管机关负有重要的责任。如果我们平时紧抓对安检机构的教育培训，就会在提高检验人员业务、技术水平的同时，给安检机构更多的警示。时刻提醒安检机构严格执行国家检验标准，执行总局的各项管理制度和规定，起到预防为主的作用。但重要的问题是，对安检机构的教育培训一定要形成制度并坚持下去。

目前各地质量技术监督部门普遍对检验人员实行上岗证制度，符合条件的检验人员每年考取上岗证，持证上岗，但重考证轻培训的局面没有根本改变，根本原因还是没有形成长期有效的培训机制。检验人员数量众多，进行一次培训工作量太大，而负责检验机构工作的人员又少，有的地区甚至做不到每年进行一次岗位培训。如果对所有检验人员的培训一时做不到，对主要负责人、技术负责人、质量负责人和报告授权签字人的教育培训应该立即开展起来。上述人员绝对不可以每年不培训就考证、发证，因为每年需要更新的知识太多了，这些同志都是工作在检验工作一线负责把关、签字的人员，他们的工作直接影响到检验工作的质量。而教育培训也深受广大检验人员欢迎，大家通过培训了解到一年来机动车检验行业的变化，能够提高自己的文化和业务水平，是非常乐意的。

教育培训不能制度化地开展起来的重要原因是教育培训没有与考核发证结合起来。各地对教育培训也未必不重视，在《机动车安全技术检验项目和方法》颁布后，各省市都进行了大规模的宣贯培训，不但各地质量技术监督部门积极性很高，而且深受广大检验人员的欢迎。但由于目前培训与考核发证相脱离，使得培训成为临时行为，需要时培训一下，不需要时几年也不培训一次。检验人员特别是主要负责人和技术人员知识老化问题突出，有的检验人员甚至来检验机构工作几年都没有接受一次正规的培训。应该把培训——考核——发证作为一种闭环管理模式在机动车安全技术检验行业推广，不进行必要的培训或规定学时的培训，就不得参加考核，也就不得领取上岗证。这样才能逐步把年度培训工作开展起来。如果不按照这一模式去做，在目前车辆检验工作紧张的情况下，培训工作就无法形成制度开展起来，提高检验人员素质就成为一句空话。

把培训工作开展起来要发挥行业协会的桥梁与纽带作用。有的地区就采取政府领导、协会组织、检验机构参加，在培训的同时把考核与发证结合起来的管理模式进行培训，收到了很好的效果。

三、检验机构高度重视

提高检验人员素质是检验机构的重要任务。检验人员素质的提高，对检验机构提高自身形象和职业道德水平都有十分重要的意义。检验机构负责人要把其作为重要工作排到议事日程中去，在检验工作有空余时间时，多组织职工开展技术、业务方面的学习。要结合《安检机构专业技术人员和管理人员培训、考核制度》的要求，定时、定期对员工进行培训。要把培训——考核——晋级紧密结合起来，让大家看到培训、考核不是形式，而是实实在在的机会。鼓励大家认真学习，在检验机构内部形成良好的学习氛围。

另外一个重要问题是，检验机构负责人不但要积极组织大家进行教育培训，提高大家的知识水平，还要身先士卒，自己也积极参加各种学习和培训。要大家提高职业道德素质，自己首先要提高；要大家学习新的国家检验标准，自己首先要掌握；要大家按照安检机构专业技术人员和管理人员培训、考核制度去参加培训考核，自己首先参加培训考核。只有这样，机构负责人才能在检验工作中不当外行，把检验机构的工作做好。我们可以看到，凡是教育培训搞得好的检验机构，检验机构负责人都对此高度重视，不惜花时间、花钱去搞培训。不仅检验机构技术人员队伍稳定，自己也成为车辆检测方面的专家。

四、检验人员自我素质的提高

提高检验人员素质除需要主管机关和检验机构的重视以外，检验人员也应该注意自身素质的提高。主管机关组织培训一般一年只有一次，本单位组织培训一年也只有几次，要提高自己的素质和道德修养、技术和业务水平，主要还是依靠自己。我们检验人员在日常工作中会遇到许多新的与检验有关的问题，遇到问题躲着走，还是问个为什么，是不闻不问，还是请教老师和师傅求得答案呢？当然只有持后一种态度才能逐步提高自己的水平。在对检验人员现场考试时，同样是检验员或者报告授权签字人，有的对检验标准非常熟悉，对检验流程了如指掌，有的对检验标准却一问三不知，说明检验人员的素质及技术、业务水平参差不齐，亟待提高。

检验机构一般都为检验人员购买或印制了一些与检验工作相关的文件、标准和书籍。有的检验员在工余时间经常翻看，从中学到知识，而有的检验员把有关的检验标准束之高阁，除去参加培训，连看都不看一眼。两种不同的态度几年以后成就必定各不相同。相同时间入场的同等学历的人员，有的经过几年的锻炼可以成为技术骨干，有的则两手空空。既然我们选择了机动车安全技术检验行业作为我们的职业，就要忠于和热爱自己的职业，就要努力学习，就不应该虚度光阴。我们许多检验机构的技术人员都是从检验员开始做起，经过几年的锻炼和学习，成为检验机构的技术骨干，成为车辆检验行业的栋梁之才。

五、推动建立我国机动车安全技术检验人员职业教育和技术等级评定体系

检验机构人才匮乏、人员素质不高的原因还包括没有建立本行业的职业教育和技术等级评定体系，吸引不到高素质的人才加入机动车安全技术检验行业中来。在德国，只有大学毕业后从事汽车专业工作且有工程师技术职称的人员才能从事汽车检测工作，可以看到其对汽车检验工作的岗位要求多么严格。要提高检验人员的素质，吸引更多的人才加入检验行业中来，就必须制定相应的职业教育体系和技术等级评定体系。

职业教育体系主要是培养机动车安全技术检验专业的大学生和大专生，毕业后从事机动车安全技术检验工作，他们就是所谓的"科班出身人才"。职业教育体系在我国的许多行业都有成功的先例，如汽车制造行业、汽车修理行业等。但在汽车安全技术检验行业还不普及，根本原因还是检验行业留不住人才。现在对检验机构来讲，与机动车相关专业的毕业生都应属于专业人才。对专业人才要制定特殊政策，想方设法留住他们为检验机构服务。要让专业的人才干专业的事，发挥他们的聪明才智。

技术等级评定体系的建立也是吸引高端人才和留住现有技术力量的重要手段。技术等级评定就是评定本行业的技术等级，如评定汽车检验员、检验师、高级检验师技术等级，并使之享受相应的待遇。这样既可以提高机动车安全技术检验人员在社会上的地位，树立本行业、本地区机动车安全技术检验方面的技术权威，吸引高端人才加入检验工作队伍中来，同时也可以起到留住现有技术力量的作用。目前，我国技术等级评定由劳动部门负责，但在技术分类中还没有与机动车安全技术检验相关专业的技术等级称谓。据了解，《中华人民共和国职业分类大典》确定的实行就业准入的 87 个职业目录中，还没有机动车安全检验员这一项。如果争取把机动车安全技术检验这一职业纳入就业准入职业中去，在职业技术培训、技术等级评定等方面就会更有利于行业的发展。

本章小结

本章结合安检机构的特点，叙述了检验机构的职业道德和行为规范。从不同角度对检验人员应该具备的职业素质进行了阐述，提出了提高检验人员素质的途径和方法。同时提出应该把培训——考核——发证作为一种闭环教育培训模式在全行业进行推广，提高广大检验机构工作人员的职业素质。

思考题：

1. 在国家质检总局第 121 号令中，对检验机构定义是什么？

2. 在国家质检总局第 121 号令"检验机构行为规范"一章中，要求检验机构应当遵循什么原则开展机动车安全技术检验活动？

3. 谁是检验机构制定和执行职业道德和行为规范的第一人？

4. 要把检验机构的工作做好，一定要把什么效益放在第一位？

5. 检验机构工作人员职业道德规范包括哪些内容？

6. 对检验人员教育培训的重点是检验机构中的哪些人员？

7. 对检验人员的教育培训应该成为一种闭环教育管理模式在机动车安全技术检验行业推广，不进行必要的培训或规定学时的培训，就不得参加考核，也就不得领取上岗证。这种闭环教育管理模式指的是什么？

8. 检验人员主要依靠什么来提高自己的技术和业务水平？